世贸规则与产业保护

PROTECTION OF INDUSTRIES
IN THE CONTEXT OF WTO RULES

韩立余◎著

图书在版编目(CIP)数据

世贸规则与产业保护/韩立余著.—北京:北京大学出版社,2014.10
ISBN 978-7-301-24939-0

Ⅰ.①世… Ⅱ.①韩… Ⅲ.①世界贸易组织—规则—研究 ②产业发展—研究—中国 Ⅳ.①F743②F121.3

中国版本图书馆 CIP 数据核字(2014)第 231923 号

书　　　名:世贸规则与产业保护
著作责任者:韩立余　著
责 任 编 辑:邓丽华
标 准 书 号:ISBN 978-7-301-24939-0/D·3688
出 版 发 行:北京大学出版社
地　　　址:北京市海淀区成府路 205 号　100871
网　　　址:http://www.pup.cn
新 浪 微 博:@北京大学出版社　@北大出版社法律图书
电 子 信 箱:law@pup.pku.edu.cn
电　　　话:邮购部 62752015　发行部 62750672　编辑部 62752027
　　　　　　出版部 62754962
印　刷　者:三河市北燕印装有限公司
经　销　者:新华书店
　　　　　　965 毫米×1300 毫米　16 开本　23.75 印张　418 千字
　　　　　　2014 年 10 月第 1 版　2014 年 10 月第 1 次印刷
定　　　价:47.00 元

本书系下述项目成果

WTO 法律框架内的产业保护与发展
（中国人民大学研究品牌计划 10XNI027）

前言

世贸规则是否允许对产业进行保护

一、为什么要研究产业保护

人类的生存和发展离不开经济的发展。这是人类的共识,也是国际组织的认识。第二次世界大战后成立的国际组织都致力于这一目标。《联合国宪章》前言明确指出,“运用国际机构,以促成全球人民经济及社会之进展”。世界贸易组织成立前临时适用的《关税与贸易总协定》在其前言中指出:“在处理贸易和经济领域的关系时,应以提高生活水平、保证充分就业、保证实际收入和有效需求的大幅稳定增长、实现世界资源的充分利用以及扩大货物的生产和交换为目的,期望通过达成互惠互利安排……为实现这些目标作贡献。”《世界贸易组织协定》确认了《关税与贸易总协定》的目标。其前言开宗明义地指出,“提高生活水平、保证充分就业、保证实际收入和有效需求的大幅稳定增长、扩大货物和服务的生产和贸易”,是世贸组织成员处理它们在贸易和经济领域关系的目的。这表明,就世界贸易组织来说,虽然名为贸易组织,但其努力目标、调整领域、活动范围并不限于传统的一般贸易。实际上,世贸规则的范围已经远远超出了常人理解的贸易规则,深入到一国境内的经济活动。因此,从新的角度,特别是从产业的角度研究世贸规则,是非常必要的。

产业(industries),是一个经济术语,其含义可以从不同角度去界定。产业是经济活动,产业是社会分工,特定产业是特定生产活动的总称。产业也是生产某类产品的企业的总称。按最通俗的理解,产业是从事某种经济活动的生产商或生产某类产品的生产商。例如,能源产业、食品产业、家具产业、奶牛养殖业,等等,都是由一个个企业组成的产业。而企业,则是投资者与工人结合的实体单位,通过一系列的生产劳动,生产出满足人类社会需要的产品。从投资者的角度说,企业是其实现资本增值的手段;从劳动者(工人)的角度说,企业是安身立命、养家糊口的依靠;从消费者的角度说,企业是生活用品的来源;从社会的角度说,企业是推动社会进步的力量;从国家角度说,企业是国家收入的来源。我们还可以从更多的角度来说明企业的作用。可以确定的是,没有企业的存在,上述世贸组织所追求的目标,就不能实现。鉴于企业对人类社会的重大作用,促进企业的发展成为理所当然的事情。也正因为如此,企业,作为法律意义上的"人",其自由设立和退出,被认为是人的自由的一个组成部分。公司,作为企业的一种主要形式,被认为是人类文明发展中的一项重大成就。确实,环顾四周,如果没有了企业,我们将会一片茫然!

企业,大大小小,千千总总。如何保护和促进企业的发展?由于人类社会需求的多样性和变动性,承担着生产满足人类需求产品职责的企业,如海上孤舟,并不能完全决定自己的平安行驶航线。如果存在一个船队,如果存在准确的航线气候预报,如果船舶的装备能力和驾驶技术能有所提高,其安全系数就会大大增加。旗舰、护卫舰等形形色色的船只被不断建造出来,航线和停泊码头不断完善,通讯手段提升了,甚至对海上事故造成的损失也有了补偿救济机制。海上航行更安全了,海上运输更发展了,从事海上运输的整个航运业更壮大了!

产业,作为企业的集合体,面临着众多企业面临的共同问题,有着众多企业共同的需求,也聚积着单个企业不具备的力量。因此,通过保护和促进产业的发展,就能保护和促进企业的发展,解决"海上孤舟"所不能解决的问题。

一国境内存在着不同的产业。由于自然条件和发展水平的不同,国与国之间的产业结构也是不同的。产业分工是国际贸易产生和发展的最基本的原因。同时,这种产业分工在不断变化。人类社会不断产生着的新需求,日新月异的国际竞争,都直接影响着产业的变化与发展。基于自身的条件,选择并优先促进某些产业的发展,更好地发挥比较优势的作用,成为一国产业保护和促进的一种选择。

自从企业存在以来,产业也就相应存在着。实际上,产业的存在比现代意义上的企业存在更早。因为在农牧业时代、在手工业时代,产业就已经存在了。保护农业或手工业,是早期国际贸易理论中的重要内容。进入市场经济社会之后,随着为交换而生产的市场经济观念的确立,随着科学技术的发展和进步,随着世界经济联系的加强,产业保护更加必要、可能和现实了。

在世贸规则的框架内研究产业保护,除了上述产业发展本身的原因外,更重要的是,世贸规则已经将产业保护明确纳入了自己的调整范围。世贸规则不仅仅涉及商品交换本身,也涉及对企业和产业的保护。反倾销、反补贴和保障措施,是最典型的产业保护措施。在这"两反一保"措施中,有明确的国内产业定义,产业损害是采取贸易救济措施的前提条件,就业率、现金流等表明企业发展状况的指标被明确纳入了贸易规则。在乌拉圭回合谈判结果文献中,明确提及"产业"133 处,包括 125 处以单数形式(industry)提及和 8 处以复数形式(industries)提及。另外,以 industrial 的形式提及 27 处,以 industrialization 的形式提及 1 处。直接以产业命名的协定有《农业协定》、《纺织品协定》。此外,保护幼稚产业是 GATT 1994 中最著名的条款。实质上,《农业协定》、《纺织品协定》,属于诸边协定的《民用航空器协定》、《国际奶制品协定》、《国际牛肉协定》,以及世界贸易组织成立后的《信息技术产品协定》,这些直接以产业名称为题的协定,本身就是产业协定,对这些产业规定了特殊的或额外的规则。

《服务贸易总协定》,虽然没有使用"产业"这一术语,但正如《农业协定》一样,其本身是一产业协定,是有关服务产业贸易和发展的协定。乌拉圭回合谈判中用作谈判成员谈判参考的文献,《服务部门分类表》(GNS/W/120),是以具体的服务产业部门为基础的。各成员做出的服务减让表,以产业部门为基础并限于产业部门。《服务贸易总协定》附件中,空运服务、金融服务、海运服务、电信服务,都是相关服务产业部门的规定。

《服务贸易总协定》的产业特征,还在于其调整的范围已经超出了传统意义上的跨境交易,延伸到了国内的经济活动。《服务贸易总协定》中国民待遇的规定,不仅适用于服务,还适用于服务提供者。作为服务贸易方式之一的商业存在,就是我们通常所理解的外商投资企业。《服务贸易总协定》中的市场准入和国民待遇,其实质是一国服务产业是否对他国服务和服务商开放,他国服务和服务商在该国境内是否享有本国同类服务和服务商的同等待遇。

与《服务贸易总协定》一样作为乌拉圭回合谈判结果新突破的《与贸易有关的知识产权协定》,没有明确提及产业,但却涵盖了我们通常所说的创意产业、知识产业或高新技术产业。例如,"工业设计"(industrial designs)既可在广义上应用于产业设计,又可在狭义上适用于工业设计,带有明显的产业特点。《与贸易有关的知识产权协定》所纳入的《保护工业产权巴黎公约》中的"工业产权"(industrial property)也是如此。它不限于狭义的工业,而是包括了农业与工商业。从更广的角度讲,知识产权本身成为一种商品的同时,也是一种生产要素,科学技术的进步是促使产业发展、变化的一种根本性的力量。将知识产权作为一种"与贸易有关的"对象纳入到世贸组织的多边贸易框架内,对依赖知识产权保护的生产商来说,就是产业优势的获取和保证。我们通常所说的产业升级、发展高新技术产业,如果没有知识产权的保护,不可能取得预期的效果。

《与贸易有关的投资措施协定》,虽然属于货物贸易的范围,但其适用对象却是企业措施。例如,当地生产要求,本身就是一种企业业绩要求,直接影响着企业的生存和发展。

《中国入世议定书》和《中国入世工作组报告》中,最让普通中国人耿耿于怀的是议定书第 15 条和第 16 条的规定。第 15 条规定了对中国出口产品计算倾销幅度时可以使用替代国,相关产业的市场程度是其中一个考虑因素。第 16 条规定了过渡期内特定产品的保障措施(俗称特保措施),其他世贸成员针对中国出口产品可以采取标准较低的产业保护措施。

综上所述,既然世贸规则已经就产业保护作出了相应的规定,那么无视这样的规定、对这些规定不进行深入的研究,必然要吃亏,产业发展必然得不到应有的制度保障。

在中国经济的发展过程中,产业政策起到了重要的作用。对于中国政府采取的这种政策,一些人,包括一些中国人和外国人,一概予以反对。另外一些人,则持截然相反的态度,一味予以拥护。但如果我们考虑到世贸规则中有关产业保护的相关规定,我们的态度似应更理智一些:任何一种极端态度都是有问题的。纵观各国经济发展的历史,纵观国际贸易理论,尽管各国的措施各有不同,产业政策都是避不开、绕不过的一个门槛。

在中国,研究世贸规则对产业的影响和保护,另外一个重要原因是,在国内一些人的头脑中,还存在着对产业的不正确认识。一些人将产业等同于营利企业或营利行业,而把一些带有公益性的活动排除在产业范围之外。例如,一些人认为博物馆、图书馆不是产业,认为文化产品不是商品。这种认识,与世贸规则不符,基于这种认识决策非常容易出现违反世贸规则、最终导致对我国不利的结果。另有一些人,对产业的范围认识狭窄,导致不能充分利用世贸规则促进产业发展。因此,澄清世贸规则中的产业概念和日常生活中的产业认识,有助于我们更好地利用世贸规则,促进产业发展。

二、产业保护与贸易保护是什么关系

在国际贸易理论中,自由贸易与贸易保护如同一对孪生姐妹,身相伴、心相随,区别仅在于在特定时期、特定场合哪一个表现更突出一些。自由贸易与贸易保护二者的较量,贯穿了整个国际贸易理论史,渗透于各国贸易政策实践之中。绝对的自由贸易或者完全的贸易保护,都是不现实的,也是不存在的。就特定国家来说,随着其经济实力、贸易实力的变化,其贸易政策也在自由贸易和贸易保护之间穿梭、摇摆。发达国家如此，发展中国家也是如此。

国际贸易理论，作为一种贸易理论，当然围绕贸易展开，对国际贸易的形成和发展提出各种各样的阐释和解说，无论是理论创建还是实证研究，都是以贸易的名义进行的。但贸易之名，并不掩盖或替代产业之实。从某种意义上说，贸易是标、是流，产业是本、是源。与此相联系，国际贸易理论的发展，越来越向产业倾斜。产品的竞争，实质上是产业的竞争；产品的比较优势，反映的是产业的比较优势；各国之间的贸易竞争，实际上是国家竞争力的竞争。代表国际贸易新发展的波特竞争理论中，钻石模型和产业群理论的核心正是产业竞争力。

因此，从发展观和本质观看，贸易保护就是产业保护。但使用产业保护这一名称，更能正本清源、名实相符，更能反映当今国际贸易的现实。

我们以不动产为例。不动产，顾名思义，是不能移动的，主要指土地及其附着物，也可以理解为房地产。不动产买卖与动产买卖在很多方面都存在着不同。在传统的以动产为核心的贸易中，几乎不存在不动产的国际贸易，因而也无法说存在不动产贸易的保护。但每一个国家对外国投资者能否在本国境内开发房地产，却有着明确的规定。我们可以说，传统上，这是一个国际投资问题。但今天，它却成为一个贸易问题、一个服务贸易问题。是否允许外国投资者在本国境内开发房地产，这是一个市场准入问题；在本国境内开发房地产的外国投资者是否与本国投资者享有同等的待遇，这是一个国民待遇问题。在作为乌拉圭回合谈判服务贸易谈判基础的服务部门分类表中，不动产服务是一个独立的服务部门。在中国的入世承诺中，对于房地产服务，在市场准入方面，除了有关合资、独资企业的法律形式外，对外国投资者几乎没有任何限制。这里的自由或限制，是用贸易保护这一名称好呢，还是用产业保护这一称谓更确切？

我们知道，国际贸易发展到今天，将今天的贸易政策与第二次世界大战前的经济危机时期相比，随着一系列国际经济组织的建立，特别是关税与贸易总协定/世界贸易组织制度的确立，国际贸易都属于管制性贸易（regulatory trade）了。这一制度的最基本原则是非歧视原则，包括最惠国待遇原则和国民待遇原则。最惠国待遇原则解决的是某一特定内国赋予不同外国的待遇问题。我们熟悉的、清朝末年西方列强在中国推行的“门户开放、利益均沾”政策，属于最惠国待遇的范畴。对于外国人、外国产品，内国不能厚此薄彼。这一原则同样体现在1948年临时适用的《关税与贸易总协定》之中，这就是第1条普遍最惠国待遇条款。最惠国待遇原则或精神，已经被普遍接受；最惠国这一词语也被广泛理解为平等、正常的意思。正因为如此，2000年美国国会立法赋予中国最惠国待遇时,选择了"正常贸易关系"这一用语替代"最惠国待遇"这一表述。

但作为非歧视待遇另一内涵的国民待遇,其接受和普及程度却要缓慢得多、困难得多、有限得多。根深蒂固的民族优越感、民族不信任感,本国公民决定政府、政府对本国公民负责、政府保护本国公民的制度要求,国与国之间的利益冲突和战争,等等,决定了一国对他国公民、产品的歧视态度与做法。殖民统治、战争带来的毁灭性,也在时刻提醒着人们。这些反映在贸易上,进口产品受到歧视成为一种自然选择。但贸易的双向性、贸易的平衡性又决定了这种歧视不能走向极端。早期的国际贸易理论中就存在着担心报复的思想。因此,理智上,这种歧视应当受到适当的限制。《关税与贸易总协定临时适用议定书》及《关税与贸易总协定》第 3 条国民待遇的规定,反映了对这种歧视的态度。该临时议定书规定,在不违反国内法的最大限度内,适用《关税与贸易总协定》第 3 条的国民待遇义务。与此相对照的是,最惠国待遇是相关各方应当普遍适用的纪律。这种规定导致的结果是,在相当长的一段时间内,《关税与贸易总协定》缔约方并没有履行第 3 条的国民待遇义务,而是维持着国内法上的歧视待遇。这种情形在乌拉圭回合谈判结束、世界贸易组织规则开始实施之后,才得以彻底改变。乌拉圭回合谈判结果废除了《关税与贸易总协定临时适用议定书》(换言之废除了可以基于国内法歧视进口产品的规定),同时规定世贸组织成员不得对世贸规则作出保留、选择性批准或加入相应规则。这些规定,提高了国民待遇义务条款的效力,也使国民待遇义务成为普遍的有约束力的义务。在《服务贸易总协定》中,虽然市场准入和国民待遇义务属于具体承诺的范畴,但一旦承诺,特别是对作出承诺的部门来说,这些义务就成为有约束力的。

国民待遇义务普遍、强制适用的结果,引发了本国人、本国产品与外国人、外国产品关系的根本性变化。贸易规则不再主要关注边境待遇、边境措施,还进一步渗透到了境内待遇、境内措施和境内活动。在这一意义上,产业这一术语比贸易这一术语更能反映世贸规则下贸易的实质。

这一影响已经在中国经济管理措施中显现出来。我们可以美国诉中国出版物案为例说明。该案争议措施之一是外国出版物的进口权和经销权。中国在入世承诺中承诺放开贸易经营权,2004 年修订《对外贸易法》将这一承诺转化为国内法。没有放开贸易经营权的 84 种商品中不包括外国出版物。同时,中国入世承诺中承诺放开进口出版物的国内经销权,并承诺在这方面给予外资企业国民待遇。但入世后一段时间内中国实际仍然维持着国有企业对外国出版物的进口专营权以及进口出版物的国内分销权。这一案件的处理结果是,世贸组织专家组和上诉机构一致裁决中国违反了国民待遇义务。中国根据这一裁决修改了相关规则,外国出版物的进口和经销这一产业结构从而发生了改变。

在国际贸易理论和一些国家的贸易政策中,存在着公平价值和不公平贸易做法等类似的思想和做法。在早期的国际贸易理论中,古希腊的亚里士多德从伦理学的角度提出了"正当价格"问题,古罗马的基督教思想家从宗教的角度提出了"公平价格"的概念。后来的国际贸易理论虽然并没有在这一问题上深入下去,但倾销、补贴一直被贴着不公平贸易做法的标签。实际上,倾销是企业的一种定价方法,从消费者角度看是有利的;之所以被认为不公平,正是因为进口国的国内产业受到了损害。补贴亦是如此。补贴具有两重性,正因为如此,有关补贴和反补贴的规则称为《补贴与反补贴协定》,而不直接称为反补贴协定。美国国内法中,曾经存在着采取反补贴措施不需要产业损害这一要件的做法,但这一做法已经被修正,对世贸成员适用产业损害标准。如同采取反倾销措施一样,只有在进口产品造成国内产业损害的时候,才可以采取反补贴措施。因此,所谓"公平"或"正当"价格,不是一个伦理或宗教概念,也不是一个纯买卖概念,而是一个产业损害意义上的概念。离开了产业这一背景、要素,就无法界定公平或正当。《关税与贸易总协定》第 6 条是反倾销、反补贴的主要条款。该条第 1 款这样规定:"用倾销的手段,将一国产品以低于正常价值的方法引入另一国的商业,如因此对另一国领土内已建立的产业造成实质损害或实质损害威胁,或实质阻碍国内产业的建立,则倾销应予以谴责。"

美国国内法中著名的 337 条款确立的针对所谓不公平贸易做法的救济制度,同样以产业存在或产业损害为基础:"货物所有人、进口商、销售商及其代理人向美国进口或销售中的不公平竞争方法和不公平做法,其威胁或效果(i) 破坏或实质损害美国产业,(ii) 阻碍美国产业的建立,或(iii) 限制或垄断美国的贸易和商业,该行为或做法违法,当国际贸易委员会认定其存在时,除其他法律规定外,应按 337 节规定处理。"①在美国的 301 条款制度中,拒绝提供公平、公正的企业设立机会,被认为是不合理的贸易做法。②

在《关税与贸易总协定》第 20 条例外条款中,含有一项与保护易用竭自然资源相关的例外。除其他要求外,相关措施应是"与保护可用尽的自然资源有关的措施,如此类措施与限制国内生产或消费一同实施"。这一例外对国内生产的要求,带有明显的产业特征。根据这一规定,如果某一出口国限

① 19 USC, §1337(a) (2011).

② 19 USC, §2411(d)(3) (2011).

制某种资源的出口,但不限制这种资源的国内生产或国内消费,则该措施不能获得正当性例外。其根本原因在于,表面上为环保进行的出口限制,实质主要是为了维持、促进国内生产。这影响了利用这一资源的外国产业的经营和发展。中国限制稀土出口,遭到了欧美、日本的指责和指控。美国总统奥巴马指出,中国限制稀土出口,使美国的相关产业不能获得这种资源,这是不公平的。美国制造商需要获得中国供应的资源,在美国制造产品。[①] 这一指控,正是基于产业角度提出的。

如前所述,由企业组成的产业不仅生产产品出口,而且还提供就业、满足社会需要、提供税收等,更重要的是维持国家的发展和未来。奥巴马对此说得非常直白:"我们要控制我们的能源未来,我们不能让我们的能源产业植根于其他某些国家……"[②]因而,贸易的重要性,不是因为贸易本身,而是因为比贸易更重要的事情,这其中首先包括产业存在和发展。

一句话,产业保护是贸易保护的本质!

三、产业保护是否合法

以美国为代表的一些国家,对中国的产业政策耿耿于怀,好像中国一提产业保护就是大逆不道的事情。事实真的如此吗?前述分析已经给出了否定的答案。回到贸易规则上来,世贸规则为产业保护提供了准则、预留了空间。

经济全球化的今天,产业链已经扩展到世界各国。某一产品的设计、生产、销售,通常由多国的企业分工共同完成。大家熟悉的苹果手机就是最好的例子。位于中国的企业只是完成了最后装机的活动。如果我们提出保护手机产业这一主张,就手机产业链涉及的不同国家来说,其含义可能是不同的。有的可能侧重设计,有的可能侧重营销,有的可能侧重生产。但无论如何,都需要某些部件的出口或进口。传统的限制出口或进口的做法遇到了新问题:如果不允许进口零部件,就不能装成整件出口;如果不允许零部件出口,全球产业链就不能完成整个产品的生产。即使是农产品,也存在类似的情形:从某一国家进口种子,栽培收获后对外出口产品。因而,国内产业的保护,已经不再限于简单地抵制"外国货"、购买本国货的问题。

从产业保护的角度重新审视世贸规则,既是对世贸规则的一种再认识,

---

① http://www.whitehouse.gov/the-press-office/2012/03/13/remarks-president-fair-trade/, August 13, 2012 visited.

② Ibid.

也是依法保护产业的内在要求。找出世贸规则中与产业要素的连接点，弄清世贸规则对产业要素、对产业的影响，就能够在世贸规则的框架内，行使产业保护的权利，履行产业保护的义务，从而实现世贸规则确立的目标。

以反倾销措施为例。反倾销措施，是保护国内产业的一种手段。根据世贸规则，任何一个成员，在其国内产业因为倾销进口遭受损害时，都有权采取反倾销措施。但同时，反倾销措施的适用，必须符合世贸规则的要求，包括程序性要求和实质性要件的要求。滥用反倾销措施，即便打着公平贸易的旗号，也是违法的。美国反倾销措施中的归零做法，即在倾销认定中只认定出口价格低于正常价值的交易、排除出口价格高于正常价值的交易，增加了进口产品被认定倾销的可能性、提高了倾销幅度。美国政府虽然极力捍卫反倾销措施的正当性，但这种做法却被世贸组织争端解决机构多次裁决违法。此外，美国国会通过的伯德修正案，通过将反倾销税返回给支持提起反倾销调查的企业的方法，来提高支持发起反倾销调查的产业代表性，以达到发起反倾销调查所需要的企业数量门槛，也被世贸组织争端解决机构裁决违法。

乌拉圭回合谈判结果达成的贸易规则，与关税与贸易总协定相比，从表面上看，代表着调整范围的扩大，例如，形成了《农业协定》、《纺织品协定》、《服务贸易总协定》、《知识产权协定》等；从实质上看，代表着传统贸易规则向产业规则的进一步跨越。通过“与贸易有关的”这一连接因素，将传统上不属于贸易的内容、领域纳入到世贸规则中来。纵观关税与贸易总协定自 1948 年临时适用以来的历史，关税与贸易总协定/世界贸易组织代表的贸易规则，就一直处在不断扩张、不断演变的过程之中，其产业特征越来越明显。乌拉圭回合谈判将服务业的纳入，以及形成的调整服务贸易的《服务贸易总协定》，完成了传统贸易规则向倾向产业的现代贸易规则的转变。

世贸规则对产业的保护，是通过产品这一连接点来实现的。产品，包括货物和服务，是产业经济活动的结果和产出。通过调整这一产出，通过调整这一产出的方方面面、上上下下，世贸规则在调整着产业。在某些规则中，在调整产品的同时，直接对企业制定规范，而作为企业集合的产业因此受到影响。国民待遇义务不允许保护本国产业，贸易救济措施允许保护本国产业。每一规则都有具体的规定，每类措施都有相应的适用条件。貌似矛盾的规则，正是产业保护权利和义务的统一。泛化的上纲上线式的非黑即白的僵化观点，既不符合世贸规则的实质和精神，也不利于各国政府制定现实的提高人民生活水平的政策。

世贸规则对产业的保护，不是通过将某一产业排除在调整范围之外这种模式实施的。这种模式，在产业链条延长、产业边际模糊的情况下，不易实施,也非合理之道。《农业协定》和《纺织品协定》的签署适用,代表着农产品贸易和纺织品贸易向统一规则的回归。另一方面,世贸规则中存在的一些例外条款,特别是一般性例外,并非是产业例外条款。《关税与贸易总协定》第20条的“一般例外”,非针对某一或某些产业,而是公共政策例外条款。因此,世贸规则对产业的保护,不是不调整某一或某些产业,而是权利和义务的统一。例如,一些国家主张的“文化产品例外”,实际上在世贸规则中是找不到确切的依据的。但世贸规则确实对文化产品有一些特殊的规定,例如《关税与贸易总协定》第4条有关电影片的规定,第20条有关保护公共道德的规定等。通过这些特殊规定的适用,可以体现对文化产品内含的文化、道德等的关注。正是通过这种调整模式,将处于不同发展阶段、具有不同优势的国家纳入到统一的规则中来,又使这些国家利用具体的规则来实现自己的经济发展目标和社会发展目标。

按照今天人们的认识,企业承担着社会责任。这种社会责任体现在企业生产、提供产品的各个方面。例如,保护劳工权利、提供安全产品、保护环境、实现可持续发展,等等。就政府来说,基于公共政策、社会利益,对企业施加了一些要求。这些要求,可能被某些国家、企业或媒体视为贸易/产业保护措施,认为是贸易保护的工具,但世贸规则有非歧视性要求,有科学证据要求,有授权性规定,有免责的一般例外规定,只要符合这些要求和规定,相关措施就是合规合法的。

从法的角度讲,保护主义是一个没有明确内涵和外延的思潮概念,对保护主义的指控并不能产生法律上的威慑力;依法保护则是一个权利义务相统一的法律概念。在法言法,世贸规则允许各成员保护其国内产业。

目录

第一章
产业定义及其分类

一、产业定义

(一) 产业定义

什么是产业？教育是不是产业,博物馆是不是产业？产业和事业是什么关系,文化产业和文化事业是不是一回事？对这些问题的认识,直接影响着对世贸规则与产业保护关系的认识。

产业,本质上是一经济术语,是国民经济核算的对象之一。将组成国民经济的千千万万的经济单位按一定标准分类,可以组成不同的结构,反映不同类别的关系。从生产的角度分,各经济单位之间存在着一定的异质性和同质性。按照联合国、欧盟委员会、经济合作与发展组织、国际货币基金组织和世界银行共同编制的《国民经济核算体系》(System of National Account, SNA)给出的定义,一组从事相同或相似活动的经济单位组成产业。[①]

"《国民经济核算体系》,是一套按照基于经济原理的严格核算规则进行经济活动测度的国际公认的标准建议。这些建议的表现形式是一套完整的概念、定义、分类和核算规则,其中包含了测度诸如国内生产总值(GDP,用来衡量经济表现最常用的指标)之类项目的国际公认的标准。通过《国民经济核算体系》的核算框架,经济数据得以按照经济分析、决策和政策制定的要求以一定程式予以编制和表述。这些账户本身以凝缩的方式提供了根据经济理论和理念组织起来的有关经济运行的大量详尽信息。它们详细而全面地记录了经济体内发生的复杂的经济活动,以及在市场或其他地方发生的不同

---

① 高敏雪等主编:《国民经济核算原理与中国实践》(第二版),中国人民大学出版社 2009 年版,第 15—17 页。

经济主体之间、不同经济主体组之间的相互作用。”“在国民经济核算体系的框架中,整个账户体系具有以下特性:a. 全面性。因为一个经济体中所有设定的活动和所有经济主体运行的结果都包含在其中。b. 一致性。因为,在度量一项特定活动对于所有参与主体产生的结果时,使用了相同的核算规则,形成了一致的价值。c. 完整性。因为,某经济主体之特定活动所产生的所有结果都在对应的账户中得到了反映,包括对资产负债表中财富度量的影响。”①

对于《国民经济核算体系》的作用,《国民经济核算体系》进一步指出,“国民经济核算体系是为经济分析、决策和政策制定而设计的。无论一国的产业结构如何,其经济发展处于何种阶段。国民经济核算体系的基本概念及定义是以一套经济逻辑和原理为基础的,这些逻辑和原理应该具有普适性,不会因经济环境不同而改变。类似的,它所遵循的分类和核算规则也是普遍适用的。”②它可以用于进行经济活动监测、宏观经济分析,并进行国际比较。

国民经济核算体系,被誉为“20 世纪最伟大的发明之一”。对国民经济核算体系作出重大贡献的经济学家多人获得诺贝尔经济学奖。中国 1992 年发布《中国国民经济核算体系(试行方案)》,开始采纳 SNA 的基本框架、内容和方法;2003 年正式发布的《中国国民经济核算体系》吸收了联合国 SNA1993 的最新国际标准,以此为标志,中国国民经济核算进入了一个新阶段。③

由于国民经济核算体系具有的这种基础、核心作用,我们对产业的分析亦从该体系给出的定义开始。根据《国民经济核算体系》的产业定义,产业是由从事相同或类似活动的基层单位组成的。基层单位可以是企业,也可以是企业的一部分。④ 企业是以货物和服务生产者形象出现的机构单位。企业这一术语可以指公司、准公司、非营利机构和非法人企业。⑤ 生产活动,是企业利用投入生产产出(产品)的活动。没有人类参与或指导的纯自然过程,不属于生产活动。同时,人类的某些活动,如人的吃、喝、睡,不可能雇用另一人代

① 联合国、欧盟委员会、经济合作与发展组织、国际货币基金组织、世界银行:《国民经济核算体系》(2008),第 1.1 段。

② 《国民经济核算体系》(2008),第 1.4 段。

③ 参见高敏雪等主编:《国民经济核算原理与中国实践》(第二版),中国人民大学出版社 2009 年版,第 2—12 页。

④ 《国民经济核算体系》(2008),第 5.2 段,5.46 段。

⑤ 《国民经济核算体系》(2008),第 5.1 段。

替进行这些活动,不是生产活动。[①] 经济意义上的生产活动,指由机构单位(企业)控制和负责进行的、利用劳动、资本和货物与服务作为投入生产货物或服务产出的活动。[②] 对生产过程负责、对生产产出享有权利或有权获得报酬或补偿,成为生产活动的内在要求。产品,是经生产过程产生的货物和服务。[③] “货物”是指对它有某种需求、并能够确定其所有权的有形生产成果,这种所有权可以通过市场交易从一个机构单位向另一机构单位转移。[④] “服务”是改变消费单位状态或促进产品或金融资产交换的生产活动的结果。服务大体可以分为两类:改变型服务和增值型服务。[⑤] 货物和服务构成产品。

联合国《所有经济活动的国际标准产业分类》(ISIC,以下简称《国际标准产业分类》)及《国民经济核算体系》对产业的定义保持一致。作为国际公认的标准产业分类,《国际标准产业分类》在产业定义上遵循了《国民经济核算体系》中的定义。我们将在下文对此进一步分析。

(二) 营利性产业和非营利性产业

在一些中国人的观念中,产业和事业完全是两回事。这毫不奇怪。我国最权威的《现代汉语词典》也是这样认识的。根据商务印书馆 2012 年出版的中国社会科学院语言研究所编辑室编的《现代汉语词典》(第 6 版),“产业”指:(1) 土地、房屋、工厂等财产(多指私有的);(2) 构成国民经济的行业和部门:高科技产业,支持产业;(3) 指现代工业生产(多用作定语):产业工人,产业部门,产业革命。“事业”指:(1) 人所从事的,具有一定目标、规模和系统而对社会发展有影响的经常活动:革命事业,科学文化事业,事业心;(2) 特指没有生产收入,由国家经费开支,不进行经济核算的事业(对“企业”而言):事业费,事业单位。与“事业”一词相联系,我国还存在“事业单位”。根据上述《现代汉语词典》的解释,事业单位指:接受国家或地方财政拨款,从事教育、科技、文化、卫生等活动,具备法人条件的社会服务组织。从这一解释中,

---

① SNA 2008, paras. 6.24—6.25.

② Economic production may be defined as an activity carried out under the control and responsibility of an institutional unit that uses inputs of labour, capital, and goods and services to produce outputs of goods or services. SNA 2008, para. 6.17.

③ Products are goods and services (including knowledge-capturingproducts) that result from a process ofproduction. SNA 2008, para. 6.14.

④ Goods are physical, produced objects for which a demand exists, over which ownership rights can be established and whose ownership can be transferred from one institutional unit to another by engaging in transactions on markets. SNA 2008, para. 6.15.

⑤ Services are the result of a production activity that changes the conditions of the consuming units, or facilitates the exchange of products or financial assets. SNA 2008, para. 6.17.

可以明显看出,事业单位是我国的一个专有用法。

上述含义,是词典含义,是通常含义,不代表法律规章中的法律含义。国务院颁布的《事业单位登记管理暂行条例》对事业单位进行了法律界定。"本条例所称事业单位,是指国家为了社会公益目的,由国家机关举办或者其他组织利用国有资产举办的,从事教育、科技、文化、卫生等活动的社会服务组织。"这一定义,本质上是对国有单位的定义,是对从事特定活动的国有单位的定义。这一定义与该单位是否以营利为目的无直接的、必然的联系。该条例第 2 条进一步规定:"事业单位依法举办的营利性经营组织,必须实行独立核算,依照国家有关公司、企业等经营组织的法律、法规登记管理。"这表明,事业单位可以举办营利性经营组织,可以举办公司企业。从这一意义上说,事业单位与公司企业的区别消失了。这似乎也意味着事业单位也可能是产业的组成部分。中共中央、国务院于 2011 年发布的《关于分类推进事业单位改革的指导意见》将事业单位定性为"经济社会发展提供公益服务的主要载体"。这一定性,似乎更侧重其经济职能和作用,也意味着事业单位并非与产业格格不入。

在我国的日常用语中,还存在"行业"这一说法。根据上述《现代汉语词典》,行业指:工商业中的类别,泛指职业的类别:饮食行业,服务行业,教育行业。这一概念虽然也指经济活动类别,但更侧重于职业方面。我们使用"各行各业"这一表述时,通常是指从事各行业的职工。但有时,产业和行业替换使用,如石油产业或石油行业。从历史的角度看,过去多使用"行业"这一表述,现在多使用"产业"这一表述。

如上所述,在中国,存在着企业和事业单位的划分。尽管在法律上事业单位与营利单位并不冲突,但一般认识中,事业单位通常被理解为靠政府拨款经营的非营利单位,企业一般被理解为营利性单位。这样,就容易将产业与营利性混在一起。

联合国、欧盟委员会、经济合作与发展组织、国际货币基金组织和世界银行共同编制的《国民经济核算体系》(2008),将非营利机构(NPI)纳入了核算范围。非营利机构是这样一类法律或社会实体:其创建目标虽然也是生产货物和服务,但其法律地位不允许那些建立它们、控制它们或为其提供资金的单位利用该实体获得收入、利润或其他财务收益。实践中,非营利机构的生产活动一定会产生盈余或亏损,但产生的任何盈余都不能分配给其他机构单位。在非营利机构的成立章程中一般会有这样的条文:控制或管理非营利机构的机构单位无权分享非营利机构所产生的任何利润或其他收入。也正因为如此,非营利机构经常被免除多种税收。非营利机构可以由住户、公司、政府创建,但创建的动机有多种。例如,成立非营利机构可能是为那些实施控制或提供资金的住房或公司自己提供服务;出于慈善、关爱人类或福利的原则而向需要帮助的人提供货物或服务;提供虽然收费但不以营利为目标的健康或教育方面的服务;或者是为了推进工商业界或政界压力集团的利益;等等。[①]

根据《国民经济核算体系》的概括,非营利机构的主要特征包括:第一,非营利机构是按照法律程序成立的法律实体,被承认独立于成立它、向它提供资金、控制或管理它的个人、公司或政府单位而存在。第二,许多非营利机构的控制者是团体,团体的成员有平等的权利,包括对所有影响非营利机构事务的重大决定的平等投票权。成员对非营利机构的运营承担有限责任。第三,不存在对非营利机构的利润或权利具有索取权的股东。所有成员都无权分享非营利机构通过生产活动所创造的任何利润或盈余,这些利润要存留在非营利机构中。第四,非营利机构的决策决定权通常归属于一组管理人员、理事会或类似的团体,它们是全体成员以简单多数原则投票选出来的。这些管理人员相当于公司董事会中的董事,并负责任命付酬的经理人员。第五,非营利机构的称谓来自于下述事实:控制非营利机构的团体的任何成员都不可以从其运营中获得财务利益,也不能将其所挣得的任何盈余划归己有。但这并不意味着非营利机构不能通过其生产获得营业盈余。有些国家,非营利机构享有优惠的税收政策,如象征所得税,但并非必然如此,也不是认定非营利机构的决定性因素之一。[②]

是否从事市场生产,并非区分营利机构与非营利机构的标准。根据《国民经济核算体系》,非营利机构可以从事市场生产,也可以从事非市场生产。非市场生产者是免费或以无显著经济意义的价格提供其大多数产出给其他单位的生产者。市场生产者是以有显著经济意义的价格销售其大部分或部分产出的生产者,即销售价格会对生产者愿意提供的数量和消费者愿意购买的数量有显著的影响。作为非营利机构的学校、学院、大学、诊所、医院等,如果根据其生产成本来收取费用,且费用高到足以对所提供服务的需求产生显著影响,则它们就是市场生产者。企业协会、商会等,都是从事市场生产的为企业服务的非营利机构。[③]

国内学者的认识与上述《国民经济核算体系》的做法基本一致。史际春教授在其《论营利性》一文中指出,所谓营利或营利性,是指企业的出资

① 《国际经济核算体系》(2008),第4.83—4.84段。
② 《国际经济核算体系》(2008),第4.85—4.86段。
③ 《国际经济核算体系》(2008),第4.88—4.90段。

者或股东为了获取利润而投资经营，依法得从所投资的企业获取资本的收益。营利性的法律意义在于，出资者或股东依法可以分配企业的利润和清算后的剩余财产；而非营利性企业的举办者或成员不得从本组织获取盈余及其任何资产或财产。在此意义上，所谓企业或公司的营利性，是针对其举办者或出资者、股东依法能从该组织取利而言的，与企业、公司本身是否记盈利无关。同时，如果出资者或股东依章程或依法将其从企业获取的利润用于社会或公益目的，而非私用，则该企业一般而言仍是非营利性的。这就是近年在世界上出现的社会企业或非营利企业。社会企业是指通过经营赚取盈余，其举办者或股东将所获利润用于公益性目标的企业。因此，作为营利性标志的股东取利，进一步说是指个人或私营组织取利用于私人用途——私人消费或投资经营，而不包括私人依法或依章程取利用于公益或公共目的。[①]

如果说史际春教授的上述认识与《国民经济核算体系》不同的话，《论营利性》一文直接使用了企业来涵盖营利性企业和（非营利性的）社会企业，而《国民经济核算体系》使用了更中性的表述“机构”、“非营利机构”。在一般人的理解中，企业都被认为是营利性的，无论其经营性质如何、投资者或控制者是否可以从中获取分配利润。这一点，在我国，公立医院和私立医院的待遇即存在不同。民办教育和公办教育也是一个例子。

在一些人的心目中，教育不应成为产业，或不应按营利性产业经营，教育应当是公益性的，投资者或举办者不应当通过教育来分配所得。这是对公益性教育的传统认识，也是对政府办教育的正确认识。但在其他国家，还存在私立学校；在我国，还存在民办教育。2002 年全国人大常委会通过的《中华人民共和国民办教育促进法》第 3 条将民办教育事业定性为公益性事业，“民办教育事业属于公益性事业，是社会主义教育事业的组成部分”。该法第 5 条明确规定：“民办学校与公办学校具有同等的法律地位，国家保障民办学校的办学自主权。国家保障民办学校举办者、校长、教职工和受教育者的合法权益。”不过，该法第 51 条却规定了出资人获得合理回报的权利，从而使民办教育与公办教育产生了根本性的不同：“民办学校在扣除办学成本、预留发展基金以及按照国家有关规定提取其他的必需的费用后，出资人可以从办学结余中取得合理回报。取得合理回报的具体办法由国务院规定。”国务院颁布的《中华人民共和国民办教育促进法实施条例》进一步明确，民办学校的章程应当规定的主要事项中，包括出资者要求

---

① 史际春：《论营利性》，载《法学家》2013 年第 3 期，第 2 页。

取得合理回报这一内容(第 16 条第 6 款)。实施条例第 38 条规定:捐资举办的民办学校和出资人不要求取得合理回报的民办学校,依法享受与公办学校同等的税收及其他优惠政策。出资人要求取得合理回报的民办学校享受的税收优惠政策,由国务院财政部门、税务主管部门会同国务院有关行政部门制定。民办学校应当依法办理税务登记,并在终止时依法办理注销税务登记手续。实施条例多个条款具体规定了出资人的合理回报问题。第 44 条亦规定:“出资人根据民办学校章程的规定要求取得合理回报的,可以在每个会计年度结束时,从民办学校的办学结余中按一定比例取得回报。”所谓“办学结余”,指民办学校扣除办学成本等形成的年度净收益,扣除社会捐助、国家资助的资产,并依照实施条例的规定预留发展基金以及按照国家有关规定提取其他必需的费用后的余额。实施条例第 45 条规定了确定回报比例应考虑的因素:“民办学校应当根据下列因素确定本校出资人从办学结余中取得回报的比例:(一) 收取费用的项目和标准;(二) 用于教育教学活动和改善办学条件的支出占收取费用的比例;(三) 办学水平和教育质量。与同级同类其他民办学校相比较,收取费用高、用于教育教学活动和改善办学条件的支出占收取费用的比例低,并且办学水平和教育质量低的民办学校,其出资人从办学结余中取得回报的比例不得高于同级同类其他民办学校。”第 46 条规定:“民办学校应当在确定出资人取得回报比例前,向社会公布与其办学水平和教育质量有关的材料和财务状况。民办学校的理事会、董事会或者其他形式决策机构应当根据本条例第 44 条、第 45 条的规定作出出资人取得回报比例的决定。民办学校应当自该决定作出之日起 15 日内,将该决定和向社会公布的与其办学水平和教育质量有关的材料、财务状况报审批机关备案。”第 47 条还规定了出资人不得取得回报的一些情形,如制作虚假招生简章或广告,非法颁发或伪造学历证书,出资人抽逃资金或者挪用办学经费,等等。

按照前述国务院《事业单位登记管理暂行条例》的规定,事业单位是为了公益目的而设立的,事业单位可以依法举办营利性组织(第 2 条)。因此,事业单位和营利性组织也并非相互排斥的。再以博物馆为例。国营博物馆无异于事业单位,具有公益性;但私营博物馆,尽管属于公益目的,某些却按营利性企业对待。针对我国博物馆数量增加、有些却难以为继的情况,有学者建议,“只要允许举办者或投资者自行选择其设立的博物馆为营利性或非营利性,营利性的由市场决定其票价、相关经营活动、管理水平和能否生存,非营利性的以举办者或出资者不取利为条件允许其出售门票、从事博物馆相关经济活动获取收益即可;政府或非营利组织作为举办者设立博物馆愿意免费开放的，自然很好，但不应该一刀切强制任何地方、任何类型、任何主体举办的博物馆都要免费参观”。①

上述这些实例，反映了我国对传统的所谓公益性单位的实际做法，也反映了产业定义和产业分类的模糊性。但无论如何，它表明，产业与所谓事业单位、公益性事业，都不是排斥关系，而是相容关系。应当摒弃公益事业、公益性单位不属于产业的传统观念，更应正确认识产业的性质。

联合国《国际标准产业分类》对这一问题专门作出了说明和解释。该产业分类引用了联合国《国民账户体系非营利机构手册》对非营利机构的定义："按以下几个方面定义非营利部门:(a) 有组织;(b) 非营利，且依据法律或习俗，不将任何盈余分配给持有或控制该组织的人;(c) 独立于政府;(d) 实行自我管理;并具有(e) 非强制性。"《国际标准产业分类》进一步指出，由于非营利机构的地位不是由产品或收入的特点来决定的，而是由该机构的法律、结构和运营特点来决定的，因而非营利部门不能按照一组《国际标准产业分类》类别组成的归并来界定。即使非营利机构都集中在教育、人体健康和社会工作等服务活动方面，原则上非营利机构可能会出现在《国际标准产业分类》中的任何一类。此外，并非某一特定《国际标准产业分类》组中的所有单位都一定是非营利机构，尽管其中大多数都可能是。②

《国际标准产业分类》的上述解释表明，产业分类或产业定义，与非营利机构之间并无必然的联系或冲突。二者的定义特征不同。产业定义或产业分类是根据经济活动进行的，而非营利机构本质上是指拥有人或控制人不能分配盈余。因此，产业与非营利机构之间既不排斥也不等同。非营利机构可以划分产业分类，从事不同活动的非营利机构可以划归为不同的产业分类，划归为同一产业分类的不全是营利企业或非营利机构。由此得出，在国际层面讨论产业时，所指产业并不仅仅指营利性产业，也包括非营利性产业。进一步推之，在国际谈判中讨论市场开放时，也不仅仅指营利性市场，也包括非营利市场。

（三）世界贸易组织规则中的国内产业定义

世界贸易组织规则含有国内产业的明确定义。该定义虽然是从国内产业的角度来界定产业的，但其产业概念与前述《国民经济核算体系》、《国际标准产业分类》中的产业是一致的。

---

① 史际春:《论营利性》，载《法学家》2013 年第 3 期，第 11 页。

② 联合国经济和社会事务部统计司:《所有经济活动的国际标准产业分类》(修订本第 4 版)，2009 年，第 259—260 页。

“国内产业”这一概念出现在《反倾销协定》、《补贴与反补贴协定》和《保障措施协定》中。其中,《反倾销协定》和《补贴与反补贴协定》中的产业定义相同。[①]

根据《反倾销协定》,“国内产业”指同类产品的国内生产商全体,或总产量占同类产品国内总产量主要部分的国内生产商。[②] 根据《保障措施协定》,“国内产业”指在成员境内从事经营的同类产品或直接竞争产品的生产商全体,或同类产品或直接竞争产品总产量占这些产品全部国内产量主要部分的生产商。[③] 由于《反倾销协定》和《保障措施协定》针对进口产品定义国内产业,它们强调了与进口产品同类的或直接竞争的国内产品生产商。这两个定义,除了产品具体范围不同外,基本相同,都指某类产品的国内生产商。因此,概括地说,所谓产业,就是某类产品生产商的总称。

世界贸易组织规则中的产业定义以生产活动的产品来界定,《国际标准产业分类》以产出产品的生产活动来界定。二者存在着一定的区别。第一,产业范围不同。《反倾销协定》和《保障措施协定》中的产业定义,是生产货物的产业定义,没有包括提供服务的产业定义。虽然其使用了在他处可以解释为包括了服务的“产品”一词,但该处的真实含义是货物。因此,此处的国内产业及其定义,不包括服务产业。而《国际标准产业分类》中的产业定义,却普遍适用于生产货物的产业和提供服务的产业。第二,综合性企业的分类不同。有些企业同时生产多种产品,例如屠宰厂生产肉类和生皮,依具体情形,这类企业既可以说是属于肉类产业,也可以说是属于生皮产业。这在反倾销意义或保障措施意义上,都行得通。但如果根据《国际标准产业分类》,由于该分类所要求的唯一性和互斥性,该类企业只能归属于某一产业,或者是肉类产业,或者是生皮产业,根据肉类产出或生皮产出占该企业总产出的比例而定,即根据主要活动和次要活动、主要产品和副产品(或联合产品)而定。产业分类和产出分类就出现了分歧,根据《国际标准产业分类》的产业分类和根据《反倾销协定》的产业分类出现了不统一。在综合大型企业的情况下,更是如此。由于生产产品不同,同一企业可能被归类为多个产业。但在

---

① 《反倾销协定》中的国内产业定义规定于第 4 条,《补贴与反补贴协定》中的国内产业定义规定于第 16 条。

② For the purposes of this Agreement, the term “domestic industry” shall be interpreted as referring to the domestic producers as a whole of the like products or to those of them whose collective output of the products constitutes a major proportion of the total domestic production of those products.

③ 4.1(c) in determining injury or threat thereof, a “domestic industry” shall be understood to mean the producers as a whole of the like or directly competitive products operating within the territory of a Member, or those whose collective output of the like or directly competitive products constitutes a major proportion of the total domestic production of those products.

产品特定的情况下，所有生产该产品的企业，都被定义为同一产业。第三，界定产业的出发点和目的不同。《反倾销协定》从被调查的实际产品，推导出生产该产品的产业；而《国际标准产业分类》则是将现有企业分类根据其生产活动归属到某一产业。

但上述问题，对于世贸规则下的产业界定来说并不是问题。由于是按产品界定产业，产品是既定的，生产该产品的企业就是该产品产业。在上述例子中，如果涉及的产品是肉类，则屠宰厂无疑属于此处的肉类产业，屠宰厂同时生产其他产品的这一事实，并不影响屠宰厂属于肉类产业的界定。如果涉及的产品是生皮，屠宰厂是生皮生产商，属于此处的生皮产业，屠宰厂生产生皮的同时生产其他产品这一事实，同样不影响屠宰厂属于生皮产业的界定。至于该屠宰厂生产的肉类增值比生皮多，也不能否定屠宰厂是生皮生产商这一事实。如《国际标准产业分类》所认可的，根据产品识别产业，确实是可取的。

《国际标准产业分类》与世贸规则的产业界定的目的或用途不同。前者的作用是将某一企业划分为某类产业，后者是确定某一产品的生产商。前者分类的难点在于某一企业产出的最大增值的产品是什么，最大值是关键因素；后者分类的难点在于某一产品到底是什么，产品或产品范围界定本身是关键因素。

《保障措施协定》中，国内产业被定义为包括同类产品或直接竞争产品的生产商。这一产业范围，宽于《反倾销协定》中的产业范围。尽管如此，它仍然是某类产品的生产商。因而，在确定了产品范围的情况下，生产商的范围就得到了确定，从而产业范围得到了确定。《保障措施协定》中的产业定义，与《国际标准产业分类》的产业定义同样一致。

《服务贸易总协定》及根据该协定进行的服务贸易谈判，同样是根据产出即服务进行产业分类。不过，在此框架下，产业被称为服务部门和分部门(sectors and subsectors)。例如金融服务、运输服务，金融服务又进一步分为保险服务、银行和其他金融服务等。服务提供者指提供某一服务的任何人，服务的提供包括服务的生产、分销、营销、销售和交付。[①] 在《服务贸易总协定》中，服务和提供者(供应商)是并行规定的。例如，在最惠国待遇和国民待遇中，赋予该等待遇的对象是服务和服务提供者。因此，《服务贸易总协定》同时包括了生产活动的产出和生产活动主体。《国际标准产业分类》中的产业定义，对《服务贸易总协定》适用。

---

① 《服务贸易总协定》第28条定义。

基于上述对产出和生产活动的理解,对世贸组织规则来说,基于产品确定产业和基于生产产品的生产活动确定产业,二者是相通的。我们可以基于产品确定产业,也可以基于生产活动确定产业。这在下文中会详细述及。

二、产业分类

(一)标准产业分类

在《国民经济核算体系》建立的概念、定义和规则的基础上,《国际标准产业分类》,对生产性经济活动进行产业分类,该分类是对生产活动的产业的国际基准分类。

《国民经济核算体系》界定了产业和构成产业的基层单位。"产业,是从事同类或类似生产活动的基层单位的集合。"①基层单位是《国民经济核算体系》中使用的具有最小同质性的一个基本统计单位,可以是一个企业,也可以是企业的一部分。它具有单独的场所,只从事一种生产活动,或者其主要生产活动在其全部增加值中占有绝大部分。②

《国际标准产业分类》遵循《国民经济核算体系》中的产业和基层单位概念。"产业是主要从事同类或类似生产活动的企业单位的总称。"③这与《国民经济核算体系》中的规定相呼应:"一个产业是从事相同或类似活动的基层单位的集合。在最详细的分类层级,产业就是属于某个国际标准产业分类的小类的所有基层单位的集合。在经汇总形成的较高层级上——对应着国际标准产业分类的中类、大类以及最终的门类,产业由大量的从事类似活动的基层单位组成。"④

根据《国际标准产业分类》,全部经济活动按四级互斥类别的结构划分。最高一级称为门类(Section),按字母顺序对各个类别进行编码,每一门类又进一步分更小的类别,用数字编码;第二级为类(Division),两位数编码;第三级为大组(Group),三位数编码;第四级为组(Class),四位数编码。组是最小

---

① An industry consists of a group of establishments engaged in the same or similar, kinds of activity. SNA 2008, paras. 5.2,5.46.

② SNA 2008,中文本,第5.2段。

③ An industry is defined as the set of all production units engaged primarily in the same or similar kinds of productive activity, ISIC4, para. 30.

④ 《国民经济核算体系》(2008),第5.1段,第5.46段。

的类别。该分类按统计单位(如基层单位和企业)主要从事的经济活动进行归类。每个分类层级上的各个统计单位都有一个且只有一个《国际标准产业分类》代码。划入同一类别的企业通常被称为一个产业。①

自1948年起,联合国统计委员会即致力于国际统一的对经济活动的国际标准产业分类。联合国经济及社会理事会于1948年8月通过决议,建议所有会员国政府以下列方式利用《国际标准产业分类》:采用这一分类体系作为国家标准;或按照这一体系重新汇编统计数据,用于国际比较。联合国统计委员会于1956年、1965年、1979年、2000年,对《国际标准产业分类》进行了修订。2006年修订第4版《国际标准产业分类》是最新版本,反映了新技术和组织之间的新分工创造的新的活动类型和新的产业形式。②

《国际标准产业分类》第4版用于界定和划分这些类别的定义及限定类别的原则及标准,与《国际标准产业分类》之前的版本保持一致,建立在货物、服务及生产要素投入、生产工艺及技术③、产出特点及产出用途的基础之上。相似的经济活动按这些标准被划入相应的类别。在界定各个组时,即在最详细的分类层级上,优先考虑生产工艺和技术,这一点在与服务业的组别上尤为明显。在较高的分类层级上则优先考虑产出的特点及用途,以确立分析上有用的汇总类别。出于分析用途的考虑和历史连续性的原因,并非在所有情况下都完全适用这些标准。因此,在具体分类时,可能对上述标准赋予不同的权重。④ 概括地说,一般情况下,大类按产品特点和用途,小类按生产工艺和技术。由于相关活动与产出之间关系较密切,《国际标准产业分类》的定义尽量满足以下两个条件:(1) 生产和提供的具有某一类特点的货物或服务类别,占归属该组的单位的产出的大部分;(2) 组这一类别包含生产和提供具

---

① ISIC Rev. 4, paras. 5—6.

② 联合国经济和社会事务部统计司:《所有经济活动的国际标准产业分类》(修订本第4版),2009年,第ix—x页。

③ inputs of goods, services and factors of production; the process and technology of production; the characteristics of outputs; and the use to which the outputs are put. 联合国《国际标准产业分类》修订第4版中文本将process of production译为"生产工艺"。该词组在该文件的其他部分一般译为"生产过程"。中文本此处将"工艺"和"技术"并列,表达的是同一个意思,体现不出生产过程的特点。中文中的"生产工艺"这一词在英文中通常不是process of production。另外,《国际标准产业分类》使用《国民经济核算体系》给出的定义。在《国民经济核算体系》中,process of production为"生产过程"的意思,企业正是经由这一过程生产货物和服务。

④ 《国际经济活动的国际标准产业分类》(修订本第4版)(2008),联合国经济和社会事务部统计司,统计文件M辑第4号,第7段。

有该类特点的大多数货物和服务类别的单位。[①][②]

除此之外,根据经济活动的重要性进行分类,也是《国际标准产业分类》允许的、采取的一种分类标准。“在确定《国际标准产业分类》各个类别时,考虑的另一个主要问题是活动的相对重要性。一般而言,对多数国家常见的活动种类或对世界和地区经济活动具有特殊重要意义的活动才被单独分类。”[③]正是基于这一产业分类标准,对不同类别的经济活动(产业)的合并与拆分,反映出了这些产业的重要性。对新的活动的单独分类,从原来的类别中独立出来,无疑反映了对相关经济活动的重视。《国际标准产业分类》(修订第4版)对服务活动作了更细致的划分,“特别是那些被视为至关重要、或与其他活动不同、或与政策密切相关的活动”。[④]

将相互关联的多个产业归并为一个大的产业,则反映了对这一大的产业的总体重视。在《国际标准产业分类》(修订第4版)中,除了正常的产业分类外,还提供了备选归并,这就是信息经济的备选归并。信息经济包括信息和通信技术产业及“内容”产业,具体说包括了信息和通信技术部门及内容和媒介部门。信息和通信技术部门的活动(产业)可以拆分为:信息和通讯技术制造业、信息和通信技术贸易及信息和通信技术服务业。而内容和媒介部门的活动则可拆分为书籍和期刊的出版及其他出版活动,电影、录像和电视节目的制作活动,录音和音乐作品发行活动,电台和电视广播,信息服务活动。[⑤]

中国国家统计局2004年对信息相关产业的划分、对文化及相关产业的划分,以及2006年对高技术产业的划分,都是根据其重要性,从更广的范围进行的更大产业的划分。

联合国《国际标准产业分类》(修订第4版)将所有经济活动分为21个门类。包括:A. 农业林业和渔业,B. 采矿和采石,C. 制造业,D. 电、煤气、蒸气和空调的供应,E. 供水,污水处理、废物管理和补救活动,F. 建筑业,G. 批发和零售业,汽车和摩托车的修理,H. 运输和储存,I. 住宿服务活动,J. 信息和通信,K. 金融和保险活动,L. 房地产活动,M. 专业、科学和技术活动,

---

① 联合国经济和社会事务部统计司:《所有经济活动的国际标准产业分类》(修订本第4版),2009年,导言第39,40,42段。

② the classes of ISIC are defined so that as far as possible the following two conditions are fulfilled: (a) The production of the category of goods and services that characterizes a given class accounts for the bulk of the output of the units classified to that class; (b) The class contains the units that produce most of the category of goods and services that characterize it.

③ 联合国经济和社会事务部统计司:《所有经济活动的国际标准产业分类》(修订本第4版),2009年,导言第44段。

④ 同上,导言第211段。

⑤ 同上,导言第217—222段。

N. 行政和辅助活动,O. 公共管理和国防,强制性社会保障,P. 教育,Q. 人体健康和社会工作活动,R. 艺术、娱乐和文娱活动,S. 其他服务活动,T. 家庭作为雇主的活动,家庭自用、未加区分的物品生产和服务活动,U. 国际组织和机构的活动。见下图(《国际标准产业分类》修订第 4 版,第 41 页):

第一章

总体结构

《国家标准产业分类》中的单个类别归并为以下 21 个门类

门类	类	说明
A	01—03	农业、林业及渔业
B	05—09	采矿和采石
C	10—33	制造业
D	35	电、煤气、蒸气和空调的供应
E	36—39	供水;污水处理、废物管理和补救活动
F	41—43	建筑业
G	45—47	批发和零售业;汽车和摩托车的修理
H	49—53	运输和储存
I	55—56	食宿服务活动
J	58—63	信息和通讯
K	64—66	金融和保险活动
L	68	房地产活动
M	69—75	专业、科学和技术活动
N	77—82	行政和辅助活动
O	84	公共管理和国防;强制性社会保障
P	85	教育
Q	86—88	人体健康和社会工作活动
R	90—93	艺术、娱乐和文娱活动
S	94—96	其他服务活动
T	97—98	家庭作为雇主的活动;家庭自用、未加区分的物品生产和服务活动
U	99	国际组织和机构的活动

从上图可以看出,门类是最大的分类。在每一门类中,又包括了不同的类。类下面又分大组和组。门类、类、大组和组,代表着范围不同的产业。例如,门类 A,称为农业、林业和渔业,实为 3 类产业。门类 B 采矿和采石,具体包括了 6 类:煤炭和褐煤的开采、石油及天然气的开采、金属矿的开采、其他采矿和采石、开采辅助服务活动。06 类石油天然气的开采中,包括了 061 原油开采和 062 天然气开采两大组。见下页图(《国际标准产业分类》修订第 4 版,第 44 页):

门类 B

采矿和采石

类	大组	组	说明
类 05			煤炭和褐煤的开采
	051	0510	硬煤的开采
	052	0520	褐煤的开采
类 06			石油及天然气的开采
	061	0610	原油的开采
	062	0620	天然气的开采
类 07			金属矿的开采
	071	0710	铁矿的开采
	072		有色金属矿的开采
		0721	铀及钍矿的开采
		0729	其他有色金属矿的开采
类 08			其他采矿和采石
	081	0810	石、沙及粘土的采掘
	089		未另分类的采矿和采石
		0891	化学矿物及肥料矿物的开采
		0892	泥炭的开采
		0893	采盐
		0899	未另分类的其他采矿和采石
类 09			开采辅助服务活动
	091	0910	石油和天然气开采的辅助活动
	099	0990	其他采矿和采石的辅助活动

通过这一分类还可以看到，每一门类、类、大组和组都相应地构成了范围宽窄不同的产业。门类是最广义上的产业，组是最窄意义上的产业。产业的竞争力更取决于狭义上的产业。而我们通常所理解的产业，与《国际标准产业分类》并不完全对应，多属于几个不同组的产业的结合。如天然气开采，属于一个独立产业，06 类；天然气开采的辅助活动，属于另外一个独立产业，09 类。我们通常所说的天然气开采业，至少包括这两组产业。实际上，它还包括制造业门类中的专用机械制造业，或许还应包括钢铁业，如钻头的制造。开采的天然气需要运输，这又涉及管道运输业，还需要存储。天然气的勘探与开发，数据信息的分析处理，都是天然气开发业所必不可少的组成部分。

因此，对产业的理解，既要突破按营利、非营利的传统分类观念的约束，又要突破以偏概全、以点代面的僵化理解。产业,既是点,又是面,也是线,是一个纵横交错的整体。同时,对经济活动的拆分和归并表明,产业是一个相对的概念和划分,各国政府可以基于自己的政策和需要,进行相应的划分,采取相应的政策,提供相应的保护。

(二) 基于产品的产业分类

《国际标准产业分类》以生产活动为要素定义产业。《国际标准产业分类》(修订第 4 版)亦指出,用《产品总分类》中的产出分类作为识别某一单位的主要活动的方法,也是可取的。[①] 这表明,在进行产业分类时,我们既可以根据从事某一经济活动的基层单位进行分类,也可以根据产品来对生产这一产品的基层单位进行分类。

基于产品的产业分类与基于活动的产业分类之间存在着密切的联系,二者之间具有很强的一致性。生产某一产品的活动,是同类生产活动;生产同类产品的生产商,从事着同类生产活动,构成同一产业。在此,无论是采用产品标准还是活动标准,二者结果是一样的。如果我们试图使用一个统一的产业定义,似乎可以定义为,产业是从事生产同类产品的生产活动的生产商。如果每一企业只从事生产一种产品的生产活动,产品、生产活动、企业和产业的关系则是完全一一对应的。

严格意义上说,产品与生产活动并不存在一一对应关系;产业与产品间也不存在一一对应关系。某些活动可能同时产生多种产品,而一种产品也可以通过不同的生产工艺技术生产出来。[②] 现实中,一个企业可能同时生产多种产品,即同一生产活动生产不同产品。大型的综合性企业更是如此。我们以屠宰厂为例。屠宰厂在同一生产过程中生产肉类和生皮。由于肉类和生皮不是同类产品,屠宰厂是划分为肉类产业还是生皮产业成为一个问题。根据《国际标准产业分类》确立的分类原则和标准,对企业进行分类,按其产出中增值额最大的产品分类。假设屠宰厂生产肉类增值最大,则该企业被分类为肉类产业,而不分类为生皮产业。但如果我们面对的是生皮这一产品,则很容易地将生皮的生产商划归到生皮产业,即将该生皮生产商也生产肉类产品。

在国际贸易中,普遍接受的确定关税的产品(货物)分类是世界海关组织制定的《商品名称和编码协调制度》(简称为《协调制度》,HS)。这也是国际上普遍接受的最早的货物分类制度。但这一制度仅包括有形的国际贸易货

---

① ISIC 4, para. 34.

② 《国民经济核算体系》(2008),第 5.48 段。

物,未包括全部生产活动的产出货物及服务。自1991年起联合国制定了《产品总分类》,包括所有的货物和服务。《产品总分类》的货物部分,分类上基本以《协调制度》为基础。此外,联合国还制定了《国际贸易标准分类》,同样是对货物的分类,但其分类比较简单、粗略,主要用于贸易分析。

1. 协调制度

《协调制度》作为《商品名称和编码协调制度公约》(以下简称《协调制度公约》)的附件产生效力。参加公约的缔约方有义务实施这一协调制度。根据该公约,每一缔约方,从公约对其生效起,须将其海关关税和统计分类与《协调制度》相符。缔约方应使用《协调制度》的所有品目(headings)和子目(subheadings)及相关编码,不得增加或改变;缔约方应使用《协调制度》的一般解释规则及所有类、章和子目注释,不得改变《协调制度》的类、章、品目或子目的范围;缔约方须遵循《协调制度》的编码顺序。① 截至2012年8月15日,该公约已有144个缔约方。实际上,超过200个国家和经济体使用该《协调制度》,作为海关商品分类和国际贸易统计的依据。②《协调制度》不断更新修订,最新版本是2012年版。中国1992年起使用《协调制度》制定作为关税征收依据的税则。

《协调制度》是一部完整、系统、通用、准确的国际贸易商品分类体系。《协调制度》采用了法律和逻辑的结构,整个《协调制度》由类、章和商品条目(品目)三个框架组成,在品目下还有几级子目结构。类是该制度的基本框架,基本上按照社会生产的分工分类,共有21类。类以下是章,按类的范围分别列在21类下面,共96章。章基本上按商品的属性或用途安排。品目是该制度的最基本成分,每一条目中列有一组或一类商品。品目的编排特点是:原材料先于成品,加工程度低的产品先于加工程度高的产品,列名具体的品种先于列名一般的品种。品目编码的基础结构是4位数字结构,前两位表示品目所在的章,后两位表示该品目在该章的先后位置。整个编码为6位数字结构,即通常所指的6位税号或税目。协调制度包括约5000类商品,每一类安排一个6位编码。

下图显示的是《协调制度》第1类第1章开始的品目:

---

① International Convention on the Harmonized System, Article 3.1(a): Each Contracting Party undertakes... that from the date on which this Convention enters into force in respect of it, its Customs tariff and statistical nomenclatures shall be in conformity with the Harmonized System. It thus undertakes that, in respect of its Customs tariff and statistical nomenclatures: (i) it shall use all the headings and subheadings of the Harmonized System without addition or modification, together with their related numerical codes; (ii) it shall apply the General Rules for the interpretation of the Harmonized System and all the Section, Chapter and Subheading Notes, and shall not modify the scope of the Sections, Chapters, headings or subheadings of the Harmonized System; and (iii) it shall follow the numerical sequence of the Harmonized System.

② http://www.wcoomd.org/home_hsoverviewboxes.htm, August 15, 2012 visited.

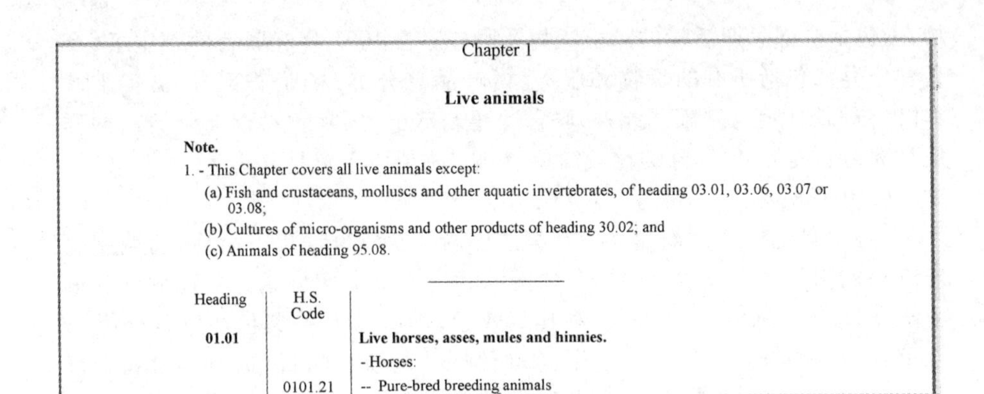
Chapter 1

Live animals

Note.

1. - This Chapter covers all live animals except:

(a) Fish and crustaceans, molluscs and other aquatic invertebrates, of heading 03.01, 03.06, 03.07 or 03.08;

(b) Cultures of micro-organisms and other products of heading 30.02; and

(c) Animals of heading 95.08.

Heading	H.S. Code	
01.01		**Live horses, asses, mules and hinnies.**
		- Horses:
	0101.21	-- Pure-bred breeding animals

如上所述,在《协调制度》中,章基本上按商品的属性或用途安排,品目则按加工程度安排。具体说,《协调制度》是一个按下列标准划分的国际交易商品的详尽的税则目录:(1) 原材料和基本材料;(2) 加工程度;(3) 用途或功能;(4) 经济活动。原则上,《协调制度》也遵循《国际标准产业分类》中的原产业标准。① 但由于分类目的的不同,并非在每一品目上都遵循这一标准。

《协调制度》本身提供了 6 条归类总规则。使用次序是规则一优于规则二、规则二优于规则三,依次类推。其中第五项是关于特殊商品的分类规则。这些规则是②:

规则一:类、章和分章的标题仅为查找方便而设;具有法律效力的归类,应按品目条文及有关类注或章注确定,如品目、类注或章注没有另外要求,按下述规则确定。

规则二:(1) 品目所列货品(articles),应视为包括该货品的不完整品或未制成品,只要在进口或出口该项时不完整品或未制成品具有完整品或制成品的基本特征;还包括该货品的完整品或制成品(或按本款可作为完整品或制成品归类的商品)在进口或出口时未组装件或拆散件;(2) 品目所列材料或物质,应视为包括该种材料与其他材料或物质混合或组合的货品。品目所列某种材料或物质构成的货品,应视为包括全部或部分由该材料或物质构成的货品。由一种以上的材料或物质构成的货品,应按规则三归类。

规则三:当货品按规则二(2)或因其他原因,看起来可分为两个或更多的品目时,应据以下规则分类:(1) 列名比较具体的品目优先于一般的品目。但当两个或更多的品目都仅涉及混合或组合货品所含的一部分材料或物质时,或

① CPC 1.1, para. 45.

② 海关总署关税征管司编:《中华人民共和国进出口税则》,中国海关出版社 2010 年版,第 1—2 页。

零售的成套货品的一部分货品，即使其中某个品目对该货品描述得更全面、详细，这些货品在有关品目的列名应视为同样具体；(2) 混合物、不同材料构成或不同零部件组成的组合物以及零售的成套货品，如不能根据规则三(1)归类，在本款适用的情况下，应按构成货品的基本特征的材料或部件归类；(3) 当货品不能按规则三(1)或三(2)归类时，应据号列顺序归入最末一个品目。

规则四：根据上述规则无法归类的货品，应归入与其最相类似的货品的品目。

规则五：除了上述规定外，本规则适用于下述货品的归类：

(1) 制成特殊形状，适用于盛装某一或某套物品并适合长期使用的照相机盒、乐器盒、枪套、绘图仪器盒、项链盒及类似容器，如果与所装物品同时报验，并通常与所装物品一起出售的，应与所装物品一并归类。但本款不适用于本身构成整个货品基本特征的容器。

(2) 除规则五(1)规定的以外，与所装货品同时报验的包装材料和包装容器，如果是通常用于包装此类货品的，应与所装货品一并归类。但明显可重复使用的包装材料或包装容器不受本款限制。

规则六：货品在某一品目项下各子目的法定归类，应按子目条文或有关的子目注释以及以上各条规则（在必要的地方稍加修改）来确定，但子目的比较只能在同一数级上进行。除条文另有规定外，有关的类注、章注也适用于本规则。

《协调制度》虽然不是世贸规则的一部分，但在世界贸易组织规则适用中起着非常重要的作用。与关税有关的事项，例如关税、最惠国待遇、海关估价、原产地、配额、数量限制措施、贸易救济措施、关税减让谈判，都以协调制度的商品分类为基础。甚至在涉及国内税的国民待遇中，海关分类也作为判断同类产品的一个要素。

世贸组织《纺织品与服装协定》附件列出了该协定适用的产品清单，而该产品清单按《协调制度》6 位编码列出了纺织品和服装产品，即该制度第十一类所含的产品。示例如下：

商品及编码协调制度税则第十一类（纺织原料及纺织制品）所含产品
HS 编码产品描述
第 50 章蚕丝
5004. 00 丝纱线（绢纺纱线除外），非供零售用
5005. 00 绢纺纱线，非供零售用
5006. 00 丝纱线及绢纺纱线，供零售用；蚕绞丝
5007. 10 丝落棉机织物
5007. 20 丝落绵除外的丝/废机织物，按重量计丝或绢丝含量在 85% 及以上
5009. 90 其他丝或绢丝机织物

上述示例也显示出了前文提到的协调制度对产品分类的标准:(1) 原材料和基本材料;(2) 加工程度;(3) 用途或功能;(4) 经济活动。这说明,产品使用的材料不同,加工程度不同,用途或功能不同,或者涉及的经济活动不同,由此引起的相关产品的税则分类(编号)即不同,从而进一步导致对该产品征收的关税不同。而产品税负不同,对产业保护程度也不同。因此,协调制度中的产品分类,直接影响着产业保护。这也是关税被称为关税壁垒的原因之一。

《农业协定》调整的产品范围完全是根据《协调制度》来确定的。该协定第2条明确规定:"本协定适用于本协定附件1中所列产品,下称农产品。"而附件1则规定,"本协定适用于下列产品,(i) 协调制度第1章至第24章,鱼及鱼制品除外,另加"通过《协调制度》编码及品目列明的产品,如山梨醇、生皮、羊毛等。

中国是《协调制度公约》的缔约方,《中华人民共和国进出口税则》是以《协调制度》为基础制定的。该税则2010年版的类章结构如下:

第一类　活动物;动物产品

第一章　活动物

第二章　肉及食用杂碎

第三章　鱼、甲壳动物、软体动物及其他水生无脊椎动物

第四章　乳品;蛋品;天然蜂蜜;其他食用动物产品

第五章　其他动物产品

第二类　植物产品

……

《协调制度》对产业的作用,可以从其2012年版对中国分类建议的采纳体现出来。此次审议中,中国海关提交了375个修订议题对案,反映我国的经贸利益。除世界粮农组织提议列目的外,本次修订由其他原因新增的8个子目中,我国就占2个。本着在世界海关组织框架下争取本国利益的目标,经过产业调研和艰苦谈判,根据我国提的议案,占世界贸易量40%以上的"机场用登机桥"、中国特色的"百合花"、"普洱茶"等我国具有竞争优势和贸易特色的产品成功列入2012版《协调制度》目录和注释中,保证了我国优势产品的顺利出口,为这些产品参与国际竞争创造了有利条件。我国中集集团是世界上最大的登机桥生产企业之一,生产的"旅客登机桥"在实际出口过程中遭遇各国商品归类不统一带来通关困难、企业海外营销战略受到极大影响的问题。在协调制度目录中增列"旅客登机桥"子目,是彻底解决该商品争议的有效途径,实现统一归类,促进贸易的议题。我国是"百合花"的重要生产

国,单列“百合花”子目对支持我国花卉产业的发展具有重要意义。世界海关组织采纳中国政府的分类建议,实现了我国海关总署关税司提出的《协调制度》应用要促进企业发展、谋取国家利益的目标,也标志着我国海关从《协调制度》运用者向协调制度体系的建设者迈出了重要一步。①

2. 产品总分类

《产品总分类》是联合国制定的对全部货物和服务的综合分类,包括货物和服务分类。《产品总分类》和《国际标准产业分类》代表着联合国两种相互关联的分类,一类是产出分类,一类是活动分类。《产品总分类》沿用《国民经济核算体系》中使用的产品定义,反过来《国民经济核算体系》使用《产品总分类》的产品分类。

《产品总分类》包括所有的货物和服务,是一种既无所不包又互相排斥的类别体系。该分类根据产品的物理性质、固有性质及原产业原则对产品进行分类,在各个类别内部尽量实现同质性(homogeneity)。产品的物理和固有性质是产品本身具有的区分特征,包括货物制作所用的原材料、生产阶段或生产货物或提供服务的方式、产品预定用途或用户类别,以及产品所售价格。生产货物或提供服务的原产业,是货物和服务的重要特性,在对产品进行分类时,努力将单一产业的产品归入产品总分类的一类。产品的原产业标准是《国际标准产业分类》所采用的分类原则。在产品总分类中,在可能时,都注明其产业分类号。②

《产品总分类》的编码方法采取分层法和纯粹的十进制。分类的组成包括各部门(等同于第一位数)、类(等同于第一位和第二位数)、组(等同于前三位数)、级(等同于前四位数)和次级(等同于前五位数合在一起)。部门的代码由0至9组成,每个部门又划分为9类。在代码的第三位数,每类又划分为9组,每组又划分为9级,而每级又可划分为9个次级。总共有10个部门、70类、305组、1167级和2098次级。③

在货物部分,即《产品总分类》部门0至4中,货物的分类按照《协调制度》对应类别的条款确定,在解释时遵循《协调制度》的解释规则。④ 从理解的角度说,《产品总分类》中的货物分类基本上是《协调制度》的复制,只是繁简程度不同。《协调制度》出现的时间早于《产品总分类》,影响着《产品总分类》。《产品总分类》出现后,又反过来影响着《协调制度》。随着二者不同修

---

① 海关总署关税司孙群司长采访答复内容,http://info. jctrans. com/gongju/maoyishouce/20121131171331_5. shtml,2012年8月17日访问。

② CPC 1.1, paras. 20—23.

③ 《产品总分类》(1.1版本),第31段。

④ CPC 1.1, para. 61.

订版本的出现,在货物方面的分类基本趋向统一。但由于二者的分类目的不同,一个关注经济活动产出,一个关注货物进出口,有些经济活动的产品虽然出现在《产品总分类》中,但由于贸易量极少或根本没有贸易发生,如甘蔗,在《协调制度》中没有单独列出。

《产品总分类》除货物分类外,还有服务分类,包括在部门5至9中。《产品总分类》是首个对服务进行分类的制度。关税与贸易总协定乌拉圭回合谈判过程中,服务贸易谈判所遵循的服务贸易分类表就是参考1991年的《暂定产品总分类》制定的。

《产品总分类》对服务进行分类时,按照《产品总分类》的部门5至9中各类、组、级或次级中说明的类别条款确定。当某一服务初看起来可归入两个或多个类别时,分类应按下述原则进行,但以只有同级别(部门、类、组、级或次级)的类别可以比较为条件:(1)提供最具体说明的类别应优先于提供较笼统说明的类别;(2)参照(1)不能分类的由不同服务组合而成的复合服务,在分类时按具有该组合服务的基本特征分类;(3)当服务不能按照(1)或(2)分类时,应根据同等值得考虑的类别中按照数目顺序最后出现的类别分类。不能按照上述规则分类的服务,应归入适合于它们最相似的服务的类别。①

有些情形下,货物和服务不易、不能截然分开,或者说某产品具有货物的外形、具有服务的内容或功能。根据《产品总分类》,货物和服务捆绑(合并)在一起的产品,如果增值标准适用,应按照它们的主要组成部分(增值)分类。② 根据《国民经济核算体系》对服务的定义,作为一种产出形式、一种产品形式,服务是改变消费者状态或促进产品或金融资产交换的生活活动的结果。这种结果不能对其确立所有权,不能独立于生产而交易。生产完成时,服务已经提供给了消费者。③《国民经济核算体系》在服务部分单独列出了一种产品,即知识载体产品(knowledge-capturing products)。在知识载体产品的情况下,例如咨询报告、计算机程序、电影等,虽然属于服务,但却可以再存储、可以对其确立所有权、可以像一般货物一样进行交易。但这类产品,又是通过消费者重复接触知识的方式向消费者提供、储存、传递和传播信息、咨询和娱乐。④ 对于这类产品,《国民经济核算体系》仍将其分为服务。

由于这类产品具有双重性,且世界贸易组织规则存在平行的货物贸易规

① CPC 1.1, paras. 62—63.
② CPC 1.1, para. 64.
③ SNA 2008, paras. 6.17, 6.21.
④ SNA 2008, para. 6.22.

则和服务贸易规则,这类产品受到货物和服务双重规则的规范。例如,《关税与贸易总协定》第4条专门是有关电影片的特殊规定。但音像服务又是世界贸易组织服务贸易分类表中明确列出的服务部门。[①] 因此,在涉及知识载体产品时,需要考虑到该产品的双重特征。在关税与贸易总协定适用期间,法国、加拿大最早提出"文化产品例外论",认为文化产品不应受关税与贸易总协定义务的约束,正是这种知识产品双重性的反映。

下图是《产品总分类》第2版开始部分,显示了部门、类、组、次级,商品名称,及与《协调制度》07版本和《国际标准产业分类》修订(第4版)的对应关系:

Group	Class	Subclass	Desciption	Corresponding HS 2007	Corresponding ISIC Rev.4
Section 0			Agriculture, forestry and fishery products		
Division 01			Products of agriculture, horticulture and market gardening		
011			Cereals		
	0111		Wheat		
		01111	Wheat, seed	1001.10*, .90*	0111
		01112	Wheat, other	1001.10*, .90*	0111
	0112		Maize (com)		
		01121	Maize (com), seed	1005.10	0111
		01122	Maize (com), other	1005.90	0111
	0113		Rice		
		01131	Rice, seed	1006.10*	0112
		01132	Rice paddy, other (not husked)	1006.10*	0112
	0114		Sorghum		
		01141	Sorghum, seed	1007.00*	0111
		01142	Sorghum, other	1007.00*	0111
	0115		Barley		
		01151	Barley, seed	1003.00*	0111
		01152	Barley, other	1003.00*	0111
	0116		Rye		

3. 服务部门分类表

《服务部门分类表》[②],是关税与贸易总协定乌拉圭回合谈判期间,由关税与贸易总协定秘书处根据《服务贸易总协定》编制的服务部门分类。该分类以联合国1991年《暂定产品总分类》为基础,共分为12个部门,部门之下进一步分为分部门和组。每一组均标有联合国《暂定产品总分类》的编码。这12个大的部门分类是:商业服务(包括计算机),通讯服务,建筑与相关工程服务,分销服务,教育服务,环境服务,金融(银行与保险)服务,保健和社会(医疗)服务,旅游及相关服务,娱乐、文化和体育服务,运输服务以及其他服务。

《服务部门分类表》构成了乌拉圭回合服务贸易谈判的基础,世界贸易组

① MTN. GNS/W/120.

② Services Sectoral Classification List, Note by the secretariat, MTN. GNS/W/120, 10 July 1991.

织成员作出的服务减让,基本上是参考这一分类进行的。以下是该分类的一部分:

SERVUCES SECTORAL CLASSIFICATION LIST

SECTORS AND SUB-SECTORS		CORRESPONDING CPC
1.	BUSINESS SERVICES	Section B
A.	Professional Services	
a.	Legal Services	
b.	Accounting, auditing and booseeping services	862
c.	Taxation Services	863
d.	Architectural services	8671
e.	Engineering services	8672
f.	Integrated engineering services	8673
g.	Urban planning and landscape architeetural services	8674
h.	Medical and dental services	9312
i.	Veterinary services	932

4. 国际贸易标准分类

《国际贸易标准分类》,与《协调制度》一样,是对国际贸易的可运输货物的分类。

该目录以国联海关分类草案 1937 年修订本为基础。联合国成立后,为了适应国际贸易的新情况以及不断增长的国际可比性要求,在 1938 年国联公布的《国际贸易统计商品基本目录》(Minimum List of Commodities for International trade Statistics)的基础上,1950 年联合国经社理事会通过了统计委员会完成的《联合国国际贸易标准分类》(SITC 最早版本),并敦促各国政府采取这一分类。1955 年主要由欧洲国家及其他国家组成的海关合作委员会(世界海关组织的前身)制定了《海关分类表》,该分类表是国际普遍接受的分类表,基于商品制造所使用的物品的性质对商品进行分类,这一方法也是海关分类的传统方法。但在进行经济统计和经济分析时,需要对基于海关分类表取得的数据进行整理,有必要基于加工过程和原产业对商品进行重新分组。这造成了极大的不便。为了改善这一情况,来自不同国家和政府间国际机构的专家,使用最初的 SITC 版本和海关分类表,制定 SITC 修订本。经过多方面的不断努力,1960 年 SITC 修订本建立了与《海关分类表》的对应关系。60 年代后国际贸易格局发生了很大变化,引起了对 SITC 的新的修订。为了更好地协调二者的关系,成立了 SITC 与海关分类表联合工作组。联合国经社理事会于 1975 年通过了统计委员会于 1974 年完成的 SITC 修订版本 2。理事会的决议同时请求海关合作委员会在其分类中注明与 SITC 的联系,可能时消除经济上不重要的品目(headings)。[①]

---

① Standard International Trade Classification Revision 2, ST/ESA/STAT/SER. M/34/REV. 2, p. 5.

《国际贸易标准分类》,同《产品总分类》一样,使用《协调制度》中的分类作为基本分类,同时建立更适合于经济分析的商品分组。《国际贸易标准分类》的商品分组反映:(1)生产中使用的材料;(2)加工阶段;(3)产品的市场做法和产品用途;(4)商品在世界贸易中的重要性;(5)技术变革。[①] 关于《国际贸易标准分类版本3》与《产品总分类》在可运输货物之间的对应关系,《国际贸易标准分类》的所有5位数字项目,全部包含在《产品总分类》的部门0至4的单个次级内。因此,《产品总分类》的次级由《国际贸易标准分类版本3》的一个或多个项目组成(存在某些例外)。[②]

1988年海关合作理事会的《商品名称及编码协调制度》正式生效。为了协调《国际贸易标准分类》与《协调制度》的关系,联合国制定了《国际贸易标准分类修订版本3》,并于1985年获得通过。此后,《协调制度》经过多次修订,产生了许多非原始子目。尽管联合国统计司列出了《国际贸易标准分类》与《协调制度》之间的适当关系表,但仍不能满足修订《国际贸易标准分类》的需要。2008年《国际贸易标准分类修订版本4》获得通过。[③]

《国际贸易标准分类修订版本4》的范围涵盖了《协调制度》可分类的所有货物,但货币、黄金、金币和通行硬币除外。由于该修订本被建议仅用于分析目的[④],因此,在本书中不再分析这一分类对国内产业保护的影响。

(三)标准产业分类与产品分类间的关系

1. 不同分类的一致性

上述产业分类和产品分类中,表面上似无多大关联,但实质上是一致的。产业分类按生产产品的活动分类,产品分类按生产活动的结果分类。除了一种生产活动生产出不同产品、一种产品可由不同生产活动生产之外,两种分类方法是相同的。如前所述,在一种生产活动生产多种产品时,从事该生产活动的企业按增值额高的产品来划分。而在一种产品可由多种生产活动生产时,如手工和机械生产时,从贸易角度看,是同一产业。

上述不同分类方法之间存在着密切的联系。《国民经济核算体系》中的产业定义与《国际标准产业分类》中的产业定义相同。[⑤]《国际标准产业分

---

① The commodity groupings of the SITC reflect (a) the materials used in production; (b) the processing stage; (c) market practices and uses of the products; (d) the importance of the commodities in terms of world trade; and (e) technological changes.

② CPC 1.1, para. 49.

③ 《国际贸易标准分类修订版本4》(2008),统计文件M辑第34/修订4,前言。

④ 同上。

⑤ 《国民经济核算体系》(2008),第5.46段。

类》主要是根据经济活动进行的分类,因此分类范围一直受到《国民经济核算体系》中规定的经济生产活动的单位分类的影响。《国际标准产业分类》在现有经济活动分类以及其他经济分类(如产品分类)中占据中心地位。反过来,用《产品总分类》中的产出分类,也可以作为识别某一单位的主要活动的方法。①

《国民经济核算体系》提供了产品的定义。为了研究货物和服务的交易,该体系使用《产品总分类》,其给出的产品定义基本上体现在 CPC 各类别特征中的定义。而《产品总分类》又沿用了该核算体系中的产品定义。②

《产品总分类》的第一个次级由绝大多数在《国际标准产业分类》的每一个具体级或若干级中生产的货物和服务组成。《产品总分类》的每个次级都提及关于《国际标准产业分类》中一般生产大部分有关货物或服务的产业。③尝试将主要作为单一产业的产品归入《产品总分类》的一个次级,突出了货物和服务的原产业的重要性。通过与原产业标准、投入结构、技术和生产组织的联系,产品的特征也体现在了《产品总分类》的结构中。④

《产品总分类》部门 0 至 4 中的每个次级,相当于《协调制度》中的一项、一个分项、几项或分项的归并。对于可运输货物,《产品总分类》与《协调制度》之间存在密切的关系,其部门 0 至 4 中的次级,构成《协调制度 2012》完整类别的分组和重新排列。《产品总分类》部门 0 至 4 各类货物的分类,应按照《协调制度》对应类别的条款确定。⑤

《国际标准产业分类》专门分析论述了该分类与其他分类之间的关系。⑥ 统计委员会要求秘书处制定一个构成对活动、货物和服务进行分类的综合体系。《国际标准产业分类》是该体系的活动方面,《产品总分类》是用来对货物和服务进行分类的主要工具,而《国际贸易标准分类》则是以分析为目的的国际贸易统计的可运输货物综合分类。《产品总分类》和《国际贸易标准分类》都用《协调制度》的品目和子目作为其类别的结构单位。因此,与其他分类的关系,也要求其他分类与《国际标准产业分类》具有一定程度的可比性。

《国际标准产业分类》与以《协调制度》、《产品总分类》和《国际贸易标准分类》等分类之间的关系是以下列事实为基础的:产品分类原则上将通常只

① 《国际标准产业分类》,第 28 段,第 11 段和第 33 段。
② 《产品总分类》第 29 段,第 18 段;《国民经济核算体系》(2008),第 2.37 段。
③ 《产品总分类》,第 40 段。
④ 《产品总分类》第 23 段。
⑤ 《产品总分类》,第 20,42、61 段。
⑥ 《国际标准产业分类》,第 172—174 段,第 34—35 页。

是在《国际标准产业分类》所界定的一个产业内生产的货物或提供的服务组合在一个类别中。《协调制度》就尽可能地遵循这种原产业标准(origin criterion)。有些情况下,如海关官员不可能作出区分时,就不适用这一原则。但是,《协调制度》中的在多数品目和子目(heading, subheading)所包含的产品,通常只是在《国际标准产业分类》的一个类别中生产的货物。在某些生产并不大量进行的情况下,通常也会出现例外。例如,由于农业原产品及未加工产品(raw and processed products)的国际贸易可以忽略不计,因而《协调制度》将农产品中的原产品及加工产品合并到一个类别中。但是,农业原产品及加工产品也是《国际标准产业分类》中不同行业的产物,因此,使这两个类别严格对应实际上是不可能的。另外,《协调制度》中品目和子目的划分标准与产业原产地(industrial origin)和《产品总分类》或《国际贸易标准分类》的架构大不相同。

《产品总分类》、《协调制度》和《国际贸易标准分类》之间的差异是因为类的编制目的不同造成的。《协调制度》是对可运输货物国际贸易的详细分类,而《国际贸易标准分类》则是出于分析目的而进行的归并程度较高的分类,但其范围与《协调制度》相同,即可运输货物的贸易。《产品总分类》的范围超过了《协调制度》和《国际贸易标准分类》,为的是涵盖所有货物、服务的生产和消费。《产品总分类》和《国际贸易标准分类》修订本第 3 版都对《协调制度》的类别进行了重新分类,但采用的方法有所不同。《国际贸易标准分类》遵循的是传统编序方法,以产品、加工阶段和最终用途为主要考虑因素。《产品总分类》大组中的类别类似于《国际标准产业分类》中的类别。然而,这并不意味着所有产品都是按其原产业标准来分类的。

原产业是制订《产品总分类》的重要标准,但它是作为一种适合于本身情况的分类方法制订的,分类依据的是货物的物理特性和固有性质或所提供服务的性质。[①]

国际竞争战略大师迈克尔·波特在《竞争战略》、《竞争优势》和《国家竞争优势》中,提出了产业集群、价值链等影响深远的概念和理论。其对竞争的分析是从产业的视角、高度进行的。其产业集群图的基本分类系统是从最终的应用产品往上归纳。产业依照大多数国家的最终产品形态进行分类。[②] 这进一步突出了基于经济活动的产业分类和基于产品的产业分类密不可分的内在联系。

---

① 《国际标准产业分类》,第 175 段。

② 〔美〕迈克尔·波特:《国际竞争优势》(下),李明轩、邱如美译,中信出版社 2012 年版,第 247、250 页。

2. 分类中的层次性

(1) 产品

无论是根据产品进行产业分类,还是根据经济活动进行产业分类,其共同点是产业是生产产品的生产商的统称或集合。因此,产业的构成实际上有三个层次:产品、生产商和生产商整体。

在这三个要素中,产品是最基础的要素。正是产品或生产产品的活动,决定了产业的分类。

根据生产活动还是根据生产活动产出的产品划分产业,对于我们的分析来说,本质是一致的。我们需要注意的是它们用于分类的标准因素是什么。在具体分析因素标准之前,先看一下现有的产品分类和生产活动分类。在此主要以《协调制度》、《产品总分类》和《国际标准产业分类》为对象。

《协调制度》是一个按下列标准划分的国际贸易商品的详尽的税则目录:① 原材料和基本材料;② 加工程度;③ 用途或功能;④ 经济活动。原则上,《协调制度》也遵循《国际标准产业分类》中的原产业标准。

《产品总分类》根据产品的物理性质、固有性质及原产业原则对产品进行分类,在各个类别内部尽量实现同质性(homogeneity)。

《国际标准产业分类》则建立在货物、服务及生产要素投入、生产过程及技术、产出特点及产出用途的基础上。

如前所述,《协调制度》是最早的产品分类。《国际标准产业分类》是国际普遍接受的产业分类。而《产品总分类》则是建立在《协调制度》和《标准产业分类》基础之上的。它们之间具有关联性和某种一致性。这从各自文本中就分类本身与其他分类的关系描述中可以得到确认。

通过比较可以发现,《协调制度》中的原材料和基本材料、加工程度、用途或功能,类似于《国际标准产业分类》中使用的货物、服务及生产要素投入(相对于原材料)、生产过程及技术(相当于加工程度)、产出特点及用途(相当于用途或功能)。我们还看到,《协调制度》分类时要考虑经济活动这一因素,同时原则上遵循《国际产业标准分类》中的原产业标准。可以说这些因素是相互联系、相互参照的。《产品总分类》根据产品的物理性质、固有性质,亦可以理解为考虑原材料、加工程度、用途或功能。《产品总分类》的另一标准是参照原产业规则。因此,《产品总分类》是《协调制度》和《国际标准产业分类》制度的集大成。

抛开经济活动、原产业这些因素,上述分类的共同因素是投入、加工程度、用途。这些构成了产品或产业分类的核心因素。这意味着,投入不同、加工程度不同或用途不同,产品或经济活动的分类就不同,由此导致的产业分类也不同。产业分类实际上是由产品分类或经济活动分类决定的。反过来说,如果改变了投入、加工程度或改变了用途,产业分类也相应改变。

以上文提到的屠宰厂生产的肉类和生皮为例。在《产品总分类》中,0 类属于农业、林业和水产品,2 类属于食品饮料和烟草、纺织品、服务和皮革制品。在 0 类中,02 类属于活动物和畜产品,0297 类是生皮、生毛皮,02971 属于生牛马羊皮,02972 为其他生毛皮。在 2 类中,类 21 是肉类、鱼类、水果、蔬菜和油脂。其中 211 是肉和肉制品,2111 属于鲜肉,再下分为鲜牛肉 21111、冻牛肉 21112、鲜猪肉 21113、冻猪肉 21114 等。2112 类属于前述未列明的鲜肉,2113 类属于加工过的肉类,如腌肉 21131。类 29 是皮革和皮革制品、鞋类。其中,291 类是鞣制皮及硝制皮、合成革;292 类是皮箱、皮包、其他皮革制品。我们看到,不同动物的生皮属于不同的类别;生皮和鞣制皮属于不同的类别;鞣制皮与皮革制品属于不同的类别;在肉类中,不同动物的肉分别属于不同的类别;同一动物的肉,鲜肉和冻肉属于不同的类别;经过加工的腌肉与鲜冻肉属于不同的类别。由此可以得出结论,养牛和养猪同属于养殖业,但却是不同的养殖业;养殖业与肉制品业是不同的。肉制品业中,生产鲜肉与肉类加工又不同。生皮、皮革和皮制品也存在类似的不同分类情形。

基于上述,如果我们想发展养殖业,意味着提高生猪生牛的产量或质量。如果想发展肉类食品加工业,意味着提高肉类食品的产量或质量。如果想发展生皮业,意味着提高生皮的产量或质量。而如果想发展皮革制品业,则需要提高皮革制品的产量或质量。这中间,养殖、肉类加工、生皮生产、皮革生产、皮革制品生产,是相互不同的产业,不能相互替代。同时,它们之间又存在非常密切的联系,形成了上下游的产业关系或横向的产业群体。养殖、生皮、皮革、皮革制品之间是上下游关系,养殖、鲜肉和加工肉也是上下游关系,而皮与肉之间则是一个群体关系。

在关税与贸易总协定/世界贸易组织争端解决的历史上,曾遇到过这样的问题:对进口牛肉发起保障措施调查,生牛养殖是否为与进口牛肉相对应的国内产业呢?在我国,围绕是否对进口大豆采取反倾销调查的困惑是,大豆的进口商主要是我国豆油的加工商,限制大豆进口则限制了对加工商的大豆供应,对加工商产生不利影响。但需要明确的问题是,大豆这一产品不同于豆油这一产品;大豆种植业不同于油类加工业。对大豆反倾销救济的是大豆种植业,即农民或农场,而不是加工业。二者不能混淆。

(2) 生产商

产业是生产商的集合。因此,影响生产商(企业)发展的因素,都影响产业的发展;影响企业发展的规则,都是影响产业发展的规则。良好的内部治理结构、良好的外部发展环境,是企业良好发展的必备要素。

从企业的发展历史看,企业经历了从特许企业到一般市场主体的变化,经历了从临时机构到永久机构的转变。企业的权利也从特许权利发展为普遍的内在的市场交易权利。公司作为独立法人存在,以及有限责任公司的发展,被认为是与科技革命同样重要的制度性创新。[①] 管理学大师德鲁克创造性地指出,公司是一个社会组织,是一种可以与国家相媲美的社会组织,有自己的内部管理机构和发展规律。[②] 竞争战略大师波特创造了产业竞争的五力模型:产业内部企业间的竞争,同类或直接竞争产品的威胁,潜在竞争者进入的威胁,供应方的议价能力,买方的议价能力。这些都表明,产品竞争是表象,产品间的竞争实质上是企业间的竞争。

企业是资本和劳动的结合。影响资本或劳动的因素,必然影响着企业的发展,继而影响产业的发展。筹集资本的方式与成本,直接影响着企业发展的资本供应。而工人,作为企业的劳动者,是企业的重要利害关系方。在世贸组织《反倾销协定》和《补贴与反补贴协定》中,工人被允许代表企业提起反倾销调查和反补贴调查。[③]

企业是自主经营的市场主体。一个能够生产和提供服务的机构单位,称为企业。企业是在财务和投资决策方面具有自主权,并在分配用于生产和提供服务的资源方面拥有权力并负有责任的经济交易者。[④] 企业的经营权,直接关系到企业能否进入市场、能否在市场竞争中发展。从中国改革开放的实践看,企业作为最初的执行国家政策的一个手段,逐渐向市场主体转变。国务院 1992 年 7 月颁布、2011 年修订的《全民所有制工业企业转换经营机制条例》,其目的是"为了推动全民所有制工业企业进入市场,增强企业活力,提高企业经济效益"。[⑤] 在这一条例中,列出了多项企业经营权,包括:生产经营决策权,产品劳务定价权,产品销售权,物资采购权,进出口权,投资决策权,留用资金支配权,资产处置权,联营兼并权,劳动用工权,人事管理权,工资奖金分配权,内部机构设置权,拒绝摊派权。经过 20 年的发展,回头再看当时即将获得的权利,对比今天企业的发展,更会深刻理解企业经营权对企业发

---

① 参见〔英〕约翰·米克勒斯维特、阿德里安·伍尔德里奇:《公司的历史》,夏荷立译,安徽人民出版社 2012 年版。

② 参见〔美〕彼得·德鲁克:《公司的概念》,慕凤丽译,机械工业出版社 2009 年版。

③ 《反倾销协定》脚注 14,《补贴与反补贴协定》脚注 39。

④ An institutional unit in its capacity as a producer of goods and services is known as an enterprise. An enterprise is an economic transactor with autonomy inrespect of financial and investment decision-making, as well as authority and responsibility for allocating resources for the production of goods and services. SNA 2008, para. 77.

⑤ 《全民所有制工业企业转换经营机制条例》第 1 条。

展、产业发展的重要性。

规模经济是国际贸易理论和经济学的一种理论。规模经济是企业、产业、国家增加竞争力的重要手段。对于企业来说，规模经济可以通过企业内部生产规模的扩大实现，也可以通过整个行业的生产规模的扩大实现。从规模经济的意义上说，限制产量、限制规模、限制就业数量，等等，都是影响企业实现规模经济的障碍。

在特定市场中，是否存在垄断，直接影响该产业的发展。这包括几个方面：第一，是否存在法律上或事实上的垄断或寡头垄断状态。第二，是否存在法律上制约或限制其他企业进入这一产业的障碍。第三，是否存在现有企业限制竞争的做法，如垄断协议（卡特尔）、滥用市场支配地位。第四，某一市场或法域中，是否存在规范反垄断行为的反垄断法律及有效的执法机制。

（3）生产商整体

产业是生产商的总称。在这一意义上，整体意义上的生产商，而非个体意义上的生产商，是我们分析的对象。在政策意义上，生产商整体是关注整个产业开放及竞争能力的问题。在国际贸易中，在国际贸易的竞争中，产业竞争优势具有重要的作用。

对生产商整体的关注，集中于该产业的整体表现。例如，相对于个体生产商的情形，整个产业是否景气、业绩是否良好、是否具有竞争力、是否能够吸引其他投资者投资于本产业，等等。就政府管制政策来说，某一产业是否对外开放，是否限于特定类型的资本或企业进入，进入条件是否比进入其他产业苛刻或优惠，产业内的竞争环境，产业是否允许自由出入，企业启动资本是否巨大，产业是处于初级产品阶段还是高级加工产品阶段，是劳动密集型产业还是投资密集型或技术密集型产业。

建立在《竞争战略：产业与竞争者分析技巧》、《竞争优势：创造与维持高绩效》和《国家竞争优势》三部曲之上的波特的竞争理论，“对企业战略相关的内外竞争环境，从企业内部活动成本、外部产业结构、地域产业集群等不同层次，进行了全面深入的解剖，这为人们了解竞争本质提供了广泛的视角”。[①] 这一广泛视角，实际上就是站在产业—生产商整体的高度和广度，从产业结构看企业定位。波特的钻石理论、五力模型，都是基于产业宏观来分析、制定竞争战略。供方、买方、替代品厂商、同行业厂商、互补品厂商、替代进入者，体现的正是产业链群的关系。因此，从国家角度讲，生产商整体，而非单个的生产商，才是国家政策关注的对象。也正是在这一范围内，世贸规

① 项保华：《伐谋皆上兵　卷帘天自高——战略大师波特与他的竞争三部曲》，载〔美〕迈克尔·波特：《竞争战略》，郭武军、刘亮译，华夏出版社 2012 年第 2 版，第 5 页。

则允许保护产业,而不允许保护特定企业。

贸易协会、产业协会、工会,都是不同形式的产业集体。

3. 同类产品与国内产业

(1) 同类产品

根据前述产业定义,产业是同类产品生产商的集合。同类产品成为界定经济活动、界定产业的核心要素。这一点在世贸规则中体现得特别明显。从买卖角度说,国际贸易就是出口国的出口商将产品卖给进口国的进口商。在这一交易过程中,卖方获得了货币,买方获得了实物。双方各取所需,皆大欢喜。在这一意义上,国际贸易是一个双赢的结果。但同时我们也看到,出口国的出口产品销售到进口国,可能影响了进口国境内生产与进口产品同类的产品的生产商销售其产品的机会,即进口产品与国内同类产品竞争,甚至对生产国内同类产品的生产商造成了不利影响。这种不利影响可能包括销售量下降、库存增加、利润降低、工人失业,甚至企业破产等。这时,对买卖双方互利共赢的国际贸易,具有了溢出效应,对第三方产生了不利影响。虽然我们可以说进口商也创造财富、交纳税收、解决就业、满足消费者的需求,但从现实和人们的一般认识看,与进口商(进口企业)相比,生产商(制造企业)作出的贡献更大,从事实体经济、创造有形价值。而且一国能够进口的前提是拥有进口所需的货币或外汇,这恰是进口本身不能解决的。因此,在不否认进口能够提高人民生活水平的前提下,人们,或政府,更关注发展生产、创造财富、解决就业。在这样的背景下,进口产品对国内产品生产商的影响就更加突出、放大。

进口产品对国内产业的影响,主要表现在生产同类产品或直接竞争或替代产品的产业。我们可以推知,牛肉进口对国内服装产业没有影响;但牛肉进口可能对国内牛肉产业甚至猪肉产业产生影响。因此,产品的同类性、直接竞争或替代关系,成为解决进口产品与国内同类产品、直接竞争或替代产品之间竞争关系的重要的也是基础的问题。世界贸易组织规则中,多个条款规定了这一关系;成员的许多义务也建立在这一关系存在的基础上。如果没有同类产品存在,则相关条款亦不适用。

《关税与贸易总协定》第 1 条第 1 款的最惠国待遇义务,以同类产品为前提。属于最惠国待遇类型的其他规定,都以同类产品为条件。《关税与贸易总协定》第 9 条原产地标记要求,每一成员在标记要求方面给予其他成员的待遇不得低于给予任何第三国的待遇。《关税与贸易总协定》第 11 条规定了比较严格的普遍取消数量限制的义务,但同时也规定了有限的例外,其中允许对农产品和鱼制品进口进行必要的限制:这种限制必须是为限制国内同类产品生产或销售所必要，为消除国内同类产品的暂时过剩所必要。如果国内不存在同类产品的大量生产，须为限制直接替代进口产品的国内产品的生产或销售所必要的；或者为消除直接替代进口产品的国内同类产品的暂时过剩所必要，使国内消费者的某些群体免费或低于市场价格获得此种过剩。《关税与贸易总协定》第13条规定了普遍数量限制义务例外时应遵循非歧视要求，这种歧视性同样以产品同类性为基础：除非来自所有第三国的同类产品进口或向所有第三国的同类产品出口受到同样禁止或限制，否则不得禁止或限制来自任何成员的产品进口，或向任何成员的产品出口。

《关税与贸易总协定》第2条第2款规定了约束关税义务的几项例外，除反补贴税、反倾销税以及收取海关服务费用外，还有一项例外是对进口产品征收类似国内税费的费用，其存在前提亦是国内同类产品。按照这一规定，任何成员都可以对进口产品征收相当于国内同类产品交纳的国内税费，或按制造或生产进口产品所使用的（原材料）产品征收国内税费。

《关税与贸易总协定》第3条的国民待遇义务也以同类产品为前提，这一内容将在国民待遇与产业保护一章中详加介绍，此处不再赘述。

反倾销措施和反补贴措施都是根据同类产品实施的。反倾销调查的范围、倾销的确定、产业损害的确定、反倾销措施的实施，都是基于被调查产品与同类产品的比较。《关税与贸易总协定》第6条规定，如果出口价格低于在出口国正常贸易中用于国内消费的同类产品的出口价格，或者低于正常贸易过程中向第三国出口的同类产品的最高可比价格，即可以作为倾销存在的依据。《反倾销协定》遵循了这一做法，并对《关税与贸易总协定》第6条规定的第三种正常价值确定方法，即成本、费用和利润的合理计算法，作出了进一步的规定。同类产品以低于生产成本和费用销售或出口时，须满足重大数量、持续时间、不能回收成本的要求。成本、费用和利润这三种价格因素的数额，应依据被调查出口商或生产商在正常贸易过程生产和销售同类产品的实际数据。在产业损害确定上，除了国内产业的界定以同类产品为基础外，在具体损害确定要素上，也都以同类产品作为比较对象。对于倾销进口对价格的影响，应考虑与进口国同类产品的价格比较，是否存在大幅降低、大幅压价或抑制价格上涨。在累积评估不同来源进口对进口国国内产业的影响时，进口产品相互之间的竞争条件，以及进口产品与国内同类产品之间的竞争条件，是考虑因素之一。倾销进口的影响，要根据国内同类产品的生产进行评估，包括生产工艺、生产销售和生产利润。如果不能单独确认国内生产，可以通过审查包括同类产品在内的最小产品组别的生产来评估倾销进口的影响。

在反倾销调查申请中，申请人的申请资格和申请内容根据同类产品的相关要求来认定。申请应说明申请人的身份和申请人对国内同类产品生产数量和价格的说明。如果代表国内产业提出申请，申请书应列出同类产品的国内生产商名单（或同类产品的国内生产商协会），确认其代表申请的产业，并提供该类生产者所占国内同类产品生产的数量和价值说明。申请应提供进口产品对国内同类产品价格的影响。如果发起反倾销调查的申请得到了国内同类产品总产量25%的生产商支持，而且得到了占支持和反对发起调查国内同类产品的生产商总产量50%的生产商的支持，则满足了代表国内产业提出申请的要求。在反倾销调查程序中，调查的利害关系方除包括了出口国的出口商和生产商以及进口国的进口商及其商会外，还包括进口成员中同类产品的生产商，或生产同类产品的生产商组成的同类公会和商会。

根据《反倾销协定》的规定，微量倾销或倾销进口微量，都可以导致终止调查。倾销幅度低于出口价格的2%，来自某一特定国家的进口产品数量占整个被调查的同类进口产品总量的3%以下，都属于微量。但如果占进口成员中同类产品进口不足3%的国家合计超过该进口成员中同类产品进口的7%，则不能导致终止调查。

《反倾销协定》将同类产品界定为相同产品，与被调查产品在各方面都相同的产品，或者在没有这种各方面相同产品时与被审查产品各方面并非相同但极为相似的另一产品。

《补贴与反补贴协定》中有关反补贴调查的申请、反补贴调查的进行以及产业损害的确定等，也以同类产品为比较对象，相关规则基本与《反倾销协定》相同，此处不再赘述。《补贴与反补贴协定》通过脚注1规定了正常出口退税不视为补贴，该规定同样以同类产品为比较对象："根据关税与贸易总协定第16条（16条注释）和本协定附件1至附件3的规定，对出口产品免征其同类产品在国内消费时所负担的关税或国内税，或免除此类关税或国内税的数量不超过增加的数量，不视为补贴。"

《农业协定》第9条对出口补贴承诺的限定中，有一种情形也涉及同类产品的比较：政府或其代理机构为出口而销售或处理非商业性农产品库存，其价格低于向国内市场中同类产品购买者收取的可比价格。

适用于农产品贸易的《实施卫生与植物卫生措施协定》附件C是有关"控制、检查和批准程序"的规定要求。对于检查和保证实施卫生与植物卫生措施的任何程序，各成员应保证此类程序的实施和完成不受到不适当的迟延，且对进口产品实施的方式不严于国内同类产品；因对进口产品实施控制、检查和批准程序而征收的任何费用，与对国内同类产品或任何其他成员的产品所征收的费用相比，是公平的，且不高于提供服务的实际费用。

《技术性贸易壁垒协定》对技术法规和标准提出了要求。对于各成员中央政府机构,各成员应保证在技术法规方面,给予源自任何其他成员的进口产品不低于其给予本国同类产品或来自任何其他国家同类产品的待遇。这是基于同类产品的包括最惠国待遇和国民待遇的一种非歧视的总要求。《技术性贸易壁垒协定》对合格评定程序的制定、采用和实施提出了更具体的非歧视要求。各成员保证,在需要切实保证符合技术法规或标准时,中央政府机构对源自其他成员的产品适用下列规定:合格评定程序的制定、采用和实施,在可比情况下,应不低于给予本国同类产品的供应商或源自任何其他国家同类产品供应商的条件,使源自其他任何成员的产品供应商获得准入。在实施上述要求时,各成员应保证,合格评定程序尽可能迅速地进行和完成,并在顺序上给予源自其他成员的产品不低于本国同类产品的待遇;对源自任何其他成员的产品进行合格评定所征收的任何费用,与对本国或源自任何其他国家的同类产品所征收的费用相比,是公平的,同时考虑因申请人与评定机构所在地不同而产生的通讯、运输及其他费用。《技术性贸易壁垒协定》对非强制执行的有关产品、工艺和方法的标准,也提出了要求。此处所谓标准,根据该协定附件 1,指经公认机构批准的、规定非强制执行的、供通用或重复使用的产品或相关工艺和生产方法的规则、指南和特性的文件。该文件还可以包括或专门关于适用于产品、工艺或生产方法的专门术语、符号、包装、标志或标签要求。附件 3 关于制定、采用和实施标准的良好行为规范进一步规定,在标准方面,标准化机构给予源自世界贸易组织任何成员的产品的待遇,不得低于给予本国同类产品和源自任何其他国家同类产品的待遇。此处的"标准化机构"包括世界贸易组织成员领土内的任何标准化机构,无论是中央政府机构、地方政府机构,还是非政府机构,一个或多个成员为世贸成员的任何政府区域标准化机构,以及一个或多个成员为世贸成员、位于世贸成员境内的任何非政府区域标准化机构。

《服务贸易总协定》适用于同类服务和同类服务提供者。最惠国待遇和国民待遇义务都是以服务和服务提供者的"同类"为前提的。对于该协定涵盖的任何措施,每一成员对于任何其他成员的服务和服务提供者,应立即无条件地给予不低于其给予任何其他国家同类服务和服务提供者的待遇。对于国民待遇,在遵循承诺条件和资格要求的情况下,每一成员在影响服务提供的所有措施方面,给予任何其他成员的服务和服务提供者的待遇,不得低于其给予本国同类服务和服务提供者的待遇。

在世界贸易组织的其他协定中,使用了与同类产品(服务、服务提供者)类似但不同的术语,设定相关纪律。如《关税与贸易总协定》第 3 条第 2 款中的“直接竞争或替代产品”,《关税与贸易总协定》第 19 条及《保障措施协定》中的“同类或直接竞争产品”,《海关估价协定》中的“相同或类似进口货物”。从严格的法律意义上说,这些术语的含义应当不同于同类产品,同类产品的范围大于相同产品而小于直接竞争或替代产品,但我们可以将其宽泛地理解为要求进口产品与国内产品之间具有非常密切的关系,这种关系体现在产品的物理特征、产品预期用途、消费者感受、海关分类税目、经销方式等等,在涉及与进出口产品相关的相关措施的设计、实施时,应予特别注意。这样的差别,实质上与产业范围大小的界定是一致的。产品的范围越小,由此界定的产业范围就越小;反之,产品的范围越广,由此界定的产业范围就越大。

(2) 国内产业认定

在反倾销、反补贴和保障措施等贸易救济措施中,对进口产品采取措施需要证明进口产品对相关国内产业造成了损害。这就涉及国内产业的界定问题。

《反倾销协定》第 4 条提供了国内产业的定义。国内产业应解释为同类产品的国内生产商全体,或总产品构成同类产品国内生产量主要部分的国内生产商。此处的同类产品,指与被调查产品各方面都相同的产品,或各方面极为近似的产品。在此有一组相对应的产品:被调查进口产品和国内同类产品。国内产业定义正是根据同类产品因而根据被调查进口产品界定的。被调查产品的范围决定了国内产业的范围。此处的国内产业,已经不再是一般意义上的国内产业,也不是《国际标准产业分类》中的产业界定。它是一种经过精心挑选的国内产业。真正的问题是,谁决定了被调查产品(the product under consideration)?

进口国调查当局发起反倾销调查是基于申请人的申请。反倾销调查申请指明了申请人指控的倾销进口产品,通常是以协调制度关税税目来表示。尽管《反倾销协定》中使用的被调查产品是 the product under consideration,似乎像是单一产品,实际上通常是多个产品。比如说,鸡头鸡爪,但不包括鸡胸脯肉。这是美国对中国常出口的鸡产品。因此,它不是整鸡产品,也不是整鸡,很可能只是鸡的这一部分、那一部分。看一下世界海关组织《协调制度》税目,就知道被调查产品可能是什么、相互间有什么差别。

提起反倾销调查申请的目的,是希望在证明倾销进口产品对国内产业造成损害的基础上,对倾销进口产品征收反倾销税。证明倾销进口产品造成产业损害是申请人的责任(调查当局在作出倾销进口造成国内产业损害的认定结论时,也要提供证明这一结论的依据)。申请人在提出申请时,需要提供倾销进口与产业损害间的初步证据。因此,可以认为,申请人在提出申请之前,就对哪些进口产品提出反倾销调查申请、存在什么样的国内产业证据,有初步的准备和掌握。申请人是整个反倾销调查程序的始作俑者,也是被调查产品的界定者。

反倾销措施、反补贴措施和保障措施,其宗旨和作用都是保护国内产业。从制度设计上,相对于进口产品的进口商,整个制度是偏向国内生产商的。例如,对倾销进口产品对国内产业损害的因果关系要求,相对比较容易满足。进行反倾销调查的国内当局,遵循国内法的规定,也或多或少地存在这样的偏好。因此,调查当局得出倾销进口损害国内产业的结论时,可能会在产业损害界定上出现错误。

在美国对羊毛衣裤保障措施案中,审理争端的世贸专家组对美国政府作出的保障措施决定进行了评估。专家组认为,对于采取措施的特定产业来说,《纺织品与服装协定》第6条第3款规定了调查当局应当审查的11项因素。本案中的特定产业是针织羊毛衣裤。美国没有基于羊毛衣裤产业审查其中的8项因素:生产率、产能利用、库存、出口、工资、就业、利润和投资;美国也没有对此作出解释。对于其中的5项因素(产能利用、工资、就业、利润和投资),美国调查当局提供了更广的衣裤产业或针织衣裤部门的信息,而不是与特定美国产业充分相关的信息。出口数据的缺乏,不能有效说明美国市场的受损情况及因果关系。美国没有将进口增加对这些经济变量的影响与声称受到进口损害的特定产业联系起来;没有解决产业受损是否由于技术变化或消费者倾向变化引起的问题,也没有对没有收集更准确的产业数据作出解释。[①] 美国调查当局调查的是"针织衣裤产业",而不是"针织羊毛衣裤产业",但采取的措施却是针对后者。

三、产业的其他分类

(一) 传统和通俗分类

《国际标准产业分类》是国际公认的唯一对全部经济活动进行分类的产业分类。在地区层面,如欧盟和北美,以及各国政府层面,存在着各自的分类,各种分类相互影响,总的方面基本上是一致的。

传统上,还存在着其他类型的划分。如第一产业、第二产业、第三产业,朝阳产业、夕阳产业、幼稚产业等。

---

① 参见韩立余编著:《WTO案例及评析(1995—1999)》(下),中国人民大学出版社2001年版,第374—376页。

1. 第一产业、第二产业和第三产业

第一、第二和第三产业的划分,实质上是一种对农业、工业(制造业)和商业的基本划分。从人类经济活动的历史发展过程,对人类经济活动进行产业分类。这种产业分类是一种非常宏观的产业分类,也是一种传统的产业分类。对于处于不同历史发展阶段的经济体来说,这种划分表明了该经济体的发展阶段及发展目标。人类社会的发展,大体经过了农业社会、工业社会、(工业和)商业社会这么几个阶段。

按照中国统计局 2003 年发布的《三次产业划分规定》[①],第一产业指农林牧渔业;第二产业指采矿业,制造业,电力、燃气及水的生产和供应业,建筑业;第三产业指除第一、第二产业以外的其他行业。第三产业包括:交通运输、仓储和邮政业,信息传输、计算机服务和软件业,批发和零售业,住宿和餐饮业,金融业,房地产业,租赁和商务服务业,科学研究、技术服务和地质勘查业,水利、环境和公共设施管理业,居民服务和其他服务业,教育、卫生、社会保障和社会福利业,文化、体育和娱乐业,公共管理和社会组织,国际组织。

上述第三产业,可以理解为现在所说的服务业。

2. 朝阳产业、夕阳产业、幼稚产业等

按照某一产业本身的发展阶段,根据产业发展的规律,可以将产业分为朝阳产业、夕阳产业、幼稚产业、成熟产业。

根据产业间的相关关系,可以将产业分为上游产业、中游产业和下游产业。根据产业是否拥有优势,可以分为优势产业、劣势产业。有时可以根据产业中是否密集含有某一生产要素/禀赋来分,如劳动密集型产业、技术密集型产业、知识产业等。

根据某一产业在国民经济发展中的重要性,可以分为战略性产业、支柱产业、基础性产业。根据产品的用途,可以将产业分为材料产业和非材料产业。其他还有所谓瓶颈产业等。2009 年 9 月,时任国务院总理温家宝召开三次新兴战略性产业发展座谈会,听取经济、科技专家的意见和建议。与会人员就发展新能源、节能环保、电动汽车、新材料、新医药、生物育种和信息产业建言献策。温家宝就有关产业的战略方向、技术路线、发展布局、科研攻关和政策支撑等问题,同大家一起讨论交流。[②] 在此提出的产业战略方向、技术路线、发布布局、科研攻关和政策支撑,基本上涉及了产业保护和发展的各个

---

① 国家统计局《关于印发〈三次产业划分规定〉的通知》,国统字[2003]14 号,2003 年 5 月 14 日。

② 《温家宝主持召开新兴战略性产业发展座谈会》,http://news.xinhuanet.com/photo/2009-09/22/content_12098524.htm,2014 年 1 月 13 日访问。

方面。

产业的优化和升级,指朝着增加值更大、更有效率、更能发挥主导作用的产业发展。从某种意义上说,加工产业是初级产品产业的升级,信息产业是制造产业的进一步升级。在前述的屠宰、加工的产业链中,生皮生产处于产业链的低端,高级皮革制品处于产业链的高端,而知名品牌的皮革制品则又提升到了新的高度,附加了知识产权等新的增值内容(如设计和品牌)。但产业升级并不排斥处于低端的产业。低端产业和高端产业是同一产业链的组成部分。低端产业向高端产业提供生产投入,高端产业创造更高的价值产出。在产业升级时,也要考虑到低端产业的充分供应。

此外,从产品的流向或企业的活动,可以分为出口产业和进口产业、批发产业和零售产业等等。

(二) 产业链和产业群

根据 MBA 智库百科提供的定义,产业链(industry chain)是一个包含价值链、企业链、供需链和空间链四个维度的概念,是各个产业部门之间基于一定的技术经济关联,并依据特定的逻辑关系和时空布局关系客观形成的链条式关联关系形态。其本质是用于一个具有某种内在关系的企业群结构。产业链中大量存在着上下游关系和相互价值的交换,上游环节向下游环节输送产品或服务,下游环节向上游环节反馈信息。产业链的内涵是,它是产业层次的表达,是产业关联的表达,是资源加工深度的表达,是满足需求程度的表达。产业链向上延伸进入到基础产业环节和技术研发环节,向下游拓展则进入到市场环节。产业链的实质是不同产业的企业之间的关联,而这种产业关联的实质是各产业中的企业之间的供给与需求的关系。①

从产业分类角度看,产业链是上下游纵向延伸的产品或经济活动链条,是不同产业的重组,反映了它们之间的内在联系。在《国际标准产业分类》中,整个分类层级由门类、类、大组和组构成。每一组都是一个产业。仍然以屠宰为例。门类 A 是农业、林业及渔业。其中 1 类为作物和牲畜生产、狩猎和相关服务活动。在该类中,14 大组属于牲畜生产,141 组属于奶牛和水牛饲养,142 属于马饲养。门类 C 是制造业。其中,类 10 是食品制造,包括 101 大组和 1010 组肉类的加工和保藏。类 14 属于服装的制造,142 大组和 1420 组属于毛皮制品的制造。类 15 属于皮革及相关制品的制造,其中包括 151 大组皮革的鞣制及修整、皮箱制造及毛皮整制和染色,而 1511 组包括某些鞣

---

① Wiki. mbalib. com/wiki/产业链,2012 年 11 月 21 日访问。

制，及毛皮整制和染色，1512 组包括皮箱制造。我们看到，活牛养殖、屠宰、生皮鞣制、皮革加工、皮革制品等，形成了一个相对完整的产业链条。在每一阶段，生产不同的产品或从事不同的生产活动，都是一个不同的产业。实质上，在每一阶段或产业中，还可以继续向前延伸到研发，向后延伸至营销、服务等。

竞争大师波特最早提出了产业集群（industrial cluster）的概念，并获得普遍接受和应用。按波特自己的解释，集群指在某一特定区域下的一个特别领域，存在着一群相互关联的公司、供应商、关联产业和专门化的制度和协会。波特并认为集群已经成为促进经济发展的一种新的思维方式。[①] 根据 MBA 智库百科提供的概括定义，产业群或产业集群，是竞争优势专家波特提出的概念，指在特定区域中具有合作关系，且在地理上集中、有交互关联性的企业、专业化供应商、服务供应商、金融机构、相关产业的厂商及其他相关机构组成的群体。不同产业群的纵深程度和复杂性相异，它代表着介于市场和等级制之间的一种新的空间经济组织形式。许多产业群还包括由于延伸而涉及的销售渠道、顾客、辅助产品制造商、专业化基础设施供应商等，政府及其他提供专业化培训、信息、研究开发、标准制度等的机构，以及同业公会和其他相关的民间团体。产业群超越了一般产业的范围，形成特定地理范围内多个产业相互融合、众多类型机构相互联结的共生体，构成这一区域特色的竞争优势。产业群发展状况成为考察一个经济体或其中区域和地区发展水平的重要指标。从产业结构和产品结构的角度看，产业群实际上是某种产品的加工深度和产业链的延伸，在一定意义上讲，是产业结构的调整和优势升级。从产业组织的角度看，产业群实际上是一定区域内某个企业或大公司、大企业集团的纵向一体化的发展。[②]

波特在其《国家竞争优势》的附录 I 中专门提供了"界定产业集群的方法"。[③] 根据波特提供和使用的方法，在判定产业集群图的范围时有两个前提。第一，它必须是这个国家能在国际竞争中表现优势的产业；第二，产业的定义从严，尽可能按照统计分类的事业项目（如农场牵引机类），而非广义的产业部门（如农业机械类）。评估国际竞争优势的标准则要看这项产业是否有突出的出口业绩，或是看其凭借本身技术等实力在海外投资的表现如何（而不是所谓海外组合投资）。产业集群图可以呈现出一个国家所有具有竞

---

① 〔美〕迈克尔·波特：《国际竞争优势》（上），李明轩、邱如美译，中信出版社 2012 年版，第 XVI、XIX 页。

② Wiki. mbalib. com/wiki/产业集群，2012 年 11 月 21 日访问。

③ 〔美〕迈克尔·波特：《国际竞争优势》（下），李明轩、邱如美译，中信出版社 2012 年版，第 245—250 页。

争优势的产业、它们的类型与彼此间的关联。竞争优势体系强调国内需求条件与产业垂直,因此产业集群的基本分类系统是从最终的应用产品往上归纳。在庞杂的最终使用产品类型中,产业集群图强调这些产业之间的垂直关系,首先列出初级商家,再分成零件和商品两个范畴。到这个阶段时,对初级产品进行加工的机械产业被列入,紧接着是特殊元件的出现。最后,与这一产业活动相关的服务也被标明纳入。如果这一系列的最终使用产品很难纳入较大的产业部门,它们将被归类在综合商业类之下。波特站在贸易角度,使用几种计量方法,比较一个国家在某项产业或产业集群中的相关地位。第一种方法是比较产业出口比重,即这个国家该项产业出口占全球相关市场的比重。第二种方法是就一国之内的情形比较,即该项产业出口占这个国家总出口的比重。这是指特定产业或产业集群占该国总出口值的绝对比重。第三种方法是该项产业占全球该产业集群的出口比重。这个产业集群图包括构成全球经济的所有产业。产业是依照大多数国家的最终产品形态进行分类的。各国在该项广义的产业集群中的地位,则根据它在全球的产业集群所占出口比重、地位变化与规模的比较得来。全球的产业集群出口比重是某个国家出口值与全球产业集群中所有产业出口总值的比较。

上述产业群的概念,从产业分类看,实际上是具有某种内在联系的不同产业的组合。从研发、生产、销售,从初级产品到高级产品,从政府、企业、社会组织,都因为与相关产品有关联,而形成了互动发展的一种关系。与产业链更注重从上下游这一纵向特征相比较,产业群既包括了纵向也包括了横向联系,侧重在某一地理区域形成一个横纵向联合网络。

在《国民经济核算体系》中,含有对综合性企业的定义,包括横向一体化企业和纵向一体化企业。这一定义,如果从产业角度来理解,可以有助于我们理解产业链和产业群。

横向一体化企业是指这样一类企业:使用相同的生产要素同时进行若干种不同的活动,生产出可供市场销售的不同货物或服务。此定义与《国际标准产业分类》是一致的,在此引用如下:当一项活动生产出数种具有不同特点的最终产品时,则发生横向一体化。可以在理论上将之表述为使用相同的生产要素且同时进行的数种活动。在这种情况下,不可能为了统计目的把整个活动分成不同的过程、分到不同的单位中,或者提供细分活动的不同数据。通过垃圾焚化过程发电就是一个例子,此例中的垃圾处理活动与发电活动是不能分离的。[①]

① 《国民经济核算体系》(2008),第5.21段,第72页。

纵向一体化企业是指这样一类企业:将通常由不同企业完成的不同阶段的生产,全部由一个企业的不同组成部分连续完成。上一阶段的产出构成下一阶段的投入,只有最终阶段的产出才真正在市场上出售。《国际标准产业分类》对纵向一体化企业给予如下解释:当同一单位连续地进行不同的生产阶段、一个阶段的产出作为后续阶段的投入,就发生了生产活动的纵向一体化。常见例子有:树木砍伐和现场锯切,黏土采挖和砖的制作,纺织厂中合成纤维的生产等。①

在实际生活中,我们现在常说的一些产业,实际上是产业链或产业群意义上的产业。像信息产业、文化产业,都是这类例子。在《国际标准产业分类》(修订第4版)中,在正常产业分类之外,根据新出现的情况,特别在第四部分提供了备选归并,包括信息经济的备选归并。其中,信息和通信技术部门,被定义为生产(货物和服务)主要旨在通过电子手段完成信息加工和通信或使具有信息加工和通信功能(包括传输和显示)的活动。这一综合性部门可以拆分为三部分,信息和通信技术制造业、信息和通信技术贸易及信息和通信技术服务业。从正常分类编码看,包括了26类中的2610组(电子元件和电子板的生产)、2620组(计算机和外部设备的制造)、2630组(通信设备的制造)、2640组(电子消费品的制造)和2680组(磁性媒介物和光学媒介物的制造),46类中的4615组(计算机及外部设备和软件的批发)、4652组(电子和电信设备与零件的批发),58类中的5820组(软件的发行),61类中的6110组(有线电信活动)、6120组(无线电信活动)、6130组(卫星电信活动)、6190组(其他电信活动),62类中的6201组(计算机程序设计活动)、6202组(计算机咨询服务和设施管理活动)、6209组(其他信息技术和计算机服务活动),631大组中的6311组(数据处理、存储及相关活动)、6312组(门户网站),951大组中的9511组(电脑和外部设备的修理)、9512组(通信设备的修理)。②

《国际标准产业分类》(修订第4版)还提供了内容和媒介部门的备选归并。按照其提供的定义,内容和媒介部门指生产(货物和服务)主要旨在通过大众传媒向大众传播信息、使大众接受教育及或为大众提供娱乐。这些产业从事内容(信息、文化和娱乐产品)的生产、出版、发布,使内容与面向人类的有组织的信息相吻合。其列出的产业包括:581大组中的5811组(书籍出版)、5812组(报纸、杂志、期刊的出版)、5819组(其他出版活动),591大组中的5911组(电影、录像和电视节目的制作活动)、5912组(电影、录像和电影

---

① 《国民经济核算体系》(2008),第5.23段。

② 《国际标准产业分类》,第210—220段。

节目的后期制作活动)、5913组(电影、录像和电视节目的发行活动)、5914组(电影放映活动),592大组(录音和音乐作品发行活动),60类中的6010组(电台广播)、6020组(电台和电视广播),639大组中的6391组(新闻机构的活动)、6399组(未别加分类的其他信息活动)。[①]

在《国际标准产业分类》(修订第4版)之前,中国统计局于2004年发布了《统计上划分信息相关产业暂行规定》,确立了信息相关产业。此处所指信息相关产业,主要是指与电子信息相关联的各种活动的集合,主要活动包括:(1)电子通讯设备的生产、销售和租赁活动;(2)计算机设备的生产、销售和租赁活动;(3)用于观察、测量和记录事物现象的电子设备、元件的生产活动;(4)电子信息的传播服务;(5)电子信息的加工、处理和管理服务。图书、电子出版,电信、计算机软硬件等,全部包括在内。这一暂行规定还指出,对于信息相关产业的分类,有大口径、中口径和小口径三种分类方法。中国根据自己的实际情况,参照《国际标准产业分类》第3版,采取了中口径的分类方法。

几乎同时,国家统计局于2004年4月发布了《文化及相关产业分类》。文化及相关产业,指为社会公众提供文化、娱乐产品和服务的活动,以及与这些活动有关联的活动的集合。主要包括:(1)文化产品制作和销售活动;(2)文化传播服务;(3)文化休闲娱乐服务;(4)文化用品生产和销售活动;(5)文化设备生产和销售活动;(6)相关文化产品制作和销售活动。其范围很广,包括了我们通常熟知的新闻服务,图书音像出版发行和版权服务,广播电视电影服务,文艺创作、表演及演出场所以及文化保护、文化研究及文化社团,网络文化服务,文化休闲娱乐服务,文化服务器、设备及相关文化产品的生产,文化用品及相关文化的销售。

从上可以看出,无论是《国际标准产业分类》还是我国的相关分类,对信息及内容类产业的划分,实质上是一个非常广泛的产业链或产业群的概念。这也表明,要保护某一产业、促进某一产业的发展,需要通盘考虑、全面设计,将相关的产业并入产业群或产业链中。单纯地促进某一方面、某一阶段或某一产品,可能会受到其他方面、其他阶段或其他产品的制约,不能很好地形成、发挥产业优势。

---

① 《国际标准产业分类》,第221—222段。

第二章
贸易理论与产业保护

一、贸易理论中的产业要素

国际贸易理论是解释、说明国际贸易是如何形成、发展的理论。自古至今,有关国际国际贸易的学说、理论,实质上无不与产业有关。国际贸易理论的发展,可以分为这样几个阶段:亚当·斯密之前的古代国际贸易观;亚当·斯密的绝对利益理论和大卫·李嘉图的比较利益原理,以及对这些理论进行修正和完善的新古典理论;第二次世界大战之后突破了比较利益理论的现代国际贸易理论。[①] 无论这些理论的名称是什么,产业保护和促进都是其中不可或缺的组成部分,区别只在于侧重点的不同。同时,不同阶段的国际贸易学说理论,反映了各种理论形成发展的经济和贸易现实,代表了不同经济发展阶段的国际贸易阐释,与当时的生产力发展水平和科技发展水平、人类对社会发展规律的认识水平密切相关。因此,这些理论之间并不必然相互排斥,不同理论与产业相关的论述,可以为我们认识国际贸易与产业的关系提供更加广泛的视角。

如果从思想倾向性上分,国际贸易理论可以大概分为两类:自由贸易理论和贸易保护理论。前者提倡自由贸易,后者提倡贸易保护。但在不同发展阶段,无论是自由贸易理论,还是贸易保护理论,各有自己的关注点,呈现出演变与互补的轨迹。即便是同一贸易理论家,其观念也可能包含着自由贸易和保护贸易的双重因素。例如,被称为自由贸易理论创始人的亚当·斯密也承认保护国内民族产业是征收关税的原因之一。

贸易理论和各国实施的贸易政策,是两个不同的概念。纵观各国贸易发

① 本书对国际贸易理论的介绍主要依据国彦兵:《西方国际贸易理论:历史与发展》,浙江大学出版社 2004 年版;英国布朗参考书出版集团编:《经济史》,刘德中译,中国财政经济出版社 2004 年版;李俊江、史本叶等:《国际贸易学说史》,光明日报出版社 2011 年版。

展史和贸易政策史,没有一个政府完全遵循自由贸易理论或贸易保护理论,也没有一个国家一成不变地自始至终地遵循同一种贸易理论。"虽然古典主义理论是那样主张的,但是很少有国家曾经实行过自由贸易政策。政治实用主义常常鼓励各国政府实行一种至少是部分保护国内经济的政策。"[①]某一政府可能对某一产业采取自由政策,同时对另一产业采取保护政策;对某一产业可能前一时间采取自由政策,后一时间采取保护政策。贸易政策是政府采取的治理措施[②],而贸易理论则是经济学家对贸易的一种看法和观点。[③]贸易政策的发展史,是贸易管制与贸易自由此消彼长的发展史。无论是贸易自由还是贸易管制,其核心都是保护国内市场和开放国外市场,都只是保护市场和开拓市场的手段。也正因为如此,没有哪一国政府会坚守单一的贸易自由或者贸易管制政策,而是根据自己的情况有所侧重,甚至针对不同的对象采取两手政策。霸权地位主导时,推行贸易自由政策;霸权地位衰落时,则贸易保护主义盛行。[④] 实力强大时,推行贸易自由政策,目的是更好地进入国外市场;实力削弱时,实行贸易保护政策,目的是保护国内市场。二者的总目的是为国内企业和产业保护和开拓市场。

因此,评价某一政府采取的贸易措施是自由贸易的还是贸易保护的,并不是对该措施的价值判断和法律判断。自由贸易理论与贸易保护的分歧,还在于对待政府管理经济的态度,是不是赞同政府干预、多大程度上干预。现

---

① 英国布朗参考书出版集团编:《经济史》,刘德中译,中国财政经济出版社 2004 年版,第 56—57 页。

② 《现代汉语词典》(第 6 版)将政策解释为国家或政党为实现一定历史时期的路线而制定的行动准则。商务印书馆 2012 年版,第 1664 页。百度百科这样解释政策:国家政权机关、政党组织和其他社会政治集团为了实现自己所代表的阶级、阶层的利益与意志,以权威形式标准化地规定在一定的历史时期内,应该达到的奋斗目标、遵循的行动原则、完成的明确任务、实行的工作方式、采取的一般步骤和具体措施。政策的实质是阶级利益的观念化、主体化、实践化反映。政策具有以下特点:(1) 阶级性。是政策的最根本特点。在阶级社会中、政策只代表特定阶级的利益,从来不代表全体社会成员的利益、不反映所有人的意志。(2) 正误性。任何阶级及其主体的政策都有正确与错误之分。(3) 时效性。政策是在一定时间内的历史条件和国情条件下,推行的现实政策。(4) 表述性。就表现形态而言,政策不是物质实体,而是外化为符号表达的观念和信息。它由有权机关用语言和文字等表达手段进行表述。作为国家的政策,一般分为对内与对外两大部分。对内政策包括财政经济政策、文化教育政策、军事政策、劳动政策、宗教政策、民族政策等。对外政策即外交政策。政策是国家或者政党为了实现一定历史时期的路线和任务而制定的国家机关或者政党组织的行动准则。http://baike. baidu. com/view/15030. htm#sub8036818,2013 年 8 月 27 日访问。

③ 理论是指人们对自然、社会现象,按照已知的知识或者认知,经由一般化与演绎推理等方法,进行合乎逻辑的推论性总结。参见 http://baike. baidu. com/view/96020. htm,2013 年 8 月 27 日访问。按《现代汉语词典》(第 6 版)解释,理论,指人们由实践概括出来的关于自然界和社会的知识的有系统的结论。商务印书馆 2012 年版,第 795 页。

④ 王勇:《美国贸易政治逻辑的经典探索》,载〔美〕戴斯勒:《美国贸易政策》(第 4 版),中国市场出版社 2006 年版,第 2 页。

实地说,绝对地政府不干预是不可能的,绝对地政府干预也是不可能的。因而,分歧点变成了政府的某一具体管理措施在具体的情形中是不是应该这样的问题。而这样的问题永远不止一个答案。自由贸易理论和贸易保护理论也不是判断这一措施正当性的唯一评价标准。客观与理性地讲,除了本国利益之外,在建立了全球性贸易规则的情况下,世贸规则应是政府措施的唯一判断标准。

二、早期的国际贸易学说

亚当·斯密之前的国际贸易学说,反映的是资本主义生产模式兴起之前的农业、农牧生产状态和模式,是对现在所说的第一产业的分析与描述。在这一状态和模式下,初级农牧产品是主要贸易产品,用作贸易媒介的货币主要是金银。与这样的特点相一致,农业和金银的重要性成为早期国际贸易学说的核心内容。而对金银阐释的核心,在于其交换手段的媒介作用。

古希腊经济学家色诺芬认为农业是整个社会的经济基础,是其他技艺的"母亲"和"保姆",对手工业持鄙视态度,商品交换必要但不重要,重视银矿开发,保持足够的货币来促进贸易的进行。几乎同时期的柏拉图同样强调农业,同样认为商业和贸易必要,但同样对商人持鄙视态度。继承和发展了柏拉图经济思想的亚里士多德,依然是讴歌农业。同时,亚里士多德将伦理学纳入了经济学的研究。他将整个经济行为分成两部分,一部分是合乎自然的经济活动,获取自然提供给人类的生活必需品,另一部分是不合乎自然的经济活动,赚取货币,如商业和贸易。亚里士多德提出了"正当价格"问题,这一思想可以视为当今"不公平"贸易做法的思想起源,从某种意义上讲也是贸易保护的思想根源。

古罗马的经济学说是古希腊经济学说的延续,在贸易学说方面与古希腊的贸易学说比较相近,重视农业生产,对商业和贸易持轻视态度,但具体方面有所不同。贾图认为农庄应建在交通便利、适合产品运销的地方,农庄在进行商业和贸易活动时应当"少买多卖"。这一少买多卖思想,可以视为贸易出超或顺差的思想萌芽。更晚一点的西塞罗,在反对小商业的同时,却赞成大商业,通过大商业大贸易来不断积累自己的财富。贸易致富思想开始形成。由此可以看出,对商业本身的看法具有两面性。奥略里·奥古斯丁从基督教思想家的角度,赞同农业,责难商业,认为贱买贵卖是一种败行,因而也不容忍以营利为目的的大商业。奥古斯丁提出了"公平价格"的概念,要求"自然而然地"给予公平价格。这也赋予了贸易的道德或宗教判断标准。无论是古希腊还是古罗马,都认为商业只能是外国人、奴隶(平民)从事的活动。这种观念,一方面表明商业必要但地位低贱,另一方面表明内外歧视。

中世纪的西欧各国处于自然经济为主的封建社会,生产基本上是供自己消费。各封建庄园自给自足,虽有市场,但商人基本上属于外来人口。到中世纪末期,随着手工业的发展,贸易和国际贸易得到较大的发展。托马斯·阿奎那是这一期间的代表性思想家和神学泰斗。阿奎那在肯定自然经济的同时,提出可以通过两种方法增加国家的财富,一种是农业这一尊贵方式,另一种是商业。他还提出,两种情况下商人贱买贵卖可以免遭道义的谴责:一是将收入用于必需或正当的用途,二是购买某物后经过改良或因为地点或时间的变动而使价格发生变动,或者因为负担了运输上的风险。阿奎那赋予了贸易以"合法性",认为可以为了必要而光荣的目的赚钱。在这里,阿奎那以神学家的身份,宣告了商业存在的正当理由、贸易合法。这对于基督教思想统治人们的意识形态的社会来说,其影响不可低估。阿奎那还对"公平价格"进行了研究,首开西方经济学效用价值论和供求价值论的先河。

重商主义的贸易学说流行于15—17世纪,是资本主义生产方式兴起初期的国际贸易理论。这一时期,自然经济逐渐瓦解,商人地位提高并被尊重,封建王朝与商业资产阶级相互合作利用,真正意义上的国与国之间的国际贸易竞争、争霸出现。这一期间的国际贸易学说中,由于加工业的发展,产业特点得到凸显;同时,奖出限入这一迄今仍被充分应用的政策正式成型,并被应用到产业保护中。世界资源有限论、金银真正财富论、外贸财富增值源泉论、国家干预经济论,成为重商主义贸易学说的共同特征。一国所得必然为另一国所失这一思想,可视为"零和游戏"的初始。金银真正财富论,可以解释当代社会对外汇需求、外汇储备的追求。对外贸易是财富增值源泉的认识,可以说是国家出口导向经济的原始思想,且体现了对贸易顺差的追求。国际贸易顺差是取得外国支付收入,是增加本国财富、削弱他国经济实力的有力手段。而保护国内工农业的发展,不依赖外国,成为一种必然选择。

重商主义作为一种持续很长时间、自然经济向工业经济过渡时期的思想,各种观点杂陈。早期的重商主义,又被称为重金主义、货币主义或货币差额论,以威廉·斯塔福德为代表,反对金银出口,反对商品进口,反对原材料出口,鼓励代表加工业的制成品出口,成为政府的贸易保护措施。晚期重商主义的贸易学说,认识到了金银本身的局限性,从直接控制金银转向控制贸易,强调贸易差额,被称为贸易差额论。这种差额论,实质上就是顺差论。

重商主义以托马斯·孟为代表,反对重金主义,要求允许货币输出,重视发展对外贸易,强调无形贸易和加工贸易,重视人口和技艺。农产品是自然财富,工业品是人为财富。提倡发展工场手工业,加工制造国际市场上需要的商品,提高别国不能生产或缺乏生产条件的商品的价格,限制出口商品关税,降低竞争性商品价格。托马斯·孟最早提出无形贸易问题,其对无形贸易的重视和分析,影响了后世的经济学家,也可以说影响了服务产业的形成和发展。他对技艺的重视,一方面反映出社会经济的发展,更反映出他对影响产业发展要素的敏锐观察。提高别国不能生产或缺乏生产条件的商品价格,似乎也可以认为含有比较优势理念的影子。

晚期重商主义的代表人物安东尼奥·赛拉主张贸易平衡论,强调国际贸易对经济发展的促进作用。而法国路易十四的财政大臣柯尔培尔则通过具体政策实施了被称为“柯尔培尔主义”的重商主义。其政策主要包括:保护本国工场手工业的发展,给予低利率的优惠贷款;禁止原材料输出;对除原材料外的外国输入商品征收高额关税;建立新的工商系统,促进对外贸易发展;招聘外国优秀技师,提高商品质量,增加产品的竞争能力;发展海军,建立庞大的舰队和商船队,为争夺国际市场服务。[①] 拿柯尔培尔的措施与后世的做法及当今的实践比较一下,你可能会怀疑这是17世纪末的观点。

1640年英国资产阶级革命后,生产方式发生了变革,工场手工业成为主要的生产方式。新的时代要求新的国际贸易理论。对重商主义学说的继承性批判成为这一时期的主要特点,认为货币不是财富的唯一形态。作为重商主义到古典政治经济学的过渡人物,威廉·配第认为,工业收益比农业多,商业收益比工业多,经营会积累金银的产业比经营任何别的产业都有利。威廉·配第主张实行关税保护政策,对进口的竞争性工业品征收高关税,使进口产品的售价高于本国同类制成品的价格,以保护民族产业的发展。在威廉·配第的思想中,我们看到了产业政策、关税保护政策的雏形。作为威廉·配第的直接后继者,约翰·洛克提出征服和商业是无金银矿产国家致富的两种途径,要实现贸易顺差。

达德利·诺思是最早的自由贸易的倡导者,主张废除国家干预,认为不能靠政策致富。他认为货币是一种商品,是买卖衡量尺度,真正代表一国财富的是真实的物质产品。他将贸易与生产联系起来,但仍然认为贸易是使用价值的交换而不为价值增值而交换。同时代的经济学家巴尔本的贸易思想明确包含了制造业,认为贸易是为他人制造和出售一种货物。他同样主张自由贸易,反对国家干预。大卫·休谟批驳重商主义关于货币与财富等同的观点,反对国家干预经济,主张自由贸易,提出了著名的“价格—铸币流动机

---

① 国彦兵:《西方国际贸易理论:历史与发展》,浙江大学出版社2004年版,第17页。

制”,批判重商主义关于邻国强大对本国不利的观点,提出了独特的国际贸易利益学说,认为国际贸易为制造业发展提供动力,贸易与产业相互促进。

18 世纪末法国的重农学派/重农主义反对金银与财富等同的观点,反对国家对经济的干预,鼓吹自由放任,主张大力发展农业、实行自由贸易,反对垄断和保护关税政策。重农学派认为农业比其他经济活动重要,这与制造业重要性的日益突出不符。有意思的是,这个著名的重农主义将自由放任(laissez faire)这一术语引入了经济学。①

纵观早期的国际贸易学说,国际贸易思想的火花在不断闪耀,理论领域在不断扩大,自由与干预交织,产业与贸易的关系也渐渐出现。其实,从产业角度看,重商和重农本身就代表了对不同产业的态度。

三、自由贸易理论

1. 绝对利益与比较利益原理

一般认为,真正意义上的国际贸易理论是从亚当·斯密开始的。从亚当·斯密到 20 世纪 50 年代的国际贸易理论,大体分为四个阶段:古典理论阶段,包括斯密的绝对利益原理、李嘉图的比较利益原理和约翰·穆勒的相互需求原理;新古典阶段,主要包括马歇尔等人对比较利益原理的进一步解释;现代阶段,主要包括生产要素禀赋理论;新理论阶段,即第二次世界大战之后新出现的各种国际贸易理论。这一时斯的国际贸易理论,不考察汇率、国际收支、国际资本流动等货币价格和支付问题,其核心是比较利益原理,因而被称为国际贸易纯理论。

亚当·斯密是英国工场手工业向机器大工业生产过渡时期的著名经济学家,在其贸易学说中必然会体现出产业特点。其《国富论》成为经济学说史上的伟大著作之一。他在对重商主义进行批判的同时,提出了自己的国际贸易学说。人类本性中的利己主义,使人们通过“看不见的手”来追求自己的利益。因此,斯密极力主张自由贸易,反对国家干预经济生活。但同时,斯密认为两种情况下国家可以征收关税:一是为了保卫国家、保护国内某些民族产业;二是假定对某些国内生产的工业产品课征赋税,则也应对这种进口商品征收同等数量的关税,以体现公平竞争原则。斯密同时认为,自由贸易是常态,对长期实行贸易保护政策的国家,应允许在一个向自由贸易政策过渡的过渡期,逐步减少保护措施,以免带来冲击、造成工人失业和企业倒闭。他认

---

① 英国布朗参考书出版集团编:《经济史》,刘德中译,中国财政经济出版社 2004 年版,第 40 页。

为,高关税比低关税危害大,出口税比进口税危害大,对出口商品应给予津贴和退税以奖励出口。在斯密的这些思想中,我们看到了实行自由贸易政策同时实施国家干预的理由:国家安全、民族产业保护、保障措施、就业保护。这些都成为当今国际贸易理论和制度的内在组成部分。

斯密根据社会分工提出了他的绝对优势原理,认为每一个国家由于自然的禀赋或者后天的人为因素,都会在一些产品的生产上具有绝对有利的条件而在另外一些产品的生产上具有绝对不利的条件,每一个国家都应当把自己的资源集中到自己绝对有利的产品的生产上去,放弃自己具有不利条件的产品的生产,实现国际分工,在专业化生产的基础上彼此进行国际贸易,这样对各国都有利。如果各国都能够按照绝对利益原理的要求进行国际分工和国际贸易,世界各国的自然资源、劳动力和资本就会得到充分的利用,各国的劳动生产率、财富都会大幅提高。但斯密的绝对利益理论无法解释落后国家的贸易现实。

大卫·李嘉图在斯密的绝对利益原理的基础上,提出了自己的比较利益学说,试图解决绝对利益原理无法解决的问题。该理论建立在一国内部的比较,而非绝对利益学说的国与国之间的比较。通过国内生产产品的比较,找出具有比较优势的产品和比较劣势的产品。每一国家都会存在具有比较优势的产品,通过专业化生产,进行国际贸易。比较利益理论成为国际贸易的一般理论。该理论建立在自然禀赋学说之上,认为各国具有比较利益的产品是由该国的自然禀赋决定的。李嘉图在主张自由贸易的同时,认为对外贸易是经济发展的动力。他的这一思想得到了普遍肯定,相关国家的实践也确认了这一思想的正确性。产品比较优势,实际上是产业比较优势的代名词。

约翰·斯图亚特·穆勒,作为李嘉图密友的儿子,其对国际贸易理论的重大贡献是对李嘉图理论的进一步发展,对国家之间交换比例的确定和贸易利益的分配提出了"相互需求方程式"。两国对对方商品的需求程度,决定了这两种商品在两国之间的交换比例;需求强度对交换比例的形成具有重大影响,哪一国的需求强度大则交换比例越不利于该国。另一国对一国商品的需求愈是超过该国对另一国商品的需求,贸易条件对该国越有利,一定数量的商品就能换回更多的外国商品。

2. 国际贸易的新古典理论

19世纪末、20世纪初,西方经济学家采取了多种新的方法对比较利益理论进行了重新研究,进一步丰富和完善了比较利益理论,使国际贸易理论进入了一个新阶段,被称为新古典理论。

美国学者陶西格处于美国正成为头号资本主义强国的20世纪初期。其通过修正比较利益原理,来宣传自由贸易思想。他认为,利率差异、低廉工资、规模收益变动、货币工资,都是影响或形成比较利益的因素。奥地利经济学家哈伯勒将机会成本或替代成本引入了比较利益的分析。各国都应当专业化生产和出口自己机会成本小的商品,进口自己机会成本大的商品。他提出了生产成本替代曲线的概念。哈伯勒认为,国际贸易产生的原因是两国之间的比较机会成本的差异,各国生产机会成本低的商品就具有比较优势,两国根据机会成本确定的比较优势来进行国际分工和国际贸易就可以从中获利。边际成本存在递增的情况,在这种情况下两国不可能存在完全的国际分工。

英国经济学家埃奇沃兹和意大利经济学家帕累托使用无差异曲线,来分析商品对消费者的效用。美国经济学家保罗·萨缪尔森将针对个体消费者的无差异曲线,推导成社会无差异曲线,用以表明一个社会在选择两种商品的不同数量组合时所达到的福利水平。无差异曲线与生产替代曲线,共同决定着社会生产、消费的平衡。这称为一般均衡理论。通过国际分工和国际贸易,可以给参与的各国带来福利水平的提高。具有不同形状的生产替代曲线,是两国开展贸易的前提条件;即使在生产替代曲线相同的情况下,只要需求状况不同,即存在着不同的消费偏好,两国同样可以彼此开展贸易并相互获利。

英国经济学家阿尔弗雷德·马歇尔和詹姆士·米德利用提供曲线①,论证了一国的需求必须有本国的供给支持的观点。换个角度来理解,一国的进口必须有本国的出口作支撑。这表明了出口对进口的作用。

上述这些理论,都是对比较利益理论的实证分析,主要是从各自国家的立场出发的。

3. 生产要素禀赋理论

瑞典经济学家伯蒂尔·俄林在瑞典经济学家赫克歇尔的基础上,提出了著名的“生产要素禀赋理论”(又称赫克歇尔—俄林模型,H-O 模型),将国际贸易理论带入了一个新阶段。根据这一理论,国际贸易的原因在于价格的国际差异,而价格的国际差异来源于成本的国际差异,各国不同的成本比例反映了各种生产要素的价格比例关系,生产要素价格的差异是各国生产商品时成本比例差异的原因,而各国在生产要素的供给方面存在着巨大差异,这构成了各国生产要素价格差异的基础,同时对生产要素的不同需求比例也会形成各国不同的要素价格比例,从而为国际贸易提供基础。根据这一理论,可

① 提供曲线,是表示一国为了进口一定数量的某种商品所必须支付的进口商品数量的曲线。

以得出如下结论:贸易的首要条件在于某些商品在某些地区生产要比在其他地区生产便宜。各国都大量生产并出口密集使用本国充分的生产要素生产的商品,进口那些密集使用本国稀缺的生产要素生产的商品。在这样的情况下,贸易的直接后果是各地商品价格趋于一致。只要没有运输成本或其他贸易阻碍,一切商品在各地区一定会有相同的价格。国际贸易会趋向于消除生产要素的价格差异,即消除工资、地租、利息、利润等的国际差异。需求偏好和生产要素所有权的分配(收入分配)共同决定了对商品的需求。对商品的需求决定了生产该商品所需要素的派生需求。生产中对要素的需求和对要素的供给共同决定了完全竞争条件下的要素价格。要素价格和生产技术水平共同决定了最终产品的价格。不同国家之间相对商品价格的差异决定了比较优势和贸易模式。

生产要素禀赋理论具有广泛的适用性。虽然该理论主要针对产品价格,但影响产品价格的生产要素,也同样是影响企业、影响产业的生产要素。鉴于产品、企业和产业间的相互关系,生产要素禀赋理论对产业发展具有极为重要的意义。各国的产业发展政策和实践,不过是针对不同的生产要素采取相应的措施而已。

4. 战后国际贸易新理论

生产要素禀赋理论是对国际贸易形成和发展的一种解释理论。根据这一理论,一个国家应当是生产并且出口大量使用本国含量丰裕的生产要素生产的商品,进口大量使用本国含量稀缺的生产要素生产的商品。但美国经济学家里昂惕夫根据对美国外贸的研究结果,却发现美国参与国际分工是建立在劳动密集型生产专业化基础之上,而非建立在资本密集型生产基础之上,美国利用外贸节约资本和安排剩余劳动力。这一结论被称为里昂惕夫之谜或里昂惕夫悖论。许多经济学家对里昂惕夫之谜进行验证,结果并不统一。但以此为先导,自二战结束后,相继出现了一系列的国际贸易新理论。这些理论中,包括产品生命周期理论、规模经济理论、产业内贸易理论、需求偏好理论和多国多商品贸易模型等。这些理论,更多地考虑到了产业情况,产业内贸易理论更直接以产业为名称。

产品生命周期理论原是销售学上的一个概念,被经济学家引入国际贸易理论的分析,从而形成了国际贸易的产品生命周期理论。克拉维斯认为,一国可能由于技术创新而在某种产品的生产上获得垄断地位,与其他国家形成"技术差距",以这种技术差距优势生产并出口这种商品。其他经济学家进一步发现了研发资本优势。哈佛大学经济学教授维农将产品发展过程分为三个阶段,即新产品阶段、成熟阶段和标准化阶段。在成熟阶段,产品大量出口;而在标准化阶段,其他国家开始仿制生产,本国技术优势逐渐丧失,甚至出现最初开发国从其他国家进口的情况。就不同国家来说,一产品会从发达国家逐渐转移到发展中国家,而原开发国又会研发新的产品。韦尔斯将贸易周期分为四个阶段,与维农的三阶段类似:第一阶段,技术创新导致出口新产品;第二阶段,新产品在外国普及,市场变得广大,其他国家开始生产并出口,与原出口国在第三国市场上竞争;第三阶段,国外生产者经验不断丰富,加之劳动成本优势,使原产国处于不利地位;第四阶段,外国生产者为本国市场和第三国市场大批量生产,获得规模经济效益,能够以低于原产国的成本进行生产,原产国的出口量绝对下降。贺希将 HO 模型与产品生命周期理论结合在一起,将科技人员、管理、外部经济效益和非熟练劳动等四个因素引入了国际贸易理论的分析中,从而将比较优势动态化。随着产品周期的不断发展,比较利益在不同国家间移动,每个国家只在同一产品的不同阶段上具有比较利益,不能永远垄断某一产品的比较利益。美国学者梅旨和罗宾研究认为,原料产品生命周期与工业产品生命周期正好相反,在原料产品的初级阶段,发展中国家占重要地位,但随着发达国家以高科技生产合成替代原料后,出口优势逐渐从发展中国家转向发达国家。

国际贸易的规模经济理论认为,规模经济会产生成本上的比较优势,从而使产品具有竞争能力,使生产该产品的两个国家产生贸易。规模经济可以分为内在规模经济和外在规模经济两种形式。前者指企业自身的扩大引起的产品平均成本的降低和企业收益的增加,后者是整个产业的生产规模扩大而给产业内的个别企业带来的产品增加和效益提高。国际经济一体化组织,就是规模经济理论的实践。

随着生产技能的掌握与提高,后进国家可以从先进国家获得技术、设备,形成比较优势,而先进国家由于老式技术、设备拖累而失去比较利益。例如,柯达胶卷公司虽然最先发明数码技术,但却受旧技术的拖累,最终失去数码技术的比较优势。

产业内贸易理论,突破了传统理论只关注专业化生产和出口的局限,对不断发展的产业内贸易作出了解释。消费上能够替代、生产中有相近或相似的生产要素投入构成了同类商品,而一个国家同时进出口这种同类商品的现象,为产业内贸易。经济学家格鲁贝尔和劳艾德将产业内贸易分为两种类型:一种是同质产品的产业内贸易,另一种是异质产品的产业内贸易。同质产品指满足下面三方面要求的产品:商品之间可以完全相互替代;生产的区位不同;制造的时间不同。大宗原材料贸易,服务贸易,转口贸易和再出口、再进口贸易,跨国企业的避税贸易,季节变化或自然灾害引起的产业内贸易,都属于这类同质产品的产业内贸易。产业内贸易仍然可以用 H-O 理论来解释,只不过由于运输、规模经济、增值、政府行为和时间等因素的加入或不同,导致产业内贸易的产生或发展。对于异质产品产业内贸易,经济学家认为:首先,产品的差异性是产业内贸易的基础,如产品质量、内在结构、包装装潢、售后服务、商标等。第二,需求偏好相似是产业内的动因,两个国家消费者的消费偏好越相似,两国间的产业内贸易就越多。而经济发展水平差距越小,需求偏好越相似。第三,规模经济是产业内贸易的利益来源。第四,人均收入水平(收入分配)不同,形成同种商品不同档次间的产业内分工,从而产生产业内贸易。第五,需求偏好的差异引导国内生产,而需求偏好重叠导致两国间产业内贸易。第六,技术差距导致技术创新国产品向技术落后国的出口。

需求偏好理论,主要是指偏好相似理论,由瑞典经济学家林德尔在第二次世界大战前提出,战后得到发展。该理论不是以要素禀赋而是从偏好相似理论来解释国际贸易的原因。该理论认为,各国的需求结构状况决定其贸易格局。一国的需求结构,取决于该国的人均收入水平。新产品的开发首先是对本国消费者的,然后才向国外出口。而出口则首先针对需求结构相似的国家。这样,需求结构(偏好)相似的国家之间开始贸易的可能性就大。偏好相似理论,为解释战后产业内贸易的发展作出了贡献。

无论前述理论如何解释国际贸易的产生与发展,对整个国际贸易理论作出了多大贡献,其分析都是建立在两国贸易的基础上。任何一国的入超或出超,都不能维持国际贸易的发展。现实中,每一国家都同时与多个国家进行贸易。虽然任何两个国家间的贸易不一定存在双边平衡,但一国可利用某另一国的入超来与对第三国或其他国家的出超相抵,这样整个贸易总体上是平衡的。这就是多边贸易平衡理论。基于这一理论,某种商品的国内价格与国际市场的均衡价格相比较,当国内价格低于国际价格时就存在比较利益,当其价格高于国际价格时就不存在比较利益。而通过汇率调整,一国商品价格可能获得相对于其他外国商品价格的比较优势。

从动态的角度分析国际贸易,各国的生产要素供给、技术水平、国民收入、比较收益以及社会需求的规模、结构等都会发生变化,这些变化必然影响各国的贸易结构、方向和规模;反过来,一国外贸的发展与变化,又影响到该国的经济发展水平。根据恩格尔定律,一国人均收入越高,生活必需品所占消费就越低,而对其他商品的需求就越高(商品需求的收入弹性)。就国际贸易来说,随着世界经济发展和各国收入水平的提高,国际贸易的发展方向有利于制成品的生产国,不利于初级产品特别是农产品生产国。这就要求调整产业结构,不能固守农业国的传统比较优势。而消费水平、消费模式变化所产生的示范效应,导致消费者对外国产品的偏好,将发达国家的消费品大量输送到发展中国家去,使发展中国家的产业无法与发达国家的产业进行对等竞争。从供给的角度说,生产要素增长和技术进步,直接影响着国际贸易发展。一国生产要素增长的不平衡性,可能导致国际贸易的两种不同发展,亲贸易增长和反贸易增长:具有比较优势的产业部门的生产要素增长快,该要素价格下降,该产业出口产品增加;一国不具有比较优势的产业部门(进口替代部门)密集使用的生产要素的增长,导致该生产要素供给增加、价格下降,进口替代产品产量增加,进口减少,出口部门产量下降,出口减少,进出口总规模下降。在所有生产要素中,技术因素是最活跃的因素。技术进步改变原来的投入产出关系,导致对原生产要素的节约。节约劳动,可使原劳动密集型产品产量增加,资本密集型产品产量下降;节约资本,使资本密集型产品产量增长,而劳动密集型产品产量下降。技术转移,即技术的国际移动,改变一国的技术水平和产出水平。技术转移的作用,在产品生命周期理论中得到最好的说明。技术转移也带来产业结构的调整,从而带来国际贸易结构和方向的变化。日本经济学家赤松要的雁形模式理论反映了这一理论。英籍波兰经济学家雷布津斯基定理进一步表明,在相对价格不变的情况下,单一生产要素的增长,将会导致密集使用这一要素生产的产品产量的绝对增长和密集使用其他生产因素的产品产量的绝对减少。这就导致有的产业增长,有的产业萎缩。国际贸易在促进一国经济增长的同时,极大地影响着一国的经济结构及其调整。具有比较优势的产业会得到更大的发展,处于劣势的产业则面临巨大挑战。国际贸易改变国内原有的产业结构,实现生产要素的重新配置。出口部门由于市场扩大和价格提高,产量增加,进而吸引了更多的资源进行该产业,产业规模扩大,而进口部门则相反。进口部门在国际市场竞争压力下,必然谋求提高效率。这些导致国内资源发生转移,集中到效率比较高的产业部门。而国际市场的开拓,可能使原本因国内市场狭小不能实现规模经济的产业获得大发展。

日本经济学家小岛清提出了推进国民生产过程的国际互补原理。他认为,通过生产要素的转移,可以建立起具有较高竞争力的产业。生产要素国际移动与国际贸易间,既存在静态的相互替代关系,又存在动态的互补关系。替代是生产要素移动与国际商品流动可以相互替代,国际商品流动可以替代生产要素的流动,而要素的国际流动也可以替代商品的流动,使规模缩小,二者相互排斥。互补是指生产要素国际移动可以补充国际商品流动的不足,促进贸易的发展,反过来国际商品流动的扩大也可以促进生产要素在国家间的流动。一国进口一部分本国短缺的生产要素,与原有生产要素结合起来进行生产,就会促进本国经济的发展,促进贸易能力的增长、促进国际贸易规模的扩大。罗伯特逊提出,对外贸易是经济增长的发动机。斯托尔帕—萨缪尔森定理则告诉我们,对外贸易影响相关产业的收入分配:自由的国际贸易都会使价格上升行业的要素所有者的收入得到提高,价格下降行业的要素所有者的收入水平下降。

四、贸易保护理论

1. 汉密尔顿和李斯特的产业保护理论

在英国自由贸易理论兴起的同时,在产业发展相对落后的美国和德国出现了贸易保护理论,以美国财政部长汉密尔顿和德国经济学家李斯特为代表。

汉密尔顿是美国首任总统华盛顿的财政部长。其贸易保护主义思想主要体现在其于1791年向美国国会提交的《关于制造业的报告》中。汉密尔顿主张国家应对经济进行干预,发展商业和制造业。他提出了著名的保护幼稚产业的思想。为了保护本国的幼稚产业,应实行高关税的保护政策,关税收入可以用来奖励国内制造业的发展。汉密尔顿提出了制造业的七大好处:可以尽量采取分工制度,促进生产力的发展;通过机器的使用来培训专业技术人才;增加社会各阶层的就业,减轻社会经济负担;为农产品扩大市场;吸收外国移民,促进本国工业发展;提供人民发展各种才智和能力的广阔天地;焕发企业精神。

汉密尔顿提出的幼稚产业保护学说,被以后的经济学家发挥和完善。詹姆斯·穆勒认为保护幼稚产业理论与自由贸易理论并不绝对冲突,经过适当期限保护能够自主的产业值得保护。巴斯特鲍进一步认为,受保护期间所受损失必须能够得到补偿。肯普认为,除了满足上述两个条件外,被保护的幼稚产业须是新企业能够自由进入的产业,不能保护垄断性的产业。格鲁勃认为,产业发展初期,国内市场狭小,厂商无法实现规模经济,工人对新技术的学习也需要一个过程,产品成本高,经过一段保护后能够取得比较利益,与国外企业竞争。约翰逊认为,幼稚产业指的是具有效益且其外部效益与内部效益之和大于内部成本的产业。

德国经济学家弗里德里希·李斯特所处的德国,一方面封建农奴制仍占统治地位,另一方面国家没有统一,关卡林立,国内产业不能与英法等经济强国竞争。李斯特主张废除封建割据,实现德国经济统一,成立全德关税同盟,强化国家对经济活动的干预,实行贸易保护政策。李斯特认为,古典政治经济学的一个错误是忽视了各民族各国家不同的经济发展和历史特点,落后国家不能实行自由贸易政策,必须建立关税保护制度。李斯特提出了生产力理论,认为生产力是财富的源泉,生产力不仅包括物质生产力,也包括精神生产力。保护关税虽然使价值有所牺牲,但生产力的提高足以抵偿损失,使工业独立并由此带来国内发展。发展生产力必须借助国家的力量。除生产力理论外,李斯特还提出了社会发展阶段理论。每一国家都要经历五个发展时期:原始未开化时期、畜牧时期、农业时期、农工业时期和农工商业时期。前三个时期构成第一阶段,迫切的任务是实现工业化。农工业时期是第二阶段,已经初步实现工业化,但尚处于幼稚阶段,应予保护,采取关税保护制度,保护产业发展。农工商业时期为第三阶段,国内产业已经摆脱幼稚阶段,可实行自由贸易政策。在关税保护条件和手段问题上,李斯特认为,农业不需要保护,因为农业保护会排斥从国外进口廉价原材料、提高国内农产品价格;幼稚工业需要保护,必需的、新兴的、弱小的同时有发展前途的工业属于这样的幼稚产业;要重点保护重要的工业部门,特别注意国民工业中最重要的部门;即使是幼稚工业,也应在面临国外先进同行的激烈竞争时才予以保护,如无强有力的竞争,不需保护;关税保护要有时间限制,不能无期限保护,关税保护不保护落后产业。

可以看出,以汉密尔顿和李斯特为代表的贸易保护主义理论,是实实在在的产业保护理论。汉密尔顿提出了保护幼稚产业的思想,开创这一思想之先;李斯特提出的选择性保护产业,正是当今世界各国促进产业发展、产业升级、建立战略性和主导性产业的理论和现实写照。“亚当·斯密的学说仍然被普遍当成真理,但是在所有国家里,它适用的好像是一种特殊的条件。”①

英国经济学家凯恩斯原本赞同自由贸易理论,后转向贸易保护理论。这一转变,与其国家干预的主张是一体的,同时也是与其所处的时代背景相结合的。其代表作《就业、利息和货币通论》建立了一个以国家干预为中心、消除资本主义经济危机和失业为目标的学说体系。第二次世界大战后期,英国、美国、加拿大和澳大利亚等西方国家相继接受了凯恩斯的经济政策。②“凯恩斯主义是在从 1945 年至 1970 年的这个时期占主导地位的经济学说。”③

---

① 英国布朗参考书出版集团编:《经济史》,刘德中译,中国财政经济出版社 2004 年版,第 57 页。

② 参见李俊江、史本叶等:《国际贸易学说史》,光明日报出版社 2011 年版,第 130—156 页。

③ 英国布朗参考书出版集团编:《经济史》,刘德中译,中国财政经济出版社 2004 年版,第 94 页。

2. 发展中国家的国际贸易理论

发展中国家的经济学家认为,传统的国际贸易学说主要是基于发达国家的情况建立的,对发展中国家并不适用,从而提出了基于发展中国家现实的国际贸易理论。其中,普莱维什的"中心—外围论"、伊曼纽尔的不平等交换说,最有代表性。

阿根廷经济学家劳尔·普莱维什曾任联合国拉丁美洲经济委员会总秘书。他根据对国际经济关系的考察,提出了"中心—外围"学说,并以此学说为基础分析了拉丁美洲发展中国家实现工业化的一套政策主张。联合国以此理论为基础成立了一个致力于建立国际经济新秩序的组织——联合国贸易与发展会议,普莱维什成为这一组织的第一任秘书长。传统的国际贸易理论认为,按照比较利益进行的国际分工和国际贸易,能够使第一个参加国获得利益。普莱维什认为,这些理论是不正确的。由于历史殖民的原因形成了不合理的国际分工,世界经济划分为中心和外围两大经济体系,中心体系由少数国家组成,而外围体系则由发达国家之外的绝大多数发展中国家组成。处于中心地位的发达国家是几乎所有技术知识的创造者和传播者,而处于外围地位的落后国家则主要是技术的模仿者和接受者。中心国家由于其强大的经济技术力量,能够支配和控制外围国家的经济命脉。中心国家主要生产和出口高附加值的工业制成品,同时借助大公司的垄断能力,把运用技术进步生产的制成品的价格进一步提高,进口廉价的原材料和初级产品。外围国家主要生产和出口初级产品,技术进步不仅没有提高工资,反而压低了初级产品的价格,从而使贸易条件总是朝着对中心国家有利的方向发展,外国国家的贸易条件越来越恶化。普莱维什主张,发展中国家应摆脱不合理的国际分工,不再成为发达国家附庸和原料供应基地的途径是实现工业化,首先实施以国内产品替代进口产品的进口替代战略,再实施以制成品替代初级产品出口的出口替代战略。解决发展中国家市场狭小的一个办法是地区经济一体化。这一主张成为南南合作的设想。普莱维什进一步认为,国家政权是发展中国家打破"中心—外围"这一不平等国际经济体系的强大力量。普莱维什一方面呼吁发达国家取消贸易保护主义,另一方面强调外围国家通过国家政权加强贸易保护。

埃及经济学家阿明也提出了一套中心—外围理论,认为发达国家的经济结构主要由群众消费部门和设备部门构成,而发展中国家的经济则由奢侈消费部门和出口部门构成,这样就使发展中国家经济受制于发达国家,处于国际经济体系的外围,对发达国家形成强烈的依赖和依附,形成了世界资本主义体系中的中心—外围结构。形成的原因在于中心国家对外围国家的剥削和不等价交换。

希腊经济学家伊曼纽尔，运用马克思主义的经济学原理，提出了自己的国际不平等交换学说，认为富国和穷国之间存在着不平等交换。

3. 西方新保护主义

在西方经济学界，现在已形成了一种看法：绝对的自由贸易行不通，某些情况下应当实行贸易保护主义。其原因在于下述几方面：第一，生产成本均等论。由于多种原因国外产品的成本可能低于国内产品，本国产品与外国产品直接竞争是不公平的，应将成本拉平。第二，防止输出就业论。大量进口外国商品会影响到本国同类产品的生产，从而造成工人失业，特别是在国内就业不充分时更是如此。这时比较利益处于次要地位。因此，要用关税来防止进口商品的输入，即防止就业机会的输出。第三，降低工资论。自由贸易会导致生产要素的流动，使各国工资趋于均等化，有降低本国生活水平的危险，因此应对低工资国进口的便宜商品征收高关税。第四，保护幼稚产业论。如果没有强有力的保护，本国幼稚产业就会被具有强大竞争力的外国产业摧毁。落后国家或某些国家的落后产业不能发展。第五，多样化论。多样化发展对一国经济是有利的，通过政策可以实现出口多样化、产业结构合理、各经济部门均衡发展。第六，次优理论。自由贸易不能达到帕累托最优状态，需要政策制定者采取措施，实现次优政策。第七，贸易条件论。征收关税的幅度大于国外商品出口价格上涨的幅度，就能改善本国的贸易条件。第八，国家安全论。这是从非经济的角度看待国际贸易。一个国家如果过多地依赖外国经济，就会使该国在战争期间处于非常不利的地位，和平时期也会影响到其国际地位。应特别重视战略性物资产品部门或国民经济命脉部门，即使违反了比较利益原理也应如此。

4. 关税规范理论

自20世纪60年代以来，西方经济学家相继提出和发展了一种关税结构理论，或者称为有效保护理论，带有浓厚的产业保护色彩。该理论基于全球产业链这一现实，区分原材料、中间品和制成品。该理论把进口关税的征收对象分为两类：一类是最终产品，一类是国内生产中可以作为投入要素的中间产品或原材料。通过征收关税提高国内生产的最终产品的价格所形成的保护，称为名义保护。通过对最终产品价格与生产最终产品价格的投入品的差额—附加值保护，称为实际保护。对中间产品和原材料征税，实际上是对其生产商征税，使它们的生产成本上升、价格提高，从而失去竞争能力。关税的实际保护率，指一国某种产品征收关税后的附加值与征收关税前的附加值之间的差额，与征收关税前的附加值的比率，即征收关税使该产品生产的附加值的增长率。提高实际保护率的做法,会产生关税升级效应,即从原材料到工业制成品,随着加工程度的提高,其关税也在不断提高,对整个生产过程提供关税保护。加工程度越深,保护力度就越大。这种关税结构,对发展中国家特别是其制造业的发展带来了非常不利的影响。

以汽车整车进口征税和汽车零部件进口征税为例。一般国家都想保护本国的汽车零部件制造业。对整车征税不一定能真正保护本国的汽车零部件生产商,且整车税率和零部件税率不同也会产生不同的保护效果。可以总结如下:如果制成品的关税税率高于零部件的关税税率,其关税有效保护率会高于制成品的名义关税保护率,二者关税差额越大,其关税有效保护率就越大;如果制成品的关税税率与零部件的关税税率一致,则其关乎有效保护率与制成品的名义关税保护率一致;如果制成品的关税税率低于零部件的关税税率,则其关乎有效保护率会低于制成品的名义关税保护率,二者关税税率差额越大,其关税有效保护率就越低。有效保护理论把着眼点放在对生产部门的加工增值过程上。[①]

五、其他国际贸易理论

1. 国际收支调节的国际贸易理论

前述国际贸易理论,基本未涉及国际收支问题。而国际收支对国际贸易无疑具有重要的影响。国际收支调节理论,即国际贸易差额的调节,构成了相对于微观国际贸易理论的宏观国际贸易理论。该理论对一国政府通过国际收支措施调整国际贸易提供了理论依据。

在不存在国际统一货币的情况下,一国进出口商品,离不开外汇。出口商品收取外汇,进口商品支出外汇。外汇的余缺调剂,对外汇的供给和需求,产生了外汇市场,也产生了一国货物兑换成他国货币的汇率。进出口、外汇供给和需求、外汇汇率三者之间相互影响。一般来说,通过货币贬值可以改善贸易逆差,平衡国际收支。进出口商品需求弹性越大,利用本国货币贬值来改善贸易差额的效果就越明显。

国际收支差额调节的货币理论,研究了货币因素与国际收支差额调整的相互关系。该理论强调货物均衡对国际收支均衡的重要性,将国际收支作为一个整体,把国际收支不平衡当作货币供求存量不平衡的结果。这一理论源自休谟的物价—铸币流动机制理论,经过米德、约翰逊和蒙代尔的发展,成为

---

① 李九领主编:《关税理论与政策》,中国海关出版社2010年版,第120页。

一种比较成熟的理论。当一国的国内货币量供应过多时,国际储备的减少或国际收支逆差是自动使本国货币供给和需求达到均衡状态的内在机制。相反,一国国际收支顺差,则来源于该国货币的过度需求。因此,国际收支失衡的根本原则是国内货币供给与需求的失衡。国内当局通过国内货币政策,顺差时货币紧缩、逆差时货币宽松,使国际收支差额难以影响货币供应量,从而使货币供应量的变化自动调整国际收支状况的机制失去效应。

国际收支差额调节还存在其他的分析方法。财政分析法认为,庞大的预算赤字必然会带来国际收支的失衡,要想控制国际收支失衡,就必须首先控制政府的预算赤字。结构分析法认为,造成持久国际收支失衡的主要原因是经济结构失调,改善国际收支差额的根本途径是调整产业结构。

以国际收支不平衡为由采取贸易保护措施,是关税与贸易总协定允许的一种措施。

2. 克鲁格曼的国际贸易理论

克鲁格曼的新贸易理论,被认为是当今新贸易理论的集大成者。克鲁格曼认为传统国际贸易理论忽视了规模经济和不完全竞争这两个国际经济中的重要特征。他认为,传统的贸易理论中,世界贸易是小麦贸易模式的,主要基于自然资源禀赋的差异;而当今贸易很大一部分是飞机贸易模式的,基于报酬递增形成的国际分工和规模经济。报酬递增使某一产业发展。各国都制造飞机是不可能的,因而需要采取战略贸易政策。克鲁格曼的新贸易理论认为,自由贸易具有相对性。不实行自由贸易,也可能对某一单个国家有利。

规模经济有双重含义。一是指内部规模经济,指企业内部生产规模扩大所致的规模效果;二是指外部规模经济,指部门或产业的整个发展程度所产生的规模经济效果。外部规模经济产生原因主要有三个方面:生产设备及供应的专门化,共同生产要素的相互借用或使用,技术外溢效果。首先,随着产业部门需要的机械设备越来越复杂,各个环节的生产设备都需要专门企业进行生产和供应。如果某部门的所有生产环节和生产设备都能在一个国家生产,就可以用较低的生产成本获取这些设备,使用这些设备的产品生产就可以发展。其次,形成共同生产要素的市场也会导致经济效果。这些共同拥有的生产要素市场或来源,有助于减少人员闲置、节约开支,形成部门规模经济。再次,同一部门内的生产企业越多,相互之间的技术交流和促进就越便利,就越有利于新技术的普及和广泛运用。地点的集中和人才的集中,有利于技术的外溢和普及,从而节省成本的技术生产的产品具有竞争优势。外部规模经济降低了平均生产成本,取得了产业比较优势。

战略性贸易政策理论认为,当代国际市场竞争不是完全竞争,通过政府干预,可以改变或鼓励企业既定的战略行为,发展本国产品的出口和相应产业的竞争优势。政府的支持将改变本国企业的竞争地位,决定企业生产发展的前途。

3. 波特的国家竞争优势理论

战略竞争大师迈克尔·波特提出了国家竞争优势的概念、钻石模型和产业集群理论,并以此理论为指导,制定相应的国家发展战略。其理论实际上是一种大产业理论。

波特认为,有关产业为何能在国际贸易中成功,比较优势理论是最古典也是最成功的解释理论。但竞争优势,而不是比较优势,才是一国财富的源泉。比较优势理论认为一国竞争力主要来源于劳动力、自然资源、金融资本等物质禀赋的投入,这些投入要素在全球化快速发展的今天,其作用日趋减小。取而代之的,国家应创造一种良好的经营环境和支持性制度,以确保投入要素能够高效地使用和升级换代。

波特认为,一个国家特别是其产业,能在国际竞争中获得胜利的原因,主要取决于四个要素:第一,生产要素;第二,需求条件;第三,相关产业和支持产业(上下游产业)的表现;第四,企业的战略、结构和竞争对手。以上四种要素相互影响,构成了所谓的钻石模型。

钻石体系的一个基本目的是推动一个国家产业的竞争化优势向集群式发展,呈现出由客户到供应商的垂直关系,或由市场、技术和营销网络的水平相关。当本国市场拥有一流的下游产业时,它不但对本国的上游供应商形成帮助,也会带动上游产业向海外发展。上游产业的优势,同样有助于下游产业发展国际竞争力。当一个产业具有国际竞争优势时,通过与现有企业联手或因扩散效应的关系,技术移转会创造新的相关产业。一旦产业集群形成,集群内部的产业之间就形成互助关系,其效应向上下左右四处扩散。

波特认为,一个公司的许多竞争优势不是源于公司内部的决定,而是源于公司之外,也即源于公司所在的地域和产业集群。所谓产业集群,指在某一特定区域下的一个特别领域,存在着一群相互关联的公司、供应商、关联产业和专门化的制度和协会。集群的概念被证明是特别有用的一个概念。集群既是一种经济发展的思考方式,又是引起变革的一种手段。与传统的产业或者部门不同的是,集群主要关注生产率和跨公司之间的联系,而传统的观点则关注国家干预和补贴。[①]

---

① 〔美〕迈克尔·波特:《国家竞争优势》(上),李明轩、邱如美译,中信出版社 2012 年版,第 XVI—XXII 页。

第三章
世贸规则的产业特征

一、世界贸易组织简介

在指出、分析世界贸易组织规则的产业特征之前,有必要简单介绍一下世界贸易组织的相关情况。世界贸易组织是根据《建立世界贸易组织的马拉喀什协定》(简称《世界贸易组织协定》)于1995年1月1日成立的,总部设在瑞士日内瓦,是一个由150多个成员组成的国际性的贸易组织。几乎所有的重要贸易区域都参加了这一组织,还有一些国家在申请加入。世界贸易组织的前身是关税与贸易总协定。关税与贸易总协定具有两种含义:一种含义表示它是一个协定,一个协定文本,该协定文本规定了参加方在贸易自由化方面的相关权利和义务;另一种含义表示它是一个国际组织,一个事实上的国际组织。由于关税与贸易总协定谈判时预期会成立一个"国际贸易组织"来实施关税与贸易总协定,在国际贸易组织正式成立之前由当时的国际贸易组织临时秘书处来管理。但国际贸易组织未能按预期成立,关税与贸易总协定作为一个事实上的国际机构存在下来,国际贸易组织临时秘书处变成了关税与贸易总协定秘书处,秘书处的负责人也由原来的执行秘书改为总干事,并一直适用到世界贸易组织时代。

关税与贸易总协定通过不定期的谈判来降低关税壁垒和其他非关税壁垒。1986至1994年的乌拉圭回合谈判是关税与贸易总协定主持的第8轮谈判,也叫乌拉圭回合谈判。正是在乌拉圭回合谈判中,谈判代表达成了成立世界贸易组织的共识,通过了《世界贸易组织协定》,其他的谈判成果(统称为多边贸易协定)均作为该协定的附件适用,原协定文本意义上的关税与贸易总协定也随之成为世界贸易组织规则的一部分,原组织意义上的关税与贸易总协定正式被世界贸易组织替代,世界贸易组织成为真正国际法意义上的具有独立国际法人格的国际贸易组织。

世界贸易组织的职能主要包括五个方面:第一,促进世界贸易组织协定和多边贸易协定的实施、管理和运用,并促进其目标的实现;第二,在多边贸易协定处理的事项方面,为成员提供多边贸易谈判的场所;第三,管理争端解决程序;第四,进行贸易政策审查;第五,与世界银行和国际货币基金组织合作,促进全球经济政策的更大一致性。

由所有成员代表组成的部长会议,是世界贸易组织的最高决策机构,履行世界贸易组织的职责,有权对任何多边贸易协定项下的所有事项作出决定。部长会议每2年召开一次。在部长会议休会期间,部长会议的职能由总理事会行使。总理事会同样由所有成员的代表组成。总理事会以争端解决机构的名义负责处理成员间的贸易争端,并以贸易政策审议机构的名义负责审议成员的贸易政策。如同关税与贸易总协定一样,世界贸易组织通过发起多边贸易谈判回合的方式,就贸易自由化制定相关规则。世界贸易组织成立后,2001年在卡塔尔举行的多哈部长会议决定发起新一轮回合的多边贸易谈判,更侧重于发展中国家的发展,因而命名为“发展回合”。该谈判原订3年内结束,但一直命运多舛,长期处于停滞状态,直到2013年12月在印尼巴厘岛举行的第9次部长会议才达成了成果有限的谈判成果。

《世界贸易组织协定》共有3个主要附件。其中,附件1中,附件1A是《货物贸易多边协定》,附件1B是《服务贸易总协定》,附件1C是与《贸易有关的知识产权协定》;附件2是《争端解决规则与程序谅解》;附件3是《贸易政策审议机制》。此外还有第四个附件,称为诸边贸易协定,主要包括政府采购协定。诸边贸易协定,性质上是由成员自主选择参加的协定,仅对参加方有约束力。世界贸易组织成立后的1996年达成的《技术贸易协定》在性质上也属于诸边贸易协定。附件1A包括多个协定,如《1994年关税与贸易总协定》(1947年关税与贸易总协定条文,乌拉圭回合谈判期间对关税与贸易总协定某些条款达成的谅解,但不包括临时适用议定书)、《农业协定》、《实施卫生与植物卫生措施协定》、《纺织品与服装协定》、《技术性贸易壁垒协定》、《与贸易有关的投资措施协定》、《反倾销协定》、《补贴与反补贴协定》、《保障措施协定》、《海关估价协定》、《原产地规则协定》、《进口许可程序协定》、《装运前检验协定》。原则上,以及根据世贸上诉机构的解释,所有规则之间都是一致的、不冲突的,共同适用的。这一解释和做法的结果是,某一成员的措施违反了某一协定的某一条款,并不必然排除该措施对其他协定规则的违反。从争端解决实践看,被诉措施多被认定同时违反了多个协定、多个条款规定的义务。

作为世界贸易组织协定附件的《争端解决规则与程序谅解》,是建立在

《关税与贸易总协定》第22条和第23条规则、世界贸易组织成立之前的相关规则及实践基础上的进一步澄清和完善。同之前关税与贸易总协定框架下的争端解决制度相比,新制度主要有两大变革:第一,将世界贸易组织成员通过争端解决报告的方式,由原来的正向一致(全体成员都同意)改为现在的反向一致(所有成员都反对)。这使得争端解决报告的通过实质上是自动性的,避免了过去单个缔约方阻碍争端解决报告通过、使之不能生效的情形。第二,设立常设上诉机构,对专家组报告中的法律问题和专家组所作的法律解释,进行审查。这保证了法律解释和适用的一致性、连贯性和可预期性。

二、世界贸易组织规则概览

世界贸易组织实体规则,特别是货物贸易规则,表面看似繁杂,实则是一个逻辑性很强的规则结构体系。

《世界贸易组织协定》取代了《1947年关税与贸易总协定》,但又是建立在关税与贸易总协定规则基础之上的,是关税与贸易总协定的扩大和延伸。世界贸易组织协定的框架被称为伞形结构,包含《世界贸易组织协定》这一大伞及多个附件。除了争端解决规则和贸易政策审查规则之外,实体性规则包括三大部分:货物贸易规则、服务贸易规则和知识产权保护规则,这三大部分构成了世贸实体规则的三大支柱。如后文所分析的,货物、服务和知识产权,实质上是对传统农业和制造业规则的补充和完善,延长了产业链的保护,扩大了产业形态的保护。这种发展和变化,与《国际标准产业分类》和《产品总分类》的演变是一致的。

货物贸易多边协定包括《1994年关税与贸易总协定》,以及其他12项专项协定(其中《纺织品与服装协定》已经失效)。就关税与贸易总协定与其他专项协定的关系来说,根据货物贸易多边协定本身作出的解释性说明,如果二者存在冲突,以其他专项协定的规定为准。但上诉机构在解释世界贸易组织规则时指出,各项规则都构成了世界贸易组织协定的组成部分,共同适用,在解释时应协调解释,推定相互之间不存在冲突。争端解决实践也表明,迄今为止并没有出现规则之间相互冲突的情形。因此,我们也遵循着各规则之间协调一致的思路和方法。

在《1994年关税与贸易总协定》中,包括下述几个部分:首先是《1947年关税与贸易总协定》(临时适用议定书除外);其次是世界贸易组织协定生效之前的相关回合谈判的关税减让的议定书或核准书、加入议定书及豁免决定等;第三部分是乌拉圭回合谈判期间对关税与贸易总协定相关条款作出的解释谅解;第四部分是乌拉圭回合谈判期间达成的新的减让表,即《马拉喀什议定书》。这几部分之间,可以理解为以新的减让更新了旧的减让(尽管在法律意义上所有减让都有效力),并对相关问题作出了一定程度的澄清。

《1947 年关税与贸易总协定》构成了整个货物贸易规则的框架与基石。就货物贸易来说,它包括两个方面:第一,是否允许进出口,这是边境措施;第二,在国内的待遇如何,这是国内措施。从这一意义上说,世贸规则不仅影响世贸成员国外贸政策的制定,也影响国内政策的制定。正因为如此,在制定通常所认为的国内政策时,也要考虑世贸规则施加的国际义务。影响货物进出口的边境措施,分为两大类,一类是税费措施,另一类是非税费措施,或称之为数量限制措施。总体说来,第 2 条进口约束关税和第 3 条国民待遇构成了两大纪律支柱,第 1 条最惠国待遇起统领性作用,普遍适用于进口关税和国民待遇。第 6 条反倾销税和反补贴税是第 2 条的例外,第 7 条海关估价用于确定关税征纳,第 8 条进出口规费和手续亦属于第 2 条的例外。第 11 条有关税费之外的数量限制措施,既补充第 2 条的适用,又创设了独立义务。第 12 条至第 14 条涉及数量限制措施的例外情况。第 19 条保障措施,是第 2 条义务的例外。第 15 条有关汇兑安排对贸易的影响。第 16 条有关补贴,第 17 条有关国营贸易企业,第 18 条政府对经济发展的援助。第 4 条针对电影片的特殊规定,第 5 条货物及运输工具的过境自由,第 9 条有关产品原产地标记的最惠国待遇,第 10 条要求贸易法规透明、公正实施,第 20 条一般例外,第 21 条国家安全例外。

现在仍然有效的 11 项专项协定(不包括《纺织品与服装协定》),实质上是以关税与贸易总协定为基础的。《农业协定》规定了农产品的特殊权利义务,农产品并不完全适用关税与贸易总协定。《农业协定》第 21 条专门规定了该协定与世界贸易组织其他协定间的关系:“1994 年关税与贸易总协定和《世界贸易组织协定》附件 1A 所列其他多边贸易协定的规定,应在遵循本协定规定的前提下适用。”《实施卫生与植物卫生措施协定》是针对农产品的一项技术性规则,《农业协定》第 14 条规定各成员同意实施《实施卫生与植物卫生措施协定》。《实施卫生与植物卫生措施协定》又可以视为《关税与贸易总协定》第 20 条(b)项的进一步澄清。该协定前言指出,“期望对适用关税与贸易总协定有关实施卫生与植物卫生措施的规定,特别是 20 条(b)项规定(含该条的句首部分),制定更详细的规则……”。同时,该协定第 2 条基本权利和义务部分第 4 款进一步明确规定:“符合本协定有关条款规定的卫生与植物卫生措施,应被视为符合各成员根据 1994 年关税与贸易总协定有关使用卫生与植物卫生措施的规定所承担的义务,特别是第 20 条(b)项的规定。”

基于此，我们可以视《实施卫生与植物卫生措施协定》为《关税与贸易总协定》第20条(b)项的实施细则。

《反倾销协定》是对《关税与贸易总协定》第6条的澄清，《补贴与反补贴协定》是对《关税与贸易总协定》第6条和第16条的澄清，《海关估价协定》是对《关税与贸易总协定》第7条的澄清，《保障措施协定》是对《关税与贸易总协定》第19条的澄清。《与贸易有关的投资措施协定》实质上是《关税与贸易总协定》第3条国民待遇义务及第11条取消数量限制义务针对投资措施的适用，也是关税与贸易总协定争端解决实践的成文化。《原产地规则协定》与《关税与贸易总协定》第9条原产地标记存在着密切联系。《技术性贸易壁垒协定》是有关技术性规章的规定，总要求是非歧视待遇和贸易规章的透明与公正实施。《进口许可程序协定》亦属于贸易规章的透明、公正实施的范围，属于与数量限制措施相关的措施。《装运前检验协定》则是对特定的装运前检验要求的一种统一，亦属于贸易规章的透明和公正适用的范围。

服务贸易是国际贸易的一种新形式，是独立于传统货物贸易或从传统货物贸易分离出的一种贸易形式，是服务产业化发展到一定阶段的体现。以产品售后服务为例。售后服务原本是传统货物贸易的一个组成部分，是货物销售的一种附带性的、补充性的活动。此时的服务提供商基本上是生产商或销售商。售后服务从货物生产商或销售商独立出来，或者货物生产商或销售商提供售后服务的价值超过原货物本身的价值，这种售后服务形成了一个独立的贸易形式、一个独立的产业形态。IBM公司是世界上最早的计算机制造商，在销售计算机时提供售后服务。但现在，IMF放弃了生产计算机的(硬件)业务，专门从事提供计算机服务的(软件)业务。微软公司只设计软件，向计算机的制造商提供许可业务。这种服务贸易的发展，需要有相关的贸易规则来体现、来保护、来促进。《服务贸易总协定》正是应这种需求产生的。

《服务贸易总协定》的签署、生效，深化了我们对产业特别是服务产业的认识，使我们认识到服务产业具有自己独立的生产、供应、销售模式，满足人们不同于传统货物的需求。但服务贸易作为一种新的正在发展的贸易，类型复杂、水平不一，管理模式存在巨大差异。在促进服务贸易自由化方面，《服务贸易总协定》采用了关税与贸易总协定关税减让的模式，由成员自主承诺开放市场、提供国民待遇，最惠国待遇在市场准入和国民待遇承诺的基础上适用。对于没有开放或实施限制的部门，成员可自由进行管制、保护。

《与贸易有关的知识产权协定》与《服务贸易总协定》同时诞生。从某种意义上说，服务贸易的独立和发展，对知识产权保护提出了新的高水平的要求。服务产业中，与知识产权的联系非常密切。例如信息和内容产业，创意具有了自己独立的价值。即便在货物生产和贸易中,技术产品的比重、增值也越来越高。我们通常所说的产业升级,实质上就是提高技术产品的比例、提高生产活动的增值额。享有知识产权保护的技术更可以独立交易。知识产权保护程度提高,是产品技术化的必然要求。

实际上,在《关税与贸易总协定》的条款中,存在着多款与知识产权相关的规定。第9条含有商品名称、原产地标记、地理名称的规定。第12条规定在基于外汇平衡原因实施数量限制措施时,不得阻止遵循专利、商标、版权或类似程序。第17条要求国营企业活动的披露不得损害特定企业合法商业秘密。第18条规定在实施进出口限制时,不应阻止遵循专利、商标、版权或程序。第20条允许成员保护专利权、商标权和版权以及防止欺诈行为的相关执法措施。因而,《与贸易有关的知识产权协定》是在原有规定的基础上,进一步强化了知识产权保护标准和纪律。

三、产业性协议

根据第一章的内容,我们知道,产业是同类产品生产商的集合。产品或产品生产活动不同,由此得出的产业也不同。农业、工业和服务业是最基本的产业划分。世界贸易组织的众多协议中,基于产业不同确定不同的权利义务体系,是一个非常突出的特点。《农业协定》,《纺织品与服装协定》,《服务贸易总协定》,《民用航空器协定》,《国际奶制品协定》,《国际牛肉协定》,这些直接以产业名称为题的协定,本身就是产业协定,对这些产业规定了特殊的或额外的规则。《纺织品与服装协定》、《国际奶制品协定》以及《国际牛肉协定》的失效,说明了有关特殊产业的一些特殊规定的适用情况。《关税与贸易总协定》临时适用之初,本来同等适用于工业产品和农产品,但由于美国等相继要求对其农业豁免适用关税与贸易总协定义务,才使得农业游离于关税与贸易总协定之外。纺织品也面临着类似的问题。

纺织品和服装产业,包括纺成线、织成布、裁成型、缝成衣几个活动过程,涉及棉、毛、化纤等多种原材料,既包括农业也包括化学品、设备制造、服装设计等。在当今社会,在更大程度上,是一种劳动密集型产业。纺织品和服装产业是发达国家最初发展的产业(如英国的工业革命),是发展中国家当前的主要出口优势产业,同时又是发达国家现在不占优势但又想维持的产业。在《纺织品与服装协定》适用之前,大量的来自发展中国家的纺织品和服装适用于关税与贸易总协定之外的特殊机制,这就是《多种纤维协定》(Multifibre Arrangement, MFA)。在《多种纤维协定》适用期间,纺织品和服装出口通过双边谈判达成的配额进行,使进口国能够采取选择性数量限制的方式控制纺织品和服装的进口,以此来保护进口国的纺织品和服装产业。《多种纤维协定》偏离了关税与贸易总协定的基本规则,特别是非歧视规则。乌拉圭回合达成的《纺织品与服装协定》,试图通过过渡性安排,将游离于关税与贸易总协定的纺织品和服装贸易纳入到统一贸易规则中来。根据该协议的规定,逐步取消数量限制或配额,规定了特殊的过渡性保障措施机制,并成立纺织品监督机构监督协议的实施。该协议附件通过协调制度代码(品目)的方式,列出了协议适用的纺织品和服装。该协议的适用期为 10 年,于 2004 年正式终止。

《农业协定》的目标,按照世界贸易组织网站的介绍,是改革这一部门的贸易,使规则更具有市场导向。而《农业协定》前言明确说明了这一协定的目的和宗旨。通过对支持和保护承诺进行谈判、强化关税与贸易总协定规则和纪律并提高其效力,建立一个公平的、以市场为导向的农产品贸易体制。实质性削减农业支持和保护,就市场准入、国内支持和出口竞争达成约束性承诺,并就卫生与植物卫生问题达成协议。在此同时,对发展中国家提供更大的灵活性。根据这一目标和宗旨,《农业协定》对减让、市场准入、特殊保障机制、国内支持承诺、出口竞争承诺等作出了规定。该协定附件 1 通过协调制度编码的方式,列出了适用该协定的农产品。显然,《农业协定》确立的农产品贸易制度,世贸组织成员根据该协定享有的权利、承担的义务,不同于工业品适用的《关税与贸易总协定》。

《服务贸易总协定》,虽然没有使用"产业"这一术语,但正如《农业协定》一样,明显是一产业协定,是有关服务产业贸易和发展的协定。各成员做出的服务减让表,以产业部门为基础并限于产业部门。乌拉圭回合谈判中用作谈判成员谈判参考的文献,《服务部门分类表》(GNS/W/120),同样是以具体的服务产业部门为基础的。《服务贸易总协定》附件中,空运服务、金融服务、海运服务、电信服务,都是相关服务产业部门的规定。

《服务贸易总协定》的产业特征,还在于其调整的范围已经超出了传统意义上的跨境交易,延伸到了国内的经济活动。《服务贸易总协定》中国民待遇的规定,不仅适用于服务,还适用于服务提供者。作为服务贸易方式之一的商业存在,就是我们通常所理解的外商投资企业。《服务贸易总协定》中的市场准入,其含义就是一国服务产业是否对他国服务和服务商开放;在市场准入的前提下,他国服务和服务商在该国境内是否享有本国服务和服务商的同等待遇。这些规定,显然不同于货物贸易项下进口产品的国民待遇。

与《服务贸易总协定》一样作为乌拉圭回合谈判结果新突破的与《与贸

易有关的知识产权协定》,没有明确提及产业,但知识产权本身是一种知识产品,也是一种生产要素,科学技术的进步是促使产业发展、变化的一种根本性的力量。将知识产权作为一种"与贸易有关的"对象纳入到世贸组织多边贸易框架内,对依赖知识产权保护的生产商来说,就是产业优势的获取和保证。我们通常所说的产业升级、发展高新技术产业,如果没有知识产权的保护,不可能取得预期的效果。

知识产权尽管似乎直接与产品联系在一起,与作为国际贸易对象的货物直接一一对应地联系在一起,但从产业分类的角度来说,一系列生产活动都与知识产权密切相关,科学艺术创作本身就是生产活动的一部分,属于单独的产业部门。以《国际标准产业分类》(修订第 4 版)门类 M 为例。该门类名为"专业、科学和技术活动","包括各种专业和科技活动,这些活动要求有较高的学历,能够向用户提供专业化的知识和技能"。[①] 从大类上说,包括了 69 类法律和会计活动、70 类总公司的活动和管理咨询活动、71 类建筑和工程活动及技术测试和分析、72 类科学研究与开发、73 类广告业和市场调研、74 类其他专业科学和技术活动、75 类兽医活动。进一步以 72 类科学研究与开发为例。该类包括了三种研究和发展类型:(1) 基础研究:主要为获得有关现象和观测事实内在机理的新知识而进行的实验或理论工作,它不以具体的应用或现时使用为目的;(2) 应用研究:为获得新知识进行的原始研究,以具体的实用为主要目的;及(3) 试验开发:利用从研究和(或)实践经验中获得的现有知识进行的系统工作,目的在于生产新的材料、产品和设备,设置新的工艺、系统和服务并实际改进那些已生产或设置的东西。该类中的研究与试验发展活动主要分为两类:自然科学与工程学、社会学与人文学。[②] 这些研究和开发,如果离开了知识产权的保护,在全球紧密联系、科技高度发展的今天,几乎是不可想象的。

《与贸易有关的投资措施协定》,本身属于货物贸易的范围,但其适用对象却是企业措施。例如,当地生产要求是一种企业业绩要求,直接影响着企业的生存和发展。此外,该协定附件示例清单有关国民待遇适用的措施时,没有包括《关税与贸易总协定》第 3 条中的同类产品要求,而是直接从企业权利的层面将进口产品与国内产品比较。应该说,这是一个重大不同,也更体现出了产业特点。

作为诸边协议适用的《民用航空器贸易协定》、《国际奶制品协定》、《国际牛肉协定》,以及世界贸易组织成立后新达成的诸边协议《信息技术产品协

① 《国际标准产业分类》(第 4 版),门类 M,中文版第 207 页。

② 同上书,第 210 页。

定》,都是产业协议,都为特定产业的产品制定了不同于一般贸易规则和纪律的特别规定。

即使是技术性非常强似乎是中性的协定,也与产业特点相联系。例如,《海关估价协定》中,在确定同级别或同种类货物时,该同级别或同种类货物指属由特定产业或产业部门产生的一组或一系列货物中的货物,包括相同或类似货物。相同货物、类似货物的确定因素中,产品的物理特性、功能是主要因素,这些因素也是产业分类的基本要素。而在确定价格是否非常接近另一价格时,产业本身的性质是其中的考虑因素之一。定价方式与所涉产业的正常定价做法是否一致,可以证明该价格是否受买卖双方特殊关系的影响。

这些不同的产业贸易协定,之所以存在,之所以不同,正在于它们针对不同的产业产品提供了量体裁衣式的贸易机制。它们考虑到了各自产业的特殊情况,允许根据特殊情况特殊处理。而这正是对特定产业提供保护的一种体现。《信息技术产品协定》规定信息技术产品免税进口,对信息技术产品的生产商、出口商,对信息技术产品产业来讲,是扫除了进口的关税障碍。《信息技术产品协定》在其前言中明确指出促进信息技术产品产业的持续发展。这可以理解为产业保护宣言。

就《关税与贸易总协定》来说,该协定文本的关税减让以产品归类(即产品分类)为基础。同时,该协定还特别指出了特定产业产品。例如,第 4 条的电影片,第 6 条的初级商品,第 11 条的粮食、农产品和鱼制品、动物产品。

四、产业谈判方法

纵观关税与贸易总协定/世界贸易组织谈判的历史,其谈判方式都是围绕着产品/产业进行的。在关税与贸易总协定主持的八轮谈判中是如此,在世界贸易组织成立后的谈判中也是如此。在发起多哈回合谈判的《多哈部长宣言》中,多哈谈判议题包括了农业、服务业、非农产品的市场准入、与贸易有关的知识产权问题、贸易与投资、贸易便利化等议题。其中,农业、服务业、非农产品的市场准入,都是直接以产业为谈判对象。其权利义务设定的谈判方法,因产业不同而不同。

(一) 关税与贸易总协定的早期减让谈判

早在 1947 年关税与贸易总协定最初进行关税谈判时,采取了逐个产品的谈判方法,后来谈判方法逐渐增多,但体现出产业特点。关税与贸易总协定日内瓦会议是第一次多边贸易谈判的场所。关于关税减让谈判的方案早在伦敦会议期间就已经达成共识。它主要包括下述几方面的内容：第一，谈判以互惠为基础，不应预期谈判方单方面作出减让；第二，在此之前的国际承诺，针对关税待遇，不应成为谈判的障碍；第三，对于现有优惠（在该日期后不得提高）、新关税和其他限制性措施，应达成维持现状（stand still）的安排；第四，谈判应在联合国就业与贸易会议筹备委员会少数几个成员（2—4 个）之间进行，达成的减让扩大到所有成员；第五，谈判应根据主要供应方的原则进行：对于筹备委员会其他成员可能是主要供应方的产品，谈判方应作出减让[①]；第六，对于筹备委员会成员中不存在单一主要供应方但存在多个成员供应的产品，也应作出减让；第七，谈判应分成四个阶段，大致反映（双边）要价和报价，以及对作出的减让的多边审议；第八，应完成包括最惠国待遇和优惠关税的 16 个减让表。[②] 首次进行多边贸易谈判时，作为统一贸易产品分类的《协调制度》还不存在，谈判者使用了其前身的《日内瓦分类表》（the Geneva Nomenclature）。[③]

在关税减让谈判的过程中，最初的伦敦会议并没有基于特定产业部门进行谈判，当时美国和英国主要是对（美国关注的）最惠国关税减让和（英国关注的）优惠减让进行平衡。当时谈判方没有花时间讨论共同海关分类问题，尽管很明显谈判者心中存在着因没有这样一个共同框架而产生的潜在问题。到了 1947 年日内瓦会议谈判时，首次进行了针对特定产业部门的关税谈判。[④]

之后，关税与贸易总协定又组织了法国安纳西、英国托奎、瑞士日内瓦、狄龙回合、肯尼迪回合、东京回合等多个回合的谈判。前几次谈判都是建立在有选择的产品对产品的基础之上。在托奎谈判中出现了低关税税率国家如何减让的问题，最终达成了按比例降低关税的方法，在选出的 10 个部门中，平均降低 30%，分三年实现。[⑤] 1956 年的关税减让谈判，由于无法达成新的共识，又回到了有选择的产品对产品的谈判方法。在狄龙回合谈判中，虽然欧共体提出了按线性减让 20%（a linear 20 percent tariff reduction）的提议，

---

① 主要供应方原则及其与互惠的联系，在会议的官方高文件中说得非常清楚："由于最惠国待遇的至高原则调整谈判关系，必须预期进口国 A 对授予作为主要供应方的出口国 B 减让感兴趣，因为这样 A 国就能从 B 国获得 A 国向 B 国出口货物的最大减让。"See UN Information Center, Geneva, Press release No. 36 of April 8, 1947, at p. 6. Quoted from Genesis of the GATT, footnote 64, p. 116.

② Douglas A. Irwin, Petros C. Mavroidis, Alan O. Sykes, *Genesis of the GATT*, The American Law Institute, Cambridge University Press, 2008, pp. 116—117.

③ Ibid., p. 117.

④ Ibid., p. 136.

⑤ Anwarul Hoda, Tariff Negotiations and Renegotiations under the GATT and the WTO: Procedures and Practices, p. 21.

但只有英国遵循了这一方法,其他成员仍坚持有选择的产品对产品减让方法。在肯尼迪回合中,工业化国家达成了对工业产品按按线性重大减让(substantial linear tariff reductions)的方案。导致这一方法的考虑有二:原来采用的逐项产品要价报价式方法,依赖于互惠程度,导致在某些情况下减让幅度小;由于缔约方的增加,传统方法变得复杂、麻烦。在东京回合谈判中,加拿大、美国、欧共体和日本都提出了减让方案,但最终瑞士公式被最终接受,大部分工业国按该公式对工业品进行关税减让。对于农产品,仍然适用逐项产品减让的方法。[①]

(二)乌拉圭回合谈判

在乌拉圭回合谈判中,一些缔约方提出了谈判模式建议。美国主张采用要价报价法,认为该方法更适合于解决关税高峰和关税升级问题。欧共体提出了针对发达国家和发展中国家的不同减让比率和公式。日本则建议毫无例外地取消所有工业品的关税。加拿大和瑞士都提出了数学公式。加拿大蒙特利尔中期审查时,各方仍未就谈判方法达成一致意见。主要谈判方按照其选择的方式报价。欧共体和一些欧洲国家按欧共体建议的方式报价,加拿大、日本按加拿大提出的方式报价,澳大利亚按其自己的公式报价。美国则按逐项产品报价,即按产品和产业部门报价。在随后的谈判中,按产业部门取消关税的建议在发达国家中占据了核心地位,不过谈判一直处于停滞状态。直到 1993 年 7 月东京会议上,在日本、加拿大、欧共体和美国四巨头就谈判方法达成一致时,才真正恢复了减让谈判。根据四巨头达成的方法,对完全取消关税和非关税措施的,提供产品部门清单,并尽可能在这一清单中增加更多的部门;对于 15% 及以上关税税率的,达成最大的一揽子减让;对于上述之外的产品,至少减让 1/3,并列明超出这一减让幅度的产品部门。东京会议后,发达国家间的谈判主要集中于寻找消除关税的产业部门。对于非工业产品,则区分热带产品、自然资源产品、农产品,分别进行谈判。[②] 这些方法,都是产业谈判方法。

(三)多哈回合谈判

多哈回合的谈判可以分成两个部分,一是谈判方法或谈判模式的谈判,二是谈判内容的谈判。谈判模式(modalities),是指谈判的方法,指导成员如

---

① Anwarul Hoda, Tariff Negotiations and Renegotiations under the GATT and the WTO: Procedures and Practices, pp. 22—24.

② Ibid., pp. 25—31.

何去做。但在对事项进行谈判前,首先要对谈判方法(模式)达成一致。可以说,首先是方法的谈判,之后才是对内容的谈判。谈判模式是实现多哈谈判大目标的小目标。对于150多个成员以及数以千万计的产品来说,最简单的方法是先就如何做的公式(formulas)达成一致。这些公式是谈判模式的核心。一旦就公式达成一致,各成员政府可以适用这些公式进行谈判,作出新的承诺。[①] 从谈判的实际进程和谈判时间上看,谈判方法的分歧占据了谈判者的主要议程。除服务贸易和知识产权独立谈判之外,从谈判的一开始就区分了农产品和非农产品。

1. 农产品谈判

2003年2月12日,在该月举行的谈判会议之前,农业谈判小组发布了第一份模式文件草案。[②] 谈判模式用于成员提出它们自己的报价或综合性的减让承诺草案。

对于关税,除配额关税外,对每一税目应予进行最低减让的所有农产品来说,都应降低一个简单平均额。在规定的年限内,每年平均降低同一额度。其公式如下:对于超过90%以上从价税的农产品,平均降低率为[60]%[③],每一税目至少降低[45]%。对低于或等于[90]%从价税但高于[15]%从价税的农产品,平均降低率为[50]%,每一税目最少降低[35]%。对低于或等于[15]%从价税的农产品,平均降低[40]%,每一税目最少降低[25]%。如果加工产品的税率高于初级产品,加工产品的关税减让应大于初级产品的关税减让。

有关特殊差别待遇,发展中国家可以根据《协调制度》的6位编码,宣布具有战略性的[ ]种农产品,并以"SP"符号指明这些产品。对SP产品之外的所有农产品,发展中国家的减让承诺应根据下述公式进行:从价税超过[120]%的农产品,平均降低[40]%,每一税目至少降低[30]%。从价税低于或等于[120]%但高于[20]%的农产品,平均降低[33]%,但至少每一税目降低[23]%。从价税低于或等于[20]%的农产品,平均降低[27]%,每一税目至少降低[17]%。

特殊保障条款在实施期结束[2]年后,不再对发达国家适用。

对出口补贴,承诺基础应是成员减让表中的约束性的最终预算支出和数量承诺水平。在实施期结束后,预算支出和数量均应减到0。

---

① Chairperson's texts 2008, updated 9 December 2008.

② Negotiations on Agriculture, First Draft of Modalities for the Further Commitments, TN/AG/W/1, 17 February 2003.

③ [ ]内的数额仅表示一种可能性、一种选择方案。下同。

具体承诺的计算公式是：

(1) $B_j = B_{j-1} - c \cdot B_{j-1}$　with　$j = 1, \cdots, n$
(2) $Q_j = Q_{j-1} - c \cdot Q_{j-1}$　with　$j = 1, \cdots, n$
其中，B 代表财政支出，Q 代表数量，c 代表不变因素，j 代表实施期限，B_0 和 Q_0 代表基准水平。①

对于国内支持，应维持《农业协定》附件 2 规定的不受指控的绿箱支持(green box)。《农业协定》第 6 条第 5 款规定的计划内的蓝箱支持(blue box)应予封顶，限于之前一定年度的平均数。之后在一定实施期内，每年平均降低一定的百分额。对于列入第 6 条内的作出承诺的国内支持，即黄箱支持(amber box)，应降低[60]%，在一定年限的实施期内每年平均降低一定的百分额。

2003 年 3 月，农业谈判模式文件第一草案修订。②

2004 年 7 月，多哈回合谈判达成了 7 月一揽子的框架性协议，代表多哈回合谈判的实质性进展和成果。③ 农业谈判中，国内支持、出口竞争、市场准入齐头并进。对于国内支持，采取分级减让公式(a tiered formula)。根据这一公式，扭曲贸易的国内支持高的成员，进行更大的总体减让，以取得一个平衡的结果。在第一年和整个实施阶段，扭曲贸易的支持量不得超过最终的有约束性的综合支持量加上允许的微量支持再加蓝箱支持的总额的 80%。这一承诺构成最低的总体承诺基数，不能用作总体承诺的上限。对于最终的有约束性的总体支持量，亦采用分级公式。支持量高的成员降幅大。为了防止规避，针对特定产品的总量支持应予封顶。允许蓝箱支持，其标准再进一步谈判。审查和澄清绿箱支持标准，确保绿箱支持措施对生产不具有扭曲作用或具有最小的扭曲作用。对于市场准入，对发达国家和发展中国家采取统一方法，通过分级进行关税减让。在不损害分级法的总体目标的前提下，可以指定一些被视为敏感的税目的产品进行谈判，对每一产品应适用"重大改善"原则。谈判中，还应关注关税升级(tariff escalation)、特殊农产品保障措施(SSG)等问题。

2005 年香港部长会议宣言进一步明确，对于农业谈判中的国内支持减让，分为三档(bands)，国内支持高的档次减让大，国内支持低的档次减让小。对于出口补贴，采取渐进的和平行的方法，消除所有形式的出口补贴，制定出

① http://www.wto.org/english/tratop_e/agric_e/negoti_mod1stdraft_e.htm, 22 November 2012 visited.

② Negotiations on Agriculture, First Draft of Modalities for the further Commitments, Revision, TN/AG/W/1/Rev.1, 18 March 2003.

③ Text of the July package-The General Council's post-Cancun decision, q August 2004.

口信贷、出口信贷保障或保险的纪律，以及国营出口企业的纪律。对于市场准入，划分四档进行结构性关税减让，同时承认对发展中国家适用的门槛问题、敏感产品问题、特殊保障措施机制问题。特殊产品和特殊保障机制应成为谈判模式的一个组成部分和农业谈判结果的组成部分。对于特殊差别待遇的其他因素，也达成共识。部长决议还特殊针对棉花问题作出了承诺。①

2006年7月农业谈判委员会主席提交了农业谈判减让表模式草案。②该文件共分7个部分，包括13个附件。在市场准入方面，包括减让公式、封顶关税、敏感产品、包括关税升级和关税配额在内的其他问题、特殊和差别待遇、棉花等问题。对关税减让采用分级公式，每年进行同等减让。关税减让分为四级。当约束关税或同等从价税高于0但低于或等于[20]%时，减让额应为[20—65]%。约束关税或同等从价税高于[20—30]%低于或等于[40—60]%时，应减让[30—75]%。约束关税或同等从价税高于[40—60]%低于或等于[60—90]%时，减让[35—85]%。约束关税或同等从价税高于[60—90]%时，减让[42—90]%。发展中国家适用类似的但减让比例不同的四级模式。每一[发达]国家有权指定[1%—15%]应税税目的产品为“敏感产品”。[发展中]国家有权指定比指定数额最多的发达国家指定的绝对数额多[50%]的税目产品为敏感产品。指定产品在减让表中以“SePs”表示。敏感产品进行关税约束总额减让，如果某一产品是单一关税配额中的产品，扩大该产品的关税配额[除非相关敏感产品的现有约束配额不存在，这种情况下适用其他规定]。指定为敏感产品的关税减让不超过根据分级公式本应减让额的[20—70]%，发展中国家有权减让不超过某一百分比。

关于关税配额的扩大，2006年模式草案提供了复杂的计算公式。有三种公式可供选择：

公式1

$$\Delta Q = 100 * (0.45 - 0.5 * (1 - (r_f - r_s)/r_f))$$

其中，

ΔQ 表示关税配额的扩大，以现有约束关税配额的百分比表示；

r_f表示根据分级公式的约束关税的降低；

r_s表示敏感产品约束关税的降低；

以$(r_f - r_s)/r_f$衡量，偏离分级公式的最大额应为[80]%，最小偏离额为[20]%。

① http://www.wto.org/english/thewto_e/minist_e/min05_e/final_text_e.htm, 22 November 2012 visited.

② Draft Possible Modalities on Agriculture, TN/AG/W/3, 12 July 2006.

公式 2

$$\Delta Q = [\Delta Q_b] + (T_{1s} - T_{1n}) * [S]$$

其中，

ΔQ 代表关税配额的扩大，以国内消费百分比表示；

ΔQ_b代表关税配额的基准扩大，以国内消费百分比表示；

T_{1s}代表适用于敏感产品的约束关税；

T_{1n}代表根据公式计算的约束关税；

S 代表斜率。

公式 3

$$\Delta Q = [0.8] * (r_f - r_s) * 100/(1 + t_0)$$

其中，

ΔQ 代表关税配额的扩大，以现有进口的百分比表示；

r_f代表根据公式计算的约束关税的降低；

r_s代表敏感产品的约束关税降低；

t_0代表现有约束关税或同等的从价税。

对以《协调制度》6 位编码在减让表中标明的农产品(SSM)，每一发展中国家都有权援用特殊保障机制。

在国内支持方面，对于最终的约束支持总量，同样采用分级公式。对于最终约束支持总量高于 400 亿美元(US$40 billion)或同等额度的，降低[70—83]%。最终约束支持总量高于 150 亿美元低于或等于 400 亿美元的，降低[60—70]%。当最终约束支持总量低于或等于 150 亿美元时，降低率为[37—60]%。发达国家可以另行降低一个百分比。该减让分期实施。

相关成员应在其减让表中列明特定产品的支持额(封顶)。根据《农业协定》第 6 条第 4 款(a)项实施的微量支持应降低[50][80]%[或其他数额]。对于热带产品(tropical product)适用另外的减让公式。

蓝箱支持适用新的标准，修改《农业协定》第 6 条第 5 款。同时，蓝箱支持应予封顶。此外，对单个产品的支持价值不得超过一定数额。

在扭曲贸易的国内支持总体减让方面，亦采用分级公式。基准水平是最终约束的支持总量，加上以货币表示的微量支持，再加上以货币表示的蓝箱支持。基准水平应根据下述公式减让：当基准水平高于 600 亿美元或同行货币额时，减让[70—80]%。当基准水平高于 100 亿美元低于或等于 600 亿美元时，减让[53—75]%。当基准水平低于或等于 100 亿美元时，减让率为

[31—70]%。

有关绿箱补贴,《农业协定》附件 2 应修订,实行新的规定(附件 H)。

对于棉花生产支持的减让,比最终约束支持总量减让多一定的百分比。其公式如下:

[棉花的支持量应[消除]或按照下列公式[取消]

$$Rc = \frac{Rg + (100 - Rg) * 100}{3 * Rg}$$

Rc 等于适用于棉花的具体减让,以百分比表示

Rg 等于支持总量的一般减让,以百分比表示

出口竞争方面,发达国家于 2013 年前取消所有形式的出口补贴。发展中国家应在[某一]年止取消其出口补贴。出口信贷、出口信贷保险和出口信贷保险项目,应遵循新制定的纪律(附件 I)。国营农业出口企业,应遵循新的纪律(附件 J)。国际粮食援助应遵循附件 K。发达国家在 2006 年底前取消所有形式的棉花出口补贴,发展中国家在[2007]年底取消所有形式的出口补贴。出口禁止和限制方面,修改《农业协定》第 12 条第 1 款,适用新的规则(附件 L)。

2007 年农业谈判小组主席再次发布了经修改过的谈判模式草案。[①] 依然分为国内支持、市场准入和出口竞争三大部分,另包括一系列附件。

对扭曲贸易的国内支持的总体减让采用分级公式。国内支持的基准为下述三部分之和:《农业协定》1(h)定义的最终约束支持总量,1995—2000 年这一基准期内生产价值的 10%(构成了特定产品的综合支持量的生产价值的 5%和非特定产品综合支持量的 5%),1995—2000 年基准期内现有蓝箱平均支付或者农业生产的平均总值的 5%(以高者为准)。

国内支持的基准水平应根据下述公式降低:(1) 高于 600 亿美元的,降低[75][85]%;(2) 高于 100 亿美元低于或等于 600 亿美元的,降低[66][73]%;(3) 低于或等于 100 亿美元的,降低[50][60]%。

最终约束的综合支持总量(total AMS),采用三级分级公式。当支持总量高于 400 亿美元时,降低[70]%;支持总量高于 150 亿美元但低于或等于 400 亿美元的,降低[60]%;支持总量低于或等于 150 亿美元的,降低[45]%。发达国家和发展中国家适用不同的降低幅度。

---

① Revised draft modalities for agriculture, TN/AG/W/4 (and TN/AG/W/4/Corr. 1), 1 August 2007 (corrected 16 august 2007), http://www.wto.org/english/tratop_e/agric_e/agchairtxt_1aug07_e.htm, 23 November 2012 visited.

特定产品的支持量限制,应规定在成员减让表中。修订《农业协定》第6条第3款,以反映对特定产品支持量的模式。

对于蓝箱支持,修改《农业协定》第6条第5款,增加新的标准,成员计算其现有综合支持总量时排除相应的直接支付价值。同时,对蓝箱支持进行封顶限制。对绿箱支持,修改《农业协定》附件2。

棉花支持采用了新的计算公式。

棉花的支持量应按照下列公式降低

$$Rc = Rg \frac{(100 - Rg) * 100}{3 * Rg}$$

Rc 等于适用于棉花的具体减让,以百分比表示
Rg 等于支持总量的一般减让,以百分比表示

在市场准入方面,对关税减让采用分级公式计算减让额。根据约束关税的多少分为三级,分别进行不同程度的减让。发展中国家适用不同的减让幅度。

发达国家可以指定所有税目产品的百分之[4][6]为敏感产品,发展中国家可以指定税目产品1/3的产品为敏感产品。对于指定的敏感产品,可以背离上述的分级减让关税公式。

在出口竞争方面,现有谈判模式不得解释为给予任何成员超出承诺提供出口补贴的权利。发达国家和发展中国家应在不同期限内取消出口补贴。出口信贷、出口信贷保障及出口信贷保险,应实施新的纪律。

2007至2008年,世界贸易组织成员进行了紧锣密鼓的谈判。2008年2月、5月、7月和8月,对谈判模式草案进行了一系列的修改。但2008年8月谈判冲刺失利。之后,整个多哈回合谈判几乎陷于停滞状态。尽管如此,2008年12月,农业谈判委员会主席根据之前的谈判结果,提供了新修改的谈判模式草案。[①] 这次谈判模式草案厚达121页。

根据这一最新的谈判模式草案,国内支持总体降低依然采取分级减让公式。减让基准的确定,发达国家以1995—2000年为基准期,发展中国家以1995—2000年或者2000—2005年为基准期。减让公式明确了应减让的具体比例。基准支持总量超过600亿美元的,减让80%;基准支持总量超过100亿美元但低于或等于600亿美元的,减让70%;基准支持总量低于100亿美

① Cimmittee on Agriculture, Special Session, Revised Draft Modalities for Agriculture, TN/AG/W/4/Rev/4, 6 Decmber 2008.

元的,减让55%。

最终约束支持总量(final bound total AMS),亦采用分级公式减让。共分为3级。超过400亿美元的,减让70%;高于150亿美元但等于或低于400亿美元的,减让60%;低于或等于150亿美元的,减让45%。发达国家应作出更大的努力。

蓝箱支持和绿箱支持分别作出了相应的规定。对棉花支持提供了减让计算公式。

对于市场准入部分,发达国家和发展中国家采用不同的分级减让公式。计算公式均分4级。发达国家在5年内分6次平均减让。最终约束关税高于0但低于或等于20%的,减让50%;最终约束关税高于20%低于或等于50%的,减让64%;约束关税高于75%的,减让70%。发达国家平均最低减让应为54%。发展中国家在10年内分11次平均减让。减让额以发达国家减让额为参照标准。约束关税高于0低于或等于30%的,约束关税高于30%但低于或等于80%的,约束关税高于80%但低于或等于30%的,约束关税高于130%,减让额均为发达国家相应级别中减让额的2/3。

对于敏感产品,每一发达国家都可以指定4%税目的敏感产品,发展中国家可以指定1/3税目的敏感产品。对于敏感产品,成员可以偏离上述的关税减让公式,可以是公式减让额的1/3、1/2或2/3。发达国家和发展中国家也可以针对敏感产品设定新的关税配额。

对于特殊保障措施,发达国家将适于该措施的产品降低到约束税目的1%,并应在7年实施期结束时取消。发展中国家,在实施期的第一天,将适用于特殊保障措施的数额降到不超过所有税目的2.5%。实施期为12年。

对于出口竞争,谈判模式的任何规定都不得解释为任何成员超出减让表之外提供出口补贴的权利。发达国家应在2013年底取消剩余的出口补贴。发展中国家应在2016年底前将出口预算支出降到0,但发展中国家可以根据香港部长级宣言,将实施期延长到2021年。

2. 非农产品谈判

非农产品(non-agricultural market access, NAMA),指《农业协定》包括产品之外的所有产品。2004年7月一揽子协议中也包括了对非农产品市场准入的谈判模式确定框架。根据该框架,谈判成员承诺公式法对降低关税非常关键,谈判组应继续在逐项税目逐项种(line by line)基础上适用的非线性公式(non-linear formula)的工作[①],同时也承认部门关税部分(sectorial tariff component)是实现谈判目标的另一关键因素。

2005年香港部长会议决议重申了2004年一揽子框架协议。部长会议决议决定采用瑞士公式(Swiss Formula),降低或适当时取消关税,包括降低或取消关税高峰和关税升级,特别是针对发展中国家具有出口利益的产品;充分考虑发展中国家的特殊需求和利益,包括减让承诺中不要求充分的互惠。该决定承认成员追求部门优先利益(pursuing sectoral initiatives),为此指示谈判小组审查成员建议,以期指明能够获得充分参与的部门。决议还决定采用非线性的加价方法(non-linear mark-up approach),来确定开始关税减让的基准税率。决议还注意到对产品范围已经达成的共识,指示谈判小组解决剩余的分歧。但决议承认,要确立谈判模式、结束谈判,还有很多工作要做,决心在2006年4月底之前确立谈判模式,并在2006年7月底之前提交一份广泛的基于这一谈判模式的减让表草案。

2005年香港部长会议决定重申了农业谈判和非农谈判之间的平衡。谈判者应确保对农业和非农产品的市场准入都有相当高水平的提高,通过与特殊差别待遇原则相一致的平衡的成比例的方法,来实现这一提高。[②]

2006年6月非农产品谈判委员会主席提供了新的谈判模式。[③] 该模式明确,将在逐项税目的基础上(on a line-by-line basis)适用瑞士公式。但主席同时指出,对瑞士公式的具体结构并没有达成共识,存在着两种具体形式。确认进行产业部门谈判。在公式的应用中对发展中国家提供灵活性。模式文件还同意成员可以使用要价—报价法(the request-offer approach)(成员为其服务和服务商直接向其他成员要价;针对要价,成员在初步报价中表明其愿意作出约束承诺,如何作出、在多大程度上作出),作为补充性的谈判模式。非关税壁垒的谈判是整个谈判的同等重要的组成部分。对于非农业的环境物品,没有达成共识。这一议题不属于现有谈判授权的范围之内。

下面是瑞士公式的两种形式:

---

① Text of the July Package, Annex B, para. 4, 1 August, 2004.

② http://www.wto.org/english/thewto_e/minist_e/min05_e/final_text_e.htm, 22 November 2012 visited.

③ http://www.wto.org/english/tratop_e/markacc_e/mod_nama_22jun_e.htm, 23 November 2012 visited.

公式设计

选择 1

瑞士简单公式，使用两个系数，一个适用于发展中国家(地区)，另一个适用于发达国家(地区)。

$$t_1 = \frac{(a \text{或} b) \times t_0}{(a \text{或} b) + t_0}$$

其中，

t_1 等于最终约束关税

t_0 等于基准税率

a 代表针对发达国家的系数

b 代表针对适用公式的发展中国家的系数

选择 2 ABI 公式

$$t_1 = \frac{B \times t_a \times t_0}{B \times t_a + t_0}$$

其中，

t_1 是最终税率，从价约束关税

t_0 是约束基准税率

t_a 代表现有约束税率平均

B 为系数，其价值由参加方确定

瑞士公式中的两种系数建议

选择 1：巴基斯坦建议(TN/MA/W/60)

这些系数应基于客观标准确定；将发达国家(地区)和发展中国家(地区)的约束关税的总平均水平作为各自系数。计算出的发达国家(地区)的平均数是 5.48%，发展中国家(地区)的平均数是 29.12%。为方便起见，这些数值视为 6 和 30。

选择 2：加拿大、中国香港、新西兰、瑞士、中国台北和美国建议(2006 年 7 月 8 日会议文件)

发达国家(地区)的系数(A)应为发展中国家(地区)系数(B)的 5 倍。例如，如果适用公式的发展中国家(地区)的系数在发达国家(地区)系数的 5% 范围以内，发达国家(地区)系数(A)是 10 或更少。

2007 年 7 月 17 日新的非农产品模式出台。[1] 该模式文件指出，基本一致同意采用使用两个系数的简单瑞士公式。但对于公式中的系数仍存在分

① Negotiating Group on Market Access, Chinaman's Introduction to the Draft NAMA Modalities, Job (07)/126, 17 July 2007.

歧。部门谈判仍然是成员驱动的补充性的非强制性谈判模式。

下述公式按税目适用：

$$t_1 = \frac{(a \text{ or } b) \times t_0}{(a \text{ or } b) + t_0}$$

其中，

t_1 等于最终约束税率

t_0 等于基准税率

a 等于[8－9]，对发达国家（地区）的系数

b 等于[19－23]，对发展中国家（地区）的系数

如同农业谈判一样，2008 年前半年对谈判模式进行了一些修改。2008 年 12 月版本文件是最新的非农产品模式文件。[①] 如同以前版本一样，按照《协调制度》2002 版本的税目提供了非农产品的范围。

瑞士公式如下：

下述公式按税目适用：

$$t_1 = \frac{\{a \text{ or } (x \text{ or } y \text{ or } z)\} \times t_0}{\{a \text{ or } (x \text{ or } y \text{ or } z)\} + t_0}$$

其中，

t_1 等于最终约束税率

t_0 等于基准税率

a 等于 8，对发达国家（地区）的系数

x 等于 20，y 等于 22，z 等于 25，对发展中国家（地区）的系数

3. 服务谈判

2001 年 3 月，服务贸易谈判委员会通过了《服务贸易谈判指导和程序》。[②] 谈判应在服务贸易渐进自由化的基础上进行，同时承认成员有管制服务供应并采取新的管理规章的权利。通过减让或取消对服务贸易有不利影响的措施，作为提供更有效的市场进入的方法，逐渐实现服务贸易更高程度的自由化，在互利基础上，实现权利义务的总平衡。谈判不预设范围。谈判的起点是现有减让表，但不影响要价的内容。可通过双边、诸边或多边谈判促进服务贸易自由化。谈判的主要方法是要价—报价法。发展中国家具

---

① Negotiating Group on market Access, Fourth Revision of Draft Modalities fro Non-Agricultural Market Access, Revision, TN/MA/W/103/Rev. 3, 6 December 2008.

② Guidelines and Procedures for the negotiations on Trade in Services, Adopted by the Special Session of the Council for trade in Services on 28 march 2001, S/L/93, 29 March 2001.

有更大的灵活性，可以开放更少的部门。基于多边同意的标准，谈判中应适当考虑成员的自主自由化措施。

2004 年达成一揽子框架性协议时，服务贸易的谈判并没有达成谈判模式，只是建议谈判成员报价。

在 2005 年香港部长级会议决议中，服务贸易的谈判得出了下述结论：既要促进所有贸易伙伴的经济增长，同时又要适当管制成员的权利。通过实现渐进的更高水平的自由化（liberalization），并对发展中国家提供一定的灵活性，旨在扩大承诺的部门范围和服务提供模式范围。

在谈判方法上，采取要价—报价谈判法。除了在双边谈判中使用这一方法外，在诸边谈判中也应采取这一要价—报价法。使用这一方法的谈判结果在最惠国待遇基础上实施。任何成员都可以单独地或集体地向其他成员就任何特定部门或特定服务提供模式提出要价，被要价的成员应对这些要价予以考虑，诸边谈判的组织应方便所有成员的参与。在谈判中应制定最不发达国家充分有效实施模式的方法。①

同其他主题谈判一样，服务贸易谈判迄今没有成功。

4. 知识产权谈判

与农业谈判、非农产品谈判以及服务贸易谈判不同，知识产权谈判主要围绕知识产权保护与公共健康问题。2001 年多哈部长会议发布了《知识产权与公共健康多哈宣言》。2003 年世界贸易组织总理事会通过了《实施知识产权协定与公共健康多哈宣言第 6 段的决定》（豁免决定），允许任何国家都可以根据强制许可出口化学药品。2005 年世界贸易组织作出了修改 TRIPS 协定的决定，目前这一修改正处于各国立法机构批准的过程中。

---

① http://www.wto.org/english/thewto_e/minist_e/min05_e/final_text_e.htm, 22 November, 2012 visited.

第四章
世贸规则中的产业保护含义

一、世贸规则的性质

从关税与贸易总协定临时适用时起，关税与贸易总协定就被认为是一种契约性义务。世界贸易组织成立之后，上诉机构重申了世界贸易组织协定的契约性。按照对契约性的一般理解，世界贸易组织成员相互之间承担了类似契约的义务，同时也享有类似契约的权利。这一特点实际上在《关税与贸易总协定》及《世界贸易组织协定》前言中已经明确指出，“通过互利互惠安排”，削减贸易壁垒、取消贸易歧视待遇。虽然多边最惠国待遇原则在某种程度上改变了这种契约性，但在本质意义上，成员享有的权利和承担的义务、成员之间的关系，仍然是契约性的。有关契约性，这方面的文献已经很多，不再重复。

世界贸易组织义务的突出特点是承诺性。关税与贸易总协定/世界贸易组织推动的贸易自由化，是建立在承诺基础之上的。关税与贸易总协定和世界贸易组织的每一回合的谈判，都是为了作出更大、更新的承诺，这些承诺都导致了贸易的进一步自由化。如果没有这种承诺、这些承诺，世界贸易组织贸易自由化不会取得今天这样的成就。在国际法中，并无普遍性义务要求享有主权的国家开放其市场。关税与贸易总协定的历次贸易谈判以及世界贸易组织多哈回合谈判中，各缔约方/成员也无义务开放市场。上诉机构指出：“抽象地说，管制权是成员内在的权利，而不是诸如世界贸易组织协定这样的国际条约授予的权利。具体到贸易来说，世界贸易组织协定及其附件对成员国管制贸易的权利作出了约束，使其遵循其承担的义务。”[①]由于开放市场的相互性，为了获得其他市场对自己开放，自己也必须对其他成员开放。在世

① 中国出版物案，DS363，上诉报告，第222段。

界经济愈来愈全球化的今天，很难想象一个经济体会完全脱离其他经济体而存在和发展。其结果是，现实的需要，而非法律的强制要求，使得各缔约方/成员采取了互惠互利的安排。经济体通过承诺对其他经济体开放，换取其他经济体对自己开放。

承诺性义务的重要含义是，承诺方按照自己的承诺履行义务，承诺多少履行多少，不承诺则不履行义务，不履行没有承诺或超出承诺的义务。这与具有普适性价值的义务不同。承诺方主要是根据自己的情况和接受能力承诺的。这一特点也适用于发展中国家的承诺。在多哈发展回合谈判中，发展中国家只被要求作出与其经济发展水平相适应的承诺，而且根据特殊差别待遇原则，发达国家向发展中国家承诺时不要求互惠或对等的减让。这种承诺性特点，为各方保护自己的经济发展、保护自己的产业提供了灵活性。从承诺中获得利益的成员，也获得了发展自己经济、产业的稳定条件。

相互承诺的目的是为了换取最大的利益。从关税与贸易总协定第一次多边贸易谈判开始，即存在初始谈判权(Initial Negotiating Right, INR)这一概念。它主要是指对某一进口国拥有某一产品最大出口量的出口国，有与该进口国进行关税减让谈判的权利。这一概念是一个利害关系方概念，它与另一利害关系方概念“主要供应利益方”紧密联系在一起，也与产业利益紧密联系在一起。《关税与贸易总协定》第 28 条之二是关于关税谈判的规定，于1954—1955 年关税与贸易总协定审查会议增订。可以理解，该条的规定总结了以前的谈判做法，并为以后的谈判提供了指导和要求。该条指出，谈判要“适当注意本协定的目标和各缔约方的不同需要”，这“对于扩大国际贸易非常重要”。谈判应在充分考虑下述因素的基础上进行：各缔约方和各产业的需要；欠发达国家更灵活适用关税保护促进经济发展的需要，以及这些国家为财政收入维持关税的特殊需要；所有其他有关情况，包括有关缔约方的财政、发展、战略和其他需要。在此，“各产业需要”成为关税谈判优先考虑的因素。而根据第 28 条之二的规定，关税谈判可以在有选择的产品对产品(product by product)的基础上进行，也可以采取相关缔约方接受的多边程序进行。产品对产品的关税谈判，或者说逐项产品进行的关税谈判，无疑与特定产业紧密联系在一起，产品是特定产业的代名词。

对进口国而言，根据是否向其出口、出口多少，可以将其他成员分为几种不同的情形：初始谈判方，主要供应利益方，实质利益方。与其进行最初谈判某一关税减让的出口国，享有某种特殊的权利或利益。正是这两个国家间的谈判，通过相互减让，达成了针对某一产品的关税减让。不是最初谈判方但是进口方进口的主要供应国，根据最惠国待遇原则，享有最初谈判方谈判达成的关税减让,是这一谈判的获益方,相对于其他没有向该进口国出口或出口量较少的成员,其享有“主要供应利益”(principal supplying interest)。在贸易份额发生变化时,主要供应利益方可能是进口国进口的最大出口方,也可以参加减让表修改的关税谈判。“一缔约方经与最初谈判此项减让的任何缔约方和缔约方全体确定拥有主要供应利益的任何其他成员方谈判并达成协议,并在与缔约方全体确定在此减让中具有实质利益的任何其他缔约方进行磋商的前提下,可修改或撤销本协定有关减让表中包括的一项减让”。“除最初进行谈判的缔约方外,允许有主要供应利益的缔约方参加谈判的目的,是保证与最初谈判减让的缔约方相比,被该项减让影响的贸易份额较大的缔约方,应有充分的机会保护其在本协定项下享受的契约性权利。”如果所涉减让影响的贸易占某一缔约方全部出口的主要部分,该缔约方可被例外地确定为具有主要供应利益的缔约方。实质利益方,可以理解为对试图修改或撤销减让的成员的市场中具有重要份额的成员,或者如果不存在歧视性的数量限制影响其出口,可以合理预期会具有重要份额的成员。①

乌拉圭回合谈判形成了《关于解释1994年关税与贸易总协定第28条的谅解》。该解释谅解进一步界定了“主要供应利益”。它更进一步规定,对于无法获得最近3年贸易统计的所谓新产品,在修改或撤销关税减让时,对该产品现归类或原归类税目具有最初谈判权的成员,视为对所涉减让具有最初谈判权。主要供应利益和实质利益的确定及补偿计算,应特别考虑出口成员中受影响产品的生产能力和投资,对出口增长的估算,以及对该产品在进口成员中需求的预测。该新产品应理解为包括通过分列现有税目而产生的税目。

上述关税谈判、修改或撤销的规定表明,进口成员的减让承诺,是针对主要出口成员作出的。无论是最初谈判成员,拥有主要供应利益的成员,还是具有实质利益的成员,对进口成员的关税减让承诺有一种预期甚至交换。这种承诺对不同成员的作用、效用、利益,是不同的。同时,某一进口成员作出进口关税减让承诺,并非不可以修改或撤销,但须遵循修改或撤销的程序和要求,对受该修改或撤销的出口成员给予某种补偿。对不受该修改或撤销影响的成员,拟修改或撤销关税减让的成员无需提供补偿。

与货物关税减让相比,服务贸易的市场准入和国民待遇义务具有同样的甚至更明显的承诺性。任何成员都无义务开放其服务贸易市场。即便在开放的服务贸易部门,也可以施加不同形式的歧视。在其他协定中普遍适用的

① 《关税与贸易总协定》第28条注释。

国民待遇义务,在《服务贸易协定》中成了一种承诺性义务。这种义务,有承诺就存在,无承诺则不存在。作为普遍适用的最惠国待遇义务,亦需要以这种具体承诺的存在和适用为基础。

从这一意义上讲,《知识产权协定》也是承诺性的:成员承诺按一定标准保护知识产权。这如同按一定数额征收关税一样。知识产权的国际保护体制,早在1883年《伯尔尼公约》通过时就已经存在了。1967年世界知识产权组织成立时,更是形成了世界统一的知识产权的国际保护体制。尽管如此,相关国际公约要求的保护水平是不同的,这就造成了不同国家间知识产权保护水平的不一致。世贸组织《与贸易有关的知识产权协定》的签署、生效和适用,表明世界贸易组织成员承诺按这一标准进行知识产权保护,而且成员根据其他知识产权保护公约享有的灵活性受到了很大程度上的限制。如果违背知识产权保护的承诺,相关成员的利益就会丧失或受损;相关成员可以诉诸争端解决机制。

契约性、承诺性义务,与非歧视性原则并不矛盾。各个成员的需求和经济发展水平不同,产业优势不同,其关注点也不同。任何成员都可以对其他成员是否履行承诺义务提出关注,但只有对自己有利时这种关注才是真实有效的。谈判时是这样,争端解决时也是这样。正如《争端解决规则与程序谅解》第3条第7款所指出的,"在提出某一案件前,成员应就根据这些程序采取的措施是否有效作出判断"。世界贸易组织是一成员驱动管理的组织,成员之间的权利义务平衡主要靠成员自己来维持。世界贸易组织本身不是执法机构,即使是争端解决机构,在通常情况下也只是裁定被诉成员是否违反义务或承诺,具体执行措施由被诉成员自己决定。因此,产业利益就成为是否提起贸易争端所考虑的主要因素。实践也是如此。相关内容可参看"争端解决机制对产业的保护"一章的内容。

二、产业保护的双重内涵

世界贸易组织2013年出版的《世界贸易组织的历史和未来》这样描述自关税与贸易总协定适用以来的世界贸易组织的贸易谈判:这种谈判表现出了连续性和变化性两个特点。连续性的一个方面是通过多轮回合进行谈判,将多个问题捆绑在一起。自关税与贸易总协定后期以来,该连续性还体现为强调使用公式作为市场准入谈判的主要模式。现代谈判者更像他们旨在替代的重商主义者:国家具有进攻性利益(即改善他们旨在实现的贸易伙伴市场中的市场准入)和防御性利益(即自己市场中的保护壁垒,受影响的产业需要保护)。对重商主义者的唯一重要偏离是从结果转向机会。重商主义的目标是通过促进出口、限制进口创造贸易盈余,而现代关税谈判的目标是实现己方壁垒的最小减让和伙伴壁垒的最大减让的平衡。[①] 这一描述,特别是此处提出的进攻性利益和防御性利益,对我们理解产业保护是一个非常好的帮助。

《补贴与反补贴协定》第5条指出了一国补贴可能对他国利益造成不利影响的三种情形:第一,损害另一成员的国内产业;第二,使其他成员在GATT 1994项下直接或间接获得的利益丧失或受损,特别是在GATT 1994第2条下的约束减让的利益;第三,严重侵害另一成员的利益。

第一种情形是反补贴措施所救济的国内产业损害,是贸易救济措施意义上的损害。第二种情形,是一种较为广义上的损害,是关税与贸易总协定项下的利益损害,该利益损害是否存在应根据《关税与贸易总协定》各相关条款及适用做法确定,包括《关税与贸易总协定》第2条项下的约束关税产生的利益的损害。

上述第三种情形,《补贴与反补贴协定》第6条对其专门作出了进一步的阐释与规定。其中第6条第1款规定了推定存在严重侵害的情形,包括对某一产品的从价补贴超过5%,补贴用以弥补某一产业所遭受的经营亏损,补贴用于弥补某一企业遭受的经营亏损(但一次性用以解决严重社会问题的补贴除外),直接免除政府持有债务。但这种推定存在侵害的规定目前已经失效。[②]

按照现在适用的《补贴与反补贴协定》第6条第3款,一国国内补贴严重侵害其他成员利益,在下述四种情形下存在:第一,补贴产生的效果是取代或阻碍另一成员同类产品进入提供补贴的成员国境内市场。这种情形相当于进口替代。第二,补贴产生的效果是在第三国市场中取代或阻碍另一成员同类产品的出口。这相当于出口替代。第三,补贴产生的效果是在同一市场中,与另一成员同类产品的价格相比,接受补贴的产品大幅度降价,或者大幅度地抑制价格的上涨或压低价格,或者造成销售损失。第四,补贴产生的效果在于,与前三年的平均市场份额相比,补贴国的接受补贴的某一初级产品或商品在世界市场中的份额增加,而这一增加在授予补贴之后的一段时间内呈一贯趋势。

---

① Craig VanGrasstek, The History and Future of the World Trade Organization, WTO, 2013, pp. 273—274.

② 根据《补贴与反补贴协定》第31条,第6条第1款属于临时适用规定。在其生效后5年,除非补贴与反补贴委员会同意延长其适用,否则该条款终止适用。1999年12月20日,补贴与反补贴委员会特别会议没有达成延长第6条第1款适用的协议,该条款终止适用。

上述第一种情形发生在补贴国境内,第二种情形发生在第三国。这两种情形都是另一成员国出口的减少或消失。发生在第三国的出口产品替代或阻碍,包括不利于未接受补贴的其他成员同类产品的相对市场份额的变化。在第三国市场中,补贴产品的市场份额增加;补贴产品的市场份额虽然没有增加,但如果没有补贴,其份额会降低;或者,补贴产品的市场份额在降低,但降低速度低于不存在补贴的情况。

第三种情形不限于补贴国、进口国或者第三国,但考虑到第5条规定的第一种情形即指损害另一成员国的国内产业,即进口国国内产业,进口国可以直接进行反补贴调查,此处可以理解为补贴国或第三国。与前两种情形不同的是,第三种情形不是直接地替代或阻碍另一成员国产品的出口,而是产品价格受到影响,或者补贴产品降价,或者其他成员的同类产品价格上不去或被迫降价。补贴产品降价,不仅仅是补贴产品自己降价,也包括同一市场中补贴产品价格与未受补贴的同类产品价格相比较得出的降价情形。因此,也是一相对降价概念。

第四种情形则是从整个世界市场中的份额变化,看是否存在利益侵害。即使相关成员产品的世界市场份额没有发生变化,但接受补贴的产品的市场份额一直呈上涨趋势,也侵害其他成员利益。这种情形可以视为是一种世界市场份额相对地位的变化。

上述四种情形,相对于提供补贴的成员来说,其他成员利益受到侵害的发生地不是在其他成员国境内。这与补贴产品损害进口国的国内产业不同。因此,从其他成员国的角度说,保护其国内产业免受损害或侵害,不仅包括在进口国市场免受进口产品的损害,还包括在第三国市场或提供补贴的出口国市场不受侵害。这表明,国内产业的利益是双重的:一在本国境内,一在出口市场。

与国内产业利益存在于国内和国外两个市场相联系,产业保护也包括双重内涵:一是保护本国国内产业免受外来的进口产品的损害,二是保护本国国内产业的产品在外国市场中不受到侵害。因此,反倾销、反补贴和保障措施所针对的国内产业保护,不能涵盖完整的产业保护的内容。实际上,《关税与贸易总协定》最初的约束关税制度,正是保护国内产业在出口国市场中的利益。《关税与贸易总协定》第23条所指的利益丧失或受损,最初主要是指关税减让利益的丧失或受损。这一点,从《关税与贸易总协定》第19条保障措施所针对的"关税减让"所产生的影响,以及《补贴与反补贴协定》第5条所说的第二种不利影响,"《关税与贸易总协定》第2条下约束减让的利益"丧失或受损,都可以得到证实。

由于国内产业已经走出国门，在原来的进口国生产制造，其在东道国（进口国）的权益也应得到保护。这时，从成员政府角度，保护国内产业具有国内和国外保护企业的双重任务，而不仅仅是保护国外的产品市场，也包括保护对外投资产业本身。跨国投资越多，对贸易的影响越大。由于在东道国进行投资的制造业构成了东道国产业的一部分，就投资国来说，作为进口国，在某种程度上，其也面临着一种选择：保护境内的国内产业，与保护境外的投资产业（企业）。在《反倾销协定》中，已经通过关联企业这一概念，将进口国境内与出口国生产商或出口商有联系的企业排除出国内产业的界定范围。

在了解了产业保护的境内、境外双重保护的内涵后，再回头审视关税与贸易总协定条款及其他世界贸易组织条款，我们对产业保护就会有更清醒的认识。

1947 年关税与贸易总协定是根据《临时适用议定书》适用的。该《临时适用议定书》将《关税与贸易总协定》分为两个部分，第一部分普遍适用，第二部分在不违反国内法的限度内最大适用。其中第 1 条最惠国待遇条款和第 2 条约束关税条款属于第一部分，而第 2 条约束关税是根本性条款，最惠国待遇条款是为了保证约束关税的非歧视适用的，这也是多边最惠国待遇的特点和作用。减让关税并约束关税，俗称降低关税壁垒。降低关税壁垒的作用不是为了保护进口国境内的国内产业，而是为了促进出口国境内的国内产业/产品。如果进口国违反了约束关税义务或承诺，就会导致出口国利益的丧失或受损。此处的利益，无疑包括出口利益，更准确地说是出口国国内产业/产品的出口利益。

《关税与贸易总协定》第 3 条国民待遇条款是大家耳熟能详的禁止保护国内产业的条款。但这只是从进口国而言，从进口国义务而言的。如果从出口国看，国民待遇条款恰恰是保护出口国产品、保护出口国产业的重要条款。如果进口国歧视进口产品，违反国民待遇义务，出口国国内产业的产品出口就会受到损害。

在关税与贸易总协定《临时适用议定书》被取消的世界贸易组织时代，约束关税和国民待遇义务都变成了同等重要的普遍适用的义务。这两项义务，如同一枚硬币的两面，保护着出口国国内产业的利益。而贸易救济措施，则又站在进口国国内产业的角度，来保护进口国国内产业的利益。

其他的关税与贸易总协定规则，其他的世界贸易组织规则，都各自从某一方面保护、捍卫着进口国与出口国权利义务的平衡、成员本身权利义务的平衡。我们很难得出结论，认为整个世界贸易组织规则既不保护出口国国内产业利益也不保护进口国国内产业利益；也难于得出结论，认为世贸规则只保护进口国国内产业利益而不保护出口国国内产业利益或者相反。因此,我们可以说,保护成员的国内产业利益,既是世贸成员相互承担的一项义务,也是成员享有的一项不可剥夺的权利。进一步说,保护国内产业,就是保护国内产业的市场,就是保护其国内市场和国外市场。这既是世贸规则所要求的,也是世贸规则所保障的。而这正是市场准入、市场开放的根本所在。

三、世贸组织宗旨与产业保护

在大工业社会,企业和产业是经济发展的载体。作为一个社会经济组织,承担着发展经济、提高收入、解决就业、提高生活水平的重任。也有专家指出,判断一个国家经济的发展水平,其中一个重要指标是看这个国家存在多少企业。而产业作为企业的集合,其兴衰哀荣直接关系到每一个企业的命运。我们看到,每一次经济危机到来时,随着一批批企业的倒闭,人们的生活受到严重影响,开始过起节衣缩食的日子。而每一次的经济繁荣,随着一批批企业的设立与发展,人们的生活更加富足。

关税与贸易总协定及世界贸易组织,是否不关心企业和产业的保护与发展?

《关税与贸易总协定》前言开宗明义地指出了缔约方签订这一协定的目的:"认识到在处理它们的贸易和经济领域的关系时,应以提高生活水平、保证充分就业、保证实际收入和有效需求的大幅稳定增长、实现世界资源的充分利用以及扩大货物的生产和交换为目的,期望通过达成互惠互利安排,实质性削减关税和其他贸易壁垒,消除国际贸易中的歧视待遇,从而为实现这些目标作出贡献。"

上述表明,《关税与贸易总协定》是用于处理缔约方之间的贸易和经济领域关系的,提高生活水平、保证充分就业、保证实际收入和有效需求大幅增长,扩大货物生产和交换,都是缔约方期望达到的目标。而通过互惠互利安排,削减关税和其他贸易壁垒、消除国际贸易中的歧视待遇,仅仅是实现这些目标所使用的手段。换言之,保护和促进作为实现上述目标的载体的企业和产业,正是关税与贸易总协定的预定目标。

《关税与贸易总协定》第 18 条名为"政府对经济发展的援助"。该条第 1 款明确指出:"各缔约方认识到,它们各自经济的逐步发展将促进本协定目标的实现,特别是那些经济只能维持低生活水平并处于初步发展阶段的缔约方。"该条第 2 款进一步明确:"各缔约方进一步认识到,为实施旨在提高人民总体生活水平的经济发展计划和政策,这些缔约方可能有必要采取影响进口的保护措施或其他措施，只要此类措施能够便利本协定目标的实现，即为合理的。因此，它们同意，这些缔约方应享有额外的便利，以使它们……提供为建立特定产业所要求的关税保护，考虑经济发展计划……而实施数量限制。"虽然第18条现在被认为主要适用于发展中国家，但该条存在本身即印证了政府可以、应当促进本国经济的发展，以实现关税与贸易总协定的目标。第18条第1款第一句对经济发展促进协定目标实现的认可，并没有区分发达国家和发展中国家，因而是具有普遍意义的。

《关税与贸易总协定》后增加的部分，即第四部分"贸易与发展"，虽然针对发展中国家，但其原则和目标是普遍性的，经济和贸易发展是相互促进的。这一问题不仅对发展中国家存在，对发达国家也同样存在。2008年以来的金融危机，凸显出了这一问题的重要性。美国奥巴马政府提出的"国家出口计划"，号召增加国内生产、扩大产品出口，甚至号召美国境外投资迁回美国生产，体现出了国家产业发展对贸易发展的重要性。

在关税与贸易总协定临时适用将近半个世纪之后，世界贸易组织替代了关税与贸易总协定。《世界贸易组织协定》重申了关税与贸易总协定中的目标与宗旨："认识到在处理它们的贸易和经济领域的关系时，应以提高生活水平、保证充分就业、保证实际收入和有效需求的大幅稳定增长以及扩大货物和服务的生产和贸易为目的，同时依照可持续发展的目标，考虑对世界资源的最佳利用，寻求既保护和维护环境，又以与它们各自在不同经济发展水平的需要和关注相一致的方式，加强为此采取的措施……期望通过达成互惠互利安排，实质性削减关税和其他贸易壁垒，消除国际贸易关系中的歧视待遇，从而为实现这些目标作出贡献；因此决心建立一个完整的更可行和持久的多边贸易体制……决心维护多边贸易体制的基本原则，并促进该体制目标的实现……"

世界贸易组织的建立，正是为了以多边贸易体制的方式，更好地促进该体制目标的实现。即，提高生活水平、保证充分就业、保证实际收入和有效需求的大幅稳定增长，扩大货物和服务的生产和贸易。这些目标的实现，都离不开企业和产业的发展。削减关税和其他贸易壁垒，消除国际贸易关系中的歧视待遇，也仍然是实现上述目的的贸易手段。因此，我们难于得出结论说，削减关税和其他贸易壁垒、消除国际贸易关系中的歧视待遇，不是为了企业、产业发展，不是保护企业、产业。恰恰相反，依赖企业、产业发展，保护企业、产业发展，是实现世界贸易组织目标的当然之义。上述目标中，将"生产"和"贸易"并列，也说明了二者之间的密切关系。

关税与贸易总协定/世界贸易组织的目标，有时被简单地概括为促进世界贸易组织的进一步自由化(further liberalization of trade)。该自由化的特点主要是降低或取消贸易壁垒,取消贸易歧视。表面看来,似乎与产业保护无关。但正如上述《关税与贸易总协定》/《世界贸易组织协定》前言所言,这些只是实现上述目标的具体手段。从每一成员都是出口国和进口国这一身份看,贸易壁垒的降低或取消、贸易歧视的取消,都导致贸易的扩大、产业的发展。因此,这些贸易手段,既是实现上述总目标的手段,也是实现产业保护和发展的手段。

世界贸易组织成立后的首次多边谈判——多哈回合谈判,正式名称为"发展谈判",依然在解决、重点在解决经济发展与贸易发展的关系、经济发展与贸易自由化的关系。这表明,贸易发展、贸易自由化,是不能偏离产业、经济发展而存在的。

四、贸易救济措施中的产业损害

反倾销措施、反补贴措施和保障措施,是我们通常所说的贸易救济措施。实质上,它们是产业救济措施。产业受到损害,是采取这类贸易救济措施的最根本原因。这些措施属于上述防御性利益,属于狭义上的产业保护。

《关税与贸易总协定》第6条第1款规定,倾销只有在造成国内产业损害时才受谴责。按照第6条第6款的规定,除非确定倾销或补贴的效果对国内产业造成损害,不得对进口产品征收反倾销税或反补贴税。而在第19条的保障措施条款中,进口产品对国内产业造成严重损害,才可以在必要限度和时间内采取保障措施。

《反倾销协定》第3条要求在确定损害时,客观审查倾销进口产品对国内市场同类产品价格的影响,以及对该产品的国内生产商的影响。根据该协定第3条第4款,倾销进口产品对国内产业影响的审查,应包括对影响产业状况的所有有关经济因素和指标的评估,包括:销售、利润、产量、市场份额、生产力、投资收益或设备利用率实际或潜在的下降;影响国内价格的因素;倾销幅度大小;对现金流、库存、就业、工资、增长率、筹资或投资能力的实际或潜在的消极影响。第3条第7款进一步明确,在作出有关存在实质损害威胁的确定时,应特别考虑下述因素:(1) 倾销进口产品进入国内市场的大幅增长率,表明进口重大增长的可能性;(2) 考虑到其他出口市场吸收额外出口的情况,出口商可充分自由利用的或迫近的产能的重大增长,表明倾销进口产品进入进口成员境内市场重大增长的可能性;(3) 进口产品是否以重大压低或抑制国内价格的价格进口,是否可能增加对进一步进口的需求;(4) 被调查产品的库存情况。

《补贴与反补贴协定》第 15 条第 1 款、第 4 款以及第 7 款有关损害确定的规定,几乎与上述《反倾销协定》的规定完全相同。

在《保障措施协定》中,在审查是否存在严重损害或损害威胁时,应评估影响该产业状况的所有客观、可量化的有关因素,特别是有关产品按绝对值和相对值计算的进口增加的比率和数量,增加的进口所占国内市场的份额,以及销售水平、产量、生产率、设备利用率、利润和亏损及就业变化。[①]

概括上述产业损害的有关规定,我们可以得出下述几点初步结论:第一,上述损害,均针对进口产品对进口国境内国内产业的损害。第二,损害的因素不仅仅是产品数量问题、贸易指标,而是影响产业状况的所有经济因素和指标,更重要、更多的是企业指标,如企业的利润、生产能力、投资收益、设备利用率、现金流、筹资或投资能力,以及工人就业、工资等。第三,上述企业指标,不是孤立地看一家或几家企业,而是看整个产业,整个生产与进口产品同类或直接竞争产品的国内生产商整体。第四,我们看到,影响产业发展的因素是多方面的,既有产品本身的原因,也有其他的企业本身的以及工人方面的因素。资本、劳动、管理三方面的因素都有。反过来说,如果利润率高、就业率高,仅仅是产品数量方面的原因,不足以影响产业的整体发展。

在《服务贸易总协定》中,除非明示表明限制,否则不得限制服务者提供者的数量、限制服务业务总额或服务产出总量、限制雇佣的自然人人数、限制或要求通过特定类型的法律实体或合营企业提供服务、限制外国最高百分比或投资总额来限制资本的参与。[②] 这也是一种对产业的保护。

五、产业保护与贸易保护主义

贸易保护主义是一种贸易理论或思潮,其本身并不具有严格的定义或内涵,主要指进口国采取限制进口的措施。这与自由贸易(free trade)理论或思潮相对。自由贸易理论更主张绝对意义上的自由贸易、自由进出口。在各国实施的贸易政策中,没有纯粹的贸易保护主义政策,也没有纯粹的自由贸易政策。对不同的产业、在不同的时期、针对不同的对象,各国政府在采取贸易政策时总是会有侧重。

贸易保护主义不是一个法律术语,也不是一个国际公约制度,不属于法律意义上的权利义务的范畴。在以规则为导向的世界贸易组织法律体制中,

---

① 《保障措施协定》第 4 条第 2 款(a)项。

② 《服务贸易总协定》第 16 条第 2 款。

成员的权利和义务都有详细的界定。如前所述,世界贸易组织制度中存在着允许保护国内产业的规则和制度。至少,贸易救济措施就是这样的规则与制度,而且采取这种措施是成员享有的一种权利。因此,无论在理论上,还是在法律意义上,贸易保护主义不适于描述世界贸易组组织框架内的产业保护措施。

世界贸易组织允许依法保护产业。但这种保护,必须按照世界贸易组织规则允许的领域、方式、手段、程度进行。另一方面,在世界贸易组织没有要求、成员没有承诺的领域,成员有自由管理的权利,可以采取其视为适当的管理措施,包括限制进口和出口。

约束进口关税,是世界贸易组织中一项比较核心的义务。实践中,许多成员实际适用的进口关税水平低于约束关税水平。成员是否有权将进口关税从现有适用水平上提高但低于约束关税呢?从效果上讲,这样做了之后的关税壁垒肯定提高了,限制进口的程度比以前加大了。这是否意味着贸易保护主义,是否意味着该成员违反了承诺义务?回答是否定的。假设某一出口成员当初对该进口成员作出的某一承诺,是基于进口成员实际适用的关税,现在适用关税提高了,原来达成的权利义务可能出现失衡。但实际上,关税谈判都是以约束关税为基础的,与实际适用关税无关。进口成员在其约束关税的基础上实际适用了更低水平的关税,应该是受到鼓励的;其不适用较低关税或提高了较低关税但低于约束关税,也是约束关税这一制度所允许的。

世界贸易组织规则中的约束关税制度,仅适用于进口关税;世界贸易组织规则中并无约束出口关税的一般制度。世界贸易组织规则中存在禁止采取税费之外的数量限制措施限制或禁止进口或出口的制度(《关税与贸易总协定》第 11 条)。一个成员现在对某一产品实施出口关税,限制该产品出口,在效果上显然限制了贸易。这是否是贸易保护主义措施,是否违反了承诺义务?

贸易保护主义是一种贸易理论,主要特征是奖出限入。因此,限制出口不属于贸易保护主义的范畴。由于出口能够带来收入,各国通常不采取限制出口的做法。这也可能是关税与贸易总协定最初制定时只关注进口约束关税的原因。[①] 由于不存在出口约束关税制度,实施新的出口关税,或者提高现行的出口关税,都不能算作违反了世界贸易组织义务。但如果某一成员作出了出口关税承诺,在随后的措施中又超出了这一承诺范畴实施出口关税,则违反了承诺义务。中国原材料出口案就是这样的一种情形。专家组和上诉

① 约束进口关税,实际上是对 20 世纪 30 年代经济大萧条时期各国纷纷提高关税的一种反应。

机构都裁决中国对某些原材料出口征收关税违反了出口关税承诺义务。但该违反承诺,并不应归于贸易保护主义措施。

如果我们将所有的各种形式的限制进出口的措施、限制市场开放的措施,一概归到贸易保护主义的范畴,则贸易保护主义本身就成为一个包容万物却又空洞无物的篮子。在这样的意义上,指责其他国家采取贸易保护主义措施,只能是对其他措施的一种情感表达或诉求,并不代表真正意义上的违反承诺的措施。另一方面,期望其他成员的实际措施在现有承诺基础上更加开放,而在其他成员没有这样做时,指责其他成员采取贸易保护主义措施,这实际上是提出了非分要求,蛮横而不讲理。

承认世界贸易组织允许产业保护,世界贸易组织规则要求依法保护产业,就能够将贸易保护主义措施与依法保护产业措施区分开来,提高世贸规则的严肃性和执行力。也可以将依法保护与滥用权利区别开来。既然产业保护是一种权利,就意味着存在着权利滥用的可能。这种权利滥用,就是超出规则允许的范围、方式、限度,违背规则的目标与宗旨,采取产业保护措施。这种权利滥用构成违法,需要在争端解决程序中予以认定。在这一意义上,我们也可以将这一违法措施称为贸易保护主义措施。判断是否是贸易保护主义措施的标准是规则、是义务。在法律的框架上使用这一术语,可能更为妥当。但与其使用法律标准来定义贸易保护主义,我们不如直接使用法律规则来评价成员的措施,判断它是否存在法律依据、是否滥用法律权利。

2012 年 12 月 11 日,美国政府驻世界贸易组织代表就乌克兰建议修改减让表发表声明,劝阻乌克兰撤销修改减让表的建议,认为乌克兰如果继续这一措施将会导致严重的多边和双边后果。美国代表认为,虽然乌克兰认为采取这一措施是其权利范围内的事情,但美国坚信《关税与贸易总协定》第 28 条修改减让表程序从来没有预期用于保护主义的工具,来对加入承诺进行重新谈判。① 乌克兰修改减让表的建议是否如美国反对的那样,属于贸易保护主义的措施,要根据争端解决程序来认定。

---

① http://www.ustr.gov/about-us/press-office/press-releases/2012/december/amb-punke-statement-wtogc-ukraine,2012 年 12 月 13 日访问。

第五章
世贸规则中的产业保护规定

一、货物贸易协定中的主要产业保护措施

（一）关税保护

关税具有双重作用:保护产业、提供国家税收。在非关税壁垒不很发达的时候,关税是最主要的产业保护措施。读一下美国首任财政部长汉密尔顿的《论产业》,看看美国关税法的制定史,看看美国《1930 年关税法》的高税率,就可以了解关税的保护作用。

为了吸取经济大萧条时期的教训,在关税与贸易总协定谈判之初,谈判方在承认各方有权采取关税的基础上,就关税减让进行谈判。相关规则就是《关税与贸易总协定》第 2 条约束关税、第 27 条减让的停止或撤销、第 28 条减让表的修改、第 28 条之二关税谈判,以及第 1 条最惠国待遇原则。第 28 条之二有关关税谈判的规则中,明确要求考虑发展中国家更加灵活适用保护关税的需要。

约束关税并通过谈判逐步降低关税,这是关税与贸易总协定的关税纪律。《关税与贸易总协定》第 2 条约束关税,是通过进口国承诺约束关税的形式存在的。这似乎与关税的产业保护相矛盾。但是,首先,成员有权使用关税来保护国内产业,这是共识;其次,关税约束水平取决于成员间的谈判,取决于进口方的承受能力;再次,从出口成员角度,进口成员约束关税,就是对出口成员降低市场壁垒、开放市场;最后,《关税与贸易总协定》第 2 条存在着明确的授权进口国通过其他方式保护国内产业的规定。

《关税与贸易总协定》第 2 条第 2 款明确规定了约束关税的几种例外情形。其中包括了反倾销税和反补贴税这两项现在公认的产业救济措施。第 2 条第 4 款更为明确地规定:“本条的规定不得限制缔约方使用本协定其他规定允许的、对本国生产者提供任何形式的援助。”第 2 条第 4 款还规定,如果

进口成员对其减让表中的产品的进口设立、维持或授权垄断,无论是形式上还是事实上的进口垄断,该垄断的实施平均不得超过该减让表所规定的保护水平,除非减让表中或最初谈判的各方之间另有议定。第2条第4款有关垄断的这一规定,实质上允许进口成员维持一定水平的保护,减让表有规定时或最初谈判方另有议定时,还可以超出减让表规定的保护水平提供保护。这种垄断,在《关税与贸易总协定》第20条一般例外中,属于该例外认可的政策性措施,为执行这一类垄断所必需的措施,只要该垄断不与《关税与贸易总协定》相抵触。

还要看到,进口约束关税以协调制度的税目(品目)为基础。税目发生变化,即产品分类发生变化,承诺关税即不再适用。基于原材料、生产工艺、产品用途或功能的分类形成的税目,并不总能及时反映新的产品。这就为成员发展新产品、提升产品、产业升级提供了契机和空间。

《关税与贸易总协定》第2条第5款预料到了产品海关分类可能对约束关税适用引起的问题。根据该款的规定,如果某一进口成员作出了关税减让承诺,而相关出口成员认为未能从该减让中获得预期的待遇,出口成员可以提请进口成员注意。而如果进口成员同意出口成员所预期的待遇确实是其所要求获得的待遇,但由于国内法院或其他机关的裁定产生的归类原因,相关产品不能根据进口成员的关税法规归类到根据关税与贸易总协定所预期的关税待遇,相关成员应迅速进行谈判,达成补偿性调整。该规定表明,关税与贸易总协定并不调整产品归类本身,但因归类产生的利益损失应得到关注和解决。争端解决实践中产生的关税争端,存在着类似的情形。

关税高峰和关税升级是历次关税减让谈判关注的问题。关税高峰和关税升级本身的存在,表明了进口国想利用关税来保护自己的国内产业。在其他产品关税比较低的情况下,某一个或某几个产品关税相对比较高,就形成了关税高峰。在初级产品和加工产品之间,加工程度越高,关税就越高,且呈跳跃式升高,即是关税升级,表明进口国意在保护这一加工产品或产业。几乎每一个世界贸易组织成员,都存在关税高峰和关税升级的情况。但这种情况本身并不违反世贸规则,只是从贸易更加自由化的目标看,应将高关税降低下来,当然这也取决于其他成员用于交换的对价是多少。

《关税与贸易总协定》第8条规定了与进出口规费和手续相关的义务。各成员对进出口或有关进出口征收的任何性质的所有规费和费用(进出口关税和第三国国民待遇意义上的国内税除外),应限制在提供服务所需的近似成本以内,并不得成为对国内产品的一种间接保护或为财政目的对进出口产品征收的一种税。

(二) 数量限制措施

通过限制或禁止进出口,最能起到保护产业的作用。传统的贸易报复措施,通常也都采取禁止或限制进出口的方式,例如“禁运”措施。换言之,数量限制措施,最能影响国际贸易的正常往来。正因为如此,《关税与贸易总协定》第11条规定了比较严格的取消数量限制措施的义务。但这并不意味着世贸成员不能使用数量限制措施。包括《关税与贸易总协定》在内的世贸规则,含有一系列的允许数量限制措施的规则例外。

首先,《关税与贸易总协定》第11条就存在着例外条款。第11条、第12条、第13条、第14条,以及第28条,都涉及数量限制措施的使用。大家比较熟悉的是因为国际收支平衡原因对进口实施数量限制。手里没钱了,当然就不买或少买东西。这道理很简单。在印度数量限制措施案中,印度当初以国际收支不平衡为由采取数量限制措施,没有遇到任何反对。后来美国之所以对印度提起诉讼,是因为印度采取这一措施的时间太长了,收支状况改善了以后仍然维持着老措施。美国感到印度有点过分、实在难以忍受。最终的结果是美国赢得了胜利。但实际上印度也是胜利方,因为它利用数量限制措施限制进口,改善了国际收支状况。

《关税与贸易总协定》第17条有关国营贸易的规定,也是数量限制条款。该条款允许世贸成员设立或维持国营贸易企业,从事产品的进出口。该企业可决定进出口产品的数量。但在决定购买或销售哪些产品时,应按照商业因素来进行,包括价格、质量、供应度、适销性、运输条件及其他购销条件等。中国入世承诺中的粮油专营、烟草专营,都属于这一类安排。

限制进出口数量,可以采取多种方式。许可证、配额是最常见的方式。尽管《关税与贸易总协定》第11条要求取消通过配额、许可证实施的数量限制,但这不是绝对的。数量限制例外允许采取配额、许可证方式来进行数量限制。乌拉圭回合达成的《进口许可程序协定》细化了对许可证的要求,但没有从根本上取消许可证的要求。此外,各国在谈判中、在加入世贸组织的承诺中,不同程度地保留许可证、配额的适用。《农产品协定》中数量限制措施也很普遍。

保障措施是世贸规则允许的一种贸易救济措施。其具体要求在下文中有进一步的分析和描述。就其实施方式来说,可以采取提高关税或数量限制的方式。《保障措施协定》规定,如使用数量限制,则该措施通常不得使进口量减少到低于最近一段时间的水平,不得低于最近3年的平均进口水平。配额可以在成员国之间进行分配。[①]

（三）贸易救济措施

1．双反一保措施

由于关税经过不断减让后越来越低，总体上关税对国内产业发挥的保护作用也越来越小。世界贸易组织授权的贸易救济措施就成为各进口成员频繁、广泛采用的产业保护措施。从广义上说，这类救济措施包括通常所说的两反一保措施（反倾销税、反补贴税和保障措施），还包括《农业协定》中的特殊保障措施。《中国入世议定书》中的特定产品过渡性保障机制（特保措施）也属于这类措施。由于特保措施适用至中国入世后12年年底（即2013年年底），在此不再介绍和分析。

反倾销和反补贴条款最初是在《关税与贸易总协定》起草阶段的伦敦会议提出的。谈判者将其谈判集中在对倾销的反应上，而不是如何调整倾销本身。当时的主要想法是，关税与贸易总协定作为政府间的合作，不应调整倾销这一纯粹私人活动。国际贸易组织确实对成员施加了取消某些限制性商业做法的义务，但倾销不在应予取消的限制性商业做法清单中。与倾销相反，最初的草案即调整补贴与反补贴税问题。在伦敦会议中，并不存在倾销构成不公平做法因而应谴责的说法。事实上，无论是伦敦会议草案还是美国建议的国际贸易组织宪章都没有这样的意思表示。倾销被认为是不公平的做法，是后来的事。伦敦谈判者的主要目的是提供降低（如果不能完全取消）反倾销、反补贴税措施滥用可能性的文本。虽然承认有4种倾销形式（价格、服务、外汇和社会），美国代表承认美国支持的反倾销条款仅针对价格倾销。[②]

在之后的纽约会议上，谈判者仍然集中于反倾销纪律，倾销仍然不被谴责。澳大利亚代表提出了只有倾销幅度超过5%才可以征收反倾销税的提案，未被接受。在之后的日内瓦会议上，古巴代表提供了应谴责倾销的建议，被拒绝。在哈瓦那会议上，古巴谴责损害性倾销（injurious dumping）的愿望终于得到实现，相关条款成为现有《关税与贸易总协定》第6条的内容。但这一内容在世贸组织《反倾销协定》中没有规定，不过在法律上继续有关，因为上诉机构一再强调反倾销的两个文件必须一起理解。[③] 在1955年举行的审查会议上，新西兰建议增加约束倾销的纪律，但被其他缔约方所拒绝。[④]

---

① 《保障措施协定》第5条保障措施的实施。

② Genesis of the GATT, p. 144.

③ Genesis of the GATT, p. 145.

④ Genesis of the GATT, p. 146.

事实上，上述考虑，即使在倾销和补贴被广泛认为是不公平贸易做法的今天，世界贸易组织的相关规则依然采取了产业救济的方式，而不是谴责倾销或补贴本身的方式。包括申请发起调查的产业比例要求，微量倾销或补贴或微量进口数量的忽略要求，损害的累积评估要求，从低征税要求，征税的多退少不补要求，以及征收反补贴税的公共利益要求等，都体现了这一精神。

由于反倾销税是产业救济，而非对某一单个企业的救济，《反倾销协定》对发起反倾销调查的申请提出了明确的产业代表性要求，即总产量25%的最低要求，以及相关生产商的50%要求。《反倾销协定》第5条第4款规定，除非主管机关根据对国内同类产品生产商对申请表示的支持或反对程度的审查，确定申请是由国内产业或代表国内产业提出的，否则不得发起反倾销调查。如果发起反倾销调查的申请得到了国内生产商的支持，该国内生产商的总产量占反对或支持该申请的国内产业生产商的同类产品总产量的50%以上，视为由国内产业提出申请或代表国内产业提出申请。另一方面，如果支持申请的国内生产商的产品不足国内产业生产的同类产品总产量的25%，则不得发起调查。提出发起反倾销调查的申请，应有产业相关数据的相关证据支持。

如果发起调查后，调查机关确定倾销幅度微量，或倾销进口产品的实际或潜在损害可忽略不计，应立即终止调查。倾销幅度小于出口价格的2%，视为倾销微量。如果查明来自某一特定国家的倾销进口产品的数量占进口成员同类产品进口不足3%，则该倾销进口产品数量可忽略不计，除非占进口成员中同类产品进口不足3%的国家的进口总额超过进口成员同类产品进口的7%。①

如果反倾销调查中包括了来自多个国家的进口产品，来自每一国家的进口产品的倾销幅度高于2%的微量幅度，且来自每一国家进口的数量不可忽略不计，根据进口产品之间的竞争条件以及进口产品与国内同类产品的竞争条件适于累积评估来自不同国家的进口，则可以对来自这些国家的进口累积评估其进口影响。《反倾销协定》第3条第3款的这一累积评估进口影响的规定，与前述忽略倾销幅度形成了对比。

如果主管机关对倾销和损害这两个不同的因素都作出了肯定的初步裁决，只有在判定不采取临时措施不足以防止调查期间造成损害时，才可以采取临时措施，包括征收临时反倾销税或保证金、保函等，其数额不超过初步估算的倾销幅度。如果出口商愿意修改其出口价格或停止以倾销价格出口，在主管机关确信足以消除损害影响时，主管机关可以中止或终止调查程序，不

---

① 《反倾销协定》第5条第8款。

采取临时措施或征收反倾销税。而出口商作出承诺的此类提价幅度,不得超过抵消倾销幅度所必需的限度。如果提价幅度小于倾销幅度足以消除对国内产业的损害,则低于倾销幅度的提价足矣。

在征收反倾销税的要求均已满足的情况下,是否征收反倾销税、反倾销税的数额是否等于或低于倾销幅度,由进口成员决定。但如果低于倾销幅度的反倾销税足以消除对国内产业的损害,宜低于倾销幅度征收反倾销税。

反倾销税的金额不得超过倾销幅度。在征收临时税或收取保证金时,如果反倾销税金额高于临时税或保证金的数额,则差额部分不再收取;如果反倾销税金额低于临时税或保证金的数额,则多余金额应予退还。

《反倾销协定》的上述规定,突出体现了反倾销税抵消进口产品对国内产业造成的产业损害的特征。《补贴与反补贴协定》存在着类似《反倾销协定》上述规定的规定。此外,《补贴与反补贴协定》在是否征税这一问题上,还另含有公共利益的考量:"宜建立程序,允许有关机关适当考虑其利益可能会因征收反补贴税而受到不利影响的国内利害关系方(受调查产品的消费者和工业用户)提出的交涉。"①

在损害认定上,无论是《反倾销协定》还是《补贴与反补贴协定》都规定了大量的产业损害指标,这些指标在第三章中已经介绍过,此处不再赘述。

《保障措施协定》明确,只有在根据该协定的相关规则确定进口至境内的产品数量绝对增加或相对于国内生产的增加,该增加对生产同类或直接竞争产品的国内产业造成严重损害或严重损害威胁时,进口成员才可以对该产品采取保障措施。② 严重损害指对国内产业状况的总体的重大减损。进口成员只能在防止或补救严重损害并促进调查所必需的限度内实施保障措施;进口成员仅能在防止或补救严重损害和促进调查所必需的期限内实施保障措施。③

需要特别指出的是,鉴于世贸规则间的平行性、各规则对同一争议措施的共同适用性,不排除某一进口成员同时对同一进口产品采取反倾销措施和反补贴措施,甚至同时适用双反一保措施。欧美现在对中国出口产品常常是同时采取双反措施。欧盟曾经出现对中国出口产品同时发起双反一保调查的例子,不过该案件以申请人撤销发起调查申请结束。可以同时发起多种救济调查、采取多种救济措施的原因在于,各种措施的适用条件是不同的。只要不重复计算损害额或程度,重复征收关税,就救济措施类型本身来说是可以共存的。

在反倾销、反补贴和保障措施等贸易救济措施中,对进口产品采取措施

---

① 《补贴与反补贴协定》第 19 条第 2 款。

② 《保障措施协定》第 2 条。

③ 《保障措施协定》第 5 条第 1 款和第 7 条第 1 款。

需要证明进口产品对相关国内产业造成了损害。这就涉及国内产业的界定问题。相关内容参见第一章“同类产品与国内产业”部分。需要特别指出的是,贸易救济措施是针对特定进口产品量身定做的国内产业保护措施。进口国要保护国内的什么产品/产业,就对与该产品对应的外国进口产品(同类产品)发起贸易救济调查。法律上体现为先确定被调查的外国进口产品,然后再确定与其相应的国内同类产品。国内产品的生产商提出发起贸易救济调查的申请,充分说明了这一本质。

2. 农产品特殊保障措施

《农业协定》中存在着类似《关税与贸易总协定》第 19 条或《保障措施协定》意义上的用于保护国内产业的特殊保障措施,但实施条件不同。根据《农业协定》第 5 条,该特殊保障措施仅适用于在减让表中标明 SSG(special safeguard)的农产品,以附加关税(additional duty)的形式实施。构成实施特殊保障措施的条件,是产品的进口数量或进口价格。

就进口数量来说,进口占有统计数据的最近 3 年国内消费量的百分比(进口占比),是触发特殊保障措施的市场准入机会。实施特殊保障措施的条件是产品进口量超过某一市场准入机会水平。如果某一产品的市场准入机会低于或等于 10%,则触发特殊保障措施的基准水平应为 125%;如果某一产品的市场准入机会高于 10% 但低于或等于 30%,则基准触发水平为 110%;如一产品的市场准入机会高于 30%,则基准触发水平等于 105%。在任何情况下,如果任何一年中某一产品的绝对进口数量,超过上述基准触发水平与最近 3 年平均进口量的乘积与最近一年相关产品国内消费量与前一年相比的绝对变化量之和,则可以征收附加关税,但是触发水平不得低于最近 3 年平均进口量的 105%。基于进口数量征收的附加关税,只能维持到当年年底,且征收的附加关税数额不得超过采取该措施当年实施的普通关税水平的 1/3。[①]

对于触发特殊保障措施的价格基准,按相关产品的进口到岸价(CIF 价格)与触发价格之间的差额比例来计算。触发价格是相关产品 1986 年至 1988 年平均参考价格。具体分为 5 种情况:(a) 如果进口到岸价与触发价格的差额低于或等于该触发价格的 10%,则不得征收附加关税。(b) 如果进口价格与触发价格之间的差额高于触发价格的 10% 但低于或等于触发价格的 40%,则附加关税应等于该差额超过 10% 部分的 30%。(c) 如果差额高于触发价格的 40% 但低于或等于触发价格的 60%,则附加关税应等于该差额

① 《农业协定》第 5 条第 4 款。

超过40%部分的50%，另加上(b)项允许的附加关税。(d) 如果差额高于60%但低于或等于75%，则附加关税应等于差额超过触发价格60%部分的70%，另加上(b)项和(c)项允许的附加关税。(e) 如果差额高于触发价格的75%，则附加关税应等于该差额超过75%部分的90%，加上(b)项、(c)项和(d)项允许的附加关税。①

根据《农业协定》第5条第8款的规定，针对某一农产品采取的特殊保障措施，不得再根据《关税与贸易总协定》第19条或《保障措施协定》采取保障措施。

(四) 幼稚产业保护

保护幼稚产业，是中国入世之前介绍较多的世界贸易组织规则允许的保护产业的一项制度。该制度规定于《关税与贸易总协定》第18条"政府对经济发展的援助"。该条明确，成员各自经济的逐步发展将促进目标的实现。为提高生活水平实施的经济发展计划和政策，成员采取的影响进口的保护措施或其他措施(protective or other measures affecting imports)，只要能够促进协定目标的实现，就是合理的。第18条允许成员保持关税结构的灵活性，对建立特定产业提供关税保护；允许为了国际收支平衡目的而实施数量限制。为实现这一目标，第18条为发展中国家提供了两类额外便利，即A节和B节的正常额外便利，以及C节和D节的特殊额外便利，以满足发展经济的需要。其基本点是允许暂时偏离《关税与贸易总协定》其他条款的规定。而经济发展的核心是建立国内产业。

实际上，用幼稚产业来描述《关税与贸易总协定》第18条允许偏离其他规则而建立的国内产业并不准确。根据《关税与贸易总协定》第18条自己的解释，此处所指的"特定产业的建立，不仅适用于新产业的建立，也适用于现有产业内新的生产部门的建立和对现有产业进行实质性改造，以及对供应相对较小比例的国内需求的现有产业进行实质性扩大，还包括因敌对行为或自然灾害而遭到破坏的产业重建"②。因此，此处的国内产业建立的内容非常广泛，几乎包括了产业发展的所有形式：既包括了新产业的建立，也包括了旧产业的改造和现有企业的扩建，还包括了受损产业的重建。

《关税与贸易总协定》第18条A节和B节分别规定了两种方法，建立国内产业。一种是通过修改或撤销减让表的方式，一种是基于国际收支平衡原因限制进口的方式。根据A节，只能维持低生活水平且经济处在发展初期阶

---

① 《农业协定》第5条第6款。

② 1994年《关税与贸易总协定》，第18条注释，关于第2款、第3款、第7款、第13款和第22款。

段的成员,为了促进特定产业的建立,认为有必要修改或撤销减让表,应通知世界贸易组织,并与最初谈判方及具有实质利害关系的其他各方进行谈判。如果谈判各方达成协议,寻求修改或撤销减让的成员有权修改或撤销减让,并实施谈判达成的协议,包括提供补偿性的调整。如果相关各方达不成协议,寻求修改或撤销减让的成员应通知世界贸易组织,世界贸易组织进行审查,确信谈判各方尽一切努力,且补偿性调整充分,则相关成员可修改或撤销减让。如世界贸易组织认为补偿性调整不充分,但已经作出了一切合理努力,则相关成员可以修改或撤销减让,但其他相关受影响成员有权修改或撤销对该成员作出的减让。

第 18 条 B 节规定了维持低生活水平且经济处在发展初步阶段的成员,为了保护其对外金融地位和保证适用于实施经济发展储备水平,在防止货币储备严重下降威胁或制止货币储备严重下降的必要限度内,或者在货币储备不足的情况下保持储备合理增长率的必要限度内,可以通过限制进口商品的数量或价值,控制其总的进口水平。这一规定类似《关税与贸易总协定》第 12 条的规定,但实施条件较为宽松。

如果维持低生活水平且经济处在发展初步阶段的成员政府需要提供援助以促进特定产业的建立,但不存在上述 A 和 B 两节规定的措施,则该成员可以向世界贸易组织申请要求采取援助产业的措施。除非世界贸易组织同意,申请成员通常不得采取措施。这是第 18 条 C 和 D 两节提供的额外便利。

(五)农业支持与保护

《农业协定》确立了农产品的贸易纪律。概括地说,市场准入关税化,国内支持和出口补贴承诺化。对于市场准入,各成员在其减让表中列明约束关税及减让,以及其他的市场准入承诺。除非有明确的例外规定,各成员不得维持、采取或重新使用已被要求转换成普通关税的任何措施,包括进口数量限制、进口差价税、最低进口价格、酌情发放进口许可证、通过国营贸易企业维持的非关税措施、自动出口限制,以及除普通关税外的类似边境措施,即使这些措施曾经根据 1947 年关税与贸易总协定针对特定国家的背离规定得以维持。但根据国际收支条款或 1994 年关税与贸易总协定中的其他一般性的非针对农产品的规定,或者根据《世界贸易组织协定》附件 1A 中的多边贸易协定的一般性的非针对农产品的规定采取的措施,不属于上述禁止采取的措施之列。[①] 在市场准入关税化的基础上,允许使用特殊保障措施来保护国内

---

① 《农业协定》第 4 条,脚注 1。

产业。而在补贴方面,包括国内支持和出口补贴方面,《农业协定》确定的纪律不是彻底取消补贴、视补贴为非法,而是减少补贴,将补贴约束在承诺范围之内,同时允许符合条件的补贴继续存在。

《农业协定》将国内支持分成几种类型。一类属于绿箱支持,规定于该协定附件2中,属于该协定允许的成员无需削减的支持。第二类属于黄箱支持(微量支持),特定产品的国内支持未超过相关成员特定年度基本农产品生产总值的5%,非特定农产品的国内支持未超过该成员农业生产总值的5%。第三类属于蓝箱支持,限产计划下给予的直接支付不属于削减国内支持的承诺之列,包括按固定面积和产量支付,按基期生产水平的85%或以下支付,或按固定头数给予牲畜支付。这三类支持都不需要削减。除此之外的国内支持应列入承诺,按承诺数支持。

《农业协定》允许出口补贴的存在,但出口补贴应按其承诺数提供。每一成员承诺不以符合农业协定及减让表中表明的承诺以外的方式提供出口补贴。出口补贴包括:按出口业绩提供的补贴,包括向某一企业、某一产业、某些生产商、合作社、协会或营销局;为出口而低价销售或处理非商业性农产品库存;政府出资支付农产品出口;对农产品营销成本及国际运输成本提供补助;补助出口运费中的国内运费部分;对含有农产品的出口产品的补贴。[①]

在《农业协定》的出口补贴中,有许多概念对我们来说都是比较陌生的,或者在我国并不普遍,如农产品生产商的合作社或其他协会,(加拿大、美国等存在的)营销局,政府代理机构,公共账户,出口促进和咨询服务,含农产品的出口产品补贴,包括处理、升级和其他加工成本的营销成本,等等。如果我们不存在类似的安排或补贴,从提供补贴的权利来说,就无法充分行使该权利。

《农业协定》附件2列举了免予削减的国内支持,即绿箱补贴。这类国内支持措施总的特点是无贸易扭曲作用,或对生产无作用,或此类作用非常小;这类支持都是通过公共资金(包括政府放弃的税收)支持的政府计划,不涉及来自消费者的转让;这类支持不具有对生产商提供价格支持的作用。

绿箱补贴主要涉及政府服务计划(government service programmes),包括一般农业服务计划,用于粮食安全目的的公共储备,国内粮食援助,对生产者的直接支付,不挂钩的收入支持,收入保险和收入安全网计划中政府的资金参与,自然灾害救济,通过生产者退休计划提供的结构调整援助,通过资源停用计划提供的结构调整援助,通过投资援助提供的结构调整援助,环境计划

---

① 《农业协定》第9条第1款。

下的支付,地区援助计划下的支付。

就一般农业服务计划而言,其范围包括:研究,病虫害控制,培训服务,推广和咨询服务,检验服务,营销和促销服务,基础设施服务。这类服务范围广泛,受益面广,是对农业的一种最基本支持。研究,包括一般研究、与环境计划有关的研究,以及与特定产品有关的研究计划。病虫害控制,包括一般的和特定产品的病虫害控制措施,如早期预警制度、检疫和根除。培训服务,包括一般性和专门的培训服务。推广和咨询服务,包括提供促进信息和研究成果向生产者和消费者转让的方法。检验服务,包括以健康、安全、分级或标准化为目的进行的一般性检验服务和特定产品的检验。营销和促销服务,包括与特定产品有关的市场信息、咨询和促销,但不包括未列明目的的、销售者可以降低售价或授予购买者直接经济利益的支出。基础设施服务包括:电力网络,道路和其他运输方式,市场和港口设施,供水设施,堤坝和排水系统,以及与环境计划有关的基础设施工程。在所有情况下,基础设施服务的支出应直接用于基建工程的提供和建设,除可以普遍获得的公共设施网络化建设外,不得补贴提供农场内设施。基础设施服务的支出不得包括对投入或运营成本的补贴,或不得包括优惠使用费。①

绿箱补贴中包括对生产者的直接支付(包括税收放弃、实物支付),但根据绿箱补贴的总要求,这种支付不得具有对生产者提供价格支持的作用。具体说来,对生产者的直接支付包括下述几种情形:与生产产品、产品价格或生产要素无关的所谓不挂钩支付;收入保险和收入安全计划中的政府资金参与;自然灾害救济支付;通过生产商退休计划提供的结构调整援助;通过资源退出计划提供的结构调整援助;通过投资援助提供的结构调整援助;环境计划下的支付;地区援助计划下的支付。

我们首先看到,在《补贴与反补贴协定》中被摘除"不可诉补贴"标签、由绿灯变为黄灯的一些补贴项目,在《农业协定》中依然是绿灯,如环境补贴、落后地区补贴等。这里的补贴对象"生产者"(producer),包括农场或农产品生产、加工公司。在政府提供的一般服务中,曾将"生产者"和"加工者"并用:一般服务"不得涉及对生产者或加工者的直接支付"。环境计划下支付的接受资格应为明确规定的政府环境保护计划的一部分,且满足其中规定的条件,包括与生产方法或投入相关的条件,支付的数额限于遵守政府计划产生的额外费用或收入损失。在地区援助计划下,接受此类支付的资格应限于条件贫困地区的生产者。贫困地区必须是明确指定的毗连地理区域,具有可确定的经济和行政特

① 《农业协定》附件2。

性，根据法律法规明确规定的客观中性标准，被视为贫困地区，且这种贫困不是临时造成的。贫困地区援助支付，不得与生产类型、产量、产品国内外价格相关，或以此为基础。该支付限于规定地区从事农业生产所涉及的额外费用或收入损失，对于规定地区内的所有生产者应是普遍的。该支付可以与生产要素相关，此时支付应以高于有关要素最低水平的递减率提供。①

对生产者的任何类型的直接支付，都必须满足一定的资格标准，该资格标准应是明确确定的，除环境计划下的支付外，都还需一定的基期作为数量参考标准。具体说来，对于不挂钩的收入支持，要根据在规定的固定基期内的收入、生产者或土地所有者的身份、生产要素利用或生产水平，确定资格。在任何给定年度中的支付数额，不应与基期后任何一年的生产类型、产量（包括牲畜头数）相关，或以此种类型或数量为基础；不得与基期后任何一年从事生产的国际或国内价格相关，或以此价格为基础；不得与基期后任何一年使用的生产要素相关，或以此种要素为基础；且不得为接受此类支付按要求生产。② 从上述规定来看，不挂钩收入支持，实际上是一种免除收入之忧或提供收入保障的间接支持。在收入保险和收入安全网计划中的政府资金参与式支持，亦用于补偿生产者的农业收入损失，其数额仅与收入相关，而不能与上述生产类型、产量、国内外价格或生产要素相关。自然灾害救济，适用于自然灾害造成的收入、牲畜（包括医疗费）、土地或其他生产因素的损失。自然灾害，包括已经发生或正在发生的自然灾害或同等灾害（包括疾病暴发、虫害、核事故以及在有关成员领土内发生战争）。

结构调整援助有三种情形，分别通过生产者退休计划、资源退出计划和投资援助计划提供。此处的生产者退休，指从事适销农产品生产的人员退休，或转入到非农业活动，且应是完全和永久地退出农产品生产活动。资源退出，指从适销农产品生产中退出所有土地或其他资源（包括牲畜在内），对于土地至少退出 3 年，对于牲畜，则以屠宰或永久处理为条件。退出的土地和资源不得用于适销农产品生产的替代用途。投资援助，指协助生产者对客观表现出的结构性缺陷在经营方面进行财务或实际的结构重组，包括农业土地的再次私有化计划。投资援助不能与生产类型、产量、产品的国内外价格相联系，或以此为基础；援助的时间仅限于回收投资所需的时间，援助数量限于补偿结构性缺陷所需要的数额。投资援助不得强制或以任何方式要求接受者生产某种农产品，但可以要求不生产某种特定农产品。

最后需要提及的是，农产品的范围，根据《农业协定》，包括《协调制度》

---

① 《农业协定》附件 2，第 12 款和第 13 款。

② 《农业协定》附件 2，第 6 款。

第1章至第24章，但不包括鱼及鱼制品，同时另行包括下述产品：甘露糖醇，山梨醇，精油，蛋白类物质、改性淀粉、胶，整理剂，生皮，生毛皮，生丝和废丝，羊毛和动物毛，原棉、废棉和已梳棉，生亚麻，生大麻。我们可以看出，农产品的范围，远远超出我们一般人心目中的农产品范围。

（六）与贸易有关的投资措施

《与贸易有关的投资措施协定》是乌拉圭回合谈判中达成的一个协定。虽然该协定以《关税与贸易总协定》中的第3条的国民待遇和第11条的数量限制措施为基础，但性质上却与上述规定不同。第3条国民待遇条款不得对进口产品采取歧视性待遇，其义务限于特定产品、同类产品；第11条数量限制条款要求不得对产品进出口采取数量限制措施。两项义务都围绕产品而设。《与贸易有关的投资措施协定》则是围绕企业而设，直接要求成员不得限制企业的权利，使该协定成为保护企业权利的协定。这正是《与贸易有关的投资措施协定》超出第3条或第11条的地方，相当于扩大了第3条或第11条的适用范围，在产业保护的层次方面上了一个等级。

《与贸易有关的投资措施协定》附件列出了该协定所指的违反第3条的措施。第一，要求企业购买或使用国产品或来自国内来源的产品，无论按照特定产品、产品数量或价值确定，或按照当地生产在数量和价值占比确定。第二，要求企业将其购买或使用的进口产品限制在与其出口的当地产品数量或价值相关的水平。

《与贸易有关的投资措施协定》附件列出了该协定所指的违反第11条的措施。第一，普遍限制企业对用于当地生产或与当地生产相关产品的进口，或将进口限制在与其出口的当地产品数量或价值相关的水平。第二，通过将企业可使用外汇限制在与可归于该企业外汇注入相关的水平，限制企业对用于当地生产或与当地生产相关产品的进口。第三，限制企业产品出口或供出口的产品销售，无论是按照特定产品、产品数量或价值确定，或按照当地产品在数量或价值占比确定。

《与贸易有关的投资措施协定》保证了企业不处于不利地位，从而影响进出口。该协定规定的通知要求中进一步明确了这一点。该协定要求各成员将协定生效时正在实施的违反协定的措施通知货物贸易理事会，并规定了5—7年的过渡期。但如果为了不使属于通知对象的已建企业处于不利地位，在过渡期内，对于生产与已建企业产品同类的产品的新投资，在避免扭曲已建企业与新投资之间的竞争条件的必要限度内，对该新投资，成员仍可适用已经通知的措施。适用于新投资的措施，应向货物理事会通知。该措施的条件,在竞争效果上,应当等同于适用于已建企业的措施,并应同时终止。[①] 我们看到,这里关注的是企业竞争条件的平等问题。从这一意义上,"与贸易有关的投资措施"可以理解为"企业措施",相对于其他规则规定的产品措施。这与乌拉圭回合谈判同时达成的《服务贸易总协定》和《与贸易有关的知识产权协定》具有同样的作用:保障企业权利。

二、服务贸易

(一)对服务部门的认识

《服务贸易总协定》中,使用"部门"和"分部门"来称呼产业。正如关税减让以《协调制度》的产品分类为基础一样,服务贸易的市场准入和国民待遇承诺是以关税与贸易总协定秘书处制定的《服务部门分类表》为基础的。该分类表又以联合国《产品分类表》临时版本为基础。

《服务部门分类表》将服务业分为 12 个部门(sector),其第 12 部门为兜底性的"别处未包括的服务"分类,因而实质上列名的只有 11 个部门。这 11 个部门又进一步分为许多分部门(subsector)。这 11 个部门是:(1) 商业服务;(2) 通信服务;(3) 建筑和相关工程服务;(4) 经销服务;(5) 教育服务;(6) 环境服务;(7) 金融服务;(8) 保健和社会服务;(9) 旅游业和相关服务;(10) 娱乐、文化和体育服务(音像服务除外);(11) 运输服务。

相对于其他 10 个部门的服务,第 1 部门的商业服务需要特别介绍。其他 10 个部门的服务,在一般人的观念中也都认为属于服务,且与有形货物联系得不紧密。而在商业服务中,某些分部门直接与农业和制造业相关。商业服务分为 6 个分部门:A. 专业服务;B. 计算机和有关服务;C. 研究与发展服务;D. 不动产服务;E. 不配备技师的租赁或出租服务;F. 其他商业服务。在"F. 其他商业服务"中,又进一步分成更小的部门,包括:a. 广告服务;b. 市场调研和民意测验服务;c. 管理咨询服务;d. 有关管理咨询的服务;e. 技术检验和分析服务;f. 从属农业狩猎业和林业的服务;g. 从属渔业的服务;h. 从属采矿业的服务;i. 从属制造业的服务;j. 从属能源分配的服务;k. 安置和提供人员服务;l. 调查和安全服务;m. 有关的科学和技术咨询服务;n. 设备的保养和修理(不包括海运船只;航空器或其他运输设备);o. 建筑物清扫服务;p. 摄影服务;q. 包装服务;r. 出版印刷;s. 会议服务;t. 其他。

上述"f. 从属农业狩猎业和林业的服务;g. 从属渔业的服务;h. 从属采

---

① 《与贸易有关的投资措施协定》第 5 条。

矿业的服务;i. 从属制造业的服务;j. 从属能源分配的服务”,与原来的第一产业、第二产业密切相关,但却属于不同的产业部门,属于服务业部门。这样的分类和制度设计,对于我们发展产业、进行产业升级、发展战略性产业,有着直接影响。

(二)部门式义务

《服务贸易总协定》的目标和宗旨之一,是建立一个服务贸易原则和规则的多边框架,以期在透明和逐步自由化的条件下扩大此类贸易;同时,期望通过连续回合的多边谈判,逐步提高服务贸易自由化水平。另一方面,《服务贸易总协定》强调尊重国家政策目标,为实现国家政策目标,成员有权在其境内管制服务提供、制定新的管理规章。正是基于这样的目标和宗旨,《服务贸易总协定》项下成员的具体义务是按各自承诺来确定的。该义务规定在各成员的服务贸易具体承诺减让表中。该协定第16条(市场准入)规定:“对于通过第1条指明的服务提供方式的市场准入,每一成员对任何其他成员的服务和服务提供者给予的待遇,不得低于其在具体承诺减让表中同意和列明的条款、限制和条件。”该协定第17条(国民待遇)规定:“对于列入减让表的部门,在遵守其中所列条件和资格的前提下,每一成员在影响服务提供的所有措施方面,给予任何其他成员的服务和服务提供者的待遇,不得低于其给予本国同类服务和服务提供者的待遇。”简言之,进口成员怎么答应的,就按其答应的做;没有答应的,不必做;有条件答应的,按该条件做。

对于作出承诺的服务部门来说,服务部门指减让表中某一具体承诺适用的该项服务的一个、多个或所有分部门;在其他情况下,指该服务部门的全部,包括其所有的分部门。①

进口成员开放服务贸易市场的承诺,不仅按部门作出,而且还须按服务贸易提供方式作出。这种承诺义务更加具体和细化。根据该协定,服务贸易有四种提供方式:跨境提供、境外消费、商业存在和自然人流动。商业存在,指任何类型的商业或专业机构,包括为了在另一成员境内提供服务而在该另一成员境内设立、维持法人或设立代表处,无论是通过新建或收购方式设立。站在中国角度说,商业存在就是外商投资企业。举一个医生看病的例子来说明这四种方式。医生和病人原本分处不同的国家。医生可以通过现代仪器、视频通讯、计算机等手段进行远程看病,这是第一种方式。病人可以直接去医生所在国进行诊治,这是第二种方式。医生所在医院可以在病人所在国设立医疗机构,给病人看病,这是第三种方式。医生也可以亲自到病人所在国给病人看病,这是第

---

① 《服务贸易总协定》第28条。

四种方式。在这一服务贸易中,医生、医生所在医院、医生所在国是贸易的出口方或提供方,病人、病人所在国是贸易的进口方或接受方。

进口成员作出的市场开放承诺,具体规定在服务贸易承诺减让表中。服务贸易承诺减让表具有自己的不同于关税减让的结构。《服务贸易总协定》第20条对减让表提出了要求。对于作出承诺的部门,每一减让表应列明:(1)市场准入的条款、限制和条件;(2)国民待遇的条件和资格;(3)与附加承诺有关的承诺;(4)适当时,实施此类承诺的时限;(5)此类承诺生效的日期。

以中国入世服务贸易减让表中有关法律服务的承诺为例。

服务贸易具体承诺减让表图示

服务提供方式:(1)跨境提供 (2)境外消费 (3)商业存在 (4)自然人流动

部门或分部门	市场准入限制	国民待遇限制	其他承诺
一、水平承诺			
本减让表中包括的所有部门	(3)在中国,外商投资企业包括外商独资企业和合资企业,合资企业有两种形式:股权式合资企业和契约式合资企业 ……	(3)对于给予视听服务、空运服务和医疗服务部门中的国内服务提供者的所有现有补贴不作承诺 ……	
二、具体承诺			
A. 专业服务 a. 法律服务 (CPC861,不含中国法律业务)	(1)没有限制 (2)没有限制 (3)外国律师事务所只能在北京、上海……以代表处的形式提供法律服务。代表处可从事营利性活动。驻华代表处的数量不得少于截至中国加入之日起已设立的数量。一外国律师事务所只能设立一个驻华代表处。上述地域限制和数量限制将在中国加入WTO后1年内取消。 外国代表处的业务范围仅限于下列内容:…… 外国律师事务所的代表应为执业律师。 (4)除水平承诺中内容外,不作承诺。	(1)没有限制 (2)没有限制 (3)所有代表在华居留时间每年不得少于6个月。代表处不得雇佣中国国家注册律师。 (4)除水平承诺中内容外,不作承诺。	
……	……	……	……

在上述有关中国法律服务的承诺减让表中，第一部分水平承诺，适用于减让表中的所有部门，包括法律服务部门。承诺是从有限制的这一模式作出的。承诺前的阿拉伯数字表示服务方式。第二部分为具体部门承诺，左侧第一栏表示开放的部门，法律服务，但不包括中国法律业务；第二栏表示根据服务提供方式作出的市场准入承诺，在四种方式中，第(1)种和第(2)种方式完全开放，无任何限制；第(4)种适用水平承诺，具体无承诺；第(3)种方式，即外国律师事务所在中国开办分支机构，中国作出的开放承诺中含有许多限制性条件。第三栏，表示在开放的市场中是否存在国民待遇歧视。第(1)种和第(2)种方式，无歧视性限制。第(3)种方式中，要求外国律师每年必须在中国居留6个月，且不得雇佣中国国家注册律师，即受聘于外国律师所的中国工作人员不得以中国注册律师的名义工作。第(4)种方式中，除了适用水平限制外，中国未作出承诺。

由于服务贸易承诺减让表结构比较复杂，又是首次就服务贸易进行承诺，各成员的开放部门和开放程度不一、表述各异，因此世界贸易组织成员在服务贸易方面承担的具体义务呈现出很大的不同。但本质上，各成员都是在保护本国产业的前提下，有限度地开放其服务贸易市场。

（三）对服务提供者的直接保护

在货物贸易规则中，成员权利义务的设定主要针对产品，以《协调制度》的产品税目为基础。约束关税、非歧视待遇、数量限制措施等，针对的都是产品，尽管我们说贸易救济措施是保护国内产业（生产商）的。在《服务贸易总协定》中，成员承担义务、享有权利的对象不仅包括与货物相对的服务，还包括服务提供者。基于我们前述对产业是产品生产商整体的认识，《服务贸易总协定》不仅保护服务也保护服务提供者，因而其产业保护特点更加突出。

经济上，服务一般被认为不能独立于服务提供者而存在。服务提供的过程，也是服务消费的过程。这与货物具有独立存在显然不同。从这一意义上说，如果仅保护服务而不保护服务提供者，是无法真正实现服务贸易自由化的。所以，服务贸易中的市场开放，不仅是对服务本身的开放，同时也是对服务提供者的开放。服务和服务提供者是一个问题的两个方面。正因为如此，服务提供者的资格，成为《服务贸易总协定》的重要内容。该协定第7条要求成员相互承认服务提供者的资格。

《服务贸易总协定》第16条市场准入和第17条国民待遇是该协定的核心内容。这两条的适用对象都是服务和服务提供者，都要求进口成员对其他成员的服务和服务提供者承担市场准入义务、国民待遇义务。此外，在第16

条第2款中,规定了推定成员开放的措施,这些措施的适用对象是企业。所谓推定开放,是指如果成员没有特别明确禁止,不得采取此处定义的措施。根据该款规定,除非在减让表中另有列明,在作出市场准入承诺的部门,不得采取或维持下述6类措施:限制服务提供者的数量;限制服务交易或资产总值;限制服务业务总数或服务产出总量;限制特定服务部门或服务提供者的雇用人数;限制企业的法律组织形式;限制外国资本投资服务企业。这6类措施又被称为服务贸易壁垒。

与对企业授权或限制企业权利相联系,《服务贸易总协定》对"法人"、"另一成员法人"作出了规定。法人,是根据适用法律适当组建的任何法律实体,包括公司、基金、合伙企业、合资企业、独资企业或协会,包括以营利为目的的和不以营利为目的的,和政府所有的及私人所有的。"另一成员法人",指(1)根据另一成员法律组建的、在该成员境内或其他成员境内从事实质业务活动的法人;(2)在通过商业存在提供服务的情况下,指该成员自然人拥有或控制的法人,或前述(1)类法人拥有或控制的法人。对于另一成员法人,简单讲,包括在该成员设立的公司,以及在他国通过商业存在设立的分支机构,即包括母、子公司两类情形。

贸易服务的开放,是通过成员自主承诺式开放的。从进口成员看,引入了来自国外服务和服务提供者的竞争。从出口成员角度看,其服务出口、服务产业得到了市场开放的承诺。不同成员作出的这种承诺,能够促进进口成员和出口成员的服务产业发展。《服务贸易总协定》明确指出了这种承诺式开放对发展中国家的作用。这种开放可以促进发展中国家更多地参与世界贸易,增加其国内服务能力、效率和竞争力,特别是在商业基础上获得技术;改善其进入分销渠道和利用信息网络的机会;在其有出口利益的部门和服务提供方式上实现市场准入自由化。

与货物贸易规则相比,《服务贸易总协定》是一个框架性协议,其规则并不完善,原本预期的通过不断谈判制定新的纪律的目标也没有实现。就现状看,几乎不存在实质性的补贴、保障措施的纪律。这就为通过补贴促进服务产业发展提供了机遇。由于通过商业存在提供服务的服务提供者,属于出口国的产业(参见另一成员法人定义),商业存在本身存在于进口国,与本国的服务业一样适用同样的监管标准和要求,如何对外国服务出口采取保障措施,现在也是一个未知数。

三、知识产权保护与产业保护

（一）知识产权的产业性

美国《1974 年贸易法》含有举世皆知的 301 条款制度。根据这一制度的要求，美国贸易代表每年要向美国国会提交国别贸易报告，确定构成美国货物、服务出口、美国人对外直接投资（尤其投资对货物或服务贸易有影响）和美国电子商务的重大壁垒或扭曲贸易的行为、政策或做法，即不合理、不正当的政策和做法。此处的服务包括美国人出口或许可的商标、版权和专利保护的产权。①

根据这一美国法，不合理的行为、政策和做法包括但不限于下述任何行为、政策或做法或它们的结合：拒绝对设立企业给予公平和公正的机会；拒绝公平公正地提供对知识产权的充分有效保护，尽管该外国行为等可能与《与贸易有关的知识产权协定》的具体义务一致；对依赖于知识产权保护的美国人拒绝提供公平公正的非歧视的市场准入机会；拒绝给予公平公正的市场机会，包括外国政府默许外国企业或企业间的系统的反竞争活动，其效果在与商业考虑不一致的基础上限制美国产品或服务进入外国市场。“知识产权的充分有效保护”，包括依据该外国法给予不是该国国民或公民的、在与专利、商标、版权和相关权利、掩膜作品（mask works）、商业秘密和植物品种培育者的权利有关的方面取得、行使、实施权利和享有商业利益充分有效的方法。“拒绝公平公正的非歧视性市场准入机会”包括限制市场准入机会，该市场准入机会涉及行使受保护的作品或含有受保护作品的固定物或产品的知识产权权利而产生的商业利益的使用、实施或享有。

通过美国法的上述规定，我们看到，外国允许美国人在其境内设立企业、保护知识产权，对美国企业、产业、出口非常重要。服务出口，包括了知识产权的许可。基于此，可以说，《与贸易有关的知识产权协定》与《服务贸易总协定》密切相关，即使不考虑知识产权保护与制造业、与货物出口的关系，知识产权保护也是某些服务贸易出口的必备前提。

从权利性质上看，知识产权是一种知识排他权。由于知识本身具有的无形特点，如果没有这种排他权的存在，最先获得某一知识的人将不能阻止其他人也同时拥有这种知识，通过努力、付出劳动和成本获得的知识将失去价值。而新知识的创造被认为是符合人类社会发展的。因此，知识产权正是为

---

① 19USC2241.

保护知识而存在的。

现有的知识产权制度带有明显的产业性。发明创造获得专利需要满足产业应用性的要求。版权适用于文学艺品作品,包括录音录像作品等。商标注册于某一或某些类型的商品。地理标识适用于与地理来源相联系的产品,通常是农产品,其中包括葡萄酒和烈酒。工业设计适用于制造产品。集成电路布图设计适用于电子产品。未披露信息(商业秘密)具有商业价值。

在农业、工业和商业的发展过程中,知识所起的作用越来越大。知识密集型产品的价值增值最大。苹果公司生产的 iphone 就是很好的例子。对某一知识享有垄断权,就具有了产品和产业的竞争优势,也实现了规模经济的成本优势。

一国企业生产某种产品,另一国企业也可以通过自己的研究生产出这一产品。如果没有知识产权的保护,这两个产品的竞争主要将通过价格竞争来进行。但如果第一国企业享有专利权的保护,在现有的知识产权国际保护的法律框架下,另一国企业将失去生产这种产品的资格和权利。这就是专利权的威力。这可以说明为什么发达国家要将知识产权保护纳入到多边贸易规则中,也可以说明为什么《与贸易有关的知识产权协定》是保护产业的、保护知识产权产业的。

(二)知识产权协定如何保护知识产权

《与贸易有关的知识产权协定》签订、适用之前,国际上已经存在知识产权国际保护的制度。以世界知识产权组织(WIPO)为主的知识产权国际保护制度已经比较完善。为什么要在世界知识产权组织之外、在已有的知识产权国际保护制度之外另行建立一个知识产权国际保护体制?

如前所述,关税与贸易总协定已经含有知识产权保护的相关内容,关税与贸易总协定设定的义务都不限制知识产权执法措施。但何为知识产权、知识产权保护到什么程度,关税与贸易总协定没有规定,只是将知识产权保护作为高于贸易价值的一种制度来运行。另一方面,与世界贸易组织相比,知识产权国际保护机制缺乏有力的执法监督手段,世界知识产权组织管理的知识产权国际公约以及其他的知识产权国际公约更注意知识产权制度建立本身,对公约参加国的国内知识产权保护没有强制性的高水平要求。其成员的义务水平以公约特别规定权利和国内法中的国民待遇方式来确定。这就造成了国家间知识产权保护水平的不平衡。以美国为首的发达国家特别希望能够通过一个具有强有力执行机制的体制,来提高知识产权的国际保护水平和强度。经过谈判,在关税与贸易总协定乌拉圭回合谈判中,诞生了《与贸易有关的知识产权协定》。

《与贸易有关的知识产权协定》在组织体制上与其他知识产权国际公约相独立,但在内容上与其他知识产权国际公约具有密切的关系,是以其他知识产权公约为基础的。一方面,《与贸易有关的知识产权协定》纳入了其他知识产权公约的实体条款,或实质相同地重述了其他知识产权公约的实体规定,并在此基础上规定了一些新的知识产权权利;另一方面,《与贸易有关的知识产权协定》中国民待遇义务的适用,以其他知识产权国际公约中的国民待遇为基础,其他成员的国民都假定为这些公约参加国的国民。例如,《与贸易有关的知识产权协定》第 2 条明确规定,各成员应遵守《巴黎公约》第 1 条至第 12 条和第 19 条的规定,该协定不得背离各成员可能在《巴黎公约》、《伯尔尼公约》、《罗马公约》和《集成电路知识产权公约》下相互承担的现有义务。在争端解决实践中,在涉及《与贸易有关的知识产权协定》纳入的其他知识产权公约条款的争议时,世界贸易组织专家组或上诉机构总是向世界知识产权组织寻求相关条款的含义。

《与贸易有关的知识产权协定》规定了 7 类知识产权,并相应地规定了最低保护范围和保护期限。成员就知识产权保护产生争端时,统一适用《争端解决规则与程序谅解》。就现有知识产权争端看,成员的义务水平确实提高了。

《与贸易有关的知识产权协定》明确将计算机程序、数据汇编纳入版权保护,保护期一般为作者终生加死后 50 年。协定规定了计算机程序和电影作品的出租权。对表演者、录音制品制作者和广播组织加强了权利保护。在商标方面,扩大了商标客体的范围以及商标的适用范围,强化了商标权利,规定了驰名商标的跨类或非注册保护。地理标识,直接将与货物的特定质量、声誉或其他特性相联系的地理来源加以保护,特别是对葡萄酒和烈酒规定了额外保护。工业设计保护新的或具有原创性的独立创造的工业设计。在专利权保护中,扩大了专利的保护范围,延长了专利的保护期限,并对强制许可规定了限制性的规定。在集成电路布图设计方面,在《集成电路知识产权公约》的基础上强化了保护。协定还规定了对未披露信息的保护。

《与贸易有关的知识产权协定》不仅强化了知识产权保护本身,更重要的是它设立了知识产权执法的强有力机制,提供了一系列的民事的、行政的、刑事的救济措施,包括海关救济措施。这是其他知识产权国际公约所不能比拟的。上述知识产权保护,都是对企业赋予的权利,都涉及产品的设计、生产和销售等,是在产品和企业两个层面进行保护,从而赋予了知识产权权利人法定的竞争优势。受到知识产权保护的知识产品、信息产品和科技产品等,形成了较高的准入门槛,甚至构成了禁止准入的市场壁垒,形成了产业优势。

第六章

非歧视、补贴与产业保护

一、最惠国待遇

最惠国待遇和国民待遇共同构成了非歧视待遇。

2013 年 12 月 4 日,世界贸易组织通过了接纳也门为世贸成员的决定。也门成为世贸组织第 160 个成员。世界上的重要经济体、境内没有战争或冲突的经济体或没有被孤立的经济体,基本上都成为世界贸易组织的成员。也门成为第 160 个成员,意味着中国可以在其他 159 个成员中享有最惠国待遇。加入一个组织,同时享有这么多成员给予的最惠国待遇,正是加入世贸这一多边制度的优势。

2011 年 12 月,当世界贸易组织同意接纳俄罗斯为世界贸易组织成员时,美国对俄罗斯援引了互不适用条款,即《世界贸易组织协定》在俄罗斯和美国之间不适用。美国这样做的原因是,美国仍然对俄罗斯适用杰克逊—瓦尼克修正案的条件授予正常贸易关系(最惠国待遇)。随着俄罗斯于 2012 年 8 月 22 日正式加入世界贸易组织,所有其他世界贸易组织成员都比美国享有更大的市场准入和更可预见的以规则为基础的贸易环境。一旦美国和俄罗斯适用世界贸易组织协定,美国企业也会获得俄罗斯加入世界贸易组织产生的全部利益。2012 年 12 月 6 日,继美国众议院 11 月 16 日批准终止杰克逊—瓦尼克修正案对俄罗斯适用后,美国参议院作出了同样的决定。美国贸易代表对美国参议院这一决定表示赞赏,认为美国企业和工人将可以与全球竞争者同样的条件更好地进入不断增长的俄罗斯市场。2012 年 12 月 14 日,美国总统签署了这一法案,从而使其正式生效。

杰克逊—瓦尼克修正案是美国 1974 年法的一个条款。1950 年以后,美国对苏联等社会主义国家取消了最惠国待遇。杰克逊—瓦尼克修正案是一个有条件给予最惠国待遇的条款,该条款是苏联必须满足允许自由移民的要求,由美国国会实行年审,审查合格则延长一年的最惠国待遇。当时苏联拒绝接受这一条件,苏联与美国之间也因之没有贸易协定存在。后来杰克逊—瓦尼克修正案扩大适用,其自由移民条款的内容不断扩大,扩大到人权、劳工等。1979 年中美签署贸易协定时,该贸易协定也受到杰克逊—瓦尼克修正案的约束。但 1990 年之前,年度审查非常顺利。1990 年之后,年度审查成为影响中美贸易关系的重要的棘手的问题。中国申请加入多边贸易制度的其中一个原因,是希望通过多边的最惠国待遇义务方式解决双边的最惠国待遇问题。美国国会 2000 年通过《对华贸易关系法》,规定在中国正式成为世界贸易组织成员后,按世界贸易组织的多边最惠国待遇原则对待来自中国的产品,从而消除了美国贸易法中的障碍。随着中国于 2001 年 12 月 11 日成为世界贸易组织成员,中国对美国的出口如同对其他成员的出口一样,享有美国给予的最惠国待遇。俄罗斯的情况是俄罗斯成为世界贸易组织成员在先,美国修改国内法在后。在没有消除国内法上的障碍之前,美国与俄罗斯互不适用世界贸易组织协定。这种情形,实际上对两国来说都是不利的,不能享受到加入多边组织带来的利益。

世界贸易组织中的最惠国待遇(美国国内法中现在称正常贸易关系),是一种多边最惠国待遇。多边最惠国待遇的好处是可以“搭便车”。世界贸易组织 160 个成员,任何一个成员最初对某一特定成员许诺的好处,其他成员都可以利益均沾。这种“搭便车”可以通过《中国入世议定书》中的条款来说明。中美之间就中国加入世界贸易组织的谈判中达成对在一定期限内对中国出口的产品可以采取特保措施的一项安排。这一安排是中美两国经过讨价还价达成的。但美国争得的这一结果,其他世贸成员都有权享受。如果没有多边体制,最惠国待遇可能都是双边的,需要一个国家、一个地区地分别去谈判,享有利益的范围也没有这样广。美国 1900 年针对西方列强在华利益提出的“门户开放、利益均沾”希望达到的结果,就是今天多边最惠国待遇实现的结果。加入了世界贸易组织这一多边制度,就形成了一个网络效应,成员越多好处就越多。

世界贸易组织中的最惠国待遇,还是一种无条件的义务。给惠国给予其他成员利益,不取决于其他成员是否满足给惠国要求的条件或互惠。礼尚往来、投桃报李式的互惠待遇,不符合最惠国待遇义务的要求。当然,这种无条件不是说不可以对进口产品提出质量、规格等的条件,而是指不得基于产品的产地、国籍实施歧视性要求。如前述美国对中国提供的最惠国待遇,建立在中国在移民方面表现令美国国会满意的基础上。这显然是歧视性的、有条件的,与产品质量、规格等没有关系。

最惠国待遇，涉及相对于内国的外国与外国之间的产品待遇比较，不涉及进口产品与国内产品的比较。如果中国允许其他成员对中国出口某种产品，唯独禁止美国对中国出口这种产品，除非美国的这种产品存在质量缺陷不符合进口标准，否则中国的这种做法即违反了最惠国待遇义务。

我们经常说，世界贸易组织的最惠国待遇义务是普遍的、无条件的，但这不等于最惠国待遇没有它自己的适用范围。实际上，在世界贸易组织协定调整的三大领域——货物贸易、服务贸易和知识产权保护，最惠国待遇的适用存在很大的区别。

货物方面的最惠国待遇，主要规定在《关税与贸易总协定》第1条第1款。一个成员给予任何国家的产品的好处，都应当立即地无条件地将这一好处给予其他世贸组织成员的同类产品。这些好处包括进口和出口关税、关税的征收方法、关税规章以及国民待遇四个方面。在这里，用于比较的世贸成员所给的好处，不限于给予世贸成员，而是指给予任何国家的好处，包括非世贸成员的好处。享有利益的产品、用于比较的产品，限于同类产品。

在《关税与贸易总协定》的其他条款中，含有最惠国待遇原则和义务的具体适用情形。《关税与贸易总协定》第9条要求在原产地标记方面给予其他成员的待遇不得低于给予任何第三国同类产品的待遇。《关税与贸易总协定》第13条要求任何成员不得禁止或限制来自任何其他成员的产品进口，或向其他成员的产品出口，除非来自所有第三国的同类产品的进口或向所有第三国的同类产品出口同样受到禁止或限制。

在乌拉圭回合谈判达成的协定中，亦含有最惠国待遇义务要求。《实施卫生与植物卫生措施协定》要求，各成员应保证其实施的卫生与植物卫生措施不在情形相同的或相似的成员之间，包括成员自己与其他成员之间，构成任意或不合理的歧视。这一非歧视待遇要求实际上也包括了国民待遇要求。与此类似，《技术性贸易壁垒协定》含有同样的非歧视要求。该协定第2条第1款规定，各成员应保证在技术法规方面，给予源自任何成员进口的产品不低于给予本国同类产品或来自任何其他成员国内产品的待遇。该要求包括了最惠国待遇要求和国民待遇要求。《保障措施协定》第2条第2款要求，采取保障措施应针对正在进口的所有来源的产品，不应因出口国不同而采取不同的措施。这也是最惠国待遇要求的体现。

《服务贸易总协定》不仅将多边贸易制度调整的范围由货物扩大到服务，而且也将货物贸易中的最惠国待遇义务扩大到服务贸易。与市场准入和国民待遇义务属于承诺性义务不同，《服务贸易总协定》中的最惠国待遇义务属于普遍性义务，不取决于成员是否作出承诺，不需要成员对最惠国待遇作出承诺。与《关税与贸易总协定》中的最惠国待遇的适用范围限于关税等四个方面不同,《服务贸易总协定》中的最惠国待遇适用于该协定涵盖的任何措施,而根据该协定第1条第1款,该协定适用于成员影响服务贸易的所有措施,包括中央、地区或地方政府和主管机关采取的措施,包括中央、地区或地方政府或主管机关授权行使权力的非政府机构所采取的措施,包括任何部门的服务,只有行使政府职权时提供的服务除外。行使政府职权提供的服务,指不依据商业考虑提供的服务,也不与其他服务提供者竞争的任何服务。与《关税与贸易总协定》项下最惠国待遇义务的另一不同是,前者仅适用于同类产品,而《服务贸易总协定》项下的最惠国待遇义务既适用于同类服务,也适用于同类服务提供者;既包括产品,也包括企业,这是我们所说的《世界贸易组织协定》与《关税与贸易总协定》相比的一个新发展。

从另一角度分析,《服务贸易总协定》项下的最惠国待遇义务,表面看起来适用范围广泛,但由于服务贸易的开放(市场准入和国民待遇)是承诺式的,最惠国待遇义务的适用也必然受到这一情形的影响。假设某一成员根本就没有作出市场准入承诺,则从根本上来说,也无所谓实质意义上的最惠国待遇义务问题。这样说,并不排除最惠国待遇还适用于其他方面,如服务提供者资格的认可等等,但如果没有市场(开放),服务提供者就失去了用武之地,类似无本之木。因此,即使根据最惠国待遇开拓外国市场,还是首先要看相关成员的市场准入和国民待遇承诺是什么、有多少。

《与贸易有关的知识产权协定》更是代表了多边贸易制度的延伸。最惠国待遇作为原多边贸易制度的基石,必然对知识产权保护制度产生影响。《与贸易有关的知识产权协定》前言明确承认并期望就"关税与贸易总协定基本原则和相关知识产权国际公约的基本原则的适用性"制定新的规则和纪律。就最惠国待遇来说,体现在该协定第4条最惠国待遇。根据这一规定,对于知识产权保护,一成员给予其他任何国家国民的好处,应立即无条件地给予所有其他成员的国民。这一规定类似《服务贸易总协定》中的规定。知识产权保护,指对知识产权提供保护、知识产权的取得、范围、维持和实施,以及知识产权的使用。应该说,这一最惠国待遇义务的适用范围、程度都是比较广或比较强的。

从实践和发展趋势来看,违反最惠国待遇义务的情形越来越少。原因有多种。其中一种原因是自由贸易协定或关税同盟导致的更优惠待遇的存在,该优惠待遇属于最惠国待遇义务的例外而非违反。另一种原因可能是越来越没有必要通过拒绝提供最惠国待遇来维持贸易关系。换言之,即使对某一成员拒绝提供最惠国待遇,本国产品或产业仍然面临着其他众多成员产品的竞争，除非由于国家安全的原因拒绝这一特定成员，而最惠国待遇义务是可以根据国家安全原因获得例外的。

最惠国待遇义务存在着一些例外。自由贸易协定或关税同盟提供的优惠是主要例外。其他诸如边境贸易优惠等也是最惠国待遇例外。《关税与贸易总协定》和《服务贸易总协定》中的一般例外也适用于最惠国待遇。一般来说，从产业保护的角度讲，最惠国待遇例外并不能提供很大的保护，因为最惠国待遇例外是指允许对某些成员提供好处、不对其他成员提供好处。这样，本国产品或产业依然面临着竞争。这种例外的保护效果，不如国民待遇例外直接。对发展中国家的特殊差别待遇构成一项最惠国待遇例外。但由于中国的贸易量和发展水平，这一例外对中国几乎不适用。

但如果某一外国市场对某一国的产品或产业特别重要，如同当年美国市场对中国产品一样，拒绝给予最惠国待遇将给相关国家带来很大的影响。美国国会废除杰克逊—瓦尼克修正案对俄罗斯的适用，如同美国贸易代表所言，正是看中了不断增长的俄罗斯市场。庞大的俄罗斯市场对美国摆脱目前的经济低迷，还是有吸引力的。可以说，市场越大，获得该市场的最惠国待遇就越重要。

最惠国待遇的重要性，在于开辟国外市场。如果仅将注意力放在国内市场上，最惠国待遇的作用不大。如果将目光放在国外市场上，则最惠国待遇就像一个“护身符”和“马路清扫机”，扫除歧视性障碍，提供平等性保障，使产品的竞争力得到有效的发挥。

二、关税与贸易总协定中的国民待遇义务

在世界贸易组织规则中，明确禁止国内生产保护的是《关税与贸易总协定》第 3 条的国民待遇条款。《服务贸易总协定》和《知识产权协定》也存在国民待遇条款，但由于协定的性质和协定条文表述的差别，其更强调平等待遇，而没有像《关税与贸易总协定》第 3 条那样直白地禁止保护国内生产。

需要特别指出的是，《关税与贸易总协定》第 3 条的国民待遇条款，只是《关税与贸易总协定》众多条款中的一个条款；而且根据争端解决实践，所有条款之间是共存并用关系，而非替代或排斥关系。例如，第 3 条第 8 款明确指出了两种不适用的情形：第一，该条的规定不得适用于政府机构购买供政府使用、不以商业转售为目的或不以用以生产供商业销售为目的的产品采购的法律、法规或规定；第二，该条的规定不阻止仅给予国内生产者的补贴支付，包括自与《关税与贸易总协定》的规定相一致的方式实施的国内税费所得

收入中提供的对国内生产者的支付和购买国内产品所实行的补贴。另外,如前所述,贸易救济条款是直接用于保护国内产业的条款。因此,第 3 条国民待遇条款仅适用于该条所限定的范围,不影响其他条款的适用。

《关税与贸易总协定》第 3 条主要调整的是流通领域中进口产品与国内产品间的竞争关系。包括产品的国内销售、许诺销售、购买、运输、经销或使用这些领域,也涉及产品的混合、加工。影响这些事项的法律、法规和要求,不得以为保护国内生产为目的,对进口产品或国内产品适用。

根据争端解决实践,《关税与贸易总协定》第 3 条的国民待遇既包括法律明文规定的对进口产品的歧视,也包括法律表面上中性但实际运行中产生的对进口产品的歧视。对进口产品与国内产品在国内市场中竞争条件、竞争机会的保护,是第 3 条国民待遇义务的核心。如果进口产品的负担比国内同类产品的负担重,包括税费负担、成本负担、手续负担、管理负担等等,都可以认定为进口产品享有的待遇是歧视性待遇,违反了《关税与贸易总协定》第 3 条。因此,歧视性产业保护是第 3 条国民待遇关注的核心。

《关税与贸易总协定》第 3 条的主要内容可以分为两类。第一类,以第 3 条第 2 款为代表,是有关国内税费方面的规定;第二类,以第 3 条第 4 款为代表,是有关国内税费之外的相关待遇的规定。

第 3 条国民待遇义务调整的是进口产品与国内产品的竞争关系。因此,该义务适用的前提,是进口产品与国内产品之间存在着市场中的竞争关系。这种市场中的竞争关系,以进口产品与国内产品是否是同类产品、是否是直接竞争或替代产品为依据。如果进口产品与国内产品不是同类产品、不是直接竞争或替代产品,则国民待遇义务不适用。

如同整个世贸规则调整的是成员政府关系一样,《关税与贸易总协定》第 3 条国民待遇义务是成员政府承担的义务。根据《世界贸易组织协定》第 16 条第 4 款,成员政府应保证其法律、法规和行政程序与相关协定对其规定的义务相符。因此,地方政府对进口产品采取的歧视性措施,也属于国民待遇义务调整的范围,地方政府虽对此不承担责任,中央政府却对地方政府的行为要承担责任。在这一意义上,无论是中央政府还是地方政府,承担的是同样的义务。另一方面,不歧视进口产品的义务是政府义务,不是公民义务,不是企业义务。如果某一企业根据自己的经营范围、经销爱好,只经营国内产品,不经营进口产品,不能指控该企业或其所属国违反了《关税与贸易总协定》第 3 条项下的国民待遇义务。同样,如果某一人只穿国产服装,而不穿进口服装,也不能指控该人或其所属国歧视进口产品,违反《关税与贸易总协定》第 3 条的国民待遇义务。

但如果政府措施提供了企业销售、经营、使用国内产品的刺激,使用国内产品有利可图或可避免不必要的麻烦,尽管政府措施没有强制要求企业这样做,这样的措施很可能违反了国民待遇义务。例如,如果某一商店出售国内产品比出售进口产品可以少交税,或可以得到补贴,或有资格参加对其有利的活动,尽管政府没有明令要求其只出售国内产品,但客观效果上促成了该企业这样行为的刺激。

进口产品因歧视所受到的损害,根据第3条不同款项的不同规定而有所不同,但都不要求是实际损害,不要求实际上确确实实产生了损害的结果。例如,销售数量的下降、顾客的流失等等,都是不需要证明的。这种损害,是市场机会的丧失,是竞争条件的改变、竞争优势的丧失。有时政府措施哪怕仅有一丁点的差别,但导致企业或消费者行为不同,就产生竞争机会损失。在证明歧视的情况下,这种损害是推定存在的。采取措施的成员难于推翻损害的推定,因为它无法解释这种差别的目的。

泛泛地说,国民待遇义务要求的是进口产品与国内产品间的平等待遇。但严格意义上说,进口产品享有的待遇,应当是不低于国内产品的待遇。这表示,进口产品享有的待遇,可以高于国内同类产品的待遇,但至少等于国内同类产品的待遇。用数学公式表示,就是大于等于(≥)的意思。进口国根据自己的国内政策,在必要时,可以授予进口产品的待遇高于国内产品的待遇,即所谓的"超国民待遇"。这种待遇不违反国民待遇义务,国民待遇义务要求的是不"慢待"进口产品,至于是否"优待"进口产品,不是它关注的问题。

国民待遇义务不适用于关税措施,而适用于进口产品入关后国内市场中的措施。所以,对进口产品征收关税,对国内产品不征收关税,不存在是否违反国民待遇义务的问题。但有时候,进口国征收的税费,很可能名实不符,特别是在海关收取费用的情况下。有时候,名义上是关税,但实际上是根据国内情形收取的,这时候属于国内税的可能性就大。判断关税和国内税的根本标准,特别是在海关代收国内税的情况下,是判断纳税人的税责是依据什么产生的。例如,如果是基于进口产品报关时的状态,则可能是关税;如果基于产品以后的流转情况,则可能是国内税。在中国汽车零部件案中,就存在类似的情况。中国政府声称争议措施是关税,但最终被认定是国内税,从而最终被认定违反了国民待遇义务,而不是关税减让义务。根据《关税与贸易总协定》第2条第2款,有关关税减让承诺的义务,不阻止成员对进口产品随时征收对国内同类产品征收的税费,或对制造或生产进口产品所使用的物品征收国内税费。对进口香水按其所含酒精征收税费,就是后一种情形的例子。也有人依此规定,主张对进口产品征收碳税。

在国内税费问题上,如果进口产品和国内产品是同类产品,则如果进口产品的税费高于国内产品,即可以得出违反国民待遇义务的结论,无需再考虑其他方面,也可以由此认定进口产品受到了损害。如果进口产品与国内产品不是同类产品,而是直接竞争或替代产品,对是否违反国民待遇义务的认定要相对复杂一些。由于进口产品和国内产品不是同类产品,光是进行税费数额的比较不足以得出违反国民待遇义务的结论,还必须审查这种税费的差别是否提供了对国内生产的保护。这方面,税费的差别程度是一个重要考虑因素。另外,相关争议措施(即税费措施)的设计、结构、目标和宗旨,都可以用来考察是否具有保护国内产业的目的。在两可的情况下,如果措施本身含有对国内产业保护的表述,则可以得出争议措施对进口产品实施歧视、损害进口产品的结论。对于什么是同类产品,什么是直接竞争或替代产品,一般从产品的物理特征、预期用途、消费者感受这几个方面来考察,产品的海关分类税目也是一个考察方面。对于直接竞争或替代产品,除了前述因素外,还可以考察它们之间的竞争关系,包括直接或间接、现实和潜在的竞争关系,如产品价格、销售渠道、营销方式等。

除国内税费外,《关税与贸易总协定》第 3 条还关注进口产品具体在流通领域中的一般待遇,这规定在第 3 条第 4 款中。该款要求,在影响产品的国内销售、许诺销售、购买、运输、经销或使用方面的法律法规和要求,对进口产品的待遇,不得低于给同类国内产品的待遇。此处的待遇,并不特指税费或某一方面,只要影响到进口产品的竞争条件、市场机会,就可能被认定违反了此处的国民待遇义务。例如,进口产品和国内同类产品的两套不同的销售制度,对进口产品的特殊要求,对进口产品提供的某些“特殊服务”或“专享服务”,都可能造成进口产品竞争机会的不平等或进口产品与国内产品间的竞争条件的改变。

上述所说的法律、法规和要求包括各种类型的法律、法规和要求,实体的、程序的,强制性的、非强制性的,已经生效的、还未生效的,都包括在内。而且,这些法律、法规和要求,并不需要是专门调整产品销售、许诺销售、购买、运输、经销或使用,以这些事项为直接调整对象;相反只要“影响”到这些事项就可以了。因此,这些法律、法规和要求的范围很宽,并不一定是流通领域的法律法规和要求,其他领域的法律规章,如产业政策领域,也可能影响到产品的流通等。

我们通常所说的买卖活动,多指一交易过程,但在第 3 条中却划分为更细的更具体的活动,因此法律要求也更加严格。销售、许诺销售不等同于购买,销售也不等同于许诺销售。产品的销售条件,不同于产品的购买条件。

比如,控制销售的数量或购买的数量,分别影响的是卖方或买方,但都是针对同一产品,是从卖和买两个方面来限制产品的竞争条件、市场机会。许诺销售,对中国读者来说,是一个比较陌生的概念,英文是 offering for sale,中文也有人译为标价销售。销售(sale),通常指已经达成的交易、已经签署了合同,而许诺销售则指签订销售合同之前的所有销售活动或努力,从某种意义上说,解释为兜售或推销可能更好理解。广告、宣传、展览、促销等,凡是能导致实际销售的活动都可以包括在许诺销售这一概念中。这些活动如此重要、如此影响到产品的最终销售,如果没有这些活动、如果在这些活动中受到了歧视性待遇,很明显相关产品的市场机会、竞争条件是不平等的、受损害的。购买,则侧重于从买方角度来规范,购买资格、购买数量、购买价格、交货条件等等,凡是影响买方购买的因素,都包括在内。买方代表着需求,代表着市场,也代表着明天和发展。

经销(distribution),有人称为分销。经销是一种销售方式,与直销、代销等不同。经销是经销商从生产商买断商品的所有权,以自己的名义对外出售。通常以批发方式出售产品,也有零售。生产商和经销商之间签有经销协议,包括经销商销售产品的地域、与其他经销商的关系、产品售后服务等问题。市场中的很多产品,都是由经销商销售的,因而经销这一销售方式对产品在市场中的竞争条件影响较大。我们熟悉的一些大的卖场,很多都采取经销方式。代销,指销售者代理生产商销售产品,对货物没有所有权,对产品质量等不承担独立的责任,出售方是生产商,售后服务则由生产商提供或代销商代生产商提供。直销,则通常指生产商自己设立销售网络销售自己生产的产品。商业特许经营也是一种经销方式。它类似经销,但没有经销商那样大的独立性和独立责任。无论是经销、代理或许可,从当事人之间的关系上讲,又存在着独家、独占和普通这三种关系。独家,是在特定地区,除生产商外,只有一家企业获得该地区的经销权、代理权或许可经营权。独占,指在相关地区内,只有获得经营权、代理权或许可经营权的一家企业进行销售,包括生产商在内的其他任何人都无权在该区域内销售相关产品。普通类型,则仅仅授予相关企业经销权、代理权或许可经营权,无排他性或垄断性。

如果在广义上使用经销这一概念,则分销可以包括上述经销、代理、特许经营等全部形式。无论是哪种形式,经销都是连接生产商和消费者的中间渠道。如果在经销环节对产品进行限制,毫无疑问,与没有受到限制的产品相比,其竞争条件被改变、不利于该产品。日常生活中听到的大卖场歧视某些产品、拒绝销售某些产品,导致生产商抱怨或投诉,就是经销影响产品销售的很好例子。因为经销如此重要,《关税与贸易总协定》第3条第4款在调整进口产品与国内产品的竞争关系时,将经销这一销售手段或活动纳入到了调整范围之内。在韩国牛肉案中,韩国政府要求进口牛肉必须在专卖店内销售而本国牛肉可以在任何店内销售,结果进口牛肉的市场机会大大受到限制。

运输,也是《关税与贸易总协定》第3条第4款调整的流通活动。运输与销售有密切的关系。现代物流的发展,极大地促进了产品销售。如果进口产品的运输条件不如国内产品的运输条件、运输费用高于国内产品的运输费用,或不如国内产品的运输便利,包括运输路线、运输成本、运输车辆、运输企业等方面的差别,进口产品不就能顺利地到达消费者手中,产品就不能在生产商、经销商、零售商之间顺利流转。

如果政府禁止使用某一产品,则无论该产品在市场中如何具有竞争力,该产品仍然没有市场。如果政府限制使用某一产品,或为某一产品的使用设置了一系列的限制性条件,该产品无法与没有受到这种限制的产品相竞争。在这种情况下,虽然政府措施没有限制销售、没有限制购买,但通过限制使用的方式,将相关产品的市场机会给剥夺或限制了。因此,产品使用也是《关税与贸易总协定》第3条第4款所调整的进口产品待遇的一个方面。

随着信息和计算机技术的发展,电子商务得以迅速发展,销售、经销等概念和做法,已经扩大到网上销售、互联网销售,不再局限于传统意义上的有形市场、物理市场意义上的销售。虽然货物贸易意义上的电子商务,仍然摆脱不了物理形态的货物交付,但销售和营销模式已经发生了质的变化,互联网提供的商机和便利极大地增加了产品的销售机会、销售数量,降低了销售成本,为消费者提供了便利和利益。同时,"产品"一词,在西方国家或当代世界,已经被普遍接受为包括了有形货物和无形服务在内。一些产品,既可以采取有形的形式,也可以采取无形的方式。我们以音乐产品为例。音乐产品经历了由唱片、磁带、CD和网上音乐多种载体,现在形成了一个有形载体和无形载体并存的状态。世界贸易组织上诉机构在中国出版物案中也确认了这种情形带来的法律概念的变化。这表明由于技术的发展,产业的内涵更加丰富、产业的边界更加模糊,制定产业政策时需要全面考虑相关因素和发展。

《关税与贸易总协定》第3条的条文中,没有提到广告、营销模式、销售渠道等概念,但从关税与贸易总协定以来的争端解决实践表明,这些因素都包括在前述销售、许诺销售、购买、运输、分销或使用的内容中了。实际上,无论是成员在申诉或抗辩中,还是专家组或上诉机构在案件的审理中,都是把这几个概念综合在一起整体使用的。上诉机构特别强调市场机会、竞争条件或竞争优势。

如前所述,《关税与贸易总协定》第3条仅是世界贸易组织众多规则中的一条,是专门针对进口产品歧视待遇的规则,禁止通过歧视进口产品的方式来保护国内生产。该规则与其他规则并行适用,并不能替代其他规则的适用,比如它明确规定对补贴不适用。因此,我们在注意到《关税与贸易总协定》第3条国民待遇义务的同时,不能将该义务扩大化、绝对化。实际上,世界贸易组织上诉机构在最早受理的有关国民待遇义务的案件中,即日本酒类税案中,已经明确指出了这一点,只是被有意或无意地忽视了:"世界贸易组织成员可以通过国内征税或其他管理自由追求自己的国内目标,只要不以违反关税与贸易总协定第3条的方式去做,或不以违反他们在世界贸易组织协定中作出的其他承诺的方式去做。"[①]加拿大可再生能源案进一步阐释了第3条的适用范围及与补贴的关系。

附:加拿大可再生能源案[②]

加拿大安大略省政府2009年实施了"长期保护性电价"项目(feed-in tariffs, FIT),提高可再生能源生成的电力对安大略电力系统的供应。这是安大略政府自2004年以来实施的一系列使能源供应多样化并替代煤电(火电)设施的计划中的第三个。FIT项目正式由安大略电力管理局于2009年根据安大略能源和基础设施部基于1998年《电力法》(经2009年《能源和绿色经济法》修订)授权发布的指令(以下简称2009年部长令)启动。参与FIT项目的发电厂,基于与安大略电力管理局签署的20年或40年的合同,按向安大略电力系统提供的电力,每千瓦获得一个最低支付价格。参与FIT项目,对位于安大略的利用可再生能源资源(包括风能、太阳能、可再生生物物质、生物气、填埋气体、水力)生产电力的所有设施开放。

FIT项目分为两部分:第一,FIT部分,对所有的可再生能源项目,具有10千瓦以上电力的生产能力;太阳能项目必须具有10千瓦以上但不超过10兆瓦,水能项目必须具有10千瓦以上50兆瓦以下的生产能力;第二,微型项目部分,生产10千瓦以下电力的项目。微型项目的参与者,通常是家庭、住户、农场或企业自用发电项目。

安大略电力管理局实施FIT项目,通过适用一套标准规则、标准合同,对每一类生产技术实施标准定价。标准规则包含在一系列的文件中,包括安大略电力管理局制定的FIT项目和微型FIT项目规则,IESO市场规则,IESO市场手册。为了全面理解当事方的合同权利和义务,FIT合同和微型FIT合同必须与FIT和微型FIT规则一起理解。

---

① Japan—Alcoholic Beverages II, P.16.

② Canada—Certain Measures Affecting the Renewable Energy Generation Sector, WT/DS412/R, WT/DS412/AB/R.

签署FIT或微型FIA合同的企业,除其他事项外,需要根据相关的法律和规章建设、运营和维护获得批准的发电设施,并向安大略电力系统提供其生产的电力。作为履行这些义务及其他合同义务的回报,这些企业,在合同规定的期限内,根据基于安大略电力管理局确立的标准合同价格制定的公式,获得补偿。

除这些义务外,FIT项目规定了“最低国内含量要求”,参与两类FIT项目的太阳能电力发电设施以及参与FIT类的风力电力发电设施的开发和建设必须满足这一要求。最低国内含量要求不适用于FIT项目包括的使用其他可再生能源的合格项目。

对于FIT类设施的国内含量要求,根据FIT合同附件D规定的方法计算。附件D含有四种不同的国内含量表格,每一种都指明了一系列的不同活动和关联合格比例。微型FIT类的两种国内含量表格规定在微型FIT合同的附件C。对应予实施的与合同设施相关的每一指定活动,应达到关联合格比例。通过增加与特定项目相关的指定活动相关联的合格比例,来确定项目的国内含量水平。专家组经审理确定,根据FIT实施的最低国内含量要求,利用太阳能技术的FIT和微型FIT供应商,利用风能技术的FIT发电商,必须使用至少某些安大略来源的货物(尤其是可再生能源发电设备和部件)。

FIT和微型FIT合同价格由安大略电力管理局确定,并公布在FIT和微型FIT价格表中。该价格旨在包括开发成本和合同期限内的合理回报率。专家组确定,用于制定2009年FIT价格表的股本税后合理回报率为11%。安大略电力管理局承担对所有FIT和微型FIT合同付款的最终合同责任。然而,实践中,安大略电力管理局、电力系统独立经营商和相关的当地经销公司共同实际支付。尤其是,根据对传送—连接的FIT供应商的支付结算程序,在“全球调整价差”为正数时,电力系统独立经营商直接向FIT发电商转移市场清算价格/安大略单位小时能源价格,而经销—连接的FIT和微型FIT供应商,从与其连接的当地经销公司处收到全部的合同价款(即安大略单位小时能源价格加上全球调整价差)。相关当地经销公司再通过IESO从安大略电力管理局寻求补偿。

欧盟和日本对加拿大的可再生能源电力项目提出指控。通过FIT项目及相关合同,加拿大授予并维持了依赖于国内替代的禁止性补贴,违反了《补贴与反补贴协定》第3条;FIT项目的国内含量要求,以及具体实施合同,给予申诉方可再生能源生产设备比安大略同类产品低的待遇,违反了《关税与贸易总协定》第3条第4款;FIT项目及相关合同,构成了与《关税与贸易总协定》第3条第4款不符的与贸易有关的投资措施,因而违反《与贸易有关的投资措施协定》第2条第1款。

专家组裁定,FIT项目及相关合同,在要求并实施国内最低含量要求的范围内,构成了《与贸易有关的投资措施协定》意义上的与贸易有关的投资措施。专家组拒绝了欧盟提出的下述主张:《关税与贸易总协定》第3条第8款(a)项不适用于《与贸易有关的投资措施协定》附件中的示例清单。专家组指出,推断《与贸易有关的投资措施协定》附件示例清单中的措施无论是否为《关税与贸易总协定》第3条第8款(a)项所涵盖,总是违反《关税与贸易总协定》第3条第4款,是不妥当的。安大略省政府根据FIT项目购买电力,构成了《关税与贸易总协定》第3条第8款(a)项意义上的"采购";通过FIT合同实施的FIT项目中的国内最低含量要求,是安大略政府采购电力的条件之一。但专家组裁定安大略政府采购电力的目的用于转售,因而不为《关税与贸易总协定》第3条第8款(a)项所涵盖,加拿大不能依赖该项排除《关税与贸易总协定》第3条第4款对最低国内含量要求的适用。专家组进而裁定,最低国内含量要求违反了《关税与贸易总协定》第3条第4款,并因此违反了《与贸易有关的投资措施协定》第2条第1款。

对于申诉方依据《补贴与反补贴协定》对FIT项目及相关合同的指控,专家组裁定争议措施构成了财政资助,但裁定申诉方没有证明该财政资助授予利益,从而未能证明构成该协定意义上的补贴。

申诉方欧盟和日本,以及被诉方加拿大均对专家组的裁决提出上诉。上诉机构经过审理,推翻了专家组作出的最低国内含量要求是《关税与贸易总协定》第3条第8款(a)项意义上的调整政府采取的法律规章的裁决,并推翻了相关的裁决;裁定最低国内含量要求没有满足《关税与贸易总协定》第3条第8款(a)项的条件,从而不被该项所涵盖,并裁定最低国内含量要求违反了《与贸易有关的投资措施协定》第2条第1款和《关税与贸易总协定》第3条第4款。

上诉机构推翻了专家组作出的申诉方未能证明争议措施授予利益并因而违反《补贴与反补贴协定》第3条的结论,但由于案件事实的原因,上诉机构对争议措施是否授予利益未能得出自己的结论。上诉机构因而不能确定争议措施是否违反《补贴与反补贴协定》第3条第1款及第2款。

在本案中,上诉机构指出,安大略省政府通过财政资助"创造"了本不独立存在的再生能源电力市场。再生能源电力市场与传统电力市场不是同一市场,不可进行比较,因而无法确定安大略省政府提供的财政资助是否提供了认定补贴所存在的"利益"。同时,上诉机构也明确,《关税与贸易总协定》

第3条国民待遇义务的适用范围存在限制,这就是第3条第8款的限制。这再次表明,《关税与贸易总协定》第3条的国民待遇义务并非是普遍适用的。

三、《服务贸易总协定》中的国民待遇

在《服务贸易总协定》下,市场准入和国民待遇义务是最核心的义务。但与《关税与贸易总协定》第3条的国民待遇义务不同,这两项义务都不是普遍适用性义务,而是具体承诺性义务。换言之,对成员来说,不承诺则无义务,有承诺按承诺条件履行义务。而市场准入和国民待遇是两项不同义务,存在市场准入承诺并不一定存在国民待遇承诺,同时国民待遇义务又是以市场准入义务为前提的,没有市场准入义务就没有国民待遇义务。打一个通俗的比方:是否让你进入房间,是市场准入问题;进入房间后,是站着还是像其他人一样坐着,是国民待遇问题。根据《服务贸易总协定》的规定,对市场准入的限制,也包括了对国民待遇的限制。因此,判断成员是否违反了国民待遇义务,首先要审查该成员是否作出了国民待遇承诺,还要审查在市场准入方面是否作出了相应的限制。

无论是国民待遇承诺还是市场准入承诺,都离不开成员的具体承诺表。由于乌拉圭回合达成的《服务贸易总协定》项下的具体承诺是第一次服务贸易自由化谈判承诺,规则相对粗糙、经验相对不足,因而每一成员作出的承诺可能是不一样的,但在解释时又需按照国际公约的解释方法,探讨谈判双方共同的意图,即根据承诺表进行客观解释,其结果很可能超出承诺成员自己的预料。根据世界贸易组织遵循的条约解释规则,出现这种结果是可能的。《世界贸易组织协定》作为多边性条约,减让表、承诺表是该多边条约的有机组成部分,其解释不能采取公说公有理婆说婆有理的方式,这样做也不符合法律的稳定性、可预期性的要求。经过多年的争端解决实践,已经形成了条约(承诺表)解释的套路,如果再进行减让谈判,成员都能比以前做得好。

由于服务不像货物那样易于比较,在待遇确定上也需要考虑到国民待遇义务的多样性,特别要考虑到产业部门的范围。我们在其他地方已经指出,世贸成员作出的服务贸易承诺是以W/120文件为基础的。而该文件对产业部门的划分是非常粗糙的。类似像中国这样的成员作出的承诺,没有严格按照W/120文件的模式,该承诺的具体含义必定更加不确定。体现在承诺表涵盖范围上,或产业界定上,必然会产生分歧。中国出版案有关录音制品含义的分歧,中国电子支付案中有关电子支付的含义,其解释结果有点超出预料,从某种意义上说,又是必然。这对贸易谈判者、产业政策制定者提出了更

高的要求。

《关税与贸易总协定》第 17 条规定的国民待遇义务条文,与该协定第 3 条相比要简单得多。它规定:对列入减让表的部门,在遵守其中所列条件和资格的前提下,每一成员在影响服务提供的所有措施方面给予任何其他成员的服务和服务提供者的待遇,不得低于给予本国同类服务和同类服务提供者的待遇。与《关税与贸易总协定》第 3 条相比,除了该义务不是普遍性义务外,它也不是绝对性义务。这一规定本身包括了许多限制性条件。首先,它只适用于列入减让表的部门,对于没有列入减让表的部门,成员不承担国民待遇义务。其次,即使对于列入减让表的部门,国民待遇义务也不是普遍的、不分情况的。国民待遇义务的前提,是遵循减让表中所列的条件和资格。如果不能满足其中所列的条件或资格要求,则无国民待遇义务存在。这两项重要限制是审查是否违反国民待遇义务时首先要考虑的内容。在满足前述要求的前提下,才可以比较其他成员的服务和提供者享有的待遇,是否低于进口国同类服务或同类服务提供者享有的待遇。

考虑到服务的无形性和多样性,《服务贸易总协定》第 17 条第 2 款和第 3 款进一步规定了待遇比较时应该注意的因素。形式上相同或不同的待遇本身,对确定是否违反国民待遇义务没有决定性。形式上相同或不同的待遇,都可能导致履行或没有履行国民待遇义务。真正起决定因素的,如同上诉机构在《关税与贸易总协定》第 3 条案件中强调竞争条件一样,是竞争条件的改变。"形式上相同或不同待遇改变竞争条件,与任何其他成员的同类服务或服务提供者相比,有利于该成员的服务或服务提供者,则此类待遇就视为较为不利的待遇。"[①]在中国电子支付案中,中国政策要求中国的银行发放的信用卡上带有"银联"字样,被专家组认定为提供了对 VISA 信用卡等相对不利的地位,因为它更有利于银联卡的推广。

在此需要强调的是,《世界贸易组织协定》中的国民待遇义务中的"国民",在不同的协定中具有不同的含义,并不限于一般理解的作为自然人的国民。例如,在《关税与贸易总协定》第 3 条中,此处的国民待遇指进口产品享有不低于国内同类产品的待遇,"国民"实为国内同类产品。《与贸易有关的知识产权协定》中的国民待遇,包括了一般意义上的国民,但也包括了视为国民的情况,同时该"国民"既包括自然人,也包括法人。《服务贸易总协定》中的国民,同时包括自然人和法人两种情况。在其他协定中,也含有包括国民待遇义务在内的非歧视待遇。例如,《技术性贸易壁垒协定》第 2 条第 1 款规

① 《服务贸易总协定》第 17 条第 3 款。

定,各成员应保证在技术法规方面,给予源自任何成员领土进口的产品不低于其给予本国同类产品或来自任何其他国家同类产品的待遇。此外的国民,与《关税与贸易总协定》第3条中的国民一样,是指国内同类产品,而非指人。而法人,由于国籍确立因素有多个,需要根据具体情况来分析。设立地、控制国,都可以是确定国籍从而是确定国民的标准。欧共体地理标识案中专家组讨论了法人作为国民的情况。

就《服务贸易总协定》下的国民待遇义务来说,此处的国民包括了"法人"。该协定同时规定了外国服务提供者可以通过在内国设立商业存在的方式提供服务,"商业存在"相当于外国服务提供者在内国成立了附属机构。内国境内的该商业存在或附属机构,属于哪一国家的"国民"?站在中国的角度说,该商业存在相当于外商投资企业。外商投资企业属于哪一国的法人?按照中国法律,这些外商投资企业在中国按中国法律设立,属于中国法人。但这些企业是否属于其他国家的法人?中国法律没有说。中国法律是按照设立地确定法人国籍,尽管我们知道,在中国的外商投资企业实质上是属于外国投资者控制的,或是国外跨国公司的一个部分。这一做法对于货物生产一般没有问题,但对服务则不然。《服务贸易总协定》这样定义"另一成员的服务":对于通过商业存在或自然人存在提供的服务,指由该另一成员服务提供者提供的服务。这表明,美国花旗银行在中国设立的花旗(中国)银行提供的服务,是美国服务,而非中国企业提供的服务。《服务贸易总协定》这样定义"另一成员的法人":"根据该另一成员的法律组建或组织的在另一成员或任何其他成员领土内从事实质性业务活动的法人;或者,对于通过商业存在提供服务的情况,指由该成员的自然人拥有或控制的法人,或者由该成员自然人拥有或控制的法人拥有或控制的法人。"这一定义,对于我们这里所说的商业存在来说,没有采用设立地标准,而是采用拥有或控制标准。根据这样的标准,花旗(中国)银行不属于中国法人,而属于美国法人。所以,国民待遇义务中用于比较的国民,应当是外国法人没有拥有或控制的法人(商业存在)。中国工商银行现在已经是一个有外国投资的非纯粹国有银行,但外国公司没有控制当然更没有拥有该银行。因此,在银行服务待遇的比较上,中国工商银行可以作为比较的对象。

《服务贸易总协定》紧接着提供了"拥有"或"控制"法人的定义。该定义亦不同于中国法律使用的设立地标准。根据该定义,如某一成员的人实际拥有某法人的股本超过50%,则该法人由该成员的人"拥有";如果某一成员的人拥有任命某一法人大多数董事或以其他方式合法指导该法人活动的权力,该法人为该成员的人"控制"。

由于花旗(中国)银行在中国经营,但它又属于美国花旗银行在中国提供服务所凭借的商业存在,不属于中国银行业的一部分,但同时又要遵循中国政府对银行经营业务的监管要求。同时,中国对银行金融业务作出了市场准入承诺,中国似乎不可能违背承诺让花旗银行终止在中国的经营。因此,除了国民待遇的限制外,似乎难于对它采取其他的措施。这与货物贸易下可以通过反倾销、反补贴或保障措施将外国产品挡在国门之外不同。或许,对于《服务贸易总协定》规定的保障措施,可以考虑通过国民待遇歧视的方式进行。

四、知识产权保护中的国民待遇

在《与贸易有关的知识产权协定》签订和适用之前,知识产权国际公约中或国际保护制度中已经存在国民待遇的要求。保护专利和商标的《巴黎公约》和保护版权的《伯尔尼公约》均将国民待遇原则作为知识产权国际保护的重要原则和手段来规定。

《与贸易有关的知识产权协定》的国民待遇原则和要求是建立在之前知识产权国际公约基础之上的。该协定第3条(国民待遇)第1款规定:在知识产权保护方面,每一成员给予其他成员国民的待遇,不得低于其给予本国国民的待遇,《巴黎公约》、《伯尔尼公约》、《罗马条约》或《集成电路知识产权公约》各自规定的例外除外。此处的知识产权保护,涵盖了影响提供知识产权保护、知识产权的取得、知识产权的范围、维持和实施的事项,以及协定具体规定的影响知识产权使用的事项。从适用范围上看,知识产权保护方面的国民待遇是非常广泛的。从适用条件看,除了列举例外之外,没有任何其他限制。而该列举例外,主要是历史性因素的考虑,没有实质性影响。而第3条第2款仅规定了一些有关送达或委托代理的程序性例外。因此,可以说,知识产权保护中的国民待遇义务,既不同于《关税与贸易总协定》中的国民待遇义务,又不同于《服务贸易总协定》中的国民待遇义务。它既是广泛的,又是普遍的,也可以说是绝对的。

《巴黎公约》第2条规定了保护工业产权方面的国民待遇义务。对于参加该公约(在该公约中称为"联盟")的各缔约国,在保护工业产权方面,其国民在该联盟所有其他国家内应享有各该国法律现在授予或今后可能授予其国民的各种利益,其他国家的国民在其要求保护的国家不必有住所或营业所。国民待遇义务实质上是你保护我、我保护你的一种相互保护的制度安排,不过我按照我的标准(对自己国民的保护标准)保护你,你按你的标准

(对自己国民的保护标准)保护我,彼此的保护水平不一定相同。例如,甲国专利保护期为7年,乙国专利保护期为10年;乙国国民在甲国的专利保护为7年,甲国国民在乙国的专利保护期为10年。为了避免保护的极端不对等,《巴黎公约》在规定了国民待遇的同时,规定了公约特别的权利,"一切都不应损害本公约特别规定的权利"。凡是公约中特别规定的,公约的缔约国都要提供保护。这实质上是最低标准保护。只不过在《巴黎公约》中这样的最低保护标准还比较简单。这种做法在世界贸易组织《与贸易有关的知识产权协定》中得到了发展和完善。在坚持国民待遇的同时,提高了强制性的最低保护标准。这样,就使国与国之间的保护水平差异得以消除或减小。

国民待遇,主要指实体性权利。在程序方面,本国人和外国人遵循不同的程序,是合理的,也存在某种必然性。《巴黎公约》第2条在规定国民待遇义务的同时规定,其他国家的国民"应和国民享有同样的保护,对侵犯他们的权利享有同样的法律上的救济手段,但是以他们遵守对国民规定的条件和手续为限"。这一点在《与贸易有关的知识产权协定》中也存在。

就版权来说,在《保护文学艺术作品伯尔尼公约》中,国民待遇有两重含义。它不仅包括了通常意义"国民"的待遇含义,还包括了"作品"的待遇含义。如同国民有国籍一样,作品也有国籍,通常是作品的出版地。例如,在美国出版的作品,无论其作者的国籍是什么,该作品在参加公约的其他国家中应按美国国民待遇予以保护。在世贸规则中,版权保护采取自动保护方式,不需要版权人履行任何手续。这种自动保护与国民待遇联系在一起,使作品的保护范围无限地扩大化了,作品市场也当然地垄断化了。

对知识产权的国民待遇保护,极大地保护和促进了创新,相应地极大地保护和促进了高技术产业、文化产业。它消除了国与国之间的歧视,将本国人与外国人置于同等保护地位。它使外国人在本国的平等地位成为一种常态,而非像过去那样,歧视外国人是一种常态。对出口来说,无论是产品、技术、信息,历史上受歧视的传统被国民待遇义务消除了。

附:欧共体地理标识案[①]

在欧共体地理标识案中,专家组对知识产权的国民待遇义务进行了分析。该案的基本事实可参见本书第八章"争端解决机制对产业的保护"中的欧共体地理标识案部分,争点是欧共体境外的生产商能否像欧共体境内的生产商一样获得地理标识的保护。欧共体相关条例要求其他成员须对欧共体地理标识提供同等保护。

---

① EC-Trademark and GI, WT/DS290/R, WT/DS174/R.

《与贸易相关的知识产权协定》(以下简称《知识产权协定》)第3条第1款规定:在知识产权保护方面,在遵循《巴黎公约》、《伯尔尼公约》、《罗马公约》或《集成电路知识产权条约》各自规定的例外的前提下,每一成员给予其他成员国民的待遇,不得低于给予本国国民的待遇。

欧共体地理标识案专家组指出,确立与这一国民待遇义务的不符,需要满足两个条件:第一,争议措施必须针对知识产权保护;第二,其他成员的国民必须被授予了比本国国民较差的待遇。

对于第一个条件,专家组认为,《知识产权协定》第3条脚注3澄清了知识产权"保护"的含义。第1条第2款解释了何为知识产权。欧共体条例涉及对与地理标识相关的知识产权提供保护。地理标识属于知识产权协定内的范围。因此,本争端是涉及国民待遇义务范围内的知识产权"保护"。

对于第二个条件,专家组认为,《知识产权协定》第3条第1款综合了之前的《知识产权协定》和《关税与贸易总协定》的国民待遇要素。同之前的《知识产权协定》一样,第3条第1款适用于国民,而不适用于产品。同《关税与贸易总协定》一样,第3条第1款指较差待遇,而不是立法现在或将要授予的优势或权利,但它没有提及同类性。这两种因素的综合也反映在《知识产权协定》前言中,该前言解释了第3条(国民待遇)和第4条(最惠国待遇)的目的:承认有关下述各项需要制定新的规则和纪律,(a) 关税与贸易总协定的基本原则和有关知识产权国际协定或公约的适用性……

对于《知识产权协定》第3条第1款国民待遇中的"较差待遇",本案专家组援引了美国拨款法211节案专家组的得到上诉机构认可的观点:根据第3条第1款审查的适当标准是关税与贸易总协定专家组在美国337节案中阐述的标准。关税与贸易总协定专家组就《关税与贸易总协定》第3条第4款中的"较差待遇"作出了下述结论:第4款中的"较差待遇"一词,要求在影响产品的国内销售、许诺销售、购买、运输、经销或使用的法律、规章和要求适用方面,进口产品享有有效的平等机会。这明确设定了可作为基础的最低标准。因而,本案中,专家组将要审查待遇的差别是否影响了其他成员国民与欧共体国民间在知识产权保护方面的机会有效平等,损害了其他成员国国民。

在一案件中上诉机构根据《关税与贸易总协定》第3条第4款,解释了审查影响产品国内销售的措施是否给予较差待遇的审查方法:"审查一项措施是否涉及给予进口产品第3条第4款意义上的较差待遇,必须仔细审查措施的根本内容和效果本身,以此为依据。这一审查不能依赖于简单的推定,而必须对争议措施及其在市场中的影响进行仔细的分析。但同时,这一审查无需依据争议措施在市场中的实际效果。"[①]在本案中,专家组认为,根据《知识产权协定》第3条第1款对较差待遇的审查,应以条例的根本内容和效果为依据,包括对其条款和实际影响的分析。然而,就知识产权协定来讲,相关的实际影响,是对知识产权保护机会的影响。对地理标识提供保护的农产品和食品的市场中的影响,对于根据《关税与贸易总协定》第3条第4款的审查,也可能相关。

专家组得出结论认为,《欧共体条例》第12条第1款中的同等和互惠条件适用于世贸成员。这些条件给予了对该条件适用的、对地理标识有利益的人较差待遇,这些条件通过两个方面,改变了获得知识产权保护的有效平等机会。第一,对于条例第12条第3款不承认的第三国境内的地理区域,条例不提供地理标识保护。第二,条例提供的地理标识保护,只有在地理标识存在的第三国与欧共体达成国际协议或满足第12条第3款的条件时,才可以提供。这两个条件代表了对欧共体境外的地理标识获得保护的重大的额外限制。这种重大限制,反映在这样的事实中:迄今为止,没有一个第三国签署这样的协议或满足这些条件。专家组认为,同等和互惠条件,改变了想根据条例获得地理标识保护的人的有效平等机会,损害了地理标识在欧共体境外的包括世贸成员在内的第三国的地理区域的人。这就是较差待遇。

对于第二个条件中的"国民"这一概念,《知识产权协定》第1条第3款界定了其他成员的国民,以便确定成员向哪些人提供待遇。专家组认为,对《知识产权协定》来说,存在着获得保护的资格标准。对于与本争端相关的知识产权,适用的保护资格标准规定于《巴黎公约》。该公约第2条和第3条规定了国民以及如何对待视为国民的人。专家组认为,这是《知识产权协定》意义上的保护资格标准。专家组认为,巴黎公约有关国民(自然人和法人)的做法与国际公法的认识是一致的。对于《知识产权协定》意义上的"其他成员的国民",通过《知识产权协定》第1条第3款,世贸成员纳入了《巴黎公约》理解的、根据国际公法的"国民"的含义。对于自然人,他们首先指国籍所属国成员的法律。对于法人,每个成员首先适用自己的标准确定法人国籍。

《欧共体条例》表面上没有提到"国民"。它提到地理区域的位置,或地理标识。理论上,可能存在外国人、外国公司有权使用位于欧共体境内的地理标识,并依据条例获得保护。专家组需要解决的问题是,当该待遇依赖于地理标识的位置时,确定给予其他成员国民的待遇和给予欧共体自己国民的待遇。

---

① US-FSC 21.5, AB/R, para. 215.

表面上，对于地理标识提供保护，《欧共体条例》对不同成员的国民含有形式上相同的规定。但是，获得公认的是，《关税与贸易总协定》第3条第4款中的“较差待遇”这一概念，包括了形式上相同的法律规定实践中给予较差待遇的情形。专家组认为，这一推理同样有力地适用于《知识产权协定》第3条第1款中的较差待遇标准。即使条例的规定在给予其他国民的待遇和给予自己国民的待遇方面形式上是相同的，这并不足以证明没有违反《知识产权协定》第3条第1款。条例是否给予了其他成员的国民比欧共体国民较差的待遇，应根据上述所阐明的标准进行审查，即对知识产权保护的有效平等机会。在审查中，专家组将遵循上述方法，集中于条例的根本内容和效果。

《知识产权协定》规定，每一成员给予其他成员国民的待遇不得低于给予其国民的待遇。因此，该规定明确要求进行比较。审查的标准是机会的有效平等。由此，第3条第1款相关的国民，应是可比情况下对同类知识产权寻求机会的国民。一方面，它排除了不同类型知识产权的机会比较，如地理标识和版权。另一方面，没有理由将机会平等事先限于与某一特定成员具有地域联系的权利。因此，专家组认为，将希望根据《欧共体条例》获得地理标识保护的其他成员国民的有效平等机会，与希望根据本条例获得地理标识保护的欧共体自己的国民的有效平等机会进行比较，是适当的。根据这一方法，没有必要作出事实上的推定，希望在某一特定成员获得地理标识保护的每一人是该成员的国民。

《欧共体条例》第5条至第7条，规定了位于欧共体境内的地理标识的登记程序。12a和12b规定了位于第三国的地理标识的登记程序。第12条第1款规定的条件仅适用于后一种登记程序，因而只适用于位于第三国的地理区域内的地理标识。

地理标识所指的地理区域的位置与某些人之间存在某种联系。登记提供了某种保护，但只有符合具体说明要求的农产品或食品才有资格“使用”登记的地理标识。根据说明要求生产或获得产品的任何人，不限于申请人，都有权使用地理标识。这些规定创设了人、特定成员的地域和提供保护之间的联系。产地定义要求申请人和使用者必须在相关区域内生产、加工和配制条例包括的产品，而地理标识定义要求申请人和使用者必须在相关区域内至少从事三种活动中的一种，并且必须要按地理标识说明做。因而，在条例对欧共体境内的地理标识和第三国（包括世贸成员）的地理标识提供保护实施歧视的范围内，它形式上歧视了欧共体境内生产、加工、配制产品的人和第三国境内生产、加工、配制产品的人。

专家组同意，在世贸成员境内根据地理标识说明要求生产、加工、配制产品的自然人或法人,大多数是该成员国民。这样的人可能不符合国民条件这一事实,并不能改变下述事实:条例基于地理标识的位置作出的区别,实践中将会对其他成员国民和欧共体国民进行歧视,损害其他国民。这不是一个无意的结果,而是这一制度的设计和结构特征。这一设计从条例的客观特征中可以明显看出,尤其是产地定义和地理标识定义以及对产品说明的要求。该结构从不同的登记程序中可以看出。

欧共体提出证据,意在证明某些外国人确实根据条例获得保护。专家组注意到,这些外国人,都是根据欧共体法律设立的外国人或公司,根据欧共体法律设立的另一公司,生产地理标识保护的产品。这些获得了保护利益的附属公司,根据公司设立地标准,是欧共体自己的国民。这些证据确认而不是推翻给予欧共体境内的地理标识的待遇和欧共体国籍之间存在联系。

《知识产权协定》文本承认基于居住地和设立地的歧视是对国籍的替代。当根据成员国内法不存在确定国籍本身的标准时,协定脚注 1 规定的标准(适用于单独关税区),明显意在提供一个替代标准,来确定国籍。这些标准是住所地和直接有效营业地。它们是从《巴黎公约》第 3 条借用的标准。显然,脚注 1 的起草者使用这些术语,在于选择以前知识产权公约已经被理解的标准。《知识产权协定》的目标和宗旨,依赖于第 1 条第 3 款中的义务,给予其他成员国民规定的待遇,包括国民待遇。如果成员仅仅通过基于替代标准,如生产地、设立地,给予其国民待遇而拒绝给予其他成员在其本国生产或设立的国民该待遇,而规避这一义务,则将削弱这一目标和宗旨。

欧共体提出,待遇差别不能归因于《欧共体条例》。如果一个人在地理标识所在地设立法人实体,这只是产品必须根据产品说明生产这一事实的自然结果。从诸如税收和劳工法相关的实际考虑看,如果根据产品具体说明生产的人选择在地理标识所在区域设立法人机构,这与条例无关。

专家组认为,这正是条例根本内容和效果的构成部分,包括其实际影响,因而在评估条例是否给予较差待遇时必须予以考虑。虽然条例本身没有制止外国人在欧共体境内生产货物(有权使用地理标识),但条例设计和结构对保护机会的影响是,这种不同程序将给予欧共体国民和其他成员国民不同的待遇,损害其他成员国民。专家组的初步结论是,对于提供保护,给予其他成员国民的待遇,不同于给予欧共体国民的待遇,且比欧共体国民的待遇差。

欧共体提出了制度体系性抗辩,对《知识产权协定》和《关税与贸易总协定》中国民待遇的解释,不应导致二者的制度性重叠(systematic overlap)。专家组指出,根据每一协定证明存在较差待遇是不同的,因为《知识产权协定》第 3 条第 1 款的国民待遇确保国民在知识产权保护方面的有效平等机会,而

《关税与贸易总协定》中的国民待遇确保产品间的竞争条件的平等。欧共体还提出必须考虑《知识产权协定》中缺少类似《关税与贸易总协定》第 20 条一般例外这一情况。专家组指出，在《知识产权协定》和《关税与贸易总协定》之间并无上下位阶之分，二者都是《世界贸易组织协定》的独立附件。《知识产权协定》文本和《关税与贸易总协定》文本的通常含义，以及《世界贸易组织协定》第 2 条第 2 款的通常含义，都表明《知识产权协定》下的义务与《关税与贸易总协定》项下的能够并存，且不相互替代。另外，协调解释并不要求对其中一个的解释影响另一个。普通接受的是，适用协定是累积适用的，符合其中一项协定并不必然意味着符合另一协定。

《知识产权协定》第 8 条规定了协定的原则。“在制定或修改其法律和法规时，各成员可采用对保护公共健康和营养，促进对其社会经济和技术发展至关重要部门的公共利益所必需的措施，只要此类措施与本协定的规定相一致。”专家组指出，这些原则反映了这样的事实：该协定并不一般性地规定授予利用或使用某一对象的积极权利，而是提供了授权阻止某些行为的消极权利。知识产权保护的这种根本特征，内在地授予成员追求其合法公共政策目标的自由，因为实现这些公共政策目标的很多措施存在于知识产权权利范围之外，不要求《知识产权协定》给予例外。

《知识产权协定》第 3 条第 1 款的国民待遇义务的范围，也与《关税与贸易总协定》第 3 条第 4 款国民待遇义务的范围不同。前者受到第 3 条第 1 款、第 2 款和第 5 条所含例外的限制，而第 5 条的限制受到了《关税与贸易总协定》第 20 条一般例外的启发。(《知识产权协定》第 24 条第 9 款进一步规定，如果地理标识在起源国不受保护或不再受保护，或已经废弃不用，则根据协定无义务保护这一地理标识。)在协定第二部分与最低标准相关的规定中，也存在一系列的特定例外，第四部分含有与《关税与贸易总协定》第 21 条类似的国家安全例外，但没有一般例外。基于上述原因，专家组认为，《知识产权协定》中没有类似于《关税与贸易总协定》第 20 条的一般例外条款，对第 3 条第 1 款的分析没有影响。

专家组的最终结论是：对于适用于地理标识提供保护的同等和互惠条件，《欧共体条例》给予其他成员国民的待遇低于给予欧共体国民的待遇，违反了《知识产权协定》第 3 条第 1 款。

五、补　　贴

补贴是世贸成员都采取的促进产业发展的措施。补贴与国民待遇似乎是相矛盾的。但《关税与贸易总协定》第 3 条第 8 款将补贴排除在国民待遇义务范围之外。这正是世贸规则全面性的体现,也是允许产业保护的体现。

《补贴与反补贴协定》原将补贴分为三类:禁止性补贴、可诉补贴和不可诉补贴。但有关不可诉补贴的相关规定已经失效。因此,目前补贴仅存在两类:禁止性补贴和可诉补贴。本质上说,存在两类补贴:一类是禁止性补贴,另一类是允许性补贴。

禁止性补贴包括出口补贴和进口替代补贴。法律上或事实上以出口业绩作为授予补贴的唯一条件或条件之一,为出口补贴。将使用国内货物而非进口货物作为授予补贴的唯一条件或条件之一,为进口替代补贴。在加拿大汽车案中,上诉机构指出,进口替代补贴也包括法律上和事实上两种情形。无论是出口补贴还是进口替代补贴,都直接改变了贸易条件或流向,扭曲国际贸易,被普遍禁止。《补贴与反补贴协定》更加明确了《关税与贸易总协定》第 16 条有关补贴的规定。第 16 条针对的是直接或间接增加出口或减少进口的补贴。

与禁止性补贴压根就不应存在不同,可诉补贴并不存在这样的禁止规定。相反,它与补贴效果联系在一起。根据《补贴与反补贴协定》第 5 条,任何成员不得通过补贴对其他成员的利益造成不利影响,包括损害另一成员的国内产业,使其他成员根据《关税与贸易总协定》直接或间接获得的利益丧失或受损,或者严重侵害另一成员的利益。这说明,如果不存在这样的效果,补贴就是允许的。同时,是否存在这样的效果,需要其他成员通过调查、通过证据来证明。具体方法有两种。一种是国内机构对进口补贴产品发起反补贴调查,确认是否存在补贴、国内产业是否受到损害、国内产业的损害与补贴进口之间是否存在因果关系。如果这些条件都得到了满足,则可以对补贴进口产品征收反补贴税或采取其他措施。另外一种方法是,在双方不能磋商解决分歧的情况下,将争端提交世界贸易组织争端解决机构,由争端解决机构作出裁决。在利益丧失或受损,或受到严重侵害时,利益受到损害的成员多采取向世界贸易组织争端解决机构寻求裁决的方法解决争端。

表面上看,对国内产品提供补贴,而不对进口产品提供补贴,是违反国民待遇义务。但值得注意的是,《关税与贸易总协定》第 3 条规定的国民待遇义务,恰恰不适用于可诉补贴。《关税与贸易总协定》第 3 条第 8 款规定,该条的规定不阻碍仅给予国内生产商的补贴支付,包括以国内税费收入对国内生产商的支付和以政府购买国内产品所实行的补贴。因此,补贴问题,与国民待遇问题无关。

补贴是政府或公共机构提供的财政资助,接受该财政资助的人获得了利益。具体的财政资助方式可能有多种,包括资金直接转移,潜在的资金或债务直接转移,放弃税收或免税,购买货物或提供一般设施之外的货物或服务,通过其他机构实施上述行为,以及提供收入或价格支持等。从某种意义上说,补贴就是政府支出,提供资金或承担费用,而这种支出在各国都是普遍存在的。实质上,补贴是一国政府援助经济发展的主要方式。

可诉补贴违法与否,关键在于是否损害了其他成员的利益。套用刑法中的一个术语,可诉补贴是"结果犯",而非"行为犯"。如果没有法律要求的后果发生,它就是合法的。而这种损害的确定和计算又是非常技术化的,依赖于是否存在不同国家间的同类产品竞争。而是否存在不同国家间的同类产品的竞争,又取决于多种不确定因素。从一国来说,不能因为其产品存在着与其他国家的同类产品竞争的某种可能,而主动放弃对经济的援助和支持。

同样重要的是,《补贴与反补贴协定》调整规范的补贴,是专向性补贴,而非任何补贴。非专向性补贴,根本不属于该协定的适用范围,不受世贸组织规则的调控。根据《补贴与反补贴协定》,判断一项补贴是否属于专向性补贴,要看该补贴是否专门授予某个企业、某些企业、某个产业或某几个产业。具体说来,应考虑下述原则:第一,如果成员立法明确将补贴授予某个或某些企业或产业,该补贴属于专向性补贴。第二,如果立法规定了获得补贴的资格和补贴数量的客观条件或标准,该资格是自动的,且此类标准和条件得到严格遵守,该补贴不是专向性补贴;客观标准和条件,指中立的标准或条件(不优惠一些企业而非优惠另一些企业),具有经济性,水平适用(如雇员或企业规模)。第三,根据前述两项规则不能得专向补贴的结论,但事实上数量有限的企业/产业使用补贴计划、某些企业/产业主要使用补贴或使用不成比例的大量补贴,或者授予补贴的机关在决定是否授予补贴时存在裁量权,则可以认定存在事实上的专向补贴。根据上诉机构在欧盟飞机案中的观点,这几项原则是共同适用的。[①] 此外,指定区域内的某些产业/产业的补贴,属于专向性补贴。[②]

构成补贴的另一核心要素是接受补贴的人获得利益。如果无利益存在,则不存在《补贴与反补贴协定》意义上的补贴。上诉机构指出,《补贴与反补贴协定》第 14 条对利益计算作出了规定,虽然该规定主要针对反补贴税措施,但对于构成补贴要素的"利益"解释提供了有用的上下文指导。[③]

考虑到上述有关补贴的专向性和利益的要求,比较禁止性补贴的界定,

---

① EU-Aircraft, DS316/AB/R, para. 945.

② 《补贴与反补贴协定》第 2 条。

③ EU-Civil Aircraft, DS316/AB/R, para. 833.

我们发现,尽管《补贴与反补贴协定》第四部分中的“不可诉补贴”失去了保护伞,成为可诉补贴,但其中所列补贴对我们有启示意义。既然曾经作为“不可诉补贴”存在,这表明列举补贴在“可诉”与“不可诉”之间更难于控诉。换句话说,采取这种类型的财政资助,证明专向性和利益更难,计算、确定的补贴数额更低。结合反补贴税调查中的微量补贴可忽略的规定,采取这种类型的补贴更安全些。更重要的是,《补贴与反补贴协定》在规定不可诉补贴的同时,明确指出“各方认识到,各成员普遍提供用于各种目的的政府援助,此种援助可能不符合本条规定的不可诉待遇这一事实本身,并不限制各成员提供此种援助的能力”。这说明,提供各种政府援助既是普遍做法,也是普遍共识,政府提供这种援助的能力不因为不具备不可诉补贴的条件而受影响。也可以进一步推论,如果其他成员认为相关成员采取的补贴措施侵害了其利益,则其可以通过《补贴与反补贴协定》允许的反补贴措施或其他措施来解决,但这种可能的反补贴措施救济并不能预先禁止提供补贴。这也正是禁止性补贴与可诉补贴纪律不同的根本原因。

《补贴与反补贴协定》第 8 条第 2 款列举了三类补贴,作为“不可诉补贴”。第一类是研发补贴,第二类是落后地区补贴,第三类是环境补贴。对于第三类失去“不可诉”地位的环境补贴,考虑到环境保护的迫切性和重要性,目前有声音要求恢复其原有身份。

《补贴与反补贴协定》中的“研发补贴”有专门定义。它指对公司进行的研究活动的援助,或者对高等教育机构或研究机构与公司签约进行研究活动的援助。如果不是公司研究活动,或不是与公司签约的高等教育机构或研究机构的研究活动,则对其进行的援助根本不属于财政资助的范围。该协定特别指出,“本协定的规定,不适用于由高等教育机构或研究机构独立进行的基础研究活动。基础研究活动指与工业和商业目标无联系的一般科技知识的扩充。”结合这一澄清,“公司”应指生产、销售产品的机构,一般性的研究机构可以理解为不从事生产、销售的纯科研单位。

《补贴与反补贴协定》中的“研发活动”,依赖于两个重要概念——“工业研究”和“竞争前开发活动”,协定对这两个重要概念作出了界定。工业(产业)研究(industrial research),指旨在发现新知识的有计划探索或关键性调查,目的在于此类知识可用于开发新产品、新工艺或新服务,或对现有产品、工艺或服务进行重大改进。“竞争前的开发活动”(pre-competitive development activity),指工业研究的成果转化活动,将工业研究的成果转化为新的、改型的或改进的产品、工艺或服务的计划、蓝图或设计,无论是否预期用于销售或使用,包括制造不能商业使用的第一个原型;还可以包括对产品、工艺或服务的备选方案的概念表述和设计，以及最初展示或试验项目，只要这些相同的项目不能转化为或用于工业应用或商业开发。但不包括对现有产品、生产线、制造工艺、服务及其他正在进行的操作的常规或定期更改，尽管这些更改也可能代表着革新。对于跨工业研究和竞争前开发活动的项目，不可诉援助的允许水平不得超过根据工业研究和竞争前开发活动允许水平的简单平均数。

上述对公司研究活动的援助，以及对与公司签约的科研单位的研究活动的援助，是针对研究成本的援助，并规定限于一定的比例。这类研究成本包括五类：第一类，人事成本，研究活动中专门雇佣的研究人员、技术人员和其他辅助人员；第二类，专门或永久（在商业基础上处理时除外）用于研究活动的仪器、设备、土地和建筑物的成本；第三类，专门用于研究活动的咨询和等效服务的费用，包括外购研究成果、技术知识和专利等费用；第四类，因研究活动而直接发生的额外间接成本；第五类，因研究活动而直接发生的其他日常费用（如材料、供应品和同类物品的费用）。

原本属于不可诉补贴的第二类是落后地区援助。该类援助根据地区发展总体框架提供，向落后地区提供，且提供的援助在该地区内是非专向性的。落后地区应具备这样几个条件：第一，该地区是明确界定的毗连地理区域，具有可确定的经济或行政特征。第二，根据中性和客观标准，且该标准在法律、法规或其他官方文件中明确规定，该地区视为落后地区，且其困难并非由于临时情况而产生。第三，客观中性标准，应包括基于相关因素的经济发展预算：以人均收入或人均家庭收入、人均国民生产总值预算，不高于有关地区平均水平的85%；或者以失业率预算，至少相当于有关地区平均水平的110%；以上均按3年期测算。中性客观标准，指不超出消除或降低地区发展政策框架内的地区差异的适当水平而优惠某些地区的标准。地区补贴计划，应包括对每一补贴项目给予援助数量的最高限额。此类最高限额必须根据受援地区的不同发展水平而有所差别，且必须以投资成本或创造就业成本进行表述。在最高限额以内，援助的分配应足够广泛和平均，以避免某个、某些企业或产业主要使用补贴，或给予它们不成比例的大量补贴（形成专向性）。

第三类是现有设施的环保援助。即为促进现有设施适应法律法规新的环境要求而提供的援助。这些环境要求对公司产生了更多的约束和财政负担。现有设施指在适应新的环境要求前已经至少运行2年的设施。这类援助应符合下述要求：第一，该援助是一次性的临时援助；第二，援助数额限于适应法律环境要求所需费用的20%；第三，援助不包括替换和经营受援投资的费用，这些费用应全部由公司负担；第四，与公司计划减少废弃物和污染直接联系且与其成比例,但不包括任何可实现的制造成本节省;第五,对能够采用新设备、新生产工艺的公司普遍提供。

上述三类援助尽管失去了"不可诉补贴"的护身符,但可以推测,出于国内政策的原因,各成员仍会继续提供。目前在一些学者和成员中,为了解决环境问题,要求恢复环保补贴的不可诉地位。环境与贸易问题一度是多哈发展回合的谈判内容。

补贴的可责性,在于补贴产品对其他成员的同类产品造成了损害,而且这种损害主要是通过价格影响实现的。如果补贴不影响产品价格或对产品价格影响不大,这种损害是很难发生的。进一步说,如果接受补贴的产品、产业不具有竞争优势,无论是出口还是在境内销售,也难于造成对他国产业的损害。

根据《补贴与反补贴协定》的规定,即使表面上存在对其他成员利益的严重侵害,即补贴成员的补贴产品替代或阻碍了其他成员同类产品或市场份额因补贴而增加,如果存在下述情形,则不存在法定意义上的严重侵害:第一,申诉方禁止或限制同类产品的出口,或申诉方禁止或限制进口至第三国市场。第二,基于对相关产品实施贸易垄断或国营贸易的进口成员,出于非商业原因,将从申诉方的进口转向从其他国家进口。第三,自然灾害、罢工、运输中断或其他不可抗力,重大影响申诉方出口供应产品的生产、质量、数量或价格。第四,存在着限制申诉方出口的国际安排。第五,申诉方成员自愿降低相关产品的出口供应(包括申诉方境内的公司自主地重新分配给新的出口市场)。第六,产品未能满足进口成员的标准或其他管理要求。①

还需要指出的是,《补贴与反补贴协定》主要适用于工业产品;农产品适用《农业协定》,该协定允许提供农业补贴;服务贸易适用《服务贸易总协定》,该协定没有建立有关补贴的纪律。因此,根据产业特点,在农业和服务业方面提供补贴是相对可行的。

---

① 《补贴与反补贴协定》第6条第7款。

第七章

例外条款、公共政策与产业保护

一、例外的性质

学法律的人常说，任何规则都有例外，只有这一条规则没有例外。这表示，法律规则，作为一种普遍适用的行为规则，要尽可能考虑到现实的复杂性和多样性，不能太机械，不能绝对性地一刀切。因此，法律规则在设定义务时，也会考虑到可能存在的例外情形。在世界贸易组织规则中，这样的例外情形主要体现为例外条款。

这种例外，不是表示不用履行义务，而是表示在违反义务时如果满足了例外条款所规定的条件，可以不用承担违反义务的责任。因此，它是一种免责性质的例外，类似合同法中的不可抗力条款。既然属于免责性例外，被指控违反义务、被认定违反义务的一方，要证明符合免责条款中应当满足的条件。由于例外条款是作为一种例外性情形而存在，顾名思义，它的适用条件是非常严格的。如果例外条款中所含条件非常容易满足，则丧失了其例外性，成为一种常态；一旦例外情形成为常态，与例外条款相对应的其他义务条款在某种程度上则变成例外了。这种情形与整个制度设计是不相符的，也是与法律规则体系不相容的。

与例外条款的存在相对照，世界贸易组织争端解决规则中存在着一种“非违反性申诉”。它表示，如果某一成员的措施导致其他成员根据世贸规则所享有的利益丧失或受损，即使该措施没有违反义务，采取措施的成员也应对这一情形给予关注，解决这一情形。但由于采取措施的成员没有违反义务，在采取救济措施时，它无需改变或取消其措施，只需对其他成员造成的损害予以补偿。真正属于非违反性措施而给予补偿的，自关税与贸易总协定适用以来的六十多年中，只有一起案件。

从关税与贸易总协定适用迄今，只有两起争端解决案件的被诉方成功援引一般例外条款:欧共体石棉案和美国虾龟执行案。

这似乎表明,那种企图使用一般例外条款来保护国内产业的想法,在实践中,几乎是行不通的。

一般例外条款的作用,在于明确了贸易利益(包括产业利益)与公共利益间的关系:贸易利益从属于公共利益;为了公共利益,哪怕侵害了规则保护的贸易利益,也是允许的。从政策角度说,贸易政策从属于公共政策。

反过来,实施公共政策,可能使某一产业(而非所有产业)受益。从这一点上说,在这一限度内,公共政策也可以用来保护某一产业。以环境政策为例。保护环境无疑是一项公共政策,使社会的所有人都获益。同样可以肯定的是,致力于环境保护的产业,将会从环境保护政策中获益。但环境保护产业受益,是公共政策实施的结果,而不是公共政策实施的目标。如果保护环境产业是公共政策的目标,该政策不属于"公共"政策。

二、世贸规则中的例外条款

世界贸易组织的实体规则分为三大块:货物贸易规则,服务贸易规则,知识产权规则。每套规则中都含有相应的例外条款,但具体表现形式不同。

就性质来说,世贸规则中的例外条款主要包括三类:第一类是一般例外条款,第二类是区域经济一体化例外条款,第三类是安全例外条款。第一类以《关税与贸易总协定》第 20 条、《服务贸易总协定》第 14 条为代表;第二类以《关税与贸易总协定》第 24 条和《服务贸易总协定》第 5 条为代表;第三类以《关税与贸易总协定》第 21 条、《服务贸易总协定》第 14 条之二、《知识产权协定》第 73 条为代表。《知识产权协定》中无类似《关税与贸易总协定》、《服务贸易总协定》中的一般例外条款,但主要类型的知识产权中,如版权、商标和专利中,存在着例外条款,分别是第 13 条(版权)限制和例外、第 17 条(商标)例外、第 30 条(专利)授予权利的例外。还有一类,发展中国家的特殊差别待遇,但该类不具有普遍性。

安全例外条款存在于《关税与贸易总协定》、《服务贸易总协定》、《知识产权协定》中,它涉及国家安全、战争等事项。贸易事项与这些安全事项比起来,当然要为后者让路,以后者为尊。国家安全利益属于世贸成员自判的范畴,关税与贸易总协定和世界贸易组织不会处理这种事项。因此,尽管历史上有国家对某一措施是否因安全原因而获得例外抱有怀疑,但没有国家深究这一事项。在美国《出口管理法》中,每一管制措施都注有国家安全理由。这一方面是美国的一种策略,另一方面也使其他世贸成员难于依据世贸规则提出指控。

三大协定中的安全条例条款文本基本相似。《关税与贸易总协定》第21条“安全例外”规定如下:本协定的任何规定不得解释为:(a) 要求任何缔约方提供其认为如披露则会违背其基本安全利益的任何信息;或(b) 阻止任何缔约方采取其认为对保护其基本国家安全利益所必需的任何行动:(i) 与裂变和聚变物质或衍生这些物质的物质有关的行动;(ii) 与武器、弹药和作战物资的贸易有关的行动,及与直接或间接供应军事机关的其他货物或物资贸易有关的行动[①];(iii) 在战时或国际关系中的其他紧急情况下采取的行动;或(c) 阻止任何缔约方为履行其在《联合国宪章》项下的维护国际和平与安全的义务而采取的任何行动。

区域经济一体化,既符合社会经济的发展趋势,也符合促进关税与贸易总协定/世贸规则贸易的目标和宗旨。因此,区域经济一体化例外条款存在着普遍的正当性。从最初由6个成员起家的欧共体到现在28个成员国的欧盟,从现在区域贸易协定的如火如荼;可以看出区域经济一体化的重要性、可持续性和发展活力。由于赋予更惠待遇的区域贸易协定的蓬勃发展,区域贸易协定例外成为困扰世贸组织全球性贸易制度的最惠国待遇规则的一个突出问题。如何处理区域贸易协定例外与最惠国待遇义务,目前还没有找到一个妥善的办法。由于区域贸易协定例外是世贸规则本身允许的一种例外,同时由于大量的世贸组织成员都或多或少地参与到了区域贸易协定之中,这一问题只能由世贸组织成员自己来解决。全球性与区域性,阶段性与长期性,经济性与政治性,理想性与现实性,这些都影响着世贸组织成员自己的选择。

《关税与贸易总协定》第24条第5款是区域贸易协定例外条款:“因此,本协定的规定不得阻止在缔约方领土之间形成关税同盟或自由贸易区,或阻止通过形成关税同盟或自由贸易区所必需的临时协定,但是:(a) 就关税同盟或导致形成关税同盟的临时协定而言,在建立任何此种同盟或订立临时协定时,对与非此种同盟成员或协定参加方的缔约方的贸易实施的关税和其他贸易法规,总体上不得高于或严于在形成此种同盟或通过此种临时协定(视情况而定)之前,各成员领土实施的关税和贸易法规的总体影响范围;(b) 就自由贸易区或导致形成自由贸易区的临时协定而言,每一成员领土维持的且在形成此种自由贸易区或通过此种贸易协定时对非自由贸易区成员或非协

---

① 此处(b)(ii)的翻译文本与对外贸易经济合作部国际经贸关系司翻译、法律出版社出版的《世界贸易组织乌拉圭回合多边贸易谈判结果法律文本》中的文本不同。参见该书第456页。主要区别在于“traffic”的译法。英文中涉及两处traffic,上书中将一处译为“贸易”,另一处译为“运输”。似都应译为“贸易”。

定参加方的缔约方实施的关税或其他贸易法规,不得高于或严于在形成该自由贸易区或签署协定之前相同成员领土内存在的相应关税或贸易法规;以及(c)项、(a)项和(b)项所指的任何临时协定应包括在一合理持续时间内形成此种关税同盟或此种自由贸易区的计划和时间表。”

从《关税与贸易总协定》第24条第5款中可以看到,区域经济协定例外需要满足一定条件。是否满足这样的要求,由关税与贸易总协定/世界贸易组织进行审查。现实中,由于成员各自参与了区域贸易协定,规则中规定的审查标准不明,导致对成员签署的现有区域贸易协定是否真正符合第24条的要求,没有一个明确的答案。现实的结果是,区域贸易协定中规定的优惠措施极大地影响了最惠国待遇义务的实施。

《服务贸易总协定》第5条规定了经济一体化例外:“本协定不得阻止任何成员参加或达成在参加方之间实现服务贸易自由化的协定,只要此类协定:(a) 涵盖众多服务部门[①],并且(b) 规定在该协定生效时或在一合理时限的基础上,对于(a)项所涵盖的部门,在参加方之间通过以下方式不实行或取消第16条意义上的实质上所有歧视:(i) 取消现有歧视性措施,和/或(ii) 禁止新的或更多的歧视性措施,但第11条、第12条、第14条以及第14条之二下允许的措施除外。”鉴于《服务贸易总协定》的框架性特点和逐步自由化特点,以及由世贸组织成员承诺承担具体义务(市场准入和国民待遇)的特点,《服务贸易总协定》中的经济一体化例外更缺乏明确的、统一的、具体的标准。

《与贸易有关的知识产权协定》的目标是既要促进知识产权的有效和充分保护,又要保证实施知识产权的措施和程序本身不成为合法贸易的障碍。为此目的,“制定了有关下列问题的新的规则和纪律:关税与贸易总协定的基本原则和有关国际知识产权协定或公约的适用性;就与贸易有关的知识产权的可保护性、范围和使用,规定适当的标准和原则;就实施与贸易有关的知识产权规定有效和适当的手段,同时考虑各国法律制度的差异;在多边在及防止和解决政府间争端规定有效和迅速的程序”(协定前言)。该协定吸收了《关税与贸易总协定》的精神和经验,但它的例外规定不同于《关税与贸易总协定》。该协定第8条(原则)规定了性质上可以理解为知识产权保护例外或限制的条款:“在制定或修改其法律和法规时,各成员可采用对保护公共健康和营养,促进对其社会经济和技术发展至关重要的公共利益所必需的措施,只要此类措施与本协定的规定相一致。”“只要与本协定的规定相一致,可能需要采取适当措施以防止知识产权权利持有人滥用知识产权或采取不合理

---

① 此条件应根据部门数量、受影响的贸易量和提供方式进行理解。为满足此条件,协定不应规定预先排除任何服务提供方式。

地限制或对国际技术转让造成不利影响的做法。”《与贸易有关的知识产权协定》针对不同知识产权权利规定了例外。最明确的是第13条、第17条和第30条对版权、商标和专利权的例外。

《与贸易有关的知识产权协定》第13条规定：“各成员对(版权)专有权作出的任何限制或例外规定，仅限于某些特殊情况，且与作品的正常利用不相冲突，也不得无理损害权利持有人的合法权益。”这一例外在美国《版权法》第110条第5款案件中得到适用。美国《版权法》的这一规定允许家庭免费使用某些作品(“家庭例外”)，同时允许符合一定条件(如空间大小、扬声器多少等)的餐馆和零售业免费使用某些作品(“商业例外”)。在这一案件中美国主要依据第13条进行抗辩。本案专家组认为，第13条设定了三个条件，本案争议的问题是例外造成的合法权益的损害是否不合理。专家组审查了争端双方提供的市场条件的信息，并在可能范围内考虑了例外造成的实际和潜在的影响，作为确定损害水平是否不合理的前提条件。专家组认为，美国《版权法》中的家庭例外规定符合第13条的要求，而商业例外规定不符合第13条的要求。[①]

《与贸易有关的知识产权协定》第17条规定了商标权的例外：“各成员可对商标所授予的权利规定有限的例外，如合理使用描述性词语，只要此类例外考虑商标所有权人和第三方的合法利益。”在澳大利亚诉欧共体商标和地理标志案中，专家组认为《欧共体条例》创设的例外，满足有限例外和考虑到商标所有权人和第三方(消费者)合法权益的要求。[②]

《与贸易有关的知识产权协定》第30条规定了专利权的例外：“各成员可对专利授予的专有权规定有限的例外，只要此类例外不会对专利的正常利用发生无合理抵触，也不会不合理损害专利所有权人的合法权益，同时考虑第三方的合法权益。”在加拿大药品专利保护案中，被诉方加拿大提出第30条的抗辩。加拿大专利法规定了管理审查例外和存储例外。管理审查例外规定：任何人，纯粹为了与加拿大/各省或其他国家的管理产品生产、制造、使用或销售的法律所要求的信息的开发和提供合理相关的使用，而制造、生产、使用或销售专利发明，不构成侵权。专家组裁定这一管理审查例外符合第30条的要求，而存储例外不符合第30条的例外要求。[③]

真正常被援用的例外条款是一般例外条款，特别是《关税与贸易总协定》第20条的一般例外条款。《关税与贸易总协定》第20条规定如下：

---

① 美国《版权法》110(5)，WT/DS160/R，2000年7月27日通过。

② 欧共体—农产品商标和地理标志保护，WT/DS290/R，2005年4月20日通过。

③ 加拿大—药品专利保护，WT/DS114/R，2000年4月7日通过。

一般例外

在遵守关于此类措施的实施不在情形相同的国家之间构成任意或不合理歧视的手段或构成对国际贸易的变相限制的要求前提下，本协定的任何规定不得解释为阻止任何缔约方采取或实施以下措施：

(a) 为保护公共道德所必需的措施；

(b) 为保护人类、动物或植物的生命或健康所必需的措施；

(c) 与黄金或白银进出口有关的措施；

(d) 为保证与本协定规定不相抵触的法律或法规得到遵守所必需的措施，包括与海关执法、根据第2条第4款和第17条实行有关垄断、保护专利权、商标和版权以及防止欺诈行为有关的措施；

(e) 与监狱囚犯产品有关的措施；

(f) 为保护具有艺术、历史或考古价值的国宝所采取的措施；

(g) 与保护可用尽的自然资源有关的措施，如此类措施与限制国内生产或消费一同实施；

(h) 为履行任何政府间商品协定项下义务而实施的措施，该协定符合提交缔约方全体且缔约方全体不持异议的标准，或该协定本身提交缔约方全体且缔约方全体不持异议；

(i) 在作为政府稳定计划的一部分将国内原料价格压至低于国际价格水平的时期内，为保证此类原料给予国内加工产业所必需的数量而涉及限制此种原料出口的措施；但是此类限制不得用于增加该国内产业的出口或增加对其提供的保护，也不得偏离本协定有关非歧视的规定；

(j) 在普遍或局部供应短缺的情况下，为获取或分配产品所必需的措施；但是任何此类措施应符合以下原则：即所有缔约方在此类产品的国际供应中有权获得公平的份额，且任何此类与本协定其他规定不一致的措施，应在导致其实施的条件不复存在时即行停止。缔约方全体应不迟于1960年6月30日审议对本项的需要。

在结构上，第20条包括两部分。第一部分是该条的开始部分，或句首部分；第二部分是(a)到(j)的政策项目部分。第二部分关注政策目的，第一部分关注措施的实施方式。一项被认定违反了相关义务的措施，只有在满足这两部分的要求时，才能免责。

《关税与贸易总协定》第20条(b)项是有关保护生命和健康的规定。乌拉圭回合谈判达成的《实施卫生与植物卫生措施协定》(简称SPS协定)，是第20条(b)项的细化。SPS协定前言明确指出“……期望对适用关税与贸易总协定关于使用卫生与植物卫生措施的规定，特别是第20条(b)项的规定详述具体规则”。该协定第2条“基本权利和义务”第4款亦明确,“符合本协定有关条款规定的卫生与植物卫生措施应被视为符合各成员根据GATT1994有关使用卫生与植物卫生措施的规定所承担的义务,特别是第20条(b)项的规定”。在中国诉美国家禽肉案中,专家组指出,违反SPS协定第2条和第5条的措施,不能基于《关税与贸易总协定》第20条(b)项获得正当性。[①]

本质上,世界贸易组织《技术性壁垒协定》(简称TBT协定)与SPS协定类似。该协定前言指出,各成员“认识到不应阻止任何国家在其认为适当的程度内采取必要措施,保证其出口产品的质量,或保护人类、动物或植物的生命或健康及保护环境,或防止欺诈行为,但是这些措施的实施方式不得构成在情形相同的国家之间进行任意或不合理歧视的手段,或构成对国际贸易的变相限制,并应在其他方面与本协定的规定相一致”。虽然TBT协定没有像SPS协定那样明确满足了SPS协定的要求视为满足了《关税与贸易总协定》第20条(b)项的要求,但我们看到TBT协定的前言用语几乎和《关税与贸易总协定》第20条的用语一样。不但如此,该协定第2条第2款规定:“各成员应保证技术法规的制定、采用或实施在目的或效果上均不对国际贸易造成不必要的障碍。为此目的,技术法规对贸易的限制不得超过为实现合法目标所必需的限度,同时考虑合法目标未能实现可能造成的风险。此类合法目标特别包括:国家安全要求;防止欺诈行为;保护人类健康或安全、保护动物或植物的生命或健康及保护环境。在评估此类风险时,应考虑的相关因素特别包括:可获得的科学和技术信息、有关的加工技术或产品的预期最终用途。”这一规定亦与《关税与贸易总协定》第20条的规定类似。正因为如此,世界贸易组织上诉机构在美国第二金枪鱼案中指出,对于第2条第2款的分析,需要结合合法目标与贸易限制性这两个方面。[②] 应该说,TBT协定第2条第2款的分析方法,与《关税与贸易总协定》第20条的分析方法是类似的;二者的精神也是类似的。

与服务的无形性相联系,《服务贸易总协定》对一般例外的规定,不像《关税与贸易总协定》第20条一般例外那样具体,但结构是一致的。实践中,援引《服务贸易总协定》一般例外的案件几乎没有。《服务贸易总协定》第14条一般例外规定如下:

第14条 一般例外

在此类措施的实施不在情形类似的国家之间构成任意或不合理歧

---

① Panel Report, US—Poultry (China), para. 7.481.

② US—Measures Concerning the Importation, Marketing and Sale of Tuna and Tuna Products, WT/DS381/AB/R.

视的手段或构成对服务贸易的变相限制的前提下,本协定的任何规定不得解释为阻止任何成员采取或实施以下措施:

(a) 为保护公共道德或维护公共秩序[①]所必需的措施;

(b) 为保护人类、动物或植物的生命或健康所必需的措施;

(c) 为使与本协定的规定不相抵触的法律或法规得到遵守所必需的措施,包括与下列内容有关的法律或法规:

(i) 防止欺骗和欺诈行为或处理服务合同违约而产生的影响;

(ii) 保护与个人信息处理和传播有关的个人隐私及保护个人记录和账户的机密性;

(iii) 安全;

(d) 与第17条不一致的措施,只要待遇方面的差别是在保证对其他成员的服务或服务提供者公平或有效地课征或收取直接税(脚注略);

(e) 与第2条不一致的措施,只要待遇方面的差别是约束该成员的避免双重征税的协定或任何其他国际协定或安排中关于避免双重征税的规定的结果。

三、关税与贸易总协定一般例外的适用

《关税与贸易总协定》第20条一般例外,在关税与贸易总协定时代,在争端解决中即被较为频繁地援引和适用。例如,美国禁止加拿大金枪鱼及其产品进口案,美国汽车弹簧配件进口案,加拿大鲱鱼出口措施案,泰国香烟措施案,欧共体限制零部件进口案,美国1930年关税法337条款案,等等。进入世界贸易组织时代,《关税与贸易总协定》的一般例外条款援引和适用次数更为频繁,专家组和上诉机构的审查也更为详细和严格。相关的案子有:美国汽油案、美国虾龟案、巴西翻新轮胎案、欧共体石棉案、欧共体优惠关税待遇案、中国出版物案、韩国牛肉案、阿根廷皮革案、加拿大小麦案、多米尼克烟草案、哥伦比亚限制进港案、墨西哥饮料案、泰国烟草(菲律宾)案、欧共体商标和地理标志案、中国原材料案、美国虾/保函案、中国汽车零部件案、加拿大期刊案、加拿大能源案、中国稀土案等。此外,美国博彩案中,美国援引了《服务贸易总协定》中一般例外条款中的公共道德政策。

如前所述,《关税与贸易总协定》第20条一般例外解决的是贸易政策与公共政策的关系问题,同时要求基于公共政策的措施公正实施。在争端解决

① 只有在社会的某一根本利益受到真正的和足够严重的威胁时,方可援引公共秩序例外。

实践中，无论是关税与贸易总协定时代，还是世界贸易组织时代，少有争端能够真正成功援引一般例外条款而成功抗辩（欧共体石棉案是一例外，本案中欧共体抗辩成功）。其主要原因是，在绝大多数争端中，被诉方的措施不符合公共政策项目的要求；少数案件中，争议措施即使满足了公共政策项目的要求，其实施方式亦不满足公正实施要求。此处主要介绍分析政策项目的要求。但需要指出的是，上诉机构在美国虾龟案中强调，在分析被诉方援引第20条的抗辩时，应先分析政策事项，再分析句首实施方式的要求。[①]

第20条包括了10类公共政策措施。其中，有些政策措施常被援用，有些不常援用。不常援用的有下述几类：与黄金和白银进出口有关的措施（(c)）；与监狱囚犯产品有关的措施（(e)）；为保护具有艺术、历史或考古价值的国宝所采取的措施（(f)）；为履行政府间商品协定项下义务而实施的措施（该协定符合提交缔约方全体且缔约方全体不持异议的标准，或该协定本身提交缔约方全体且缔约方全体不持异议）（(h)）；在作为政府稳定计划的一部分将国内原料价格压至低于国际价格水平的时间内，为保证此类原料给予国内加工产业所必需的数量而涉及限制此种原料出口的措施（但此类措施不得用于增加该国内产业的出口或增加对国内产业的保护，也不得偏离本协定有关非歧视的规定）（(i)）；在普遍或局部供应短缺的情况下，为获取或分配产品所必需的措施（但是任何此类措施应符合以下原则：所有缔约方在此类产品国际供应中有权获得公平的份额，且任何此类与本协定其他规定不一致的措施，应在导致其实施的条件不复存在时即行停止）（缔约方全体应不迟于1960年6月30日审议对本项的需要）（(j)）。

上述几项中，黄金措施在很长时间内属于货币措施。中国曾与美国就劳改产品出口产生过矛盾，中国加强了这方面的管理。(i)项似乎与产业保护相关，为了保护国内加工业而限制原材料出口。但这一规定要求不得增加国内产业的出口或国内产业的保护。这实质上限制了该政策措施的应用性。另外，该项还要求相关政策措施必须是政府稳定计划的一部分。虽然何为政府稳定计划不很清楚，但政府稳定计划这一要求进一步排除了产业措施的应用性。(h)项和(j)项更多地属于历史性安排。

为保护具有艺术、历史或考古价值的国宝所采取的措施，似乎可用于保护文化产业。但实质上，这里更多的指"文物"，而不是我们一般理解的文化产业，如一般绘画、艺术作品等。欧共体理事会2008年通过了《文化物品出

① 美国虾龟案，上诉报告，第115—122段。

口条例》[1]，其“文化物品”类似此处所指的东西。例如，100 年以上的书，200 年以上的印刷地图，等等。

真正常用的公共政策措施有 4 类：保护公共道德的必要措施（(a)）；保护人类、动物或植物生命或健康的必要措施（(b)）；海关执法或知识产权执法的必要措施（(d)）；自然资源保护措施（(g)）。前两类措施涉及的公共政策具有普遍性价值。执法措施具有法治意义，但被执行的法律一方面在范围上有限定，另一方面被执行的法律本身不得与《关税与贸易总协定》相抵触。这些执法措施包括海关执法、反垄断执法、知识产权保护执法、防止欺诈执法。这三类政策措施光是满足政策价值本身，还不足以满足此处的政策措施要求，相关措施还必须是“必要”措施，即采取的措施与追求的目标之间，手段和目的之间，具有相称性或比例性。不能为了目的不择手段。第四类，保护自然资源的措施，又被称为环境保护措施，这种措施要同样适用于进出口和国内生产与消费，即要求内外一致性。如果以保护自然资源为由限制进出口，但不限制国内生产和消费，该措施不符合此处的要求。

1. 保护公共道德的必要措施

中国出版物案，是中国援引第 20 条一般例外（a）保护公共道德进行抗辩的一个案件，但中国的抗辩没有成功。另一起案件是欧盟海豹产品案，2013 年发布专家组报告，争端方表示上诉。在美国博彩案中，美国也援引公共道德例外进行抗辩，但属于《服务贸易总协定》下的案件。

在中国出版物案中，中国政府禁止外商投资企业进口国外出版物、在中国国内市场经销国外出版物，只有国有企业才可以从事进口、经销国外出版物的行为。专家组裁决这一措施违反了中国的入世承诺。中国随即以保护公共道德进行抗辩。中国《出版管理条例》明确规定出版物不得含有下述内容：反对宪法确定的基本原则，危害国家统一、主权和领土完整，泄露国家机密、危害国家安全，煽动民族仇恨、民族歧视，宣扬邪教、迷信，扰乱社会秩序、破坏社会稳定，宣扬淫秽、赌博、暴力；侮辱或者诽谤他人，危害社会公德或民族优秀文化传统等。专家组认为，公共道德的内容因时间、地点不同而不同，涉及社会、文化、道德、宗教等价值。专家组认可中国措施与保护中国公共道德的内容审查之间存在非常密切的联系，认可中国措施是旨在保护公共道德的措施。

但专家组认为，中国措施不是保护公共道德的“必要措施”。本案中，至少存在一种合理的替代措施，即政府自己对进口出版物进行审查，该方案同

---

① Council Regulation (EC) No 116/2009of 18 December 2008 on the export of cultural goods, Official Journal of the European Union, L 39/1, 10.2.2009.

样实现保护公共道德的目标,且对贸易的限制小。

上诉机构维持了专家组的上述裁决,认为对进口权的限制不是保护公共道德所必需,且存在对贸易影响更小的符合世贸规则的替代措施。上诉机构重申,一项措施对实现预期目标的贡献越大,越容易被认定为必要的。这一分析包括了对未来的贡献量的预期,也包括基于科学证据证实的假定的贡献性质的推理。上诉机构从国有、排除外商投资企业、国家计划等要求,措施的贸易限制效果,合理替代措施等几个方面进行了分析后认为,中国措施不能根据关税与贸易总协定一般例外获得正当性。但上诉机构指出,中国有权选择其喜欢的方法,来履行世贸规则义务。

美国博彩案,是涉及《服务贸易总协定》的一起案件。[①] 在本案中,被诉方美国根据《服务贸易总协定》一般例外中的"保护公共道德"规定进行了抗辩。这一抗辩类似于关税与贸易总协定一般例外中的公共道德抗辩,且争议发生时间早于中国出版物案,中国出版物案专家组和上诉机构考虑了这一案件,且博彩案专家组和上诉机构在解释这一一般例外时也参考了关税与贸易总协定中的一般例外条款的解释和适用,故在此也一并将美国博彩案予以介绍。

在该案件中,美国禁止网络赌博(博彩)。美国在国内禁止网络博彩,但不能阻止网络博彩公司在美国境外其他国家注册并安排服务器提供网络服务。美国通过立法限制美国网民使用信用卡或通过银行账户向国外博彩网站付款。美国的这一措施使安提瓜的网络服务产业受到严重影响。安提瓜认为这一措施违反了美国作出的开放博彩服务市场的承诺,并提出指控。

在美国的服务减让表中,在编号 10. D 的行业下,美国指明了"其他娱乐性服务(不包括体育)",并列出了四种服务贸易方式:"跨境提供""境外消费""商业存在"和"自然人存在"。其中,对于跨境提供的"市场准入限制"一栏,美国承诺"没有限制"。

在案件的审理中,专家组裁定美国的服务减让表中包括了对博彩的承诺,违反了《服务贸易总协定》第 16 条的市场准入承诺义务。上诉机构维持了专家组作出的这些裁决。

美国以保护公共道德为其措施进行抗辩。《服务贸易总协定》第 14 条一般例外这样规定:"在措施的实施在情形类似的国家之间不构成任意或不合理歧视的手段或不构成对服务贸易的变相限制的情况下,本协定的任何规定不得解释为阻止任何成员采取或实施以下措施:(a) 为保护公共道德或维护

---

① 美国博彩案,WT/DS285/R, WT/DS285/AB/R。

公共秩序所必需的措施;……"(a)项对"公共秩序"有一脚注:"只有在社会的某一根本利益受到真正且足够严重的威胁时,方可援引公共秩序例外。"专家组认为,美国措施是此处所说的"保护公共道德或维护公共秩序"的措施。专家组指出,公共道德和公共秩序这些社会概念的解释非常敏感,其内容在不同时间和空间具有不同的含义,包括了社会、文化、道德和宗教价值。专家组引用了上诉机构多次强调的观点,适用这些社会概念的世贸成员有权确定其视为适当的保护水平,并认为上诉机构的这一观点在此处也适用。但专家组认为美国没有证明该措施是保护公共道德或维护公共秩序的"必要"措施(专家组认为,本案中存在合理的替代措施,即与安提瓜进行磋商)。同时,专家组认为,美国措施不符合一般例外句首的要求,因为美国在采取措施时存在歧视。上诉机构维持了美国措施是保护公共道德或维护公共秩序的措施的专家组裁决,同时推翻了美国措施不是必要措施的专家组裁决。上诉机构指出,专家组对必要性的分析,没有集中在可实现美国追求目标的合理存在的替代措施方面。上诉机构修改了专家组有关美国措施不符合第14条句首的结论。由于美国《州际赛马法》允许国内经营者远程提供网络博彩服务,美国未能证明其对网络博彩的禁令以不构成句首所要求的"任意或不合理的歧视"方式,同时适用于外国服务提供者和本国服务提供者。

美国还根据第14条的(c)项提出抗辩:"为使与本协定的规定不相抵触的法律或法规得到遵守所必需的措施,包括与下列内容有关的法律或法规:(i)防止欺骗和欺诈行为或处理服务合同违约而产生的影响;(ii)保护与个人信息处理和传播有关的个人隐私及保护个人账户的保密性;(iii)安全。"美国提出,本案争议措施是为了执行州博彩法和与有组织犯罪相关的刑法。对于与有组织犯罪相关的法律,美国具体提到了RICO法(有组织犯罪和腐败法)。专家组认为,美国未能证明本案措施是执行这些法律的必要措施,其理由是美国未与安提瓜进行磋商(即存在可替代措施)。上诉机构推翻了专家组的这一裁决。由于已经根据(a)项作出了裁决,上诉机构认为没有必要再就(c)项作出裁决。

2. 保护生命健康的必要措施

在泰国禁止香烟进口案中,泰国提出《关税与贸易总协定》第20条(b)项进行抗辩,认为是保护人类生命或健康的必要措施。该案专家组认为,禁止进口措施不是"必要"措施,存在合理替代措施。比如,通过设立垄断性的烟草专卖,可以起到控制香烟消费的目的。[①]

---

① 泰国禁止香烟进口和国内税措施案,DS10/R, BISD 37S/200。参见韩立余:《GATT/WTO案例及评析(1948—1995)》(下),中国人民大学出版社2002年版,第303—304页。

在巴西翻新轮胎案中，巴西发展产业外贸部(以下简称外贸部)2004年11月17日第14号令第40条规定：对于分类为税目4012的翻新轮胎和废旧轮胎，无论是消费品还是原料，不应授予进口许可，但来自且产于南锥共同体的除外。外贸部令第14号含有三个主要因素：第一，禁止翻新轮胎进口；第二，禁止用过的轮胎进口；第三，对来自南锥经济共同体的某些翻新轮胎进口免除禁令，允许进口。南锥经济共同体豁免不构成以前禁止翻新轮胎进口的规章的一部分，但是2000年9月南锥经济共同体仲裁庭发布的裁决的一部分。

专家组裁定，巴西措施违反了《关税与贸易总协定》第3条的国民待遇义务。巴西援引《关税与贸易总协定》第20条(b)项抗辩。专家组认为，巴西证明了废弃轮胎的积累对生命健康构成危险。欧共体提供的替代方法，对其追求目标来说不合理可行，因而不是本案中合理存在的替代方法。这一裁决得到上诉机构的维持。对于第20条的句首要求，专家组认为，争议措施不是武断歧视措施，且只有在进口量达到严重影响进口禁令目的的程度时才会构成不合理的歧视和对国际贸易的变相限制。上诉机构推翻了专家组的这一结论。上诉机构指出，判断差别待遇是否武断或不合理，应该从措施的目的出发，南锥体豁免和法院禁令下的旧轮胎进口，构成了第20条句首所指的以武断和不合理方式执行进口禁令，是对国际贸易的变相限制。虽然理由不同，但上诉机构维持了专家组作出的进口禁令不符合第20条的结论。[①]

欧共体优惠关税案中，欧共体的普遍优惠制度的关税计划含有5类关税安排，包括打击毒品制作和走私的特别安排中的完全免税待遇(只适用于毒品问题严重的12个国家的特别安排)(反毒品安排)。专家组裁决这一反毒品安排违反了关税与贸易总协定最惠国待遇义务。欧共体援引《关税与贸易总协定》第20条(b)项进行抗辩。专家组指出，市场准入本身在整个反毒品计划中不是一个重要组成部分，即使是一个重要组成部分，也没有证据表明提供市场准入(免税进口)旨在保护毒品进口国的人类生命健康药品安排反映出的政策，不是用于保护人类生命健康，因而不是(b)意义上的措施。另外，提供免税进口的反毒品安排对于所追求的保护人类生命健康的目标也不必要。专家组进一步认为，欧共体没有证明在情形相同的国家中反毒品安排没有以武断或不合理的方式适用。[②] 在上诉中，欧共体未对专家组有关第20条的裁决提出上诉。

欧共体石棉案中，法国立法禁止石棉产品的制造、销售和进口。在专家

---

① 巴西翻新轮胎案，WT/DS332/R，WT/DS332/AB/R。

② EC-Tariff preferences，WT/DS246/R，pp. 142—150.

组裁定这一措施违反了关税与贸易总协定国民待遇义务后,欧共体以保护人类生命健康提出抗辩。专家组认为,欧共体初步证明石棉使用存在的健康危险,尤其是在生产加工下游产业部分中对肺癌和皮肤癌的公共危险,认定争议措施是保护人类生命健康的措施。同时,专家组认定欧共体证明没有合理替代措施,争议措施属于保护人类生命健康的必要措施。专家组进一步认为争议措施满足了第 20 条句首的要求,该措施的实施方式无歧视性,无变相贸易限制。加拿大对争议措施的政策性和必要性这两点提出上诉。上诉机构维持了专家组的结论,并认为追求的目标越重要,越容易证明实现这些目标的必要性。[①] 这是少见的援引关税与贸易总协定一般例外成功的案件。

在美国汽油案中,美国以《关税与贸易总协定》第 20 条的(b)项、(d)项和(g)项提出抗辩。专家组认为降低汽油消费中产生的污染的政策,属于保护人类生命健康的政策的范畴。对必要性的审查,是对措施歧视性的必要性的审查,不是对政策目标必要性的审查。专家组最终认为,阻止进口产品享有国内同类产品享有的优惠销售条件,这种歧视对待进口汽油的方式,对于所追求的政策目标是不必要的。

在中国原材料出口限制案中,中国援引《关税与贸易总协定》第 20 条(b)项以保护人类、动植物生命健康为由进行抗辩。专家组从下述五个方面进行了分析:第一,争议措施是否属于用以保护人类、动植物生命健康的政策范围内;第二,涉及利益或价值的重要性;第三,争议措施对政策目标所作的贡献;第四,争议措施的贸易限制作用;第五,是否存在与世贸规则相符的合理替代措施。本案中,各方对上述第二项争议不大。专家组认为出口限制措施并非解决因国内生产(而非进出口)产生的环境外部因素的有效政策,因为生产国内消费的货物所产生的污染并不少于生产外国消费品的货物所产生的。问题出在生产本身,而不在于货物贸易。至于环境保护措施,中国已经具备实施较高环保标准的监管制度,可通过实施这些制度来避免采取出口限制。专家组最终认为,中国措施不能根据《关税与贸易总协定》第 20 条(b)项获得正当性。[②]

美国禽肉案中,美国国会于 2009 年 3 月通过《2009 年农业拨款法》,其中第 727 节规定,根据本法所提供的任何拨款不得用于制定或执行任何允许向美国进口中国产禽类制品的规则。专家组裁决美国措施违反了 SPS 协定

---

① 韩立余:《WTO 案例及评析(2001)》,中国人民大学出版社 2004 年版,第 41—57、100—105 页。

② 参见李成钢主编:《世贸组织规则博弈——中国参与 WTO 争端解决的十年法律实践》,商务印书馆 2011 年版,第 412—413 页。

第2条第2款和第5条第5款。美国援引《关税与贸易总协定》第20条(b)项保护人类、动植物生命健康进行抗辩。专家组指出,违反SPS协定的措施不能再根据《关税与贸易总协定》第20条(b)项获得正当性。①

3. 执法措施

《关税与贸易总协定》第20条(d)项涉及执行与《关税与贸易总协定》不相抵触的其他法律的措施。总的要求是被执行的法律不与《关税与贸易总协定》相抵触,且执法措施是为了保护被执行法律的执行。

韩国牛肉案中,韩国政府对进口牛肉和国产牛肉规定了双重零售制度,进口牛肉须在专卖店中销售。这一措施被专家组裁决违反了关税与贸易总协定国民待遇义务,韩国以《关税与贸易总协定》第20条(d)项提出抗辩,指出韩国的这一措施是为了保证执行反不正当竞争法,禁止欺诈性做法。专家组认可反不正当竞争法是与关税与贸易总协定不抵触的法律,但拒绝了牛肉双渠道零售安排是执行反不正当竞争法的必要措施的主张;虽然该安排是为了执行该法,但韩国没有证明该安排的必要性,在其他面临类似关税的经济部门中都不存在这类双重零售安排。韩国未能证明限制性小的替代措施不能消除欺诈关注,传统措施可以解决类似关注。上诉机构维持了专家组的这一裁决,并认为执行措施对追求的目标作出的贡献越大,作为执行工具的措施的必要性就越容易接受。上诉机构认可,一国有权确定执法水平。但在本案中,传统实施的执法措施可以作为本案的合理替代措施适用。②

阿根廷皮革案中,阿根廷政府采取了高额预付进口税的措施。这一措施被专家组裁定违反了关税与贸易总协定国民待遇义务。阿根廷以争议措施执行税法、打击逃税为由援引《关税与贸易总协定》第20条(d)项进行抗辩。专家组认为,争议措施是执行税法的必要措施,申诉方欧共体也没有提出异议,因而争议措施属于第20条(d)项的范畴。但专家组认为,现有预付形式对进口商施加了额外的税负,导致第20条句首意义上的不正当歧视。因而,专家组最终认为,阿根廷措施不能根据《关税与贸易总协定》第20条(d)项获得正当性。③

加拿大小麦案中,加拿大采取的措施被裁定违反了《关税与贸易总协定》第3条的国民待遇义务,加拿大以《关税与贸易总协定》第20条(d)项进行抗辩,指出其措施是为了执行加拿大谷物法、加拿大竞争法的要求,保持小麦

---

① 参见李成钢主编:《世贸组织规则博弈——中国参与WTO争端解决的十年法律实践》,商务印书馆2011年版,第167—168页。

② 参见韩立余:《WTO案例及评析(2000)》,中国人民大学出版社2001年版,第123—177页。

③ 参见韩立余:《WTO案例及评析(2001)》,中国人民大学出版社2004年版,第178—186页。

品质和保护消费者利益。专家组认为,加拿大采取的措施,均不属于执行这些法律的必要措施,有其他替代措施存在。[①] 加拿大在上诉中未对专家组的这一裁决上诉。

多米尼克烟草措施案中,多米尼克要求在进口国境内在进口香烟包装上粘贴印花税。香烟的国内生产商和进口商在香烟生产时或进口时应在香烟外包装或烟盒上粘贴印花税。该措施被专家组裁定违反关税与贸易总协定国民待遇义务。多米尼克以《关税与贸易总协定》第 20 条(d)项抗辩,实施印花税是执行税法的措施,以避免逃税。专家组认可税法是与关税与贸易总协定不相抵触的法律法规。但专家组认为,印花税措施不是执行税法的必要措施。印花税或许对执行税法有益,但印花税措施对香烟逃税和走私的效果不大;对于必须在多米尼克境内粘贴印花税这一要求,存在贸易限制性小的其他替代措施。上诉中,多米尼克对专家组的这一裁决提出了上诉。上诉机构维持了专家组的这一裁决。[②]

美国虾(泰国)案中,美国采取的保函要求被专家组认定违反了关税与贸易总协定。美国以《关税与贸易总协定》第 20 条(d)项进行抗辩。美国声称其执行的是美国 1930 年《关税法》征收反倾销税的相关规定。为分析美国抗辩之目的,专家组认为这些相关法律本身与关税与贸易总协定不相抵触。专家组进一步认为,保函要求是保证执行这些相关法律的。但专家组认为,由于美国未能证明反倾销税提高的可能性,因而保函要求与执法没有合理关联性,不具有《关税与贸易总协定》第 6 条第 2 款注释意义上的"合理性",因而在逻辑上就不是第 20 条(d)项所"必要的"。专家组最终裁定美国未能证明保函要求是执法的必要措施。在上诉中,上诉机构虽然推翻了专家组有关《关税与贸易总协定》第 6 条第 2 款注释的合理性裁定,但维持了专家组有关第 20 条(d)项的裁决。美国没有证明反倾销税的重大提高,足以超出现金保证金的数额。如同专家组一样,上诉机构看不出这种保函措施可以视为是实现征税目标的必要措施。[③]

哥伦比亚限制入港案中,哥伦比亚以《关税与贸易总协定》第 20 条(d)项为其各项入港限制进行抗辩,声称其措施是为了执行海关法、打击低开发票和走私。专家组认可哥伦比亚措施声称执行的法律是不与关税与贸易总协定相抵触的法律,且哥伦比亚证明了其措施是旨在保证执行这些法律。但

---

① Canada-Wheat, WT/DS/276/R, pp. 6. 298—6. 318.

② Dominican Republic-Cigarettes, WT/DS302/R, pp. 7. 203—7. 233; WT/DS302/AB/R, pp. 57—74.

③ US-Shrimp from Thailand, WT/DS343/R, paras. 7. 164—7. 192, WT/DS343/AB/R, WT/DS345/AB/R, paras. 304—319.

专家组根据哥伦比亚提供的数据,认为哥伦比亚没有证明其措施对打击走私和低开发票的贡献度。该措施的适用范围,对于打击走私和低开发票也存在缺陷。结合争议措施的贸易影响,专家组认为,哥伦比亚没有证明限制入港措施是执行法律的必要措施,因而不能根据第20条(d)项获得临时正当性。[①]

墨西哥饮料税案中,墨西哥对使用非蔗糖的甜饮料征收20%的流转税,而国内的甜饮料均是使用蔗糖的。这一措施被专家组裁定违反了关税与贸易总协定的国民待遇义务。墨西哥援引《关税与贸易总协定》第20条(d)项抗辩,该措施是为了执行国际条约。专家组认为,《关税与贸易总协定》第20条(d)项所说的保证执行的"法律法规",是指国内法,而不是国际义务。上诉机构维持了这一裁决,但推理有所不同。上诉机构指出,第20条(d)项指的法律法规,是构成世贸成员国内法律体系的规则,包括纳入国内法律体系的来源于国际协定的国内规则或者具有直接效力的规则。墨西哥寻求执行的法律法规不包括另一成员的国际义务。[②]

巴西轮胎案中,巴西援引第20条(d)项进行抗辩,认为其罚款措施是为了执行进口禁令,是一种必要的执法措施。专家组指出,进口禁令本身不符合关税与贸易总协定,不符合第20条(d)项的要求。进口禁令不属于此处的被执行的法律法规的范围。[③] 巴西对这一裁决未提出上诉。

泰国香烟案中,泰国援引《关税与贸易总协定》第20条(d)项抗辩说,被专家组裁定违反相关义务的泰国增值税管理要求是为了执行泰国增值税法的执行措施。专家组裁决,泰国没有证明泰国增值税本身不是与关税与贸易总协定不冲突的法。[④] 上诉中,专家组的这一裁决被上诉机构推翻。上诉机构认为专家组对这一问题的分析和推理过于简单,不足以提供足够的推理让上诉机构相信处理了这一问题。但上诉机构认为,泰国的抗辩至少存在四个重要不足:泛泛证明增值税的正当性,而不是证明差别待遇的正当性;没有明确指出其执行的法律是什么,没有确立被执行的法律是与关税与贸易总协定不相抵触的;有关必要性的主张明显不足;对句首的主张明显不足。

加拿大期刊案中,专家组拒绝了争议措施是为了执行所得税的主张,争议措施不能视为所得税法的执行措施,争议措施具有现实所得税法目标的某种效果只是附带性的。

---

① Columbia-Restrictions on Ports of Entry, WT/DS366/R, paras. 7.498—7.620.

② Mexico-Soft Drinks, WT/DS308/R, pp. 8.165—8.198; WT/DS308/AB/R, paras. 66—80.

③ Brazil-Retreaded Tyres, WT/DS332/R, paras. 7.381—7.390.

④ Thailand-Cigarettes, WT/DS371/R, para. 311; WT/DS371/AB/R, paras. 174—181.

美国汽油案中,针对美国根据第 20 条(d)项提出的抗辩,专家组认为,进口产品与国内产品间的歧视不是用于执行基准制度;争议措施不是执行措施,仅是确定个别基准的规则,因而不属于第 20 条(d)项的范畴。

中国汽车零部件案中,中国抗辩说争议措施是为了防止避税,是为了执行关税减让表。专家组认为,中国汽车产业政策中既提到了防止关税流失,也提到了发展汽车产业和提高本地生产能力,没有足够的证据表明中国措施是为了确保遵守关税减让而设计。中国没有证明争议措施根据第 20 条(d)项获得正当性,因为争议措施不是执行与关税与贸易总协定不相抵触的法律或法规。即使是为了执行关税减让表,专家组认为中国也没有证明争议措施本身是用于执行中国关税表的,即防止避税。规避税收需要有主观意图,而装配汽车的零部件来自不同来源地是正常商业做法,不是规避。中国没有解释什么样的行为构成了规避关税。最后专家组认为中国没有证明争议措施符合第 20 条(d)项的必要性要求。

4. 可用竭的自然资源的保护措施

在美国禁止加拿大金枪鱼进口案中,金枪鱼被认为是一种可用竭的自然资源。但美国禁止来自加拿大的所有金枪鱼及其产品,在国内只禁止某些类型的金枪鱼,美国也没有证明国内对金枪鱼及其产品的消费受到限制。美国利用第 20 条(g)项保护自然资源的抗辩没有成功。[①]

在加拿大禁止未加工鲱鱼和鲑鱼出口案中,鲱鱼和鲑鱼都被认为是可用竭的自然资源。被诉方加拿大主张,其禁止这些鱼类出口不是为了保存这些鱼类,而是这一措施具有保护的效果。出口禁止并不限制这些鱼类的一般供应,只是限于未加工的这些鱼类的供应。加拿大限制外国加工商和消费者购买这些未加工鱼类,却不限制本国的加工商和消费者。专家组认定,加拿大的这一被诉措施不满足第 20 条(g)项的要求。[②] 实际上,我们可以看出,加拿大的措施是为了保护本国的鲱鱼和鲑鱼加工业。

美国虾龟案中,美国援引《关税与贸易总协定》第 20 条(g)项为其措施抗辩。这是世界贸易组织成立以来首次援引《关税与贸易总协定》第 20 条进行抗辩。专家组首先审查了第 20 条的句首要求,认为美国的措施不属于句首的范畴,没有进一步分析美国措施是否满足(g)项的政策要求。专家组的这一分析方法及结论均被上诉机构推翻。上诉机构指出,应首先审查争议措

---

① 美国禁止加拿大金枪鱼及其产品进口案,L/5198, BISD 29 S/91。参见韩立余:《GATT/WTO 案例及评析(1948—1995)》(下),中国人民大学出版社 2002 年版,第 280 页。

② 加拿大禁止未加工鲱鱼和鲑鱼出口案,L/6268, BISD 35S/98。参见韩立余:《GATT/WTO 案例及评析(1948—1995)》(下),中国人民大学出版社 2002 年版,第 296 页。

施是否属于第20条各项的政策范畴、是否是必要措施或相关措施,再分析是否满足句首的要求。次序颠倒会出现不同的结果。上诉机构认为,海龟虽有生命、可繁殖,但易成为濒危物种,因而构成了(g)项意义上的可用竭的自然资源。争议措施与保护可用竭的自然资源相关,是与限制国内生产或消费一同实施的措施。句首的要求,既包括程序性的,也包括实体性的。上诉机构认为,美国政府对不同出口成员进行认证、认证出口成员是否采取等效的措施时,给予不同待遇,这构成了出口成员间不正当的歧视。因而,美国措施没有满足第20条句首的要求,从而不能根据第20条获得正当性。①

在美国虾龟案执行异议案中,专家组裁定美国采取的数量限制措施违反了《关税与贸易总协定》第11条。美国援引《关税与贸易总协定》第20条(g)项进行抗辩。上诉机构维持了专家组的结论:美国的执行措施,与保护可用竭的自然资源相关,并且符合第20条句首的要求,可以根据第20条获得正当性。

美国汽油案中,专家组认为保护清洁空气属于第20条(g)项中的保护可用竭的自然资源,资源可再生,并不意味着不"可用竭"。专家组同时指出,"与保护可用竭的自然资源相关的措施",应是"主要旨在"保护可用竭的自然资源的措施,专家组认为本案争议措施基准确立规则不是主要旨在保护可用竭自然资源,与保护可用竭自然资源无关,不是保护可用竭的自然资源的相关措施。上诉机构推翻了专家组的这一裁决,认为争议措施是保护可用竭的自然资源的相关措施,且与对国内生产和消费的限制一同实施,不要求实证的效果标准或产生积极效果。但上诉机构裁定,争议措施不符合第20条句首的要求,其适用方式构成了歧视性或变相贸易限制。

在中国原材料案中,中国以《关税与贸易总协定》第20条(g)项"保护可用竭的自然资源"为理由对出口限制措施提出抗辩。中国提出了对自然资源的主权权利,提到了可持续发展。而申诉方则表示,自然资源主权原则不是本案所争论的问题,中国试图将成员为了本国社会和经济发展利益而行使对自然资源原权利这一概念包括在此处的"保护"含义中,以求将第20条(g)项变成一个世贸成员为其下游加工产业创造发展机会的例外。专家组没有接受中国根据第20条(g)项提出的抗辩。专家组指出,国际法的基本规则之一是国家主权原则,该原则的一个重要组成部分是自然资源主权原则。保护可用竭的自然资源与经济发展不一定是相互冲突的政策目标,可以协调。但世贸成员行使其自然资源主权必须符合世贸义务;同时第20条(g)项须以尊

① 参见韩立余:《WTO案例及评析(1995—1999)》(上),中国人民大学出版社2001年版,第405—425页。

重世贸成员对其自然资源主权权利的方式解释和适用。另外,专家组认为,如果世贸成员为协助经济发展而实施的出口限制是为了增加对国内产业的供应,则该成员不得依据第 20 条(g)项为其出口限制辩解。专家组还认为,争议措施须有与其平行适用的旨在保护国内资源的国内限制,且该措施的主要目的是为了使国内限制生效。专家组认为,中国出口限制措施没有提及自然资源保护目标,出口限制的保护效果不如限制开采,出口限制导致国内供应增加从而产生了对国内下游加工产业补贴的效果,中国的国内限产措施(资源税)不能限制国内生产或消费,出口限制措施也未能与国内生产或消费限制措施一同实施。专家组的结论认为,中国的主张没有证明中国的出口限制措施是为了降低生产产生的污染,中国提出的证据并不能支持争议措施重大促进所追求的目标的主张,中国的出口限制措施具有全球性影响,不能根据第 20 条(g)项获得正当性。①

对于专家组有关《关税与贸易总协定》第 20 条例外作出的裁决,中国政府仅就专家组将"一同实施"解释为"主要使国内限制有效"提出上诉。上诉机构指出,专家组错误解释了"一同实施",第 20 条(g)项没有表明贸易限制的目的必须是为了确保国内生产或消费的限制的有效性。相反,《关税与贸易总协定》第 20 条(g)项允许保护可用竭的自然资源的贸易措施,如果该贸易措施与对国内生产或消费的限制一同实施,以保护可用竭的自然资源。②

---

① 参见李成钢主编:《世贸组织规则博弈——中国参与 WTO 争端解决的十年法律实践》,商务印书馆 2011 年版,第 406—410 页。

② China-Raw Materials, WT/DS394/AB/R, WT/DS395/AB/R, WT/DS398/AB/R, para. 360.

第八章

争端解决机制对产业的保护

一、争端解决机制的产业保护作用

世界贸易组织的《争端解决规则与程序谅解》是普遍适用于整个世贸组织规则的争端解决规则。它来源于《关税与贸易总协定》第22条和第23条。按其自己的表述,《争端解决规则与程序谅解》指出,“各成员确认遵守迄今为止根据《关税与贸易总协定》第23条和第23条实施的管理争端的原则,及在此进一步和修改的规则和程序”。《争端解决规则与程序谅解》仍然遵循了《关税与贸易总协定》第22条和第23条的精神和规则。任何成员如果认为其根据世界贸易组织规则直接或间接享有的利益因为其他成员措施的原因正在丧失或受损,该成员即可以对该其他成员提出磋商请求,在磋商不能解决争端的情况下向世界贸易组织争端解决机构提请设立专家组审理争端。作为程序性规则,它对产业利益保护具有特殊的不可替代的作用。在它的具体规则中,也含有产业因素。例如,在被诉方未能在规定期限内实施争端解决机构作出的裁决或建议时,申诉方经授权可以采取选择性的报复措施,即针对被诉方的特定产品或产业采取报复措施,中止适用减让或中止其他义务(以下简称中止适用减让)。根据世界贸易组织规则直接或间接享有的利益的范围是非常广泛的,包括了产业利益的丧失或受损。因此,争端解决机制是直接保护产业利益的机制。世界贸易组织的威力,不仅在于其调整范围的广泛、权利义务的具体,更在于其争端解决机制的力度。所以它常被称为世界贸易组织皇冠上的明珠。

《争端解决规则与程序谅解》对关税与贸易总协定框架下的争端解决制度所作的改进主要体现在两个方面:第一,争端解决机构以反向一致的方式通过争端解决报告,这使得专家组和上诉机构作出的裁决和建议成为实质上是自动通过的,在争端解决程序中被裁决违反义务的一方不能阻碍争端解决报告的通过。第二,设立了常设性的上诉机构,对专家组的法律解释和专家组报告中的法律问题进行审查,以保障裁决的合法性、公正性与连贯性。由于存在这样两项改革,原本关税与贸易总协定框架下存在的报复制度的威力得到了彰显,而且裁决执行纪律在其他方面也得到了澄清和强化。

《争端解决规则与程序谅解》不仅规定了如何审理案件、处理争端,重要的是还规定了如何执行裁决。这也是人们所称的世贸组织有"牙齿"的地方。世贸组织争端解决机构通过专家组/上诉机构的裁决后,被裁定违反相关义务、造成申诉方利益丧失或受损的被诉方,应在合理期限内采取相关措施,执行这一裁决。如果执行了这一裁决,被诉方采取的措施符合世贸规则的要求,则相关成员的贸易关系得到恢复、被争议措施影响的贸易机会得到恢复,双方的贸易关系恢复常态。如果被诉方没有在合理期限内执行裁决,或执行措施依然不符合世贸规则的要求,申诉方经争端解决机构授权后,可以在受到损失的范围内采取报复措施。这种合法报复措施,是其他争端解决制度所没有的。

《争端解决规则与程序谅解》第 22 条第 3 款规定了在考虑中止哪些减让时申诉方应遵循的原则和程序。总的原则是,申诉方应首先寻求在被诉方措施违反义务的部门相同的部门中止适用作出的减让。如果相同部门中止适用减让不可行或没有效,则可寻求同一协定项下的其他部门中止适用减让。如果在同一协定项下其他部门中止适用减让不可行或没有效,且情况足够严重,则可以跨协定中止适用另一协定项下的减让。此处的"部门",根据《争端解决规则与程序谅解》给出的定义,指:对货物,指所有货物;对于服务,指用于确认此类部门的现行"服务部门分类清单"中所确认的主要部门(即 WTN. GNS/W/120 确定的 12 个部门);对于与贸易有关的知识产权,则指专利、商标、版权、工业设计、地理标志、商业秘密、集成电路布图设计每一类型,或者指知识产权实施义务、知识产权取得保护程序。虽然这里没有区分农业和制造业,但农业、制造业与服务业被视为不同部门,服务业中的 12 个部门被视为不同部门。因此,报复范围的确定,很大程度上依赖于产业分类。

世贸争端解决规则允许跨产品、跨部门报复,用通俗的话说,就是"柿子专拣软的捏"。你采取的措施影响到我的工业产品,我的报复措施专门针对你的软肋农产品。感到疼痛难耐的农产品部门,向其政府施压,来迫使政府改变其原采取的政策和措施。即使在同一大产业链中,处于不同水平上的企业,利益也不同,可以通过上游产品对付下游产品,或通过下游产品对付上游产品。例如,在欧盟对中国光伏产品反倾销措施中,中国企业提出的一项辩解是,我们从欧盟进口了生产光伏产品的设备,将生产过程中的污染留在了中国,将生产出的光伏产品向欧盟低价出口,欧盟双重受惠,不能“赚了便宜卖乖”,再对我们的光伏产品反倾销。实际上,这种辩解是模糊了两个不同的产业,即设备制造业和产品制造业。光伏产品倾销出口(如果是存在的话)损害的是欧盟光伏产品的制造商,与设备制造商没有关系。但假设中国政府采取报复措施,在针对光伏产品报复效果不佳的情况下,可以针对设备制造商。这就是规则的产业适用的最好体现。

二、多边争端解决制度

如同中国入世前受到美国最惠国待遇困扰一样,美国贸易法中的 301 条款也曾经像一根棍棒一样时不时地对其他国家挥舞。简言之,美国 301 条款制度的制定,就是根据美国单方面的标准、好恶来确定谁是“好人”“坏人”。每年美国贸易代表都要开列黑名单。如果被其认定为在黑名单上的国家没有改正缺点、让美国政府满意,则美国将对该国出口产品采取制裁措施,禁止或限制进口。鉴于美国在国际贸易中的地位,美国的 301 条款对于想与美国做贸易、向其出口的成员来说,威慑力是非常大的。包括欧共体、日本、韩国、中国在内的一系列经济体都受到过美国 301 条款的恫吓与威胁。美国的这种做法,我们称其为典型的单边主义措施。很显然,按照美国 301 条款从事贸易,是不能促进国际贸易的全面发展的,既不具有稳定性也不具有可预期性,相反是武断措施。

世界贸易组织《争端解决规则与程序谅解》于 1995 年 1 月 1 日生效后,日本就迫不及待地于 1995 年 5 月 17 日向世界贸易组织争端解决机构提出了针对美国 301 条款的申诉,这是世界贸易组织成立后提起的第 6 个案件。该争端经双方磋商解决。1998 年 11 月,欧共体再次针对美国 301 条款提出指控。与日本指控 301 条款的具体适用措施不同,这次欧共体直接指控美国 301 条款本身。由于在争端解决程序中,美国保证其 301 条款不对世贸成员适用,专家组基于这一保证及其他相关证据作出了裁决,认为美国 301 条款没有违反世贸组织相关规则。从此后,对世贸组织成员来说,美国 301 条款即失去了它往日的威力。

美国对欧共体产品采取报复措施案,是与欧共体香蕉体制案相关联的一个案件。由于欧共体未能采取措施完全履行世贸争端解决机构的裁决和建议,美国拟采取报复措施,欧共体对美国拟报复的额度提出异议,这一争议交由世界贸易组织仲裁员裁决。这本身就是多边性的一种要求和体现。仲裁员本应在一定期限内作出裁决,但在预定的裁决作出日,仲裁员表示不能按原定期限作出裁决。在这一情形下,美国仍按原定时间开始采取报复措施,结果出现“抢跑”行为。欧共体随之对美国这一行为提出指控,指控美国在“组织”作出裁决之前私自、单方面采取救济措施,违反了“组织纪律”、“私自执法”。审理这一案件的专家组裁决美国违法,上诉机构维持了专家组作出的裁决。[①]

在美国 301 条款案中,以及在美国对欧共体产品采取报复措施案中,欧共体指控美国违反的,正是世界贸易组织争端解决制度的多边性要求。简单地说,成员之间产生争端,应根据世界贸易组织争端解决程序解决,而不能单方面认定其他成员是否违反世界贸易组织规则、单边采取措施救济这一行为。《争端解决规则与程序谅解》第 23 条的标题即为“强化多边体制”。根据该条规定,成员寻求纠正违反义务情形或寻求纠正其他造成相关协定项下的利益丧失或受损时,或寻求纠正妨碍相关协定适用目标的实现情形时,应援引并遵守《争端解决规则与程序谅解》确立的规则和程序。更具体地说,可以分为三种情况。第一种情况是,对于其他成员是否违反义务、自己的相关利益是否丧失或受损,或者对于相关协定的目标实现是否遭受妨碍,成员自己不能作出认定;只能根据世界贸易组织争端解决规则程序,寻求解决,并根据世界贸易组织争端解决机构通过的专家组/上诉机构报告所含的裁决结果,或根据仲裁员作出的仲裁,作出与之相一致的决定。第二种情况是,在确定相关成员是否履行裁决的期限时,如争端成员有分歧,应通过仲裁来确定用于执行裁决的合理期限。在确定相关成员是否已经采取了执行措施,相关执行措施是否与相关协定要求相一致时,与此相关的分歧也应当通过专家组程序来解决,而不能单方认定。第三种情况是,如果被诉成员经争端解决机构认定,没有采取执行措施,或者采取的执行措施不符合相关协定的要求,这时原申诉成员可采取中止义务的措施,即俗称的报复措施。但这种报复措施应得到争端解决机构的批准,报复的程度或水平应限于利益丧失或受损的程度,且应符合相关程序要求。

我们看到,世界贸易组织的多边争端解决制度,为成员之间争端的解决提供了一个相对比较公正、客观的解决场合和解决渠道。争端解决的结果不再依赖于一方的实力大小和武断蛮横。

但在看到世贸组织多边争端解决制度优势的同时,我们也要看到其存在的不足。世界贸易组织并不具体规定被诉成员应当采取什么具体方式来执行裁决,如果被诉成员拒不执行裁决,世界贸易组织也无强制执行机制。如

① WT/DS165/R, WT/DS165/AB/R, adopted on 10 January 2001.

果申诉成员市场较小,其报复措施很难对实力较大的成员产生重要影响。安提瓜诉美国博彩案就是最典型的例子。美国拒不执行裁决,让安提瓜觉得无奈又无助。不过,实力不平等并不等于法律不公正。争端方之间的实力不平等,在任何法律制度中都是一个现实。世界贸易组织争端解决机构对争端方之间的是非曲直作出了公正判断,并监督、必要时通过授权报复来促进争端的解决。成员之间争端的解决,最终取决于争端双方。但如果没有世界贸易组织争端解决这一机制,就会重蹈美国 301 条款的路子。

《争端解决规则与程序谅解》这样定义多边争端解决体制的作用:“世界贸易组织的争端解决体制,是为多边贸易体制提供可靠性和可预期性的核心因素。各成员认识到,该体制意在保护各成员在相关协定项下的权利和义务,以及依照国际公法的习惯解释原则来澄清这些协定的现有规定。而争端解决机构作出的建议和裁决,不增加或减少相关协定所规定的权利和义务。”“对于根据相关协定的磋商和争端解决条款正式提出的申诉事项的所有解决办法,包括仲裁裁决,均应与这些协定相一致,且不得使任何成员根据相关协定获得的利益丧失或受损,也不得妨碍这些相关协定目标的实现。”

这里有必要进一步介绍一下世贸组织争端解决机制中的违法责任及承担问题。世界贸易组织争端解决机制的一个非常重要的特点,是所谓的既往不咎。它是优点还是缺点,仁智各见,但它确实是争端解决机制的现状。既往不咎意味着,如果某一成员被争端解决机构裁决违反了相关义务/相关规则,使其他成员的利益丧失或受损,如果被诉成员在裁决的合理执行期内执行了裁决,则该成员对其措施给其他成员造成的利益丧失或受损不承担任何赔偿的或救济的责任。世界贸易组织争端解决机制的这一特点,既不同于其他国际争端解决机制,如国际法院,也不同于国内法律制度。在国内法律制度中,无论是违约还是侵权,如果造成损害,违约方或侵权方都是要承担赔偿或救济责任的,具体的表现形式可能是金钱赔偿。而在世界贸易组织争端解决机制中,违约方不赔偿损失。从某种意义上说,这可能有点像国内民法中的“停止侵害、排除妨碍”的责任方式。

既往不咎这一制度的设计和存在,有它的理由。这也是多边制度的一个必要组成部分。整个多边贸易制度注重可靠性和预期性,为国际贸易发展提供规则和框架,正如《建立世界贸易组织协定》前言所期望的,“建立一个完整的、更可行和持久的多边贸易体制”。正因为如此,如果某一成员违反了相关规则和义务,申诉成员不需要证明自己的利益确实受到了损害,比如说有多少数额。这种利益损害是建立在违反规则或义务的基础上,是基于违反义务或规则而推定存在的。另外,面对最惠国待遇原则和义务,如果让被诉成员承担赔偿义务，这一赔偿额将是一个几乎按成员数计算的倍数。这可能不是任何一个世贸成员所希望的。在其他法律制度中，实际上不同程度地也存在类似情形。例如，在海商法中，承运人的赔偿责任存在着诸多限制条件，包括责任限额，这种限制被认为是符合整个海运业（包括船东和货主）的根本利益的。利害关系人可以通过其他制度，如保险制度，来获得保障。

实际上，就实际损失来说，不是世贸成员（政府）本身受到了损失，而是包括进出口商在内的企业或产业受到了损失。例如，由于某一成员对某一产品采取了禁止进口措施，导致其他成员的出口商不能对该成员出口，而之前这些出口商一直是该成员市场的产品供应商。这种企业遭受的损失，不能通过世界贸易组织争端解决机制获得赔偿。这与世界贸易组织是一个政府间的组织这一性质有关。

关税与贸易总协定最初是一个纯国家间的关税与贸易协定，调整的是类似关税和国内税的政府管理措施。后来，由于关税与贸易总协定缔约方（国家）所统治的殖民地实现了独立或成为单独关税区，加之关税同盟成为缔约方，关税与贸易总协定的缔约方不再单纯限于主权意义上的国家，也包括了单独关税区政府。世界贸易组织继续了这一做法。例如，欧盟作为一个 27 个成员国组成的关税同盟，和其 27 个成员国一样，都是世界贸易组织的成员。中国大陆、中国香港、中国澳门、中国台北，都是世界贸易组织的成员。

虽然关税与贸易总协定/世界贸易组织的主体由纯国家扩大到单独关税区，但企业仍然不是该协定、该组织的主体，世界贸易组织相关规则影响企业利益，但它规定的是政府的权利和义务，而非企业的权利和义务，企业不能直接依据某一成员的措施导致自己利益受到损失而去控告某一成员、向某一成员索赔。用国际法的术语说，世界贸易组织协定不是在国内法律制度中直接适用的协定，私人不能根据协定的规定直接向其他成员主张权利、要求赔偿。美国国内立法直接这样规定，欧盟和日本等通过法院确立了类似的规则。中国实际上也遵循着不能直接适用的惯例。世界贸易组织协定本身也没有要求其成员在国内制度中直接适用该协定，而是要求成员通过国内法来实施。《世界贸易组织协定》第 16 条第 4 款对此规定得非常清楚：“每一成员应保证其法律、法规和行政程序与本协定所附各协定对其规定的义务相一致。”这种情形，与商法意义上的国际公约不同。例如，联合国《国际货物销售合同公约》直接规定的就是买卖双方的权利义务，而非缔约国的权利义务。

企业的利益因为其他成员的措施受到损害，而该企业又不能直接指控该成员并要求赔偿，是否意味着企业的利益不受保护、得不到保障？当然不是这样，否则关税与贸易总协定/世界贸易组织协定/世界贸易组织就失去了存在的基础和价值。企业利益的保障是通过政府层面实现的。在现有提起的争端中,有一些是成员政府为了本国企业的利益主动提起的,有一些是本国企业推动政府提起的,不同成员的情况可能有所不同。举几个例子。美国和欧盟相互指控对民用飞机提供补贴、违反相关义务,很显然这是美国波音公司和欧洲空客在背后推动。美国指控日本在胶卷方面采取了违法措施,这是美国柯达与日本富士在较劲。美国指控中国在出版、音像制品方面违反了相关承诺,这是美国电影业在推动。反倾销、反补贴的案子,更是直接与企业相关,但通过政府来解决。

由于成员政府采取的措施直接影响到企业利益,“春江水暖鸭先知”,企业对此最早感受。因此,在解决争端方面,企业应发挥积极的作用,虽不能直接与其他成员政府去交涉,但至少在准备资料、证据方面具有政府无可替代的作用,企业需要帮助政府解决与其他成员的贸易争端。实际上,美国贸易法中的 301 条款制度,现在已经演变为类似的程序。企业要求美国贸易代表对其他成员的措施进行调查,并依据世界贸易组织规则提供详细证据和法律分析。这就相当于企业为政府准备了攻击其他成员政府的“炮弹”。因此,企业和产业在日常经营过程中应当有意识地了解世界贸易组织规则,搜集相关证据,为日后可能的争端解决做好准备。

相对于其他国际组织,相对于世界贸易组织的前身关税与贸易总协定,世界贸易组织争端解决机制的成效获得了举世认可。但对这种成效应当有理性、现实的认识。任何国际法律争端解决机制,都不存在类似国内法律制度中的强制执行程序。同时,国内法律制度中存在着强制执行程序,也存在着执行难的问题,提高司法效率仍然是各国面临的问题。世界贸易组织争端解决机制也存在同样的问题。“解铃还需系铃人。”贸易争端的最终解决,取决于争端双方。世界贸易组织争端解决机制帮助、促成争端双方解决争端。对此,世界贸易组织规则也规定得非常清楚。《争端解决规则与程序谅解》第 3 条(总则)第 7 款规定:“(1) 成员在提出案件之前,应就根据这些争端程序采取措施的效果作出自己的判断。(2) 争端解决机制的目的,在于保证争端的积极解决。(3) 争端各方均接受的、与相关协定相符的解决办法,无疑是首选办法。(4) 如不能达成双方都同意的解决办法,则争端解决机制的首要目标,通常是保证撤销被认定与相关协定不符的有关措施。(5) 提供补偿的办法,只能在立即撤销措施不可行时方可采取,且应作为在撤销与相关协定不符的措施前采取的一种临时措施。(6) 本谅解为援引争端解决程序的成员规定的最后手段,是可以在歧视性的基础上针对另一成员中止实施相关协定下的减让或义务,但采取此类措施需要得到争端解决机构的授权。”上述第

3 条第 7 款是有关争端解决办法的总规定。通过这些规则,我们可以看到争端解决机制能够为成员提供什么、不能提供什么、成员在争端解决中的决定性作用。世界贸易组织争端解决机制不是包治百病的神秘药方,用欧洲人的话说,不是可以悬挂任何圣诞礼物的圣诞树。符合争端方利益的、符合相关协定要求的争端解决办法,才是最好的办法。这种办法,既考虑了形式正义也考虑了实质正义,既照顾到了多边制度利益也照顾到了个体成员利益。除此之外,其他的解决办法都是次优的。

欧共体香蕉进口经销体制案最能说明这一问题。欧共体成员国曾经是拥有众多殖民地的国家。殖民地独立后,这些国家与欧共体成员国仍然保持着某种特殊的关系,包括经贸关系。从欧共体角度讲,欧共体对其前殖民地国家对欧共体的出口提供某种优惠待遇。按照关税与贸易总协定和世界贸易组织协定的最惠国待遇原则和义务,这显然违反了相关义务。在原关税与贸易总协定框架下,相关缔约方已经就欧共体的香蕉进口经销体制提出过两次申诉,但都没有得到很好的解决。世界贸易组织成立后,美国、厄瓜多尔、危地马拉、洪都拉斯和墨西哥对欧共体的这一体制再次提出了指控。这是对欧共体香蕉体制的第三次指控,故该案件也被称为第三香蕉案。1996 年 2 月,申诉方提出了磋商解决争端的请求。在磋商未果的情况下,申诉方于 1996 年 4 月提出了设立专家组的请求,要求成立专家组对该争端进行审理。同年 5 月专家组设立并组成。一年后,1997 年 5 月专家组发布报告,裁决欧共体的措施违反了相关规则。欧共体提出上诉,上诉机构于 1997 年 9 月发布上诉报告,基本上维持了专家组的裁决。在接下来的执行阶段,争端方就执行裁决的合理期限产生了分歧,并申请仲裁。1998 年 1 月,仲裁员就合理执行期作出仲裁。1998 年底,欧共体提出设立专家组的申请,要求专家组确认欧共体已经执行了裁决;申诉方厄瓜多尔提起了执行异议程序,指控欧共体没有执行裁决。1999 年 4 月,相关专家组发布了相关报告。1999 年 1 月,申诉方美国要求争端解决机构授权进行报复,欧共体对拟报复水平提出异议,该事项交由仲裁解决。1999 年 4 月 9 日,仲裁员就美国的报复水平作出了裁决。4 月 19 日,争端解决机构授权美国报复。几乎在同时,厄瓜多尔也要求对欧共体进行报复,欧共体也对拟报复水平提出异议。仲裁员于 2000 年 3 月就报复水平作出裁决,5 月争端解决机构授权厄瓜多尔对欧共体进行报复。2001 年 7 月年欧共体与美国、厄瓜多尔达成了相互接受的解决办法(MAS)。

2001 年 11 月,多哈部长会议就欧共体香蕉案作出义务豁免决定。

2005 年 11 月,就欧共体采取的有关豁免决定的执行措施,原申诉方洪都拉斯，以及尼加拉瓜、巴拿马要求与欧共体磋商。磋商对象是欧共体新采取的香蕉进口措施。2006 年 11 月 16 日，厄瓜多尔就欧共体执行措施要求与欧共体磋商。同月，伯利兹、科特迪瓦、多米尼加、多米尼克、圣卢西亚、圣文森特、苏里南、格林纳丁斯群岛，要求加入磋商。之后，喀麦隆、亚美尼加、巴拿马和美国也要求加入磋商。欧共体接受了所有磋商要求。2007 年 2 月，厄瓜多尔要求设立专家组审查欧共体执行措施，该专家组于 3 月设立，其他相关成员以第三方的身份参与这一争端。同年 6 月专家组组成。2007 年 6 月，美国也提出了设立执行专家组的申请，专家组于 8 月成立。第一执行专家组于 2008 年 4 月发布报告，认定欧共体 2005 年采取的执行措施仍然违反了最惠国待遇等义务；尽管厄瓜多尔曾经签署执行谅解，但仍有权继续提出申诉。第二执行专家组于 2008 年 5 月发布报告，欧共体的执行措施仍然违法。2008 年 8 月，欧共体对上述两份专家组报告提出上诉；11 月上诉机构发布上诉报告，基本上维持了专家组作出的欧共体措施违法的裁决。2009 年 1 月欧共体表明，其将执行裁决，使其措施符合相关协定的要求。

2009 年 12 月，欧共体向争端解决机构报告，其已经与拉丁美洲相关成员达成了历史性的协定《香蕉贸易日内瓦协定》，该协定同与美国达成的协议一起于 2009 年 12 月启动实施。

2012 年 11 月 8 日，所有争端方通过争端解决机构，已经达成了相互满意的解决办法（MAS），标志着这一旷日持久的欧共体香蕉体制争端的最终解决。世界贸易组织总干事拉米表示："这是真正具有历史意义的一刻。经过了这么多的曲折，这些复杂的政治性非常强的争端终于销声匿迹了。这些争端持续的时间如此之长，以至于许多经手这些案件的人，包括秘书处人员和政府官员，都早已经退休了。"争端解决机构主席、巴基斯坦大使 Shahid Bashir 指出："这一争端的积极影响是提供了丰富的有关世界贸易组织法的法理实践（jurisprudence）。"[①]确实，这一争端的曲折历程和争端结果，对于我们非常具有启示意义。

三、独立于国内争端解决制度

世界贸易组织争端解决机制的一个好处是，如果一个成员认为另一成员采取的措施损害了其产业利益，该成员可以直接向世界贸易组织提起申诉，而不必遵循另一成员的国内法律要求在该成员国境内申诉或起诉。这样，就

① http://www.wto.org/english/news_e/news12_e/disp_08nov12_e.htm, 19 December, 2013 visited.

摆脱了另一成员国法律的约束、不公正,直接在世界贸易组织按世界贸易组织规则伸张正义、捍卫利益。

在国际投资保护制度中,通常存在一个“用尽当地救济”的要求。其大意是指,如果外国投资者在东道国的投资受到政府措施的损害,投资者须先在东道国向东道国法院、仲裁机构或行政机构寻求救济;只有在东道国拒绝给予救济时,才可以向国际机构申诉,或投资国行使外交保护。这样,在东道国法律对投资者不利时,投资者很难在东道国得到有效的救济,东道国的法院也必须按东道国的法律裁决、办事。虽然世界银行设立的“国际投资争端解决中心”在一定程度上弱化了这种情形,但该中心不同案件仲裁员作出的裁决缺乏一致性,影响了裁决的公信力。

国际上还存在一个国际法院,它是联合国的司法机构。其前身是国际联盟的常设国际法院。国际法院也处理了一些经济案件,特别是投资保护案件,对国际法的发展产生了重要影响。但国际法院受理案件有一个限制,就是原告和被告两国都同意将彼此之间的争端交由国际法院审理才行。如果被告不同意,则国际法院不会受理案件。这样就使原告产生求告无门的感觉。此外,国际法院审理案件依据的法律规则非常广泛,按照《国际法院规约》的规定,国际条约、国际习惯、一般法律原则、司法判例及各国权威最高公法学家学说,都可以作为判案的依据。这可能超出争端方的预期。

世界贸易组织的争端解决机构,既不同于国内法院,也不同于上述国际投资争端解决中心或国际法院。它有自己的特点和优点。

首先,世贸组织争端解决机构(通过专家组和上诉机构)审理案件,依据的法律是世贸规则。这在《争端解决规则与程序谅解》中规定得非常明确。只有该谅解附件中所明确列出的协议、规则,即“适用协定”(covered agreements),才能作为审理被诉方是否违反义务的法律依据。其他的,如学者学说、其他一般国际公约,都不能作为审理案件、判断是非曲直的法律依据。使用适用协定判案,不使用其他规则判案,不使用某一成员的国内法判案,这样就具有了全球范围内的确定性和公正性,不至于像美国301制度中以自己的单边标准来判断其他成员的措施合法与否。在中国诉美国白羽鸡案中,美国国会立法明确政府拨款不得用于从中国进口白羽鸡。很显然这是一项专门针对中国的歧视性措施。如在美国法院提起诉讼,美国法院会适用国会通过的美国法律来裁决,其结果会是维持对中国白羽鸡的歧视性措施。中国政府利用了世贸规则,将美国的这一措施诉至世贸争端解决机构。结果是美国的措施被裁决违反了世贸规则。

根据世贸争端解决规则,如果某一成员认为另一成员的措施侵害了其根据世贸规则享有的利益,可以直接向世界贸易组织争端解决机制提出申诉,争端解决机构无需征得被申诉方的同意,可直接受理案件。这一特点被一些人称为强制性管辖权或普遍管辖权。实质上,在某一国家成为世界贸易组织成员之时,就已经接受了世界贸易组织争端解决机构的管辖权。一成员对另一成员起诉时,另一成员的选择只有应诉、抗辩,而没有拒绝管辖的权利。由于世贸规则涉及直接的具体的利益,申诉、应诉就成为一种捍卫利益的常态和必需。争端解决机制的重要性也愈发显现。

四、欧共体地理标识案

欧共体地理标识案涉及《欧共体条例》是否适用于其他世贸成员、如果适用是否对其他世贸成员歧视的问题。这一案例一定程度上可以加深对世贸争端解决机制的理解。如果这一争端在欧盟成员国内法院或欧盟法院解决,其结果很可能是不同的。

澳大利亚指控欧共体理事会第 2081/92 号条例,《农产品和食品地理标识和产地指定保护条例》,理事会第 692/2003 号条例进行的修改,及相关实施规章。[①] 澳大利亚指控《欧共体条例》违反了《知识产权协定》及该协定纳入的《巴黎公约》相关条款,违反了《关税与贸易总协定》第 3 条第 4 款,违反了技术贸易壁垒等。指控的内容涉及国民待遇诉求、贸易限制性诉求、商标诉求等。此处只介绍有关国民待遇的指控。争议的焦点是欧共体的地理标识条例是否保护其他世贸成员境内的地理标识,是否适用同样的条件和程序。

(一)《欧共体条例》是否保护其他成员境内的地理标识

1. 条例第 12 条第 1 款规定的条件是否适用于世贸成员

关于农产品和食品的地理标识登记,《欧共体条例》(以下简称"条例")规定了几种程序。第一种程序,规定于条例第 5 条至第 7 条,适用于位于欧共体境内的地理区域名称。第二种程序,主要规定在 12a 和 12b,适用于位于欧共体境外的第三国地理区域的名称。这一规定是在 2003 年增加的。第三种程序是根据欧共体成员国法律保护的地理标识登记程序,原来规定在条例第 17 条,但 2003 年被删除。第四种可能性是根据国际条约方法登记。案件争议的主要是第二类程序。

---

① EC-Trademark and GI, WT/DS290/R, WT/DS174/R.

该条例第 12 条第 1 款规定:在不影响国际条约规定的情况下,本条例适用于来自第三国的农产品或食品,只要第三国能够保证对条例第 4 条所述地理标识提供相同的或同等的保护;相关第三国有检查安排和与本条例规定同等的异议权;相关第三国对来自欧共体的相应农产品或食品准备提供欧共体提供的同等保护。这一规定被称为"同等和互惠条件"。

条例第 12 条第 1 款规定的条件不适用于位于欧共体境内的地理标识的保护,而是适用于欧共体之外的第三国的地理标识保护。该第三国是否包括其他世贸成员,即第 12 条第 1 款的条件是否适用于其他世贸成员境内的地理标识保护,争端方存在分歧。申诉方澳大利亚认为适用于世贸成员,被诉方欧共体则提出该条例仅适用于非世贸成员。简言之,对地理标识保护的第二种程序是否受到条例第 12 条第 1 款规定条件的限制。自条例 1992 年公布以来,第 12 条一直是该条例的一部分,尽管 2003 修改时增加了同等异议权的要求(2003 年修改还增加了第 12 条第 3 款及 12a—12d,包括上述第二种程序)。包括澳大利亚在内的很多世贸成员都不满足第 12 条第 1 款规定的条件。

专家组需要确定的事实问题是,第 12 条第 1 款规定的条件,是否适用于对位于世贸成员境内的地理标识提供保护,即条例 12a 和 12b 的登记程序是否对不满足第 12 条第 1 款条件的世贸成员境内的地理标识提供保护。

第 12 条第 3 款规定,欧共体委员会将审查第三国是否按第 1 款规定满足同等条件并提供保证。当委员会的结论是肯定的时,第 12 条规定的程序适用。

专家组认为,第 12 条第 3 款的规定的情况非常明白:它指向满足第 12 条第 1 款条件的第三国。而 12a 开头将 12a 和 12b 的程序限于这样的第三国。12a 和 12b 中没有任何规定表明该程序对不满足第 12 条第 1 款条件的第三国境内的地理标识提供登记,即使该第三国是世贸成员。这与 12b(2)的规定相一致,该条款规定了同一程序中的异议,明确区分了"欧共体成员或世贸成员"和"满足第 12 条第 3 款的同等条件的第三国"。这意味着世贸成员并不必然是满足这些条件的第三国。

条例中唯一能够表明对不满足第 12 条第 1 款条件的第三国境内地理标识登记可能性的条款,是第 12 条第 1 款本身开头部分,即"不影响国际条约",以此对这些条件进行了限制。欧共体一方面承认第 12 条第 1 款的条件将影响《关税与贸易总协定》第 3 条第 4 款的义务,另一方面又提出对位于世贸成员境内的地理标识登记将不会适用这些条件。但是,这并不导致 12a 和 12b 的程序对世贸成员境内的地理标识登记适用。该程序仅限于满足第 12

条第1款条件的第三国,条例中并无其他程序对不满足这些条件的世贸成员适用。虽说存在根据国际协定提供保护的可能性,但现有的国际协定或者没有包括条例12a和12b的程序,或者没有包括位于所有世贸成员境内的地理标识的申请和登记程序。尤其是,《关税与贸易总协定》或《知识产权协定》都没有包括这样的程序。专家组认为,即使"不影响国际协定"具有将第12条第1款中的条件受到《关税与贸易总协定》或《知识产权协定》限制的效果,这些协定也无在所有世贸成员境内的地理标识的申请和登记程序。世贸成员仍然必须满足第12条第1款的要求,以便使其地理标识能够利用条例12a和12b。

专家组得出结论认为,澳大利亚已经初步证明条例第12条第1款的同等互惠条件,适用于包括世贸成员在内的第三国境内的地理标识的保护。该条例12a和12b的登记程序,对不满足第12条第1款的包括世贸成员在内的第三国境内地理标识适用。欧共体没有成功反驳这一点。

2.《知识产权协定》下的国民待遇

《知识产权协定》第3条第1款规定:在知识产权保护方面,在遵循《巴黎公约》、《伯尔尼公约》、《罗马公约》或《集成电路知识产权条约》各自规定的例外的前提下,每一成员给予其他成员国民的待遇,不得低于给予本国国民的待遇。

确定与这一国民待遇义务的不符,需要满足两个条件:第一,争议措施必须针对知识产权保护;第二,其他成员的国民必须被授予了比本国国民较差的待遇。

专家组经过分析认定,对于适用于地理标识提供保护的同等和互惠条件,《欧共体条例》给予其他成员国的待遇低于给予欧共体国民的待遇,违反了《知识产权协定》第3条第1款。①

3.《关税与贸易总协定》第3条第4款的国民待遇义务

欧共体承认,条例第2条第1款中的同等和互惠要求,如果适用于世界贸易组织成员,则违反《关税与贸易总协定》第3条第4款的义务。鉴于专家组已经认定条例本身对位于其他世贸成员境内的地理标识的登记规定了这些条件,对条例违反《关税与贸易总协定》第3条第4款的诉求,欧共体没有向专家组提出抗辩。这足以表明下述违反《关税与贸易总协定》第3条第4款的条件得以满足。进口产品与国内产品是同类产品;争议措施是影响产品国内销售、许诺销售、购买、运输或使用的法律、规章和要求;进口产品的待遇

① 本案专家组对违反国民待遇的具体分析,可参见非歧视、补贴和产业保护一章中的相关内容。

低于同类国内产品的待遇。

条例规定了农产品和食品提供销售时使用名称的要求,因而是第 3 条第 4 款意义上的影响产品国内销售和许诺销售的法律或规章。这一结论,并不因为《欧共体条例》也是《知识产权协定》包括的知识产权措施这一事实而改变,因为《关税与贸易总协定》和《知识产权协定》累加(平行)适用。

条例将产品名称的保护与特定国家地域联系在一起。这就是产品的生产、加工或配制地。在大多数情况下,这些标准足以授予这些产品的产地,这是没有争议的。考虑到专家组已经认定来自于其他世贸成员的产品的名称的保护依赖于满足同等和互惠条件,而这些条件不适用于欧共体的产品的名称,在《关税与贸易总协定》第 3 条第 4 款意义上,条例形式上在进口产品和欧共体产品之间进行了歧视。

在分析较差待遇这一问题上,专家组遵循上诉机构在韩国牛肉案中所述方法,分析争议措施是否改变了国内产品和进口产品在相关市场中的竞争条件,损害进口产品。这一检查,必须在仔细审查争议措施和在市场中的影响基础上,必须仔细审查措施本身的基本内容和效果。

条例第 13 条规定,已登记的地理标识获得保护,免于某些商业使用和其他做法。条例规定了法律方法制止销售和许诺销售使用、模仿已登记地理标识或引发对登记地理标识的联想的产品,包括竞争产品。登记没有授予排除竞争的权利,或拒绝无登记地理标识销售的可能性,但是当包括竞争产品在内的产品带有属于登记授予保护范围的迹象时,它们可能被排除销售。这是影响相关产品竞争条件的实质优势。

条例宣称的目的规定在前言中,将地理标识与产品需求联系在一起:“近些年来,消费者倾向于更重视食品的品质而不是数量;对特定产品的渴望引发了对拥有可识别地理产地的农产品或食品的更多需求。”

来自欧共体境内的农产品和食品,当满足条例规定的资格标准时,可以获得这种保护。来自其他世贸成员的同类产品,如委员会没有认定满足同等和互惠条件,则不能获得这一保护,因而被授予了较差待遇。来自世贸成员的满足同等和互惠条件的产品,在获得登记优势时仍然需要面对另一“额外的限制”,因为委员会必须决定产地国满足那些条件,而对来自欧共体境内的产品无这一程序。这也是较差待遇。欧共体没有否认条例提供的保护优势。第 8 条提到了使用登记和标识的权利;第 13 条规定了排除他人使用地理标识的可能性。

专家组还注意到,某一世贸成员可能与欧共体签署保护农产品和食品地理标识保护的协议。这种可能性,比起地理标识登记程序提供给欧共体农产品和食品的待遇，对进口农产品和食品提供较差待遇。

专家组得出结论认为，对于同等和互惠条件要求，适用于提供保护时，条例在《关税与贸易总协定》第 3 条第 4 款意义上对进口产品提供了较差待遇。欧共体没有主张该条例可以根据《关税与贸易总协定》第 20 条获得正当性。

（二）申请程序是否违反国民待遇要求

争端方对条例的申请程序特征无异议。根据地理标识所在地域，条例规定了两种不同的登记申请程序，第 5 条适用于欧共体境内的地理标识，第 12a 条适用于第三国的地理标识。在提出登记申请后，条例第 6 条第 1 款和 12b(1)强制要求委员会核实登记申请中包括要求的所有详情并满足保护条件。

专家组依然按《知识产权协定》和《关税与贸易总协定》分别进行分析是否违反国民待遇义务。申请程序和申请审查程序，是影响知识产权权利取得的事项。地理标识和产地名称是第三部分第 3 节的对象，因而属于《知识产权协定》第 1 条第 2 款意义上的知识产权类型。

申请程序可以分为三个步骤。第一步，所有申请都须向地理区域所在国当局提交，或者是欧共体成员国当局，或者是第三国当局；第二步，收到申请的当局审查申请是否具有正当理由或满足相关条件。这涉及根据条例规定的标准对相关文件的详细审查，而不是根据提交申请所在国的国内法审查；第三步，如果国内当局收到了登记申请，认为申请具有正当性或满足条例的要求，则将申请转交给委员会。如果申请涉及位于欧共体境外的地理区域，当局也必须转交一份说明。

根据欧共体法律，有关欧共体境内地域的申请，直接向欧共体“事实上的机构”提交，该机构履行初审职责。涉及第三国境内的地域的申请，不能直接提交，而必须向外国政府提交。这是形式上的待遇差别。

根据条例第 5 条，欧共体成员国当局有义务制定相关的申请程序，审查申请并决定是否有正当理由，如果有正当理由，则转交给欧共体委员会。在欧共体成员国提交申请的人可能通过条例规定的司法程序强制要求履行这些义务。相反，第三国政府无义务根据欧共体法律审查申请，或将其向委员会转交。欧共体境外的地理标识登记申请，不拥有申请程序中的权利。第三国的申请人面临额外的负担确保其国家当局履行条例保留给它们的职责，而欧共体境内的申请人没有这个问题。因此，某些申请及文件要求，不可能审查或转交。这些因素的考虑重大削弱了其他世贸成员国民根据条例获得权利提供的机会，使这种机会低于欧共体自己的国民。

欧共体提出，条例并没有要求任何超出正常履行职责的政府范围之外的事情。专家组指出,虽然正常履行职责的政府可能有能力履行第一步和第三步,但不能推定其有能力履行第二步的职责,根据欧共体法律进行审查。世贸成员无义务实施与欧共体类似的地理标识保护制度,也没有理由相信他们有能力履行对涉及欧共体法律解释的技术问题的审查。虽然根据其国内法提供同等保护的世贸成员或许可能推定为具有技术能力,如果没有法律上的能力,来进行这一分析,但该保护规定构成了条例第 12 条第 1 款规定条件的一部分。专家组在前已经裁定,该要求违反《知识产权协定》和《关税与贸易总协定》中的国民待遇要求。

专家组认为,无论如何,即使正常履行职责的政府可以履行这三步要求,这也不变更专家组的结论。针对欧共体的措施,给予国民待遇的义务是欧共体的义务。这在《知识产权协定》第 3 条第 1 款文本中强调得非常清楚:"每一成员"应对其他成员国民提供不低于本国国民的待遇。专家组发现,欧共体委员会并无裁量权,确保第三国地域内的地理标识申请获得不低于欧共体国民的待遇,因为条例的结构是以某些职责完全不属于委员会的方式进行安排的。欧共体提供了国际合作的例子,如《专利合作条约》和《马德里商标注册协定》。专家组指出,条约框架中都规定了合作,在这一框架中缔约方自愿同意参与。相反,欧共体条例是一个成员通过的国内法。

基于以上原因,专家组得出结论,对于申请程序,在要求政府审查和转交的范围内,条例给予其他世贸成员比欧共体成员国民较差的待遇,违反了《知识产权协定》第 3 条第 1 款。

有关《关税与贸易总协定》第 3 条第 4 款的国民待遇义务,没有转交申请将导致来自第三国产品不能获得条例第 13 条规定的登记利益。因而,对于申请程序,在要求政府审查和转交申请的这一范围内,条例给予了进口产品比国内产品较差的待遇,违反《关税与贸易总协定》第 3 条第 4 款。欧共体根据《关税与贸易总协定》第 20 条(d)项提出抗辩。专家组认为欧共体没有履行免责抗辩的举证责任。

第九章

代表性产业争端案例

一、代表性产业争端情况介绍

烟草、汽车和飞机争端,非常集中地体现了产业特征和产业政策。同一产业的被诉措施具有很大的相似性,同时各国措施又具有各自的特点。结果是,同样是产业保护或促进措施,有的被裁决违法,有的被裁决未能证明违法。在此选取的烟草、汽车和飞机争端,非常具有代表性。另外,比较有意思的是,这些案件中,许多国家互为申诉方和被诉方,明显体现了进攻和防御的特点。这些争端,对于我国制定、实施相应的产业和贸易措施很有借鉴意义。

自世界贸易组织成立以来,截至 2003 年 8 月,有关烟草的争端有 6 起,分别是智利诉秘鲁香烟税案件(DS227)、洪都拉斯诉多米尼克香烟进口案(DS300)、洪都拉斯诉多米尼克香烟进口及国内销售措施案(DS302)、菲律宾诉泰国香烟税收措施案(DS371)、印度尼西亚诉美国丁香烟生产和销售案(DS406)和乌克兰诉亚美尼亚香烟进口和国内销售案(DS411)。经由专家组审理的案件有 3 起,分别是洪都拉斯诉多米尼克香烟进口及国内销售措施案(DS302)、菲律宾诉泰国香烟税收措施案(DS371)、印度尼西亚诉美国丁香烟生产和销售案(DS406)。其他案件处于停滞状态。早在关税与贸易总协定时代,美国对泰国香烟进口限制和国内税措施提起指控(DS37),阿根廷、巴西、智利、哥伦比亚、萨尔瓦多、危地马拉、泰国、委内瑞拉和津巴布韦 9 个缔约方对美国的烟草进口、销售和使用措施提起指控(DS44),这两起案件均由专家组作出裁决,并由缔约方全体通过。可以看出,泰国和美国的香烟管理措施一直是争议的对象。

有关汽车的争端,在关税与贸易总协定时代有日本诉欧共体对汽车零件进口管制案(L/6657)、加拿大诉美国汽车弹簧配件进口案(L/5333),关税与贸易总协定缔约方全体通过了这两起争端的专家组报告。自世界贸易组织

1995年1月1日成立以来，截至2013年年底，世贸成员之间有关汽车产业的争端共有22起。按时间的先后顺序，这些案件分别是：日本诉美国根据301条款对日本汽车征收进口税案（DS6），日本后来放弃其诉求；印度诉波兰汽车进口体制案（DS19），争端双方达成和解；日本和美国分别诉巴西汽车投资措施案（DS51和DS52），申诉方放弃其诉求；欧共体、日本、美国诉印度尼西亚汽车产业措施案（DS54、55、59和64）（其中日本二次起诉），争端解决机构作出裁决；美国和欧共体分别诉巴西汽车部门贸易和投资措施案（DS65和81），申诉方放弃了诉求；日本和欧共体诉加拿大产业措施案（DS139和142），争端解决机构通过了专家组和上诉机构作出的裁决和建议；欧共体和美国诉印度汽车部门措施案（DS146和175），争端解决机构通过了专家组和上诉机构的报告；美国诉菲律宾汽车部门贸易和投资措施案（DS195），申诉方放弃了诉求；欧共体、美国和加拿大诉中国汽车零部件案（DS339、340和342），争端解决机构通过了专家组和上诉机构的报告；美国诉中国对美国汽车双反案（DS440），正在处理中；美国诉中国汽车产业措施案（DS450），正在处理中；欧盟和美国分别诉俄罗斯汽车回收处理费案（DS462，DS463）。按被诉方计算，共计12起案件。其中，有4起案件申诉方未再继续申诉程序，实质上放弃了申诉要求；有1起案件双方达成和解；有3起案件正在处理之中。有4起案件，世界贸易组织争端解决机构作出了裁决：印度尼西亚汽车案、加拿大汽车案、印度汽车案和中国汽车案。如果从广义产业理解，澳大利亚汽车皮革案也算是有关汽车产业的案件（DS106和126），美国第一次申诉后撤诉，后再次提起申诉。该案是澳大利亚对汽车用皮革提供补贴的案件。专家组裁决该补贴违法。澳大利亚没有提出上诉。争端解决机构通过了专家组作出的裁决。

飞机研发和生产需要大量资金技术，飞机使用需要适当的基础设施。这就需要政府提供大量的补贴。因此，提供补贴是这些案件的共同特点。但是，由于世贸组织的补贴与反补贴规则只禁止禁止性补贴，允许可诉性补贴，同时允许对补贴采取反补贴措施和直接向世界贸易组织申诉的双重途径，相关国家采取补贴的方法有所不同，争端的结果处理也存在差异。在飞机产业，由于只有极少数国家能生产飞机，如远程飞机是美国的波音和欧盟的空客，支线飞机是巴西和加拿大，在争端上表现出明显的互斗特点。

自世界贸易组织成立以来，相关的飞机争端案包括：加拿大诉巴西飞机出口融资案（DS46）、巴西诉加拿大民用飞机出口措施案（DS70，DS71）、巴西诉加拿大支线飞机出口信贷和贷款保证案（DS222）、欧共体诉美国大型飞机措施案（DS317）、美国诉欧共体及相关成员国大型飞机措施案（DS347）、欧共体诉美国大型飞机措施案(二次申诉)(DS353)。除重复申诉外,每一案件都经由专家组/上诉机构作出审理。有的争端持续时间很长,中间走走停停、打打和和,但最终都没有经过磋商解决彼此之间的争端。这表明彼此之间的产业利益冲突比较大。欧美飞机案中,特别是美国飞机案中,补贴措施的设计是非常值得我们借鉴的。

除上述案例外,本章还提供了欧共体有关产品关税待遇的几个案件。表面上是关税待遇,实质上是产品分类。由于产品分类本身不由世贸组织规则来调整,这些案件是通过关税待遇案件的形式出现的。为何改变产品的分类?原来改变前后的关税税率明显不同。如果认为关税是保护国内产业的一种手段,这些案件中的争议措施通过改变产品分类从而改变适用税率来实现其保护的目的昭然若揭。此外,第六章非歧视、补贴与产业保护一章中的欧共体地理标识案、加拿大再生能源案,都是非常值得研究的案件。

二、烟草产业争端案例

1. 多米尼克香烟措施案[①]

本案是洪都拉斯对多米尼克的指控,指控多米尼克有关香烟的措施违反了多项世贸规则。

(1) 违反约束关税的措施

多米尼克对所有进口征收稳定经济的临时费,费率相当于进口货物 CIF 价格的 2%。此外,对所有进口征收外汇费,费率为 10%,按外汇出售汇率计算的进口价值征收。该外汇费既适用于进口税目也适用于出口税目。专家组裁定,这些收费,属于边境措施意义上的“其他税费”,违反了《关税与贸易总协定》第 2 条的要求。

(2) 违反国民待遇的措施

在进口国境内粘贴印花税

多米尼克要求香烟国内生产商和进口商在香烟生产时或进口时应在香烟外包装或烟盒上粘贴印花税。印花税由国内税务局局长发放给在国内税务局登记的从事生产或销售的人或公司。为控制印花税,国内税务局局长要求提供事先授权的签名、存档。国内生产商和进口商应建立印花税账目,国内税务局在适当的时候可以审查和检查账目。为此目的,每一生产商向局长申请购买印花税,经批准后支付款项。

---

① Dominican Republic—Measures Affecting the Importation and Internal Sale of Cigarettes, WT/DS302/R, WT/DS302/AB/R.

每一生产商在其工厂内必须提供一个区域,由税务局控制,检查每日的香烟生产。检查官将证实和计数前一天的香烟生产,以此作为发放库存转移和正式发票的依据,并登记为印花税的对外发放。在税务官在场的情况下,香烟产品转移到仓库以便转给经销渠道。

进口香烟应存放海关仓库或国内税务局控制的仓库,并在此粘贴印花税和进行检查。进口商向税务局申请购买印花税,经批准后支付款项。在税务官在场的情况下,进行进口香烟的审查和计数,并对每一包香烟粘贴印花税。之后,发放正式收据,计入正式账目作为印花税对外发放。每天结束时,向税务局印花税对外发放情况。

专家组裁定,要求进口香烟在进口国境内粘贴印花税,导致进口香烟承担了不利的竞争条件,影响了与国产香烟的竞争机会,导致进口产品的国内待遇低于国内同类产品的待遇,从而违反了关税与贸易总协定项下的国民待遇义务。专家组还裁定,对国民待遇的违反,不能以执行其他法律为由而获得正当性。上诉机构维持这一裁决。

对进口香烟适用的选择性消费税

多米尼克对某些商品征收选择性消费税。对香烟征收的选择性消费税的税率是从价 50% 。

根据多米尼克法律,为征收选择性消费税,国内香烟的税基根据零售价确定,该零售价为多米尼克中央银行调查的平均零售价;进口香烟的税基根据国内市场中最近似的同类产品使用的零售价,即最近似的替代品的零售价。

洪都拉斯指控,国内香烟的税基是每一品牌的平均零售价格,而进口香烟的税基是根据国内市场中最近似的产品价值确定的。税基计算方法的不同导致低价进口的香烟缴纳的税率高于其实际销售价格相对应的税率,因而导致比同类国内产品高的税率。

品牌	零售价	支付的选择性消费税
Marlboro(国产)	RD$26.00	RD$7.73
Nacional(国产)	RD$24.00	RD$7.36
Kent(国产)	RD$22.00	RD$6.54
Belmont(进口)	RD$20.00	RD$6.13
Viceroy(进口)	RD$18.00	RD$6.54
Lider(国产)	RD$18.00	RD$5.34

专家组裁定,多米尼克的立法规章有关税基的规定没有违反关税与贸易总协定的国民待遇义务,但其实际适用违反了国民待遇义务。上诉机构维持

了这一裁决。

2. 泰国香烟案[①]

本案是菲律宾对泰国香烟措施的指控。

泰国实施增值税制度。产品经销链上的每一增值税登记人,都承担缴纳增值税的义务。增值税税率一般是从价7%。对大多数产品,对供应链每一阶段上产品的实际销售价格适用这一税率。销售商每月按规定提交增值税税表报告。在每一纳税月,卖方有权从下一买家收取的产出税(output tax)中扣除从前一卖家购买货物时所支付的“投入税”(input tax)。销售交易的增值税责由产出税扣除投入税后应付的数额构成。当产出税超出投入税时,应付的税额等于二者之间的差额。当投入税超出产出税时,其差额视为税收抵免(tax credit),未来增值税评估时卖方有权收取退税或申请该抵免额。

然而,对于香烟销售,泰国的增值税制度存在两方面的不同。第一,与基于实际销售价格适用税率不同,增值税在香烟供应链的每一阶段确定,由泰国烟草专卖局或进口商在泰国第一次销售香烟开始,对最高零售价适用7%的税率,最高零售价是泰国政府对每一种香烟规定的参考价格。这意味着,由于增值税在供应链的第一阶段都基于相同固定的交易价格,对于供应链上的每一销售交易,估定的增值税税额是相同的。由此导致的结果是最终的增值税税责为零。第二,对国内香烟经销链上的转售方的所有国内香烟销售,泰国法规定了增值税的豁免。因而,国内香烟的转售方不产生增值税。

对于进口香烟,不存在增值税豁免。当批发商随后转售进口香烟给零售商时,批发商承担最高转售价的7%的增值税税率。这一增值税税率在随后的每一交易阶段都存在,直至消费者购买了进口香烟。在进口香烟经销链上需要缴纳增值税的每一主体,对于多付的增值税可以基于从前一卖方购买香烟时获得的增值税抵免额,通过向泰国当局提交申请,申请退税。其他相关规定不允许增值税登记人在计算税责时扣除投入税。下列6种情形禁止税收抵免:(i)没有增值税发票或不能提供收取投入税的证明,除非根据税收管理局局长制定的规则和条件存在合理的免除理由;(ii)税票所含信息不正确或不充分;(iii)投入税与业务无直接联系;(iv)娱乐支出或类似消费所产生的投入税;(v)无权开具税票的人开具的税票项下的投入税;(vi)经部长批准、局长指定的投入税。

专家组查明,进口香烟的转售商应缴纳增值税,国内香烟的转售商免缴增值税。专家组发现,如果进口香烟的转售商没有满足某些条件,如填写并

---

① Thailand—Customs and Fiscal Measures on Cigarettes from the Philippines, WT/DS371/R, WT/DS371/AB/R.

提出申请表、制作完整准确的税票、满足其他的保存要求,转售商不能获得投入税抵免。专家组得出结论认为,国内香烟的转售商从法律上免除了增值税,而进口香烟的转售商不能享有这一豁免,因为税收抵免并不自动地、不可撤销地抵消进口香烟转售商在每一阶段产生的税责。泰国的这一措施违反了《关税与贸易总协定》第 3 条第 2 款的国民待遇义务。

此外,由于国内香烟的转售商被免除了增值税,也相应免除了行政管理方面的要求。行政管理方面的要求对进口香烟的转售商施加了额外的管理负担。如每月报表义务,制作并维护投入税和产出税记录义务,未满足这些要求的可能处罚。这些都是国内香烟转售商所不承担的。

专家组根据《关税与贸易总协定》第 3 条第 4 款审查了泰国对国产香烟转售商的增值税豁免规定及对进口香烟转售商的行政管理要求,最后裁决这些措施违反了《关税与贸易总协定》第 3 条第 4 款的国民待遇义务。

上诉机构维持了专家组作出的泰国相关措施违反了《关税与贸易总协定》第 3 条第 2 款和第 4 款的国民待遇义务的裁决。

3. 美国丁香烟案①

本案是印度尼西亚对美国香烟措施的指控。涉及美国《联邦食品药品化妆品法》(以下简称《美国食品法》)907(a)(1)(A)(以下简称争议条款)。这一条款是由《防止家庭吸烟和烟草控制法》(以下简称《烟草控制法》)第 101(b)增加到食品法中的,于 2009 年 6 月 22 日生效。

根据《美国食品法》中的争议条款,在《烟草控制法》生效 3 个月后开始,香烟或其成分(包括烟草、过滤嘴或纸)不应含有下述物品作为其成分或添加剂:人工或自然香料(烟草或薄荷除外)、草药或调味品,包括草莓、葡萄、柑桔、丁香、桂皮、菠萝、香草、椰子、甘草、可可、巧克力、樱桃或咖啡,能够赋予烟草产品或烟以独特味道。

《烟草控制法》本身并没有规定争议条款的具体目标。但是众院能源和商业委员会的报告描述了《烟草控制法》尤其是争议条款的目标。《烟草控制法》的目标是为农业部长提供适当的针对烟草产品的权限,以便保护公共健康、降低 18 岁以下吸烟人的数量。众院报告还解释了争议条款的目标:与法案保护公共健康的总意图相一致,争议条款意在禁止具有某些特别味道的香烟的制造和销售。

根据食品药品管理局工作指南,争议条款适用于所有带有味道的烟草产品符合联邦香烟标签广告法定义的“香烟”,即:A 不含烟草物质卷制的卷烟;

① United States—Measures Affecting the Production and Sale of Clove Cigarettes, WT/DS406/R, WT/DS406/AB/R.

B含有烟草物质卷制的卷烟,由于其外形、过滤嘴使用烟草类型或包装或标签原因,可能被作为香烟提供给消费者或被消费者购买。争议条款所含的禁止扩大到有特别味道的散装烟草和卷纸、"自卷"香烟使用的过滤嘴。

本争端中的争议产品是丁香和薄荷香烟。丁香烟由烟草和香味添加剂组成,以带过滤嘴的纸卷烟形式提供给消费者。丁香烟通常含有60%—80%的烟草,约含20%—40%的丁香,以花苞或粉末方式存在。它们通常也包括一种"汁"作为味道添加剂的一部分。薄荷烟按重量大约含有90%的烟草,由弗吉尼亚、马里兰烟叶等混合而成。主要添加剂是薄荷油,一种从植物中提炼的化学合成品。香烟加入薄荷,既形成独特味道,也是为了其他口味的原因,包括增强或减弱混合口味。薄荷大约相当于香烟含量的1%,品牌不同其具体含量也不同。

从印尼进口的香烟绝大多数是丁香香烟。在禁止丁香烟之前的前3年中,美国进口的几乎所有丁香烟都是从印尼进口的。美国消费的绝大多数丁香烟都来自于从印尼的进口。2000年至2009年期间,在美国销售的香烟中有94.3%到97.4%是美国国内香烟。薄荷烟占了美国整个市场的26%。

印尼指控美国措施违反了《技术性贸易壁垒协定》(TBT协定)中的国民待遇义务。专家组裁定《美国食品法》争议条款是TBT协定附件第1条第1款意义上的"技术规章",进口丁香烟与美国产薄荷烟是TBT协定第2条第1款意义上的同类产品,由于禁止丁香烟而不禁止薄荷烟,争议条款给予了进口丁香烟较差的待遇,低于国内同类产品的薄荷烟的待遇,因而违反了第2条第1款。

美国对专家组裁定提出上诉。上诉机构维持了专家组的裁决。

三、汽车产业案例

1. 印度尼西亚汽车案[①]

印度尼西亚对从国外进口的整车征收进口关税和奢侈品税(一种国内税)。政府想建立本国的汽车工业,但限于印尼的技术和能力,印尼不能生产组装整车所需要的全部汽车零部件。因此,印尼政府采取了在印尼境内使用外国产零部件组装汽车同时要求提高国产汽车零部件比例的方式,期望通过逐步提高国产零部件的比例来实现建立汽车产业的计划。印尼措施的核心是通过减免汽车及零部件的进口关税和国内税,刺激国内汽车产业的发展。

---

① Indonesia—Certain Measures Affecting the Automobile Industry (Complainant: Japan, EC and US), DS55, DS59 and DS64.

根据印尼法律的规定,印尼对进口整车按车型征收不同税率的进口关税。其中,对进口客车征收200%的关税,对商用车按不同类型分别征收105%、80%、70%或5%的关税。同时,对汽车的国内销售征收35%的奢侈品税。

整车进口税率如下:

车型	进口关税
客车	200%
商用车	
I类	80%
II类和III类	70%
IV类	105%
V类	5%

本案中争议的印尼措施主要包括两个方面:(1) 1993年税收减免计划;(2) 1996年国产车计划。

1993年税收减免计划

1993年计划包括三项措施:整车进口税的减免、零部件进口税的减免和整车国内销售奢侈品税的减免。基于进口整车使用的当地零部件的百分比(当地含量)和车型,对汽车零部件的进口减免进口税;根据部件或辅件的当地含量百分比和车型,对制造汽车部件或辅件所用的小零部件的进口减免进口税;对某些类型的汽车减免奢侈税。当地部件指国产的、轻便商用车和客车国内含量不低于40%的汽车的部件。国内含量比率不同,进口关税亦不同。

对于客车部件来说,如当地含量低于20%,进口关税税率为100%;当地含量为20%—30%,进口关税税率为80%;当地含量为30%—40%,进口关税税率为60%;当地含量为40%—60%,进口关税税率为40%;当地含量超过60%的,进口关税税率为0%。如下表所示:

客车当地含量与进口关税税率

当地含量	进口关税税率
<20%	100%
20%—30%	80%
30%—40%	60%
40%—60%	40%
>60%	0%

对于轻便商用车部件来说,当地含量与进口关税税率的关系是:

当地含量比率	进口关税税率
<20%	40%
20%—30%	30%
30%—40%	20%
>40%	0%

对于小配件,当地含量与进口关税税率的关系是:

当地含量比率	进口关税税率
<20%	40%
20%—30%	30%
30%—40%	20%
>40%	0%

1600 cc 以下的客车和吉普车的当地含量与奢侈品税税率的关系是:

当地含量	奢侈品税税率
>60%	20%
≤60%	35%

1995 年,印尼政府修改了当地含量与进口关税税率之间的关系。车型分类更为详细。车型不同,当地含量比率与进口关税税率的关系也不同。客车与商用车部件的国内含量与进口关税率图示如下:

轿车与旅行车的国内含量与进口关税

当地含量	进口关税
低于 20%	65%
20%—30%	50%
30%—40%	35%
40%—50%	20%
50%—60%	10%
高于 60%	0%

皮卡、中巴和吉普及零部件,轿车和旅行车零部件

当地含量	进口关税
低于 20%	25%
20%—30%	15%
30%—40%	10%
高于 40%	0%

大巴、载重量在 5 吨和 24 吨之间的卡车及零部件

当地含量	进口关税
低于 20%	25%
20%—30%	15%
高于 30%	0%

两轮摩托车及零部件

当地含量	进口关税
低于 20%	25%
20%—30%	15%
30%—40%	10%
高于 40%	0%

1996 年国产车计划

国产车计划包括 2 月计划和 6 月计划两套措施。2 月计划的核心是授予先锋企业地位或国产车企业地位,并提供相应的利益。6 月计划的核心是外国生产的汽车在一定条件下也可以按国产车对待。

2 月计划包括发展国产车产业的总统令、实施总统令的工商部令、财政部减免进口关税令、增值税和奢侈品税法实施条例的修改条例、投资部发布的实施国产车产业的投资条例、指定 TPN 公司为民族先锋汽车企业的工商部令。

总统令的目的是以生产国产车的方式,提供陆运工具,以加强国家的自立。总统令指示政府相关部门实施下述三方面的规定。首先,发展国产车产业应满足下述标准:(1) 使用自己的品牌;(2) 国内生产;(3) 使用国产零部件。其次,工商部应促进、指导和提供设施,使国产车产业使用自己的品牌、尽可能使用国产的零部件、能够出口。再次,财政部在税收方面提供下述便利:已经出口的国产零部件的进口免征进口税;汽车交付时只征收 10% 的增值税;销售时应付的奢侈品税由政府承担。

根据上述总统令,工商部发布命令,实施总统令的指示。工商部令具体规定了指定为国产车应满足的要求。这些要求主要包括:第一,在国内的民族产业企业或印尼公司拥有的生产设施中生产,公司的股票完全由印尼公民持有。第二,使用自己的品牌,其他任何人都没有在印尼注册过,并由印尼公司/公民拥有。第三,利用民族能力基础上的技术、施工、设计和工程进行开发。生产国产车的汽车企业应授予"先锋企业"的地位。

工商部令还规定了获得先锋地位必须实现的当地含量比率表。具体如下:

期限	当地含量比率
第一年年底	>20%
第二年年底	>40%
第三年年底	>60%

财政部发布的命令规定,国产车的生产商或组装商所进口的零部件,用于组装或制造满足上述当地含量标准的国产车,免征进口关税。

增值税和奢侈品税法实施条例的修改条例规定,满足具体要求(包括当地含量比率)的国产车,免征奢侈品税。该条例规定的奢侈品税率如下:

汽车类型	奢侈品税率
1600 cc 以上的客车	35%
使用柴油的轻便商用车(吉普除外)	25%
1600 cc 及以下的客车 当地含量高于 60% 的吉普 使用汽油的轻便商用车(吉普除外)	20%
国产车	0%

《建立国产车产业投资条例》规定,"为了建立国产车产业,根据为此目标特别制定的相关法律规定,对具有税务便利的汽车产业部门发放投资许可"。

工商部指定东帝汶汽车企业(TPN)为"先锋国产车企业"。投资部指定东帝汶汽车企业"建立和生产国产车"。国产车"东帝汶"车,是以韩国起亚汽车公司(现为韩国现代汽车公司的子公司)生产的起亚"索菲亚"的设计和其他技术为基础设计生产的。"东帝汶"车最初由韩国起亚公司在韩国拆卸、出口到印尼,然后在印尼的东帝汶汽车公司的工厂中组装(1996 年宣布 2 月计划时该工厂还没有施工)。东帝汶汽车公司计划逐步提高东帝汶汽车的当地含量。

2月计划概括起来，就是根据设施所有权、商标使用和技术制定的相关标准，对于满足规定标准的印尼汽车公司，授予先锋或国产车公司地位，对国产车的销售免征奢侈税，对零部件的进口免征进口税。维持先锋企业地位，需要在三年期限内不断提高国产车当地含量的比例。

6月计划由6月份发布的生产国产车总统令、修改增值税和奢侈品税法实施条例的政府条例、确立当地含量标准指导的工商部令组成。由印尼工人在海外生产的、满足工商部规定的当地含量要求的国产车，与在印尼境内生产的国产车享有同样的待遇。这意味着，如果由印尼人员生产并满足国产车的当地含量要求，以整车形式进口的国产车同样免征进口关税和国内奢侈品税。上述免税的最长期限为一年，免税进口的汽车数量由工商部规定。工商部随后授权东帝汶汽车企业可以进口45000辆东帝汶车。

增值税和奢侈品税法实施条例的修改，对汽车奢侈品税作出了进一步的修改。修改后的奢侈品税率如下：

汽车类型	奢侈品税率
1600 cc 及以上的客车 **当地含量低于60%的客车** **当地含量低于60%的吉普** **当地含量低于60%的公交汽车**	35%
~~使用柴油的轻便商用车(吉普除外)~~ 当地含量低于60%的使用柴油的小型公交车、货车、皮卡	25%
~~1600 cc 及以下的客车~~ ~~当地含量高于60%的吉普~~ ~~使用汽油的轻便商用车(吉普除外)~~ 当地含量低于60%的使用汽油的小型公交车、货车、皮卡	20%
国产车 **1600 cc 以下的轿车、旅行车，在印尼制造、当地含量高于60%** **使用汽油或柴油、在印尼制造、当地含量高于60%，小型公交车、货车、皮卡** **在印尼制造的公交车** **在印尼制造的250 cc 以下的摩托车**	0%

（注：黑体字为新加内容，划线部分为删除内容）

工商部根据总统令发布了当地含量要求指南。国产车的生产可以在海外进行，只要使用印尼生产的零部件。对印尼制造的零部件的采购，应通过生产和向印尼再出口国产车的海外公司反向购买零部件的方式进行。反向购买的价值，最低不得低于在海外组装的国产车的进口价值（C&F 价）的

25%。换言之,国产车的海外生产商购买印尼产的零部件的价值,至少应是进口的国产车 C&F 价格的 25%,满足了这一要求即满足了“国产车”的当地含量要求。

概括起来说,根据 6 月计划,印尼国民在外国制造的且满足印尼工商部规定的当地含量要求的国产车,按在印尼制造的国产车对待,即免征进口税和奢侈税。如果制造国产车的海外生产商“回购”的印尼零部件占进口车 CFR 价值的 25% 以上,进口国产车视为国内生产商第一生产年度结束时满足 20% 的当地含量要求。实质上,这将国产车的生产商由印尼公司扩大到外国公司。现实情况是,印度与韩国达成了合作生产汽车的协议,并付诸实施,在韩国制造印尼国产车。

对印尼政府措施的诉求、审理结果及启示

印尼政府为了建立自己的汽车产业,采取了一系列的措施。主要是三种形式:自有品牌使用要求,国内含量要求,出口要求。与国内含量相关的措施主要是减免进口税和国内税。申诉方日本、欧共体和美国对印尼措施基于多个协定提出了一系列的诉求,主要包括《关税与贸易总协定》第 3 条的国内税歧视、《与贸易有关的投资措施协定》的国内含量要求、《补贴与反补贴协定》的利益侵害、《关税与贸易总协定》第 1 条的最惠国待遇歧视、《与贸易有关的知识产权协定》中的国民待遇诉求。专家组裁定国内含量要求违反了《与贸易有关的投资措施协定》、国内税歧视违反了《关税与贸易总协定》第 3 条第 2 款、关税和国内税利益构成了对《关税与贸易总协定》最惠国待遇的违反、对国产车生产提供专向补贴构成了《补贴与反补贴协定》利益侵害。但专家组没有支持美国提出的《与贸易有关的知识产权协定》项下的国民待遇诉求。

本案措施中最核心的是国内含量要求。更具体地说,如果满足国内含量要求,就能获得政府提供的利益。这种利益的获得是以满足国内含量要求为条件的。这种利益是进口关税和国内销售奢侈品税的减免。换言之,满足国内含量要求,则不交税或少交税。印尼措施是非常典型的利用广义上的财政措施刺激国内产业发展的例子。

一般来说,税收减免构成了补贴。同时对不能享有减免利益的产品来说,构成了歧视。申诉方日本、欧共体和美国的诉求或指控也主要围绕着这些问题。同样是在国内市场上销售的汽车或汽车零部件,没有含印尼产零部件的汽车或汽车零部件要缴纳奢侈品税(国内税),含有印尼产零部件且满足规定标准的汽车或零部件则免交国内税。这违反了关税与贸易总协定的国民待遇义务。根据印尼与韩国政府签署的协定,从韩国进口的汽车可以享有这一好处,而从其他国家进口的汽车不享有这一好处,这又导致了不同国家间产品的歧视,从而违反了关税与贸易总协定项下的最惠国待遇义务。

本案中,申诉方和被诉方都承认本案所涉措施构成了《补贴与反补贴协定》意义上的补贴。税收减免构成了政府收入的放弃,并给予了东帝汶汽车公司利益。同时,申诉方和被诉方也都承认,本补贴依赖于使用国内产品(进口替代),构成了专向补贴(同时也构成了禁止性补贴)。由于印尼是公认的发展中国家,根据世贸规则享有一定的特殊差别待遇。申诉方的诉求集中于印尼补贴造成的影响是替代或阻碍了申诉方汽车对印尼的出口。换言之,欧共体和美国主张,由于印尼政府的补贴,导致向印尼出口汽车下降或没有出现本应发生的增长。专家组经过对事实的详尽分析,根据法律,认定申诉方欧共体和美国没有证明印尼政府提供的补贴导致欧共体和美国对印尼汽车出口被替代或受到阻碍。但专家组裁定,由于受补贴产品降价的原因,导致欧共体对印尼汽车出口受到侵害。

《与贸易有关的投资措施协定》,是乌拉圭回合谈判中新达成的一项协定。它以关税与贸易总协定中的国民待遇为基础,但又是独立于关税与贸易总协定的一项协定。其主旨是,在与有关的投资措施方面,不得违反关税与贸易总协定的国民待遇义务和数量限制义务。本案仅涉及国民待遇义务。关税与贸易总协定国民待遇义务的适用对象是产品,其总的要求是进口产品不得受到歧视性待遇,并借此保护国内产业。而《与贸易有关的投资措施协定》适用于与贸易有关的投资措施。其本质是禁止政府授予国内企业以利益,以此来保护国内产业。国内生产中的当地含量要求,即我们通常所说的国产化要求,直接与这一协定相冲突。本案中,当地含量要求被专家组裁定违法,一点也不意外。

印尼政府对国产车产业提出的要求和目标是自有品牌、国内含量和出口。在本案中,美国对印尼政府的自有品牌要求也提出了指控,认为其违反了《与贸易有关的知识产权协定》项下的国民待遇要求,具体地在商标的取得、维持和使用方面,违反了国民待遇义务。但专家组认为美国没有能够证明这一点。

需要说明的是,印尼政府发展国产车工业的措施,是印尼总统苏哈托任期内采取的措施。据传印尼汽车产业是苏哈托家庭控制的产业。1997 年 7 月东南亚金融危机爆发,印尼经济深受其害,经济危机引发政治危机。1998 年 5 月 21 日,苏哈托在担任了 30 年总统后宣布辞去总统职务,由时任副总统哈比比继任总统。苏哈托时代就此结束。世界贸易组织专家组报告于苏哈托下台后不久的 7 月 2 日正式发布。印尼新政府没有对专家组报告提出上诉。1998 年 7 月 23 日,世界贸易组织争端解决机构通过了专家组作出的裁决和建议。

2. 加拿大汽车案[①]

本案是日本和欧共体对加拿大提出指控，指控加拿大的汽车产业措施违反了《关税与贸易总协定》项下的最惠国待遇、国民待遇，违反了《补贴与反补贴协定》项下的禁止性补贴义务，违反了《服务贸易总协定》项下的国民待遇。

本案涉及的措施是进口关税减免。符合一定条件的进口商在进口汽车零部件时可以免除正常关税。

根据 1998 年适用的加拿大《汽车关税条例》，免税适用于汽车制造商从任何国家的汽车进口，只要该制造商满足下述三个条件：第一，在加拿大生产其进口的同类车（当地生产要求）；第二，在加拿大生产的汽车的销售净值与在加拿大销售的该类汽车的销售净值之间的比率相同或更高，最低不得低于 75：100（生产销售比率要求）；第三，制造商在加拿大当地生产汽车中实现的增值额，等于或高于该类汽车在当地生产中实现的增值额（加拿大增值要求）。

加拿大增值的计算，在汇总下述生产成本的基础上计算：汽车中包含的在加拿大生产的部件成本和原产加拿大的原料成本；运输成本；在加拿大发生的劳工成本；在加拿大发生的制造管理费用；在加拿大发生的可以归于汽车生产的一般管理费用；归于汽车生产的位于加拿大的机械和永久设备的折旧；生产汽车中使用的土地和建筑的资本成本贴补。

除《汽车关税条例》规定的公司外，加拿大还通过特别豁免令的方式，指定了享有免税待遇的一些公司。特别豁免令规定了相关公司的生产销售比率和加拿大增值。生产销售比率最低为 75：100。加拿大增值最低为 40%，最高为 60%。自 1989 年以后，加拿大政府没有再指定享有免税待遇的公司。

专家组和上诉机构的裁决结果

一审专家组和二审上诉机构都认为，根据加拿大的《汽车关税条例》和特别豁免令，能够享有汽车进口免税待遇的仅是加拿大政府指定的位于加拿大的汽车生产商。尽管这些生产商原则上可以从任何来源/任何国家进口汽车产品，但实际上都是进口公司内部产品。没有在加拿大设立汽车生产公司的其他汽车制造商或未被指定的汽车制造商，及其产品，对加拿大进口都不能享有免税待遇。一审专家组和二审上诉机构都裁决加拿大违反了《关税与贸易总协定》下的最惠国待遇义务。

作为进口免税待遇条件之一的加拿大境内生产销售比例要求所导致的

---

① Canada—Certain Measures Affecting the Automotive Industry (Complainant: Japan and EC), DS139 and DS142.

必然结果是,汽车制造商/进口商欲获得进口免税待遇,必须出口产品,出口产品越多,获得的进口免税利益就越多。因而,进口免税利益与出口存在着明确的依赖关系。专家组由此裁定,加拿大进口免税措施,具体地说生产销售比率要求的适用,构成了《补贴与反补贴协定》意义上的法律上依赖于出口业绩的补贴,属于禁止性补贴。上诉机构维持了专家组的这一裁决。

专家组裁定,就生产销售比率要求,欧共体没有能够证明加拿大适用该要求违反了《关税与贸易总协定》的国民待遇义务。欧共体没有对此提出上诉。

加拿大增值要求的适用结果是,使用加拿大本地产的汽车零件、原材料等,就能容易满足加拿大增值要求,使用进口汽车零部件、原材料等就不能满足加拿大增值要求。因而加拿大增值要求实际上就是当地含量要求。这明显影响到了进口汽车零部件等的国内销售和使用。进口汽车零部件等享有的待遇,低于国产汽车零部件等享有的待遇。专家组裁定加拿大的这一措施违反了《关税与贸易总协定》的国民待遇义务。加拿大对专家组的这一裁决结果没有提出上诉。

专家组裁定,欧共体没有证明加拿大增值要求的适用使进口免税要求构成《补贴与反补贴协定》下的进口替代补贴,包括法律上的和事实上的进口替代补贴。欧共体对此提出上诉。上诉机构推翻了专家组的结论,但由于缺乏充分的无争议事实,上诉机构不能就加拿大增值要求是否构成进口代替补贴作出结论。这相当于没有得出违法或不违法的结论。

加拿大政府的加拿大增值要求,影响到与汽车生产相关的服务,在计算增值时只计划加拿大境内提供的服务,这使加拿大境内的汽车制造商使用加拿大境内的服务,而不使用其他国家通过跨境交付和境外消费提供的服务。因而,没有在加拿大设立附属机构(商业存在)的其他国家的服务获得了较差待遇。专家组裁定,加拿大增值要求,在跨境交付和境外提供两种服务提供方式方面,违反了加拿大根据《服务贸易总协定》的国民待遇义务。加拿大对此没有提出上诉。

专家组裁定加拿大措施违反了《服务贸易总协定》下的最惠国待遇义务。加拿大提出上诉。上诉机构以专家组进行相关审查为由,推翻了专家组的这一裁决。

加拿大汽车案的启示

本案涉及的措施是进口关税减免。一提到进口关税减免,我们立刻想到的是关税减免的条件是什么,谁可以获得这一减免。歧视和补贴这两个问题就跳了出来。同时,根据现有的世贸规则框架,歧视包括了货物方面的歧视和服务方面的歧视。

本案中,关税减免的条件主要是生产销售比率要求和加拿大增值要求。加拿大政府的措施没有使用当地含量要求,而是使用了“加拿大增值要求”这一表述,而其实就是当地含量要求。从表述和设计上说,生产销售比率要求和加拿大增值要求,都是具有创新性的。

但无论如何创新,其本质仍然是国内含量要求和进口替代或出口补贴。一旦揭开了这一本质,其违法性就昭然若揭。

3. 印度汽车措施案①

很长时间内,印度一直以国际收支平衡为由采取进口限制措施,包括对汽车、汽车零部件采取非自动许可措施。经美国申诉,世界贸易组织争端解决机构于1999年9月22日通过了专家组和上诉机构的裁决报告,裁决印度这一措施违法。印度于2001年4月1日取消了以成套全散件/半散件组装形式的汽车进口许可。但就在审理这一案件的专家组成立(1997年11月18日)之后,1997年12月12日,印度商务部发布第60号令“汽车部件许可政策”,要求希望进口成套全散件/半散件的客车制造商与外贸局长签署备忘录。不签署备忘录的客车制造商,或不履行备忘录所含义务的客车制造商,不能获得进口成套全散件/半散件的进口许可。

备忘录对汽车制造商规定的义务如下:建立实际生产设施制造客车,而不仅仅组装。如果企业是合营企业,外方拥有多数股权,则在开始经营的前3年内外方必须至少投入5000万美元的股本。从第一次进口成套全散件/半散件之日起的第三年或更早,零部件的本地化至少达到50%,第五年或更早至少达到70%。

在备忘录所涉及的整个期限内实施广泛的外汇贸易平衡,进口成套全散件/半散件的实际CIF价与同期内汽车和零部件出口的FOB价平衡。签署备忘录的企业,在整个期限内具有相当于其整个进口CIF价的出口义务,但有两年的延缓期限。出口义务的期限从开始生产的第三年起算。但延缓期内的进口计入企业的整个出口义务。

美国和欧共体对印度的本地化要求和贸易平衡要求提出指控,指控本地化要求违反了关税与贸易总协定的国民待遇义务,贸易平衡要求违反了关税与贸易总协定的数量限制义务和国民待遇义务。

---

① India—Measures Affecting the Automotive Sector (Complainant: European Communities and US), DS146 and DS175.

专家组和上诉机构的审理结果

本案中的备忘录属于《关税与贸易总协定》第 3 条第 4 款意义上的法律规章和要求。不签署备忘录,则推动了获得进口许可的资格。签署了备忘录,为了获得进口许可,必须在相应期限内达成所要求的本土化水平(3 年 50%,5 年 70%)。为了满足本土化要求,汽车制造商必须购买印度产的零部件,而不购买进口零部件。这就提供了购买当地产品的刺激,改变了国内产品与进口产品间的竞争条件,因而在《关税与贸易总协定》第 3 条第 4 款意义上影响到进口零部件的国内销售、使用等。本地化要求创造了购买和使用本地产品的刺激,抑制了使用同类进口产品,影响到制造商对产品的选择,导致进口产品与国内产品间的竞争机会不平等。专家组得出结论,认为印度的本地化要求违反了关税与贸易总协定的国民待遇义务。

贸易平衡要求属于数量限制措施,直接违反了《关税与贸易总协定》第 11 条规定的取消数量限制的义务。

贸易平衡要求包括了汽车制造商的出口义务。其出口额应相当于其进口额。选择购买进口产品而非国内产品的制造商,比选择购买国内产品而非进口产品的制造商承担了额外的出口义务。因而,购买进口产品比购买国内产品,增加了额外的负担。这显然影响进口产品与国内产品间的竞争条件,影响到《关税与贸易总协定》第 3 条第 4 款意义上的进口产品的购买和销售,创造了购买国内产品的刺激,抑制购买进口产品。专家组裁定,本案中的贸易平衡要求,同时违反了关税与贸易总协定下的国民待遇义务。

本案中一个有意思的情况是,印度提起上诉后又撤回上诉。专家组裁决报告于 2001 年 12 月 21 日发布,印度于 2002 年 1 月 31 日提起上诉,并于 2 月 11 日提交上诉材料,其他各方也提交了相关材料。上诉机构定于 3 月 15 日开庭审理。就在开庭的前一天,即 3 月 14 日,印度向上诉机构提交函件,撤回了上诉。上诉机构未再审查专家组的裁决。2002 年 4 月 5 日,争端解决机构通过了专家组(和上诉机构)的报告。

印度撤回上诉,据称是采取了新的汽车产业政策。2001 年 9 月 4 日,废除了本地化要求;2002 年 8 月 19 日废除了贸易平衡要求。[①] 实际上,印度在本案中采取的本地化要求和贸易平衡要求,在关税与贸易总协定/世界贸易组织的规则和实践中,已经没有可以抗辩的理由,能够采取的措施只有废除一种选择。

---

① http://www.wto.org/english/tratop_e/dispu_e/cases_e/ds146_e.htm,2013 年 1 月 29 日访问。

四、飞机争端案例

1. 巴西飞机出口融资[1]

加拿大和巴西是支线飞机的两大生产国，也是竞争对手。两国都采取一系列补贴措施支持其飞机产业的发展。

该案中，加拿大指控巴西对支线飞机提供补贴。争端涉及巴西的一个出口融资支持项目。该项目是由设在巴西财政部内的一个机构间组织——出口信贷委员会管理，委员会由13个部门组成，财政部长担任该委员会主席。项目日常运作由巴西银行负责。根据这一项目，巴西政府通过直接融资或利息分摊方式对巴西出口商提供出口信贷。对于直接融资，巴西政府直接提供交易所需的部分资金。对于利息分摊，基本法律文件规定，国家财政部向融资方提供分摊资金，弥补融资方向买方收取的利息与其融资成本之间的差额。

利息分摊资金的融资条件由财政部令规定。根据出口产品的不同，融资期限从1年到10年不等。但对于支线飞机销售，融资条款期限为15年。融资期限反过来决定了分摊的幅度。每年分摊的幅度最低为2%，最高为3.8%。该幅度属于固定幅度，不随贷款人的实际融资成本而改变。

对于不超过500万美元的融资申请，巴西银行具有预先批准的权利，提供资金支持，无需出口信贷委员会批准。其他融资申请需要提交出口信贷委员会，委员会有权豁免已公布的项目指南的某些要求。对于支线飞机，最常豁免的是将融资期限从10年延长为15年。

对于支线飞机融资项目，贷款银行为交易收取的正常利率，来自两个来源：买方和巴西政府。在应支付的总利率中，政府支付3.8%，剩余的由买方支付。这样，降低了买方融资成本，也降低了买方购买飞机的总费用。

飞机融资交易自制造商与买方签订正式合同签订前、制造商请求信贷委员会批准项目时开始。制造商的请求含有拟交易的条款条件。如果信贷委员会批准这一请求，委员会则向制造商发出承诺函，承诺如果制造商和买方在具体规定的时间内（通常是90天，可延长）签订交易合同，巴西政府将按交易具体规定的条件支持该项目。如果没有在规定期限内签订交易合同，承诺函中的承诺失效。承诺函通常规定，在15年的融资期限内，每半年一次，按平均连续分30次支付。

---

① Brazil—Export Financing Programme for Aircraft (Complainant: Canada), DS46.

利息分摊的支付从飞机出口、买方付款时开始。付款采取无息国库券的形式付给贷款行。在每一出口交易确认后,巴西银行向财政部申请发行旨在作为国库券的债券。该国库券以巴西货币标值,同时规定相应的美元数额。财政部将国库券发给代理银行巴西银行,巴西银行再转给具体提供融资的贷款银行。该债券为零息债券,每6个月到期一次。国库券以贷款银行的名义发行,融资期内该银行可决定按半年期赎回,或者在市场上整个贴现出售。由于债券发行价格低于债券标值,赎回或贴现时会获得较高的数额,相当于利息分摊。

在这一案件中,争端双方,申诉方加拿大和被诉方巴西都同意本案中的贴息是《补贴与反补贴协定》第1条意义上的补贴,并且是3.1(a)意义上的依赖于出口的出口补贴。专家组作出了这样的裁决。本案中,巴西以自己是发展中国家为由,主张其补贴为《补贴与反补贴协定》附件出口清单(k)项所许可,可以维持该补贴。专家组和上诉机构都拒绝了巴西的这一抗辩。

在世贸争端解决机构通过专家组和上诉机构的报告后,巴西没有采取有效的执行措施。申诉方加拿大两次提出了有关执行的指控,并申请争端解决机构授权其采取报复措施,争端解决机构批准了报复申请。最终,巴西政府修改了其措施。

2. 加拿大民用飞机出口融资措施[①]

与加拿大指控巴西对其飞机产业提供补贴相对应,巴西指控加拿大对其飞机产业提供禁止性补贴。

巴西指控的主要措施是:加拿大出口发展公司提供的融资和贷款担保,包括对促进飞机出口的公司股本投入;加拿大账户基金对民用飞机产业提供的债务融资;加拿大技术合伙基金及其前身对民用飞机产业提供的资金。

加拿大账户基金用于支持联邦政府视为符合要求但由于规模或风险的原因出口开发公司不能通过正常的出口信贷提供支持的国家利益的出口交易。出口开发公司代表政府进行交易的谈判、执行和管理,单独计入外交和国际贸易部账户。巴西指控加拿大账户基金支持是《补贴与反补贴协定》第3条意义上的依赖于出口业绩的出口补贴。加拿大则主张加拿大账户支持不是补贴。专家组认为,在法律上,提供支持并不必然等于提供补贴,因而在法律上不能认定加拿大账户必须提供补贴。专家组审查了该账户的实际运作。出口开发公司存在两类支出,一类是预算内支出,用于提供无息、低息贷款或保证;另一类是预算外支出,用于提供正常贷款或保证。加拿大承认相

① Canada—Measures Affecting the Export of Civilian Aircraft (Complainant: Brazil), DS70.

关交易接近于商业交易,但拒绝提供具体信息。专家组认为加拿大账户支出构成了《补贴与反补贴协定》意义上的财政资助,也初步构成了该协定意义上的利益,因而构成了该协定意义上的补贴。加拿大账户基金支持采取出口信贷的方式,属于依赖于出口业绩的出口补贴。

加拿大于1996年设立了加拿大技术合伙基金,用于解决特定产业部门的公司的需要,确保接近市场的产品(具有刺激经济增长和就业重大潜力的产品)最终实际抵达市场。适于接受技术合伙基金援助的特定部门是环境技术、实现性技术、航天和国防产业。技术合作基金明确针对有条件的可偿还的项目投资,该项目投资导致出口市场销售的高技术产品。该投资以提成偿付,只有基础项目实现一定程度的盈利时才开始偿付。如果项目未成功,则不需偿还技术合伙基金提供的贷款。技术合伙基金提供了一系列资助。包括1996年用于开发70座支线飞机、70座加长飞机的资助,1997年用于资助涡轮螺旋桨发动机、联合信号研发,1998年用于研发航空电子技术系统和飞行控制系统。

专家组认为加拿大技术合伙支持属于《补贴与反补贴协定》意义上的补贴。在是否属于依赖出口业绩的出口补贴这一问题上,争端方有分歧。加拿大拒绝提供专家组所要求的项目评估和资助决定。专家组推定这些文件中含有对加拿大不利的信息。对于补贴是否事实上依赖于出口业绩这一问题,专家组采取了"如果不预期出口则不提供补贴"的"若非"标准,争端方都接受这一标准。出口导向本身并不意味着补贴就是出口补贴。专家组认为,提供补贴与预期出口销售的实现之间存在强烈的直接的联系。补贴使产品越接近出口市场的销售,事实证明如果不是预期出口则不会提供补贴的可能性就越大。反过来,补贴离出口市场上的销售越远,事实证明如果不是预期出口则不会提供补贴的可能性就越小。与帮助公司将特定产品进入出口市场的补贴相比,纯研究性的补贴,或者用于一般目的(如提高效率或采取新技术)的补贴,不太可能满足"若非"标准。

专家组列举了加拿大相关部门、文件、网站所含有的信息,认为加拿大技术合伙基金对航空部门的资助,事实上以预期出口为条件。这些信息包括:由于加拿大国内市场规模狭小,加拿大航天部门的大部分产品都用于出口。1996—1997年度技术合伙基金的商业计划指出,在航天和国防部门,直接支持接近市场的具有高度出口潜力的研发项目。技术合伙基金将对具体的产业研发项目提供资助,以便促使加拿大航天和国防产业在世界竞争舞台上公平公开竞争。产业部要求技术合伙基金帮助加拿大航天产业从现有的世界出口排名第6上升到第4。促进出口是设立技术合伙时政府的考虑因素。技术合伙基金资助的项目预期会有更多的出口。技术合伙基金申请表要求申请描述潜在的利益,如出口增长;还要求技术合伙投资的项目必须具有出口潜力。要求申请人在报告预期和实际销售时区别国内销售和出口。技术合伙基金工作人员在评估申请、建议提供资助时,要考虑项目直接产生的结果,区分国内销售、出口销售和进口替代。政府援助应在接近市场一端提高竞争力。资助应用于维持和建立航天和国防部门的技术能力和生产、出口基地等。要记录出口实现的收入比例。

专家组认为,当政府或公共机构的财政资助给予接受者相对于可适用的商业标准的优势,即比市场上提供的条件更有优势时,即产生《补贴与反补贴协定》第1条第1款意义上的利益。专家组认为,加拿大基金提供的债务融资、加拿大技术合伙提供的支持,构成了《补贴与反补贴协定》意义上的出口补贴,驳回了巴西的其他指控。

加拿大和巴西均提出上诉。主要涉及《补贴与反补贴协定》第1条补贴定义中的"利益"解释和第3条出口补贴中的"对出口业绩的依赖"的解释。上诉机构均维持了专家组作出的裁定。

但加拿大并没有完全彻底地执行世贸争端裁决。巴西不满意加拿大执行裁决的措施,对加拿大的裁决执行措施发起了第21条第5款的程序,包括专家组和上诉机构程序。

3. 加拿大飞机出口信贷及贷款担保措施[①]

本案实际上是加拿大民用飞机出口融资案的后续案。

为了扶植和鼓励本国的出口贸易,加拿大政府颁布了《加拿大出口发展法》(以下简称《出口法》),并根据该法成立了加拿大出口发展公司(以下简称发展公司),由其代表加拿大政府直接或间接地提供出口信贷来支持和发展加拿大出口贸易。为具体实施该法,发展公司设立了加拿大出口发展公司账户(以下简称公司账户)和加拿大出口发展公司加拿大账户(以下简称加拿大账户)。公司账户主要是实行出口发展公司在出口信贷方面的融资,具体包括出口信贷、贷款担保和资金服务等。但是公司账户提供融资是有条件限制的。对于不符合条件的企业,当政府认为该企业所从事的出口贸易关系到国家利益的情况下,发展公司开立加拿大账户来满足该企业的融资需求。加拿大账户所负的债务和风险由加拿大政府直接承担。

为了增加魁北克省的飞机出口贸易量,加拿大政府制定了《魁北克投资法》(以下简称《投资法》),并根据该法案实施了魁北克投资项目(以下简称

① Canada—Export Credits and Loan Guarantees for Regional Aircraft (Complainant: Brazil), DS222.

魁北克项目)对该地区的飞机产业提供出口信贷和担保,具体包括贷款担保、股息担保、残值担保和“首次亏损额担保”。《投资法》第28条规定,在实行对魁北克有重大意义的项目时,政府要委托某个机构对该项目提供帮助,且政府须授权该机构制定资助的期限和条件。除了《投资法》以外,魁北克项目具体涉及的法律规范还包括2000年颁布的一系列法令,如572号令和841号令规定了支持投资和出口业务;为补充担保基金颁布1488号令,规定了降低担保费用数额。

争端方争议的主要问题是,《出口法》及《投资法》本身及其适用,是否构成了禁止性出口补贴。

专家组认为,《出口法》不属于强制性法律规范,因而,发展公司项目及其具体实施的公司账户和加拿大账户本身,不构成《补贴与反补贴协定》第3条第1款(a)项意义上的禁止性出口补贴。《投资法》不属于强制性法律规范,即该项目在法律上未规定必须为支线飞机提供利益,魁北克项目本身不构成《补贴与反补贴协定》第3条第1款(a)项意义上的禁止性出口补贴。对于加拿大账户对威斯康新航空公司的支持,专家组认为,是依赖于出口业绩的补贴,同时不能根据《补贴与反补贴协定》出口补贴示例(k)项获得豁免。专家组最终裁定该支持是禁止性补贴,违反了《补贴与反补贴协定》第3条第1款(a)项。根据出口发展公司项目提供的其他融资,部分融资项目不构成补贴;部分融资项目构成了禁止性出口补贴。魁北克股权保证是补贴,但既不在法律上依赖于出口业绩,也不在事实上依赖于出口业绩,从而拒绝了巴西提出的该保证是禁止性补贴的诉求。对于魁北克贷款保证,专家组认为不是补贴。

4. 欧共体及相关成员国大型飞机案[①]

本争端涉及美国对欧共体及其四个成员国德国、法国、西班牙和英国对空中客车提供补贴的指控。构成美国申诉对象的措施可以分成五类:第一,对不同型号的空中客车大飞机研发的启动援助或成员国融资;第二,欧洲投资银行对空中客车的贷款;第三,欧共体及其成员国对空中客车提供的研究和技术研发资助;第四,成员国政府提供的基础设施及与基础设施有关的援助;第五,法国和德国政府采取的公司重组措施。由于专家组认定美国没有证明欧洲投资银行的贷款具有专向性,且争端方未对裁定的这一裁决提出上诉,下文中不再涉及这一问题。

美国诉称,每一被控措施都是《补贴与反补贴协定》第1条和第2条意义

① United States—Measures Affecting Trade in Large Civil Aircraft—Second Complaint (Complainant: European Communities), DS353.

上的专向补贴,欧共体及其成员国通过使用这些补贴,对美国利益造成了该协定第5条和第6条意义上的不利影响。美国还诉称,启动援助是该协定第3条意义上的禁止性补贴。

(1) 启动援助/成员国融资

美国关注的很大一部分涉及法国、德国、西班牙和英国自1969年起对空中客车提供的大飞机设计和研发融资。欧盟使用了不同的术语来描述这些融资,包括成员国融资、成员国贷款、启动投资。美国将这些融资统称为启动援助。此处统称为启动援助/成员国融资。美国指控四国政府对每一型号的大飞机及其变型提供了启动援助,证明是对空中客车提供利益的财政资助,因而是《补贴与反补贴协定》第2条第1款意义上的补贴。

欧共体对相关措施构成财政资助没有异议,但认为没有提供利益;没有反驳专项性问题。因此,这一问题的争点在于相关措施是否授予了"利益"。

启动援助/融资的合同框架

被控的每一启动援助融资的合同框架通常采取下述其中一种方式:① 参加国政府间的一般协定,在成员国层面由每一参加国政府与其境内的空中客车实体签订独立的合同来实施;或者② 每一相关成员国政府与其境内的空中客车实体签订独立的合同。

参加国政府在政府间层面通过一系列的协议对空中客车的最初机型(A300和A310)提供融资。这些协议反映了相关成员国政府对研发这些机型提供资金的承诺;还规定某些核心条款和条件附在融资条款之后,例如划拨资金数额的具体时间表和偿付方式。实施政府间协议的独立合同,由每一提供融资的成员国政府与其境内的空中客车实体签订,这些合同涉及最初两个型号的大飞机项目的方面或阶段可能有所不同。

A320/A330/A340项目的合同框架含有类似于A300和A310的因素:参与国政府就融资达成协议,由相关成员国政府和其境内的空中客车实体签署具体合同来实施。然而,与A300政府间协议相比,A320/330/340的政府间协议不够明确。例如,它们没有具体规定偿还条件,这一问题留给国家层面的具体合同来规定。

具体启动援助融资合同的特征

虽然构成合同框架的每一法律文件的条款和条件可能有很大不同,专家组认为,在融资类型和形式方面仍存在着大量的相似性。专家组提及美国将启动援助融资合同定性为"为研发新型大飞机以低于市场利率、以成功后付的偿还条件向空中客车提供的无担保贷款"。下文描述具体启动援助融资合同的构成这些合同核心特点的某些要素。在上诉中,在强调与特定飞机项目相关联的研发成本的相关比例、资金的分配方法后,上诉机构也指明偿还条款的核心特征(包括支付结构、偿还条件、提成费、利率、担保等)。

启动援助合同融资的研发成本的比例随着时间而降低。早期项目,接近100%的研发成本获得融资。后期事项的研发成本获得融资的比率大约为33%。

对于资金分配,一些合同规定了资金的分配机制,在实际研发成本产生之前根据预期支付资金。当实际产生成本时,政府对其进行审查,对资金数额进行调整,以确保整个的借贷不超过原订的研发成本水平。其他一些合同规定了略微不同的分配机制,在实际成本产生后支付约定的数额。至少一种情形中,在相关机型实际启动前并且在相关政府间协议签订前,已经向空中客车支付了资金。

对于偿还条件,大多数的启动援助融资合同要求空中客车偿还所有的融资投入,并按约定利率偿还利息,偿还资金来源完全来自于飞机销售收入。按每机进行偿还,并遵循规定的时间表。可从交付第一回飞机起开始偿还。在其他情形下,只有在实际交付了一定数量的飞机后才开始偿还。一旦开始偿还,通常偿还规模不断提高。在德国、西班牙和英国A380启动援助融资合同中,以及西班牙A340启动援助融资合同中,明确规定了加速偿还条款。虽然大多数的启动援助融资合同要求对超过担保销售所需的数量的飞机将会产生的收入支付提成费,但有一些合同没有这样的规定。当规定提成费时,具体的形式及时间也会不同。例如一份合同要求交付一定数量飞机后逐步提高提成费,而另一合同要求交付一定数量飞机后支付价格的具体规定比例的提成费。

提供给空中客车的一些资金没有利息成本。另外一些合同要求支付利息。利率水平、计算方式都不同。

(2)研究和技术研发资助

美国指控欧共体及其成员国政府提供的研究和技术研发资助。这些资助大多数都采取赠款方式,只有西班牙政府提供的资助采取贷款形式。

美国指控的相关措施由下述5个连续研究和技术研发项目提供的赠款组成,每一项目的期限为4年:① 欧共体第二框架计划(1987—1991);② 欧共体第三框架计划(1990—1994);③ 欧共体第四框架计划(1994—1998);④ 欧共体第五框架计划(1998—2002);⑤ 欧共体第六框架计划(2002—2006)。建立每一框架计划的欧共体决定(包括欧洲议会和理事会的决定)规定了计划的目标,但没有规定具体申请人如何获得这些计划授权的资金。

相反,对于每一欧共体框架计划,分配资金的详细规则和方法留给具体计划来解决,这些具体计划是实施计划。根据每一框架计划的具体计划通过不同的欧共体决定来确定。就技术研发来说,每一框架计划涉及不同的技术研发领域,如消声技术、环境技术等等

美国还指控四个成员国提供了研究和技术研发资助。

(3) 基础设施和与基础设施相关的资助

美国提出指控的基础设施提供包括:靠近汉堡的磨伯杰工业用地;不莱梅机场跑道延长及相关消音措施;图卢兹的工业用地及相关设施和道路改善。美国还对德国、西班牙和威尔士的基础设施相关的地区性赠款提出指控。

德国磨伯杰产业用地

在2000年,德国汉堡承诺将连接空中客车现有设施的湖泊变为可用土地。2001年开始抽水和填平工作,并逐步推进。汉堡市建立了新的堤坝,并增高了围绕空中客车现有设施的堤坝高度,提供改造土地的水灾防护。汉堡还为改造土地建造了特殊目的的设施,包括码头设施、水闸和管道建设、排水沟、滚动装置设施、尾护材。美国提出,根据现有公开信息,汉堡当局在设立和研发场地方面投资了7.51亿美元,包括土地改造、堤坝、特殊目的设施。欧共体提出,这些所有的总成本为6.94亿美元,并声称美国提供的数额是过时的估算额。

汉堡市将改造后的土地和特殊目标设施出租给德国空中客车。租赁协议规定每平方公里每年租金3.6欧元,每年根据德国消费价格指数进行调整。由于改造土地需要安置,并不能完全为德国空中客车使用,双方达成了降低起始租金的协议,一旦安置完毕,每年租金为515万欧元。汉堡市和德国空中客车还签署了4份租赁协议,用于特殊目的设施的租赁,期限20年。租金数额按投资额6.5%的收益来确定。20年期限中,每年租金额为561万欧元,同样根据膨胀进行调整。

德国不莱梅机场跑道延长

德国当局要求在商业跑道终端两头有300米的安全空间。不莱梅机场是通过缩短跑道的可用长度来满足这一要求的。1988年5月,不莱梅市授权在两端各延长300米的跑道。1989年和1990年间,不莱梅市按授权延长了飞机跑道,从原来的2034米延长到2634米。不莱梅市也采取了降低噪音的措施。除紧急情况外,全长飞机跑道的使用,包括延长的600米,只允许运输不莱梅空中客车机翼的飞行。跑道延长和降低噪音措施的成本由不莱梅市承担。美国主张,不莱梅市支付了4000万德国马克来延长跑道,另支付了

1000 万德国马克用于降低噪音，但欧盟对这两个数额有争议。

法国航空工业用地

1999 年法国政府当局授权研发连接图卢兹机场的工业场地用于航空活动。这一场地，按法国法被指定为公共当局可以为了经济目的购买、改善和出售土地的区域。这一地块的研发要求将农业用地改成工业用地，包括建立排水道、下水道、水循环系统，以及围栏、防火、景观、照明。此外，还建立了特别用于航空活动的特殊设施，包括滑行道、道路、飞机停泊区、地下技术廊、服务区域。

用地整理后，政府设立的公司负责实施这一项目，除 11 块用地外，卖给了航空产业涉及的不同公司，包括 A380 飞机研发涉及的公司。购买者包括法国空中客车、法国航空公司、美孚石油等。此外，设立了用户联盟，包括所有购买了该用地的公司。图卢兹当局将特殊设施租赁给这一联盟。只有联盟成员才可以使用这一设施，每一成员按使用情况支付租金。在这一期限内，法国当局也对围绕用地的一些道路进行了改善，这些道路通往超宽的高速路，使空中客车能够将法国其他地方制造的 A380 部件运输至图卢兹。

（4）德国和法国的航空公司重组措施

美国指控德国政府通过政府研发银行收购了德国航空公司 20% 的股份，随后将其出售给 MBB 公司。美国还指控德国政府根据 1998 年协议同意接受 17.5 亿德国马克的付款，解决德国航空公司重组后未清偿的债权。1998 年德国航空公司欠德国政府的整个本金至少 94 亿德国马克，因而 1998 年交易应被定性为债务豁免，数额为 77 亿德国马克。

美国指控法国政府对法国航天的股权投资，包括 1987 年至 1994 年间的 4 次资本投资。

此外，美国声称法国政府 1998 年将在达索航空中的 45.76% 的股权利益转让给法国航天，构成了《补贴与反补贴协定》意义上的专向补贴。1978 年，法国政府获得了达索航空 45.76% 的股份，达索航空当时是一家私营军事、区域性和商业发动机的制造商。法国政府通过某些股票的双倍投票权获得了公司 55% 的投票权。1998 年法国政府将这一股份转让给了法国航天，以换取法国航天在独立专家组确定交换率后新发行的股份。之后，法国航天向法国政府发行了新的股票。当法国政府向法国航天转让其在达索航空中的利益时，法国政府放弃了双倍投票权。

法国政府将达索航空中的利益转让给法国航天，只是法国航空航天、国防和航天产业整合计划的第一步。在设立了新的合并后的实体 AM 之后，法国政府通过公开报价的方式，出售了在这一实体中的部分股票，之后持有这一实体大约48%的股票。一家私营公司持有AM33%的股票,并与法国政府联合行使控制权。剩余的股票由公众和AM雇员持有。

专家组裁决

美国证明下列补贴存在:① 对于启动援助/成员国融资,启动援助/成员国融资构成了《补贴与反补贴协定》意义上的专向补贴;德国、西班牙和英国的A380启动援助/融资,构成了依赖预期出口的补贴,是禁止性出口补贴。② 对于基础设施,磨伯杰工业用地构成了专向补贴;延长机场跑道构成了专向补贴;法国航空工业用地,以及德国和西班牙提供的其他设施,构成了专向补贴。③ 德国政府转让企业所有权,构成专向补贴。④ 法国政府股本注入及转让利益,构成专向补贴。⑤ 对于技术研发资助,其中多项构成专向补贴。

美国没有证明下述补贴存在:① A350/A380等相关机型的启动援助/成员国融资;② 欧洲银行贷款;③ 法国当局改善公路等;④ 德国清偿德国航空债务等。

美国证明欧共体的补贴措施造成下述不利影响:① 替代了美国同类产品对欧共体的进口;② 替代了美国同类产品向澳大利亚、巴西、中国等市场的出口;③ 可能替代美国同类产品对印度的出口;④ 造成同一市场内的销售损失。

美国没有证明欧共体的补贴措施造成下述不利影响:① 重大降价;② 重大压价;③ 重大抑价。

上诉机构的裁决

上诉机构维持了启动援助/成员国融资授予利益的裁决;维持了研发资助具有专向性的裁决;裁定磨伯杰工业用地和延长跑道,授予了利益;维持法国政府股权投资授予了利益;推翻达索航空向法国航天转让股权授权利益的裁决;推翻美国证明德国等的A380合同构成禁止性出口补贴的裁决;裁定在某些市场存在替代效果,在其他市场不存在这种效果;裁定在某些市场存在重大销售损失。

(5) 美国大型飞机案[①]

这一争端涉及欧盟指控的使美国大型飞机制造商受益的多项禁止性补贴和可诉性补贴,包括对波音公司和与波音公司合并前的麦道公司提供的补贴。被控补贴分为两个层面:州和地方政府提供的补贴,联邦政府提供的补贴。在专家组程序中,欧共体诉称其指控的每一措施都是《补贴与反补贴协

① United States—Measures Affecting Trade in Large Civil Aircraft—Second Complaint (Complainant: European Communities), DS353.

定》第1条和第2条意义上的专向补贴,美国通过使用这些补贴,在《补贴与反补贴协定》第5条和第6条意义上,对欧共体的利益造成了不利影响。欧共体还诉称,华盛顿州的某些税收措施、外国销售公司/境外收入免税,属于《补贴与反补贴协定》第3条意义上的禁止性出口补贴。

美国联邦措施

① 商务部提供的研发资助

欧盟指控美国商务部根据先进技术计划(ATP)向波音公司提供资助,进行研发,这些资助构成《补贴与反补贴协定》第1条意义上的补贴,并具有第2条意义上的专向性。美国承认商务部对波音公司提供的研发资助是《补贴与反补贴协定》第1条意义上的补贴,但美国主张该补贴不具有专向性,并对欧盟指控的补贴数额持有异议。

欧盟并不指控先进技术计划本身,而是指控根据该计划提供的8个项目。通过这些项目,商务部向波音公司和麦道公司的大飞机研究提供资助。美国对波音公司在8个项目中接受资助、参与接受资助的企业联盟没有异议,对波音/麦道公司不同部门参与这些项目并接受与这些项目有关的资助也无异议。

先进技术计划据以运作的法律文件有三项:《先进技术法》(ATP法);1991年美国《技术优势法》(American Technology Preeminence Act, ATPA),修订了ATP法;《先进技术规章》(ATP规章)。此外,其他一些文件也规定了某些指南和参与者资格标准。设立在商务部内部的国家标准和技术研究院负责管理这一计划。

《先进技术法》规定先进技术计划的目的是:在创造和应用通用技术和研究结果方面对美国企业提供必要的帮助,以迅速实现重大新颖科学发展和技术的商业化、完善制造技术;通过支持产业领导的研发项目,改善美国及其企业的竞争地位。《先进技术规章》规定:先进技术计划的目的是帮助美国企业对高风险、高回报的新兴的应用型(实现型)技术进行研究和开发。

波音公司参与了先进技术计划资助的8个项目。这些项目可分为三类:第一类,改善轻型部件和钢结构、原料的制造;第二类,改善电子部件;第三类,提高制造效率和供应链物流。波音/麦道的不同部门参与了这些项目,并接受了相关资助,包括波音的商业飞机部门、波音的太空和国防部门、麦道的电子系统部门。波音作为企业联盟的一员参与了每一项目。美国商务部根据先进技术计划通过合作协议提供了所有的资金,包括此处争议的资金。

专家组经过调查认为,此处争议的先进技术计划支付,是对波音作为成员之一的企业联盟支付的。先进技术计划资助主要是对企业联盟自己的利益或使用的研发提供的。美国对向波音的支付以资金直接转让的形式构成了财政资助没有异议,接受欧盟对资助的“捐赠”定性。专家组认为,这些支付涉及《补贴与反补贴协定》第1条意义上的资金直接转让。

对于这些支付是否构成专向性,专家组重点分析了下述几项:《先进技术规章》指向从事高风险、高回报的新兴的适用性技术研发的美国公司;《先进技术法》指向解决特定产业的共同问题;8个项目限于一组企业或产业。专家组认为要从补贴计划来审查是否具有专向性,而非某一具体支付来审查是否具有专向性。专家组对专向性问题得出了否定的结论。欧盟对这一裁决没有上诉。

② 美国劳工部提供职业培训

2004年,美国劳工部向被称为“三体合伙”的一组实体拨款。除其他外,这些实体包括埃蒙德社区学院、埃弗里特社区学院、snohomish劳动力发展理事会、snohomish经济发展理事会、波音,以及其他snohomish航空制造供应商产业。埃蒙德社区学院收到并使用该笔款项。

争端双方都认可被控措施提供了《补贴与反补贴协定》第1条意义上的补贴,以拨款的形式提供了财政资助,且授予了利益。专家组对此无不同意见。专家组认为,至于这笔款项是否全部给予波音大飞机部门,这是涉及补贴数额的问题,不是补贴是否存在的问题。

争端双方的分歧点在于该补贴是否是专向性补贴。这一拨款是根据美国总统依据《美国法典》第29编第2916a条启动的“高增长就业培训计划”进行的。该条规定了这一计划的目标、资金使用、合格实体、高增长产业和经济部门,以及公平分配要求。劳工部就业和培训司管理这一计划,并指明了14个不同的高增长产业和经济部门,并向这14个部门中的实体总共拨款156次,数额近3亿美元。收到拨款的实体包括州和地方劳动力投资系统、社区学院、医疗协会和组织、产业中的贸易组织(如地球空间信息和技术、纳米技术、制造业、汽车业、建筑业)、州和地方劳工、就业和社区发展机构,等等。

拨款资助的项目包括多种主题,诸如文学、建筑艺术、长期护理工人挑战、医院护理、矿工培训、供应链物流、金融部门中的残疾人就业培训、生化技术工人培训、机械维修技能培训、食品饮料制造、集成系统技术。

专家组认为,欧盟没有证明这些资助构成了专向性补贴。欧盟对专家组的这一裁决未提出上诉。

③ 航天局与国防部的航空研发措施

(a) 美国航天局

欧共体指控的措施是航天局通过与波音公司签署的研发合同和协议根

据下述8项研发计划向波音公司提供的支付和免费使用航天局设施、设备和雇员:高级混合技术;高速研究;高级亚音速技术;高效计划和通讯;航行安全;飞机静音技术;运输工具系统;研究和技术基础。

航天局与波音公司签订的研发合同和协议可以分为两类。第一类是“采购合同”,适用于活动主要目的是为了美国政府的直接利益或使用获得货物和服务。第二类,是美国航天局根据1958年《国家航天法》的权限签订的法律文件,该法授权航天局签订并履行进行工作所必要的合同、租约和合作协议或其他交易。专家组将航天局根据这一授权与波音公司签订的协议称为“航天法协议”。

专家组得出结论认为,航天局向波音公司提供的款项和设施、设备和人员使用,构成了《补贴与反补贴协定》第1条和第2条意义上的专向补贴。上诉机构维持了专家组的结论。

(b) 国防部

欧共体指控美国国防部根据美国国防部研发测试和评估计划通过合同和其他文件向波音公司提供资金和使用设施进行军民两用技术的研发。

欧共体并不指控整个研发测试和评估计划,而是指控基于其中某些计划向波音公司提供的某些资金,只涉及两用技术;限于国防部为了履行研发之目的向波音公司提供的资金,不包括国防部从波音公司购买军事飞机。欧共体的指控包括了国防部的支付和提供的设施使用。

专家组区别了国防部与波音公司间的两类安排。与航天局一样,国防部与波音公司签订采购合同。另一类文件是援助文件,包括了合作协议、技术投资协议和其他交易。根据美国法,援助指美国法授权的向受益人转让具有价值的东西以执行支持或促进这一公共目的。

专家组裁决,根据国防部援助文件向波音公司提供的支付和设施使用,构成了《补贴与反补贴协定》第1条和第2条意义上的专向补贴。上诉机构维持了这一结论。

专家组裁决,美国航天局和国防部的航空研发补贴,对于200至300座位的宽体大飞机产品市场,造成了大飞机产品的重大抑价、欧共体大飞机的重大销售损失和重大替代威胁。

④ 专利权的分配

欧共体指控航天局/国防部与波音公司签订采购合同和航空研发协议,分配知识产权权利。

美国专利权通常授权权利持有人,在专利期限内,制止所有第三方利用专利涵盖的技术,允许专利权人向其他人许可技术、获取补偿。更具体地说,美国专利授权专利权人制止其他人在美国制造、使用、许诺销售或销售其发明的权利,或制止向美国进口发明的权利。

1980年以前,美国政府的一般政策是,政府享有承包商研制的发明的所有权(向希望使用发明技术的申请人/承包商授予非排他性许可)。1980年,美国政府改变了政策,政府承包商获得根据研发合同利用政府资助研制的发明的专利权(政府只获得非常有限的政府使用许可,在不向承包商支付费用的情况下使用发明技术)。新政策最初只适用于非营利性组织和小企业。后来该政策扩大到所有政府的承包商,无论其规模大小、营利与否,并通过一系列不同的法律文件实施。

与本争端相关的5项美国法律文件是:第一,1980年专利商标法修正案;第二,1983年总统备忘录,扩大了修正案的适用范围,包括了所有的政府承包商,无论其规模大小、营利与否。第三,1987年总统令,永久纳入了1983年的备忘录。第四,实施修正案及总统备忘录和总统令的相关联邦规章。第五,航天局单独的有关规章,放弃专利权规章。

根据这一政策,美国政府获得了非排他性的不可转让的不可撤销的免费许可,为美国政府实施或代表美国政府在整个世界实施发明专利。美国政府还获得了某些“行进”权利(march-in rights),授权相关的联邦机构在某些有限的情形下迫使承包商向申请人以合理的条件许可专利,或自己授予许可。美国政府的任何部门或机构不得根据任何合同行使这一“行进”权利。

航天法规定,根据与航天局签订的合同研发的发明属于美国的专有财产,如果该发明可以申请专利,该专利权应授予美国,除非航天局放弃。为了遵循1983年的美国总统备忘录,航天局制定了规章,根据这一规章,航天局一般应对大公司放弃上述专利权,如对波音公司。航天局放弃专利权,部分是为了促进商业目的上的新技术的早期利用、快速研发和持续提供。航天局专利放弃规章允许两个时间点放弃申请:对于根据合同的任何发明,在发明之前;在研发出发明之后,在报告发明之后。

与航天局不同,美国国防部对专利分配并没有制定自己的详细规章。相反,美国国防部一般依赖1980年修正案的相关部分和1983年总统备忘录,以及实施这些规定的相应的联邦规章。这些通常由美国国防部将相关条款订入研发合同来实施。

专家组裁定,欧盟没有证明航天局/国防部与波音公司的研发合同和协定中规定的知识产权权利分配构成了《补贴与反补贴协定》第1条和第2条意义上的专向补贴。

上诉机构裁定,该补贴并没有明示限于《补贴与反补贴协定》第2条第1

款(a)意义上的某些企业;专家组没有审查事实上是否具有专向性,出现错误;拒绝就知识产权权利分配是否是《补贴与反补贴协定》第2条第1款(c)意义上的专向性作出结论。

⑤ 外国销售公司/免税法及后续立法

欧共体指控,波音公司根据外国销售公司立法及后续立法享有的所得税豁免:2000年废除外国销售公司和境外所得排除法;2004年美国创造就业法;2005年防止税收增长和协调法。这些免税措施都成为美国和欧共体间世贸争端的对象,并包括两项执行程序异议。根据外国销售公司立法的免税,以及根据境外所得免税法的免税(该措施替代了外国销售公司立法免税),被裁定属于《补贴与反补贴协定》3.1(a)和3.2禁止的出口补贴。

美国对外国销售公司/境外所得免税措施是专向补贴没有异议,亦接受欧共体对补贴数额的估计。但美国对2006年后波音公司是否继续接受外国销售公司/境外所得免税的好处持有异议。专家组认为没有必要裁定这一问题,因为欧共体没有充分解释这样的裁定是否与专家组对欧共体的诉求相关(欧共体诉称美国补贴措施造成了严重侵害或严重侵害威胁,诉称存在禁止性出口补贴)。

(a) 与外国销售公司相关的美国税收法的相关规定

外国销售公司是指根据《美国税收法》第921—927节要求在美国关境之外的合格外国或美国占领国设立、组织或维持的公司。外国销售公司对其外贸所得部分享有免税。除这一免税外,外国销售公司的美国母公司对于某些外贸所得可以延迟纳税,对从外国销售公司获得的与外贸所得相关的股息免税。这一美国销售公司措施被专家组和上诉机构裁定构成了出口补贴,违反了《补贴与反补贴协定》第3条、第8条和第10条第1款。

(b)《2000年废除外国销售公司和境外所得排除法》

在专家组和上诉机构裁定外国销售公司相关措施违法后,美国于2000年11月15日制定了《废除外国销售公司和境外所得排除法》(以下简称《境外所得排除法》)。该法作出的修订原则上适用于2000年9月30后的交易。在该日期后不得设立新的外国销售公司。然而,该法作出的修订不适用于2000年9月30日已经存在的公司的某些交易。该法允许从应税所得中排除涉及合格外贸财产的收入。

美国外国销售公司执行案专家组裁定2000年的《境外所得排除法》违反了美国的世贸义务,美国没有全部撤销原争端程序中裁定存在的禁止性出口补贴。专家组得出结论认为,美国没有充分执行世界贸易组织争端解决机构作出的裁决和建议。上诉机构维持了专家组的裁定。

(c) 2004 年《美国就业创造法》

在美国外国销售公司执行案后,美国制定了《美国就业创造法》。该法第101 节废除了《美国税收法》第 114 节的有关排除境外所得的相关规定。然而,该法 101(d)所含的“2005 年和 2006 年过渡规则”,允许美国的纳税人就2005 年的某些交易要求返还 80% 的境外所得税收利益,对于 2006 年的某些交易,该比例为 60%。除这一时间有限的过渡规则外,该法还无限期地将2000 年《境外所得排除法》计划对某些交易永久化。

美国外国销售公司第二次执行案专家组确定,《美国就业创造法》101(d)和(f)维持了 2005 年到 2006 年的境外所得排除利益(尽管比例降低了),并使某些交易长期化。专家组进一步指出,最终的外国销售公司补贴,通过《美国就业创造法》第 5 节的持续运作,得以永久化。专家组得出结论,美国仍然没有全面执行争端解决机构作出的撤销禁止性出口补贴的裁定和建议,将其措施与美国义务相符。专家组的裁定获得了上诉机构的支持。

(d) 2005 年《防止税收增加和协调法》

在第二个执行案之后,2006 年 5 月 17 日,美国制定了《防止税收增加和协调法》。该法第 513 节标题为“废除外国销售公司/境外所得排除有效合同救济”。该法 513(a)废除了《境外所得排除法》5(c)(1)(B),该项原允许根据2000 年 9 月 20 日有效的合同继续外国销售公司的利益。《防止税收增加和协调法》513(b)废除了《美国创造就业法》101(f),该项原允许对于 2003 年 9 月17 日有效的合同继续《境外所得排除法》的利益。《防止税收增加和协调法》513(c)规定:本节作出的修订,适用于自本法制定之日之后开始的纳税年度。

专家组裁决,外国销售公司/免税法措施,构成了《补贴与反补贴协定》第3 条的禁止性补贴。上诉机构维持了专家组的裁决。

州和地方措施

① 华盛顿州第 2294 号法和埃弗里特市地方税降税

(a) 2294 法措施

2003 年,华盛顿州立法机构根据 2294 法通过了一揽子的税收刺激。该法称为《保持和吸引航天工业在华盛顿州的立法》。该法包括了欧共体指控的 5 项税收措施。这 5 项措施是:降低营业税(a business and occupation(“B&O”) tax);生产前开发、计算机软件和硬件和财产税的营业税抵免;计算机、建筑服务和设备的销售和使用税的免税;出租消费税(excise tax)免税;财产税免税。欧共体指控这些措施造成了不利影响因而是《补贴与反补贴协定》禁止的措施。

专家组指出,波音公司从来没有申请过建筑服务和设备的销售和使用税免税。波音公司没有申请过租赁营业税的免税和财产税的免税。专家组裁定这些措施不构成对波音公司的财政资助。争端方对此也未上诉。

(i) 华盛顿州营业税减税

营业税是华盛顿州的一种主要的商业税(business tax)。它对华盛顿州管辖范围内营业的所有企业的收入征税。总收入指销售总收入、业务总所得或产品价值,视情形而定。纳税人基于其在华盛顿州从事的活动纳税,如制造、批发、零售或提供服务。2294 法包括降低商业飞机及其部件制造商的营业税税率。分两个阶段降低税率。降税适用至 2024 年,除非至 2007 年 12 月 31 日没有开始超效飞机的总组装,这种情形下恢复到以前税率。鉴于波音 787 的总组装开始于 2007 年上半年,降税适用至 2024 年。专家组裁定,华盛顿州营业税税率降低是专向补贴,估算额约为 1380 万美元。

(ii) 华盛顿州对生产前研发、计算机软硬件的营业税抵免,财产税

2294 法还包括了涉及生产前的研发支出、计算机软硬件的三项营业税抵免,以及财产税。第一,它规定对租用商业飞机或商业飞机部件的制造商或加工商,对与航空航天相关的研发、设计和产品开发中的工程活动支出,提供生产前研发税收抵免。第二,对商业飞机制造商 1995 年 7 月 1 日至 2003 年 7 月 1 日主要用于商业飞机设计和开发的设计和再生产开发计算机软件和硬件的支出,对计算机软件和硬件提供营业税抵免。第三,在营业税抵免额等于商业飞机或其部件制造中使用的某些财产所支付的州和地方财产税时,2294 法提供营业税抵免。专家组裁定,税收抵免构成了专向补贴,补贴额估计为 4240 万美元。

(iii) 华盛顿州计算机软硬件及外围设备的销售和使用税免税

除营业税外,华盛顿州还征收零售税和使用税。零售税对有形的个人财产和服务的销售征收。使用税对没有支付零售税的有形个人财产和某些服务的价值征收。2294 法引入了两项免税,即与计算机硬件、软件和外围设备相关的免税和对与建筑服务和设施相关的免税。专家组裁定零售税和使用税免税是专向补贴,数额大概为 830 万美元。

专家组裁定,欧盟没有证明华盛顿州的营业税减免措施构成《补贴与反补贴协定》第 3 条的禁止性补贴。但专家组裁定,该措施造成了 100 至 200 座位的单通道大飞机产品市场的重大抑价、重大销售损失和替代,阻碍第三国市场的出口;该措施造成了 300 至 400 座位的宽体大飞机产品市场的重大抑价、重大销售损失和替代,阻碍第三国市场的出口。

上诉机构维持专家组的华盛顿州营业税减免是专向性补贴的裁决。上诉机构变更了有关补贴效果的专家组裁决。

(b) 埃弗里特市地方营业税减税

埃弗里特市征收地方营业税,类似于州一级的营业税。它对销售收入征税,对于制造业按制造出的产品价值征税,对于零售或批发按销售总收入征税。该税适用于埃弗里特市管辖范围内的所有商业活动。专家组裁定,波音公司是该市唯一有资格获得营业税减免的公司。

专家组裁定埃弗里特市的营业税减免是《补贴与反补贴协定》意义上的专向补贴。2006 年对波音公司大飞机事业部的补贴额大约为 220 万美元。专家组裁定,该措施造成了 300 至 400 座位的宽体大飞机产品市场的重大抑价、重大销售损失和替代,阻碍第三国市场的出口。

(c) 奥林匹斯项目场地设施协议

华盛顿州和波音公司于 2003 年 12 月签署了场地设施协议。奥林匹斯项目最初专用于 7E7 飞机的组装。欧共体指控该协议含有的 8 项措施。但专家组只裁定其中一项措施,即就业培训刺激措施,是专向补贴。就业培训刺激由劳动力发展项目和雇佣资源中心组成。

专家组裁定,自 2003 年 7 月 1 日至 2007 年 6 月 30 日大约 1400 万美元分配给了华盛顿州用于劳动力开发项目。对于雇佣资源中心,该州决定不再建立新的设施,而是以每年 95.6 万美元的价格租赁设施。雇佣资源中心自 2006 年 8 月 1 日起开始运作。专家组裁定,劳动力开发项目和就业资源中心是专向补贴,数额大约为 1100 万美元。

② 堪萨斯州威奇托产业收入公债

产业收入债券(Industrial Revenue Bonds (“IRBs”))是堪萨斯州的市县代表私营机构发行的,帮助筹集不同类型工商业财产的购买、建造或改善所需的资金。市或县作为债券发行人。发行人通过经销商或私募向公众或债券持有人出售债券,募集用于获得或改装项目财产的资金。发行人起通道的作用,以市立公司的地位为交易提供方便。代其发行债券的私营实体,起承租人或租户的作用。承租人按债券期限向发行人转让项目财产,发行人再将项目财产按债券期限回租给承租人。承租人支付租金,租金的数额足以向债券持有人支付债券的本金和利息。最后,银行作为受托人代表债券持有人发挥作用。

波音商业公司威奇托分部在堪萨斯州威奇托生产飞机和部件已经七十多年。2005 年 6 月 16 日,波音公司将其威奇托设施出售给另一公司精灵航空系统。对于这两家公司,产业收入债券计划以不同的方式运作。最突出的是,代表波音公司或精灵航空系统发行的产业收入债券不是由公众购买,而是由这些公司自己购买,导致从波音(或精灵航空)到威奇多市的现金流购买产业收入债券,又从威奇多市回到波音(或精灵航空)来资助项目财产的开发。由于波音或精灵航空持有产业收入债券,任何本金或利息支付都最终转让给它们自己。波音和精灵公司没有使用产业收入债券来对财产开发融资,相反,是利用了财产的优势和上述所说的销售税豁免。威奇托市自1979年以来一直代表波音公司发行产业收入债券。

欧共体指控,拥有债券的私营实体的优势包括:因利息免税以低于市场的利率获得资金的能力;长达10年的项目财产的财产税免税;项目财产的销售税免税及与债券收益一起获得的服务。

专家组裁定,发行产业收入债券对波音公司产生的利益是《补贴与反补贴协定》意义上的专向补贴。该补贴对波音公司大飞机事业部的价值约为4.75亿美元。上诉机构基于不同的理由,维持了专家组作出的债务补贴是专向性补贴的裁决。

③ 伊利诺伊州的刺激措施

欧共体指控美国伊利诺伊州库克县和芝加哥市向波音公司提供财政刺激,换取波音公司将其总部从西雅图迁到芝加哥。伊利诺伊州2001年8月通过了《公司总部搬迁法》,目的是通过利用现有刺激计划所没有的刺激,鼓励大的跨国公司的国际总部搬迁到伊利诺伊州来。它授予芝加哥市和库克县作为一个征税区免除或退还某些财产税的权力,只要这些财产税免除或返还是在2006年8月1日批准的。波音公司利用了该法提供的所有刺激,在该法通过后约一个月波音公司将其部门搬迁到芝加哥。除《公司总部搬迁法》提供的三项刺激外,芝加哥市也同意支付100万美元解除波音公司新总部建筑的前任租户的租赁。芝加哥市的这一支付是为了让波音公司能够于2001年9月1日前搬到新的办公地点。2001年5月10日,就在芝加哥市同意支付100万美元之后,房主和波音公司签署了15年租赁协议。

专家组裁定,为换取波音公司将其总部移至芝加哥提供的四项刺激,构成了《补贴与反补贴协定》第1条和第2条意义上的专向补贴,2002年至2006年估算额约为1100万美元。

美国大型飞机案的启示

在美国大型飞机案中,美国采取的混合补贴的做法以及专利权分配的做法,非常值得我们学习和借鉴。美国同一项目对多个行业、多种形式的机构提供财政资助,虽然使企业获益,却免除了专向性这一嫌疑,最终使得补贴认定不成立。而专利权分配,是支持研发的一项重要举措,是促进创新的一项根本措施。仍然貌似普遍适用,但使需要资助的企业/产业顺理成章地接受了资助,从事高成本、高风险的研发。由此产生的专利权,名义上政府可以免费使用,但其实质更是企业自己享有排他性的技术垄断,保持企业/产业的竞争地位。这正是美国政府的目的。与此相比,在欧盟大飞机案中,欧盟的财政资助措施就更赤裸裸一些。

五、产品分类关税待遇案

1. 欧共体计算机分类案①

欧共体对局域网设备和多媒体计算机改变了产品分类,导致适用的关税不同。美国指控欧共体对这些产品征收的关税违反了欧共体的承诺,从而违反了世贸规则。

欧共体减让表规定,《协调制度》税目 84.71 项下“自动数据处理机及设备”的基准税率从 4.9% 降到最后的约束税率 2.5% ,或者零,依产品而定。《协调制度》税目 84.73 包括的“84.71 税目项下的机器的零配件”,特别是电子组装件,从 4% 的基准税率降到 2% 。对于这些机器的零配件(非电子组装件),税率由 4% 降到零。《协调制度》税目 85.17 下的“有线电话电报用电子设施”,基准税率由 7.5% 降到 3.6% 或零,基准税率 4.6% 降到 3.6% 或 3% 。对于《协调制度》税目 85.21 项下的产品,涉及录像或播放设施,不进行减让,约束税率为零,8% 或 14% 。税目 85.28 项下的电视接收器,约束税率为 8% 和 14% ,除黑白电视或其他黑白接收器由 14% 降到 2% 外,不再减让。对于这些关税减让的分阶段实施,1994 年《马拉喀什议定书》规定:每一成员达成的关税减让,应分 5 次均等削减,成员减让表另有规定者除外。第一次削减的生效日期为《世界贸易组织协定》生效日,下一次削减为下一年度的 1 月 1 日。欧共体减让表第一部分“最惠国关税”第二节“其他产品”的减让实施有一注释:如果美国不实施其减让表第 84 章注释 2 和第 85 章注释 12 规定条件下的减让,欧共体对其减让表下列税目的减让将保留采取同样措施的权利:……第 85 章,税目 85.17.10.00,85.17.20.00,85.17.30.00,85.17.40.00,85.17.81.10,85.17.81.90, 85.17.82.00,85.17.90.90,85.17.10.00……因而,欧共体自 1995 年以来,对税目 8517 项下的产品实施的约束税率一直是 7.5% 。

1995 年 5 月 24 日,欧共体发布第 1165/95 号条例,将局域网设备从税目 84.71 自动数据处理机移到税目 85.17 通讯设备。这样分的结果是,这些产品的关税从原来的 3.5% 上涨至 7.5% 。此后,欧共体成员国海关官员将所有类型的局域网设备分到通讯设备的税目中。此外,欧共体成员国当局将带

① EC-Computer Classification, WT/DS62/RWT/DS62/AB/R.

有多媒体功能的计算机从税目 84.71 分到税率更高的其他税目，将带有电视功能的计算机分到税目 85.28 电视接收器；带有 CD-ROM 驱动器和声卡的计算机分到税目 85.21 录像机，税率 14%；将带有图像调试卡的计算机分类为税目 85.28，税率 14%。

征税产品的分类依据国际海关组织制定的《协调制度》。不同产品的关税可以是不同的。欧共体的做法是改变产品分类，从而改变适用关税。世贸规则本身并不涉及产品的分类问题。因此，美国没有指控产品分类本身，而是指控（相同）产品的关税提高了，违反了承诺。所以体现在世贸争端解决上，本案的实质问题是关税减让范围的澄清。

本案经专家组和上诉机构审查，认定欧共体的关税措施违反了欧共体的承诺和世贸规则。

2. 欧共体鸡块案[①]

该争端涉及欧共体对冷冻盐渍鸡肉切块（鸡块）采取的措施是否导致低于其减让表中的待遇，从而违反《关税与贸易总协定》第 2 条。实质问题是，欧盟通过改变鸡块的海关分类来适用不同的关税，这种做法是否违法。

欧共体减让表中含有两项与本案相关的关税承诺，一是税目 0207“鲜、冷冻可食用家禽肉”，另一是税目 0210“盐渍、干熏可食用家禽肉”。1983 年欧盟法院在 Dinter 案中，涉及用盐和胡椒调味的火鸡肉应按欧共体统一关税分类表第 2 章分类还是按第 16 章分类的问题。1993 年，欧盟法院在 Gausepohl 案中，涉及在什么情况下盐渍牛肉应视为欧共体统一关税分类表第 2 章 0210 税目意义上的“盐渍”的问题。1994 年 3 月，欧共体委员会第 535/94 号条例，修改了第 2658/87 号条例，在欧共体统一关税分类表中增加了一个注释。该注释的效果是，“盐渍”指用盐整个浸渍的可食用肉块，但含盐量不超过总重量的 1.2%。

在通过第 535/94 号条例后，在 1996 年至 2002 年期间，欧共体不同的海关官员将本案争议的产品（冷冻盐渍鸡块，含盐量不超过 1.2%—3%）分类为 0210 税目中的“盐渍”肉。2002 年，通过欧共体委员会第 1223/2002 号条例，欧共体委员会确定，含盐量在 1.2%—1.9% 的冷冻无骨盐渍鸡块，分类为 0207 税目的“冷冻”肉块，而非 2010 税目。2003 年，欧共体委员会第 2003/97 号决定指示德国撤销某些约束关税通告，这些通告将含盐量在 1.2%—3% 的冷冻无骨鸡块分类为“盐渍”肉，欧共体委员会决定指出这些产品应分类为税目 0207 的“冷冻”肉。2003 年 10 月，欧共体制定了第 1871/2003 号条例，税

① EC-Chicken Cuts, WT/DS286/R, WT/DS286/AB/R.

目0210中的“盐渍”这一术语指“用盐腌渍的含盐量不超过1.2%重量的可食用肉块,如果这一盐渍确保肉块的长期保藏”。这一规定也反映在欧共体第2344/2003号条例中。

泰国自1996年开始向欧共体出口冷冻盐渍鸡块,巴西自1998年开始向欧共体出口这一产品。泰国和巴西指控,欧共体通过第1223/2002号条例和第2003/97号决定,改变了关税分类,使得原来被分类为0210.90.20的产品,从价税15.45%,现在被分类为0207.41.10产品,从量税为每千克102.2欧元,并有可能按照《农业协定》第5条被采取特殊保障措施。

本案的最终问题是,欧共体的措施是否违反《关税与贸易总协定》第2条第1款(a)项和(b)项的义务。更具体地说,本案争议措施是,争议措施是否导致争议产品(含盐量不超过总重量1.2%—3%的冷冻盐渍鸡块)的待遇,低于欧共体减让表02.10税目中规定的待遇,因为这些措施对这些产品征收的税率超出了欧共体减让表中规定的税率,并有可能被采取特殊保障措施。

上述问题的解释,需要解释欧共体减让表02.10税目。欧共体减让表税目,如同世界贸易组织其他成员的减让表一样,构成了关税与贸易总协定的一个组成部分,也是世界贸易组织协定的一个组成部分。如果本案的争议产品为欧共体减让表0207税目的承诺所包括,而不被0210所包括,授予争议产品的待遇则低于欧共体减让表中规定的待遇,这样的待遇将违反欧共体根据《关税与贸易总协定》第2条承担的义务。

关键的问题是欧共体减让表0210税目中“盐渍”(salted)的含义。审理本案的专家组,根据《维也纳条约法公约》第31条和第32条制定的习惯解释规则,首先审查了“盐渍”的通常含义,包括其事实环境;接着根据上下文、嗣后做法、世界贸易组织协定和关税与贸易总协定的目的与宗旨,以及世界贸易组织协定缔结背景,审查了这一用语的解释。专家组得出的结论是,本案争议产品属于欧共体减让表0210税目项下的产品,欧共体提供的待遇低于减让表中规定的待遇。欧共体对此提出上诉。

针对这一上诉,上诉机构指出,上诉机构需要审查专家组对欧共体减让表0210税目中“盐渍”一词的解释。在审查时,上诉机构首先审查欧共体的上诉意见,然后,考虑欧共体和巴西、泰国各自提出的主张,在上下文中审查专家组的解释。上诉机构将根据世界贸易组织协定和关税与贸易总协定的目标和宗旨来审查“盐渍”一词,最后,上诉机构将解决专家组根据《维也纳条约法公约》第32条所述之“缔约背景”的分析问题;最后审查专家组对“嗣后做法”的分析。上诉机构审查后认为,对于“盐渍”一词的通常含义,没有理由改变专家组对此得出的结论,当根据事实背景考虑时“盐渍”一词的通常含义实质上表明该产品的物理特征因盐的加入而改变,"盐渍"一词所具有的多个通常含义中没有一个表明加入盐的鸡块不包括在欧共体减让表0210税目中。上诉机构还通过其他解释方法确认了这一结论。

上诉机构维持了专家组的裁决,认定"盐渍"一词的通常含义表明产品的特征是通过加盐作出了改变,无法证明加盐的鸡块不属于欧共体减让表0210的范围。欧共体关税承诺的范围并不仅仅限于适于长期保藏的盐渍产品。欧共体第1223/2002号条例和第2003/97号决定导致对本案争议产品征收超过减让表0210税目中规定的承诺关税,欧共体违反了《关税与贸易总协定》第2条项下的义务,使巴西和泰国的利益丧失或受损。

3. 欧共体信息技术产品关税待遇案①

申诉方美国、日本、中国台北指控欧共体违反了《关税与贸易总协定》第2条第1款的约束关税义务。本案涉及多种产品,包括平板显示屏、机顶盒、多功能数码复合机。根据《信息技术协定》作出的承诺修改的1994年关税与贸易总协定减让表,欧共体应向平板显示屏、机顶盒、多功能数码复合机等信息技术产品提供免税待遇。以下的分析主要围绕平板显示屏。

专家组需要裁决的基本问题是,欧共体采取的措施,是否因为导致相关进口产品享有的待遇低于欧共体减让表中规定的待遇,违反《关税与贸易总协定》第2条第1款。

该案的事实背景如下。乌拉圭回合结束后2年,在1996年举行的新加坡部长会议期间,29个世贸成员和正在申请加入世贸组织的相关国家或单独关税区通过了《信息技术产品贸易部长宣言》(即《信息技术协定》)。协定前言表达了实现信息技术产品贸易最大自由的愿望,在世界范围内促进信息技术产业持续的技术发展。协定第1段宣布每一成员的贸易体制应以促进信息技术产品市场准入机会的方式发展。第2段规定,协定参加方同意,对协定附件A列举的《协调制度》(1996年版)税目分类的产品,以及协定附件B列明的产品(无论是否为附件A所涵盖),取消《关税与贸易总协定》第2条第1款(b)项意义上的正常关税和其他税费并受此约束。第2段规定的承诺并入1994年关税与贸易总协定减让表。协定要求每一参加方向其他参加方提供书面文件,详细说明如何提供适当关税待遇,并详细列出《协调制度》税目;协定还要求每一参加方修改其减让表。协定指示缔约方解决分类中可能存在的分歧。根据协定的规定,1997年协定参加方召开了实施会议。在审查和批准过程中,参加方同意修改附件B中的产品描述,包括本争端中涉及

① European Communities—Tariff Treatment of Certain Information Technology Products (Complainant: United States, Japan and Chinese Taibei), DS375, DS376 and DS377.

的平板显示屏。经过细小的修改,大多数的协定原始参加方将其与协定相关的减让并入世界贸易组织减让表,包括合并表栏、增加注释等。在欧共体减让表中增加了这样的注释:“对于《信息技术协定》附件 B 所述产品,在本减让表没有具体规定的范围内,(GATT2.1(b)意义上的)该产品的关税及其他税费按部长宣言附件的规定,受到约束,并予以取消,无论相关产品如何分类。”由于谈判和实施中发生的诸边技术讨论的非正式性,对于协定参加方就其修改如何并入成员世贸减让表的讨论,并没有正式记录。如何处理类似的注释,并无明确规定。

乌拉圭回合结束后,欧共体在其减让表中规定了减让承诺。欧共体扩大后,欧共体于 1996 年 2 月 28 日提交另一减让表,更新了原来的关税减让和其他承诺,但直到 2010 年 3 月 19 日,欧共体东扩后提交的减让表才得到核实。1997 年 4 月 1 日,欧共体向世界贸易组织提交了意在实施信息技术产品协定的文件,通过修改其减让表实施《信息技术协定》承诺。这一减让表及时得到了核实,并于 1997 年 7 月 2 日生效。自《信息技术协定》承诺生效后,欧共体又作出了多次更改。这些更改都得到了核实,并于 1998 年 5 月 10 日生效。2000 年 2 月,欧共体提交修改方案,对其东扩后提交的减让表作出修改,并解释与《信息技术协定》相关的更改“超出”了欧共体减让表修改方案中的承诺。当欧共体减让表在 2010 年 3 月 19 日得到核实时,世界贸易组织总干事明确指出,欧共体减让表的更改不影响与《信息技术协定相关》的减让,这些减让早已得到核实。因此,本案中涉及的欧盟措施实质意义上是由于欧盟不断更新减让表造成的,更内在的问题是欧盟在更新减让表中改变产品的海关分类。

本争端各方都同意,与《信息技术协定》相关的减让构成了与本争端相关的减让。为了评估申诉方的诉求,专家组需要查明下述 3 个方面:第一,欧共体减让表给予相关产品的待遇;第二,争议措施实际给予相关产品的待遇;第三,争议措施是否导致给予相关产品的待遇低于减让表规定的待遇,更具体地说,争议措施是否导致征收的税费超出欧共体减让表规定的税费水平。

就整个平板显示器,专家组得出了下述事实性分析结论:税目 85284100 和 85285100 实施了欧共体减让表中税目 84716090 的义务。根据 CNEN2008/C 133/01,能够接收自动数据处理机之外来源信号的显示器,或者装有 DVI 等连接器的显示器,被自动从免税税目 85285100 中排除。欧共体委员会第 634/2005 和 2171/2005 号条例,同样具有将某些能够显示自动数据处理机之外来源信号的彩显从税目 85285100 的免税待遇中排除的效果。理事会第 179/2009 号条例对某些彩显和黑白显示器,中止适用税目

85285990下的关税。该中止适用至2010年12月31日。

在得出了上述结论后,专家组进一步分析欧共体的上述措施是否违反了《关税与贸易总协定》第2条的义务。作为实施《信息技术协定》的一部分,欧共体对某些信息技术产品作出了免税的减让,这一减让反映在欧共体减让表中。对于平板显示器的关税待遇,申诉方的诉求涉及欧共体减让表中的两项减让:一是作为欧共体减让表附件、属于《信息技术协定》范围的产品的减让;二是欧共体减让表税目84716090列举的减让。申诉方指控,由于没有授予相关产品免税待遇,欧共体违反了《关税与贸易总协定》第2条第1款的义务。

专家组首先审查欧共体减让表附件中平板显示器的减让范围,再审查税目84716090的范围。在确定了欧共体减让表的相关义务范围之后,专家组再审查争议措施的效果是否使落入欧共体义务范围的产品没有获得免税待遇(包括平板显示器是否属于上述减让的范围,争议措施是否超出减让水平征税,争议措施是否提供了低于减让表的待遇)。

专家组得出结论认为,对欧共体减让表附件中属于平板显示器减让范围的所有产品,必须给予免税待遇,无论它们在欧共体减让表中如何分类。欧共体2008/C 133/01条例,通过指示海关当局对相关平板显示器按税目85285910或85285990征收税率为14%的关税,要求对至少某些属于欧共体减让表范围内的产品征税,导致超出减让表水平征税,违反了《关税与贸易总协定》第2条第1款(b)项。同样,欧共体委员会第634/2005和2171/2005号条例指示海关当局对符合海关分类附件要求的产品征收14%的关税,导致对符合减让表免税豁免的某些产品征税,从而导致超出欧共体减让表规定水平征税,违反了《关税与贸易总协定》第2条第1款(b)项。

本案中,理事会第179/2009号条例正在适用,该条例暂停对上述相关产品征税。在该条例暂停对本应免税的相关产品征税的限度内,CNEN 2008/C 133/01(与海关分类一起),第634/2005号条例和第2171/2005号条例,都没有实际超出减让表征税。因而,暂停征税措施消除了欧共体对《关税与贸易总协定》2.1(b)义务的违反。如果没有这一暂停征税,欧共体的争议措施违反了该义务。然而,在暂停征税措施不适用于减让范围内的特定产品的限度内,上述措施导致欧共体违反《关税与贸易总协定》2.1(b)义务。

该案中,专家组需要进一步解决的问题是,由于上述暂停征税,欧共体是否违反《关税与贸易总协定》2.1(a)。2.1(a)要求,每一成员给予其他成员的待遇,不得低于减让表有关部分所规定的待遇。根据上述机构在阿根廷纺织品案中的解释,违反2.1(b)征税,也构成了违反2.1(a)中的较差待遇。专家组需要审查,即使在暂停征税的情况下,欧共体的争议措施是否以违反《关税与贸易总协定》2.1(a)的方式,提供较差待遇。换言之,欧共体的暂停征税措施,是否如同消除了对2.1(b)的违反一样,也消除了对2.1(a)的违反。理事会第179/2009号条例中的暂停征税措施,仅限于具体规定的特定产品,自2009年1月1日以来一直存在,但对2009年1月至3月这一期间是追溯适用。该措施将于2010年12月31日自动到期失效。第179/2009号条例是第三个对液晶显示器暂停征税的措施。第一个是理事会第493/2005号条例,2005年3月31日公布,有效期自2005年1月1日至2006年12月31日。第二个是理事会第301/2007号条例,2007年3月29日发布,有效期自2007年1月1日起。该条例将前一条例中的暂停征税规定延长至2008年12月31日。第三个也是最近的是理事会第179/2009号条例,2009年3月公布,追溯适用至2009年1月1日。这一措施扩大了暂停征税的范围,并仍然有效,是专家组审查范围的一部分。

专家组认为,暂停征税的适用做法表明,现在实施的暂停征税这一制度虽每2年延续一次,但到期自动失效,而不能自动延期。只能由理事会正式通过新的理事会条例,才能延长暂停征税或修改暂停征税。这些措施在欧盟官方公报上正式公布之前没有效力。根据这3项措施适用的暂停征税,对于2005年、2007年和2009年1至3月都是追溯适用。专家组认为,虽然对液晶显示器进口暂停征税已经5年多,但暂停征税在性质上不是永久的,需要进行正式的延长或修改。此外,实施自动暂停征税的本案争议措施(及以前的措施),没有规定具体的撤销或不再延长的条件。因而,在某一时间实施的暂停征税可能会失效、废除或修改,扩大或缩小其范围。在欧共体委员会正式废除之前,欧共体关税税则一直有效。这一税则规定的待遇,不依赖于任何更新或延长,这与现有的暂停征税措施不同。考虑到持续关税待遇对贸易商提供预期性,这种区别是一重大区别。欧共体关税税则提供的关税待遇是面向未来的,与现有暂停征税措施的追溯性不同。因此,专家组认为,暂停征税措施没有消除对《关税与贸易总协定》2.1(a)义务的违反,因为它对竞争仍然有潜在的损害效果。

第十章
世贸规则与产业链

一、世贸规则与产业链概述

朋友通过微信向我转发了一个信息,我很感兴趣。我又在互联网上找到了出处。[①] 文章的题目是:《如何在一周内摸清一个行业》。其中一部分是这样写的:“一默是恒嘉智略咨询有限公司的创始人,《销售无处不在》的作者。他说:‘了解一个行业’这件事本身不太可能快速完成。不过,如果我们只是想摸清楚最基本的情况,我们可以通过问对几个关键问题着手。这些关键问题围绕着一个根本问题:这个行业的链条是如何运转起来的?(1)这个行业的存在是因为它提供了什么价值?(2)这个行业从源头到终点都有哪些环节?(3)这个行业的终端产品售价都由谁分享?(4)每个环节凭借什么关键因素,创造了什么价值获得它所应得的利益?(5)谁掌握产业链的定价权?(6)这个行业的市场集中度如何?”文章还提到《重构》的译者,在 IT 咨询公司 ThoughtWorks 已经工作 8 年的熊节,他的观点是:快速了解一个行业不是为了显示自己的学习能力,而是为了使自己的专业技能在这个行业中得到运用。所以关键在于把你自己的专业、技能、知识、经验和这个行业的情况相结合,提出一点别人没有提过的东西。

上述提到的有关产业链条的 6 个问题,以及将自己的专业技能运用于行业的观点,对于世贸规则与产业关系,不也是适用的吗?我们可以换个角度来提问:世贸规则是如何影响上述 6 个问题的?世贸规则这一知识如何在产业中应用?

世界贸易组织规则,既是贸易规则,又是产业规则,其范围不同程度地涵盖了我们通常所说的供应链的各个方面。我们从供应链的角度进一步分析

---

① 彭萦:《如何在一周内摸清一个行业》,http://www.douban.com/note/276851167/,2013 年 8 月 15 日访问。

世贸规则,对于我们所说的产业保护是非常有意义的。

根据百度百科提供的定义,供应链(Supply Chain)是围绕核心企业,通过对信息流、物流、资金流的控制,从采购原材料开始,制成中间产品以及最终产品,最后由销售网络把产品送到消费者手中的将供应商、制造商、分销商、零售商、直到最终用户连成一个整体的功能网链结构模式。[①]

美国竞争管理大师迈克·波特在其《竞争优势》一书中提出了价值链的概念,并由此展开对企业竞争优势的分析。波特指出,竞争优势来源于企业在设计、生产、营销、交货等过程及辅助过程中所进行的许多相互分离的活动。每一个企业都是用来进行设计、生产、营销、交货以及对产品起辅助作用的各种活动的集合。每一个企业的价值链都是由以独特方式联结在一起的九种基本的活动类别构成的。企业基本价值链包括 5 种基本活动、4 种辅助活动。前者包括内部物流、生产经营、外部物流、市场销售和服务,后者包括企业基础设施、人力资源管理、技术开发和采购。[②]

世界贸易组织内部多使用“全球价值链”这一概念。这是建立在企业价值链概念基础上的一个概念。它包括了从概念形成、经由不同生产阶段向最终消费者以及最终处理者提供产品或服务的整个经济活动。[③] 无论是上述供应链还是价值链,实际上都是从企业的角度,对企业活动的细分。功能或者活动,是这一分类的基础。这一细分,是以某一产品为基础的,是以产品为核心的活动或功能细分。从产业划分的角度看,上述企业的每一功能或活动,产品的每一生产或销售过程,实际上都构成了一个独立的产业。链条之间的企业也因此构成产业链。因此,供应链或价值链,对于我们分析产业是合适的,可借鉴的。

从主体上看,供应商、制造商、分销商、零售商和客户,构成了供应链的 5 个基本要素。这 5 个基本要素,与贸易规则有着密切关系。这些主体从事的设计、生产、流通和消费,构成了经济活动的四大类型。

世贸规则规范的措施,可以从不同角度进行分类。就关税与贸易总协定来讲,按是否涉及税费,可以分为税费措施与非税费措施。《关税与贸易总协定》第 2 条的海关税费、第 3 条第 2 款的国内税费、第 8 条的进出口规费,贸

---

① http://baike.baidu.com/view/3235.htm, 2012 年 12 月 8 日访问。

② 〔美〕迈克·波特:《竞争优势》,陈小悦译,华夏出版社 2005 年版,第 33—35 页。

③ A value chain is defined as the full range of activities which are required to bring a product or service from conception, though the different phases of production (involving a combination of physical transformation and the input of various producer services), delivery to final consumers, and final disposal after use. See, Albert Park, GauravNayyar and Patrick Low, *Supply Chain Perspectives and Issues: A Literature Review*, p. 43.

易救济措施的税费,补贴意义上的财政资助,都是直接的税费措施。有一些措施虽然不是直接税费措施,但与此相关,如海关估价、进出口。另一类是非税费措施,或者直接称为数量限制措施。凡是以各种方式限制进出口数量的措施,都可以归到这一类。例如,《关税与贸易总协定》第11条的数量限制措施,包括配额、进出口许可等。另有一些规则调整数量限制措施的实施,如《关税与贸易总协定》第12条至第15条涉及数量限制措施的实施理由及实施方式。还有一些规则是综合型的,如最惠国待遇、国民待遇、原产地规则、技术壁垒协定等,既可适用于税费,也可适用于非税费措施。乌拉圭回合谈判形成的其他货物贸易规则,都可以据此分门别类地划分。

《与贸易有关的知识产权协定》,实质上是普遍适用于各种产品的协定,也是普遍适用于各种活动的协定。因此,貌似无关,实为至关重要。简单地说,既影响农产品,也影响工业品,还影响服务贸易;既涉及设计,也涉及生产、流通和消费。因此在考虑某一产品或产业时,必须当然地考虑到知识产权协定。

《服务贸易总协定》调整服务贸易,而服务贸易与农产品、工业产品的生产、流通和消费有着密切的关系,是原来这两大类产业活动的细分和独立。因此,从某种意义上说,它并不能独立于工农实业部门。例如,银行是提供金融服务的,而企业的生产离不开金融服务。但是,服务一旦独立,就具有了自己的存在和特征,产生了独立的相关规则来约束规范。在考虑服务业时,既要考虑到它与其他产业的联系,又要考虑到调整它的独立规则。从调整手段上说,《服务贸易总协定》也离不开税费和数量限制这两手。由于《服务贸易总协定》目前更关注于市场准入,因此数量限制这一方面更突出一些。

基于上述考虑,我们通过解构供应链来分析世贸规则。由于世贸规则首先是一套贸易规则,我们先从流通领域开始分析。

二、流通与世贸规则

我们把流通界定为产品在不同主体间的流动交换过程。企业内部也存在内部流通问题,但由于不涉及交易,不予考虑。另外,我们通常所说的流通,是货物贸易意义上的流通。因此,此处也按照传统做法介绍、分析货物流通。

世贸规则将流通分成两类,一类是成员间的流通,即传统意义上的国际贸易,另一类是成员境内的国内市场中的流通。前者以关税为代表,后者以国民待遇义务为代表。关税实行约束关税制度,即每一成员按照多边贸易谈判中作出的关税减让水平来征税,不得超出减让水平征收正常关税,给予其他成员贸易的待遇也不得低于减让表中规定的待遇。成员减让表中可能既规定了承诺减让水平,也规定了其他条款、条件或限制,如关税配额。如果进口成员想修改减让表,则需要与因该修改有利害关系的其他相关成员进行谈判,达成新的减让平衡。关税同盟的产生或扩大也导致修改减让表,欧盟扩大就存在这样的情况。贸易救济措施所实施的关税,被称为特别关税,与正常关税相对,构成正常关税的例外。

海关估价是关税制度的组成部分。在根据产品价格征收从价税时,在税率受到约束的情况下,征税所依据的产品价格(完税价格)多少直接关系到关税负担。因纳税人与海关当局的利益冲突与博弈以及信息不对称,需要制定一个统一的海关估价规则,也只有统一的、公平的和中性的海关估价规则才可以确保执行中更大的统一性和确定性,确保约束关税制度的有效实施。《关税与贸易总协定》第 7 条规定了海关估价的基本规则,乌拉圭回合达成的《海关估价协定》进一步阐述了这些基本规则。根据这些规则,确定完税价格的首要依据是进口贸易中独立的成交价格。该成交价格需要符合海关估价规则的要求。如果完税价格不能基于成交价格确定,则可依次使用下述价格来确定完税价格:与被估价货物同时或大约同时出口销售至相同进口国的相同货物的成交价格;与被估价货物同时或大约同时出口销售至相同进口国的类似货物的成交价格;与被估价货物同时或大约同时进行的售予与销售此类货物无特殊关系的买方的最大总量的进口货物或相同或类似进口货物的单位价格;根据生产成本、利润等合理确定的价格。

进口许可程序直接影响着进口货物是否有资格准予进口,是影响贸易自由化的重要因素之一。进口许可具有双重性。一方面,进口许可程序对于管理国际贸易是必要的,另一方面进口许可程序的不当使用可能阻碍国际贸易的流动。正是基于这种认识,为了将进口许可程序对国际贸易的阻碍作用减少到最低程度,更公正、透明地实施进口许可程序,乌拉圭回合谈判达成了《进口许可程序协定》。该协定将进口许可程序分为自动许可和非自动许可。自动进口许可,指所有情况下都批准的许可程序,对所有申请人的资格要求是同等的,且收到申请后立即批准。除自动进口许可之外的进口许可,均为非自动进口许可。非自动进口许可,可用于进行数量或价值限制、配额分配、供应国之间的分配。协定在透明度、申请资格、考虑因素、审批期限、使用方式等方面,都作出了相应规定。

进口国对农产品的卫生与植物卫生要求、对农产品和工业品的技术规章要求,是进口产品得以进入进口国的前提条件。世界贸易组织规则及上诉机构都承认世界贸易组织成员有管理贸易的权利,只要这些要求符合世界贸易组织规则。根据《实施卫生与植物卫生措施协定》附件 A 的定义,卫生与植物卫生措施包括所有相关法律、法令、法规、要求和程序,特别是包括最终产品标准、工序和生产方法、检查、认证和批准程序,检疫处理,有关统计方法、抽样程序和风险评估方法的规定,以及与粮食安全直接有关的包装和标签要求。按《技术性贸易壁垒协定》,技术法规,是规定强制执行的产品特性或其相关工艺和生产方法、包括适用的管理规定在内的文件。该文件还可包括或专门关于适用于产品、工艺或生产方法的专门术语、符号、包装、标志或标签要求。标准,指经公认机构批准的、规定非强制执行的、供通用或重复使用的产品或相关工艺和生产方法的规则、指南或特性的文件。该文件还可包括或专门关于适用于产品、工艺或生产方法的专门术语、符号、包装、标志或标签要求。进口国在制定和实施相应规则时,要充分考虑管理手段与针对风险、合法目标之间的关系,要有科学的证据,同时不得存在歧视性做法。

货物在国内流通领域中适用的规则,主要是《关税与贸易总协定》第 3 条的国民待遇要求。在进口产品与国内产品属于同类产品的情况下,进口产品的税费不应高于国内同类产品的税费;在进口产品与国内产品属于直接竞争或替代产品的情况下,对进口产品的税费不得用于对国内生产提供保护。此处的税费,包括了货物入关之后在国内流通中产生的由政府措施征收的所有税费,包括国内税和管理费。在影响进口产品的国内销售、许诺销售、购买、运输、经销或使用方面的法律、法规和要求方面,给予进口产品的待遇,不得低于国内同类产品的待遇。更进一步的分析,可参见国民待遇与产业保护一章。

原产地要求,既可以适用于货物入关之时,也可以适用于货物在国内市场流通之时。《关税与贸易总协定》第 9 条"原产地标记"主要规定的是边境措施要求。一成员在原产地标记方面给予其他成员的待遇不得低于其他任何第三国同类产品的待遇,即最惠国待遇。同时,进口国的原产地标记要求,在适当注意保护消费者不受欺骗性或误导性标记损害的必要性的同时,对出口国的贸易和产业可能造成的困难和不便应减让到最低的程度。《关税与贸易总协定》第 9 条已经提到了地理名称的保护问题,这在《与贸易有关的知识产权协定》中进一步得到了强化。乌拉圭回合达成的《原产地规则协定》,并没有就原产地规则达成实质性规则,而只是号召要在近期达成这种规则,但这一号召到现在为止也没有实现。原产地要求,可以作为技术规章要求的方式,在国内流通市场中适用。只要不产生进口产品与国内产品间的歧视、损害进口产品的竞争机会,这类原产地要求是允许存在的。

《关税与贸易总协定》第17条是有关国营贸易企业的规定,对国营贸易企业的经营方式提出了要求。乌拉圭回合达成的《关于解释关税与贸易总协定第17条的谅解》,进一步澄清了有关透明度的要求。根据这些要求,在涉及进出口的购买和销售方面,国营贸易企业应当与私营贸易商一样遵循非歧视待遇的一般原则。国营贸易企业应当按照商业因素,包括价格、质量、供应度、销售性、运输和其他购销条件,进行购买或销售,并按照商业惯例给予其他成员的企业参与此类购买或销售的充分竞争机会。国营贸易企业从事的是进出口业务,国营贸易企业是非生产商企业,为了进出口,其必须进行相关货物的采购或销售。在这一意义上,国营贸易企业经营方式的要求,既涉及边境措施,也涉及国内市场。无论是产品的进口或出口,相关产品享有的机会应当是平等的、非歧视性的。否则,国营贸易企业很可能成为贸易保护或产业保护的工具。

出口补贴可能是流通领域中影响比较大的一项措施。由于出口补贴直接将出口业绩作为是否给予补贴的条件,直接影响国际贸易流向,被《补贴与反补贴协定》规定为禁止性补贴。该协定附件还专门列举了出口补贴示例清单。了解这一清单,对于我们政策制定和实施,是非常有帮助的。在这一问题上,不要自撞枪口。

《补贴与反补贴协定》附件1出口补贴示例清单,提供了构成出口补贴的12项示例,有些比较容易理解,有些还需要进一步的解释。概括如下:(1)政府视出口业绩对公司或产业提供的直接补贴。(2)涉及出口奖励的货币保留方案或任何类似做法。(3)政府提供的或要求的出口货物的国内运输和运费条件比国内货物运输和运费条件优惠。(4)政府或政府机构直接或间接提供的生产出口产品所使用的进口产品或国内产品或服务,提供条件优于出口商在世界市场可以获得的条件,且比提供国内生产或消费所使用需要的同类或直接竞争产品的条件优惠。(5)与出口有关的直接税或社会福利费用的全部或部分免除、减免或延期,无论是工商业已付或应付的。(6)计算直接税税基时,与出口或出口业绩相关的特殊扣抵额,超出为国内消费生产所扣除的额度。(7)对出口产品的出口和经销,间接税免除或减免的额度,超出了同类产品生产和分销用于国内消费销售时征收的数额。(8)在对用于生产出口产品的货物或服务征收前阶段累积间接税时,免除、减免或延期的数额,超过了供国内消费而销售的同类产品生产中所使用的货物或服务的同类间接税的免除、减免或延期数额。(9)进口费用的减免或退还,超过生产出口产品过程中消耗的进口投入物所收取的进口费用。(10)政府提供的出口信贷担保或保险计划,针对出口产品成本增加或外汇风险计划的保险或担保计划,保险费率不足以弥补长期营业成本和计划的亏损。(11)政府提供的出口信贷利率低于使用该项资金实际应付的利率,或为出口商或其他金融机构支付在获取出口信贷过程中所产生的全部或部分费用。(12)构成出口补贴的公共账户收取的任何其他费用。

三、生产与世贸规则

《关税与贸易总协定》第3条第4款要求,影响进口产品在国内销售、许诺销售、购买、运输、经销和使用方面的法律法规和要求方面,进口产品的待遇不得低于国内同类产品享有的待遇。如前所述,这一条款明显与市场流通相关。但是,此处的"使用"却是一个范围很广的概念,它指进口产品的使用,而非专指消费者的使用或生产商的使用或其他人的使用。因此,它包括了生产商的使用,包括在进口产品在生产商的生产过程中用作原材料或生产投入的使用。这显然与生产更相关。国内含量、国产化率,是这一类型常见的被认定违法的措施。

《关税与贸易总协定》第3条第5款的规定,有点类似第3条第4款,但它更特定、更有针对性、更涉及生产。按该款规定,要求以具体数量或比例进行产品混合、加工或使用的数量管理规章,不得直接或间接要求作为管理对象的任何产品的特定数量或比例由国内来源供应,且不得以对国内生产提供保护的方式进行数量管理、保护国内产业。第3条第7款进一步要求,以具体的数量或比例进行产品的混合、加工或使用的数量管理规章,不得在外部供应来源方面分配特定数量或比例的方式实施。此处的"国内供应来源"、"外部供应来源"分别指国内供应商和国外供应商。对产品的混合、加工或使用的数量管理,显然是对生产的数量管理。第3条第5款提出了两方面的要求:第一,生产所需要的投入,不应限制在国内供应来源;第二,数量管理不能对国内生产提供保护。国内读者较为熟悉的国产化率,可能属于这一方面的调整范围。

《关税与贸易总协定》第3条调整的对象是与产品相关的措施,《与贸易有关的投资措施协定》调整的对象则是与企业相关的措施。后者是与生产直接相关的协定。该协定禁止成员要求企业购买或使用特定产品或特定来源产品,包括按照特定产品、产品数量或价值,或按当地生产所占的数量或价值比例提出这类要求;禁止成员要求企业购买或使用的进口产品限制在一定水平的价值或数量。该协定还禁止成员限制企业进口用于当地生产的产品或与当地生产有关的产品,或将进口的数量限制在当地产品出口数量或价值相关的水平;禁止成员要求企业按其外汇收入水平使用外汇,从而限制企业对于当地生产的产品进口或与当地征税相关的产品进口;禁止成员限制企业出口或供出口的销售,无论是按产品类型、产品数量或价值确定,还是按照当地产品的数量或价值占比确定。

《农业协定》规定了免予削减的国内支持项目(绿色补贴)。这些补贴都不得具有对生产者提供价格支持的作用,政府提供的服务不得涉及对生产者或加工者的直接支付。在允许提供的收入支持中,必须与生产类型或生产数量、生产要素脱钩。据此,我们在说《农业协定》允许对生产者进行国内补贴时,该补贴的方法是有限制的。

《技术贸易壁垒协定》第 1 条第 4 款规定,政府机构为其自己生产或消费要求所制定的采购规则,不受该协定的约束,而应根据《政府采购协定》的范围由该协定处理。这一规定为没有参加《政府采购协定》的成员提供了一定的自由。

《反倾销协定》调整的是企业倾销造成进口国国内产业损害的问题。倾销,简单地讲,指出口价格低于正常价值。因此,这是一个流通领域里的问题。但是,出口价格与正常价值的比较,实际是产品出厂价的比较。因此,生产成本在确定倾销中占有核心地位。生产成本的相关信息及保存,对于反倾销调查至关重要,因而也对产业保护具有重要作用。

《补贴与反补贴协定》对生产影响比较大。除出口补贴直接以出口业绩为条件提供补贴、可以归为流通领域外,其他类型的补贴基本上都和生产相关。例如,进口替代补贴,视使用国产货物而非进口货物的情况作为提供补贴的条件。根据协定的性质和适用范围(仅适用于对某些企业或产业的专向性补贴),此处的"使用"主要是指企业使用国产货物而不使用进口货物。它不是对进口产品用途的直接限制,也不是对消费者使用进口产品的限制,因而与《关税与贸易总协定》第 3 条第 4 款中的"使用"有所不同。

从补贴的定义中可以看出,财政资助主要包括三种方式:第一,政府拨款、贷款和投资、贷款担保;第二,免税或其他财政刺激;第三,政府提供一般基础设施外的货物或服务,或购买货物。而协定所适用的补贴仅指专向性补贴,即授予某一企业、产业或某些企业或产业的财政资助。根据《补贴与反补贴协定》对反补贴税的定义,反补贴税指为抵消任何商品的制造、生产或出口给予的直接或间接补贴而征收的一种特别税。[①] 生产、制造和出口补贴均包括在内。上文已经指出,出口补贴为适用于流通领域的禁止性补贴。针对研

---

① 《补贴与反补贴协定》脚注第 36。

发的补贴原来属于不可诉补贴，即允许类补贴，但这一规定已经失效，研发补贴从而失去了“不可诉”这一护身符，变成可诉补贴。研发补贴更接近于生产补贴，而不是流通补贴。此外，反补贴措施是对受到损害的国内产业提供的一种救济，直接与国内生产相关。

《保障措施协定》提供了针对国内产业损害的一种紧急救济手段。与反倾销或反补贴措施关注价格影响不同，构成保障措施损害因素的，除进口增加的比率、数量和份额外，要考虑国内产业的销售水平、产量、生产率、设备利用率、利润和亏损及就业的变化。

四、服务供应链

一般认为，服务的一个特点是服务的提供与消费同时进行。但实际上，有些服务也要持续一段时间，例如银行的储蓄和贷款。与有形货物的生产和流通分离不同，《服务贸易总协定》将服务提供界定为包括了服务的生产、分销（经销）、营销、销售和交付所有环节。[①] 这表明，《服务贸易总协定》调整的服务范围包括了这五个环节或方面，其所设定的权利义务也包括了这些内容。从部门上讲，《服务贸易总协定》涵盖的服务包括了除行使政府职权提供服务之外的任何部门的任何服务。同时，影响服务贸易的措施，包括下述相关措施：服务的购买、支付或使用；服务的获得和使用；为提供服务需要的存在，包括商业存在。这些规定表明，服务提供包括产、供、销，包括了购买、消费或使用。换言之，服务本身就包括了一个完整的供应链。

《服务贸易总协定》调整服务贸易的重大特点，是按四类服务贸易方式来规范，同时按部门承诺来要求（服务部门就是产业部门）。各成员在作出市场准入和国民待遇承诺时，均按照上述模式进行。所以，货物生产和交易中通常存在的供应链所带来的区别，对于服务贸易来说，可以说是不存在的。一提及服务提供，就包括了服务的生产、分销、营销、销售和交付；一提及某一服务部门，对于具体承诺来说，就指减让表中列明该项服务的一个、多个或所有分部门，其他情况下，则指该整个部门，包括所有的分部门。[②]

但相对于制造业来说，服务业又构成了供应链上的一个环节。历史地看，服务业从制造业的附属部门分化成一个独立的产业部门，由此导致制造部门的“服务化”。例如，制造部门产品的流通，原来属于制造部门，现在则独立成为作为服务业的流通部门。生活中存在的产品生产、经销相分离，生产

① 《服务贸易总协定》第28条，服务提供定义。

② 《服务贸易总协定》第28条，服务部门定义。

厂家与销售商家之间不存在控制关系或投资关系,就是服务业独立的表现。看看周围的大卖场、大超市、大连锁店,注意一下各种媒体上报道的商家对厂家产品入场提出的苛刻条件,就能深刻认识到制造业与服务业的关系:独立、依赖、配合、冲突。这也是导致企业纵向一体化发展的原因。

因此,《服务贸易总协定》的谈判、签署、批准、适用,是对服务业独立性、重要性的肯定。从农业、制造业、服务业这三大产业分类看,服务贸易规则是对产业发展趋势、形态的反映和规范。从设计、生产和流通看,服务贸易规则是对产业链、供应链的补充和完善,是对产品贸易规则的补充和完善。如果没有服务贸易规则,在服务业发展壮大的今天,货物贸易、服务贸易都会因缺乏规范、缺乏可预测性而受到限制和影响。电子商务在人们生活中的作用,当当网、淘宝网、天猫商城、京东商城提供的服务,既扩大了产品销售,也方便了人们生活。

承认服务贸易的重要性,承认服务部门的重要性,不是否定货物贸易、否定制造部门,而是在承认独立性的基础上承认它们之间的密切联系和互动。也正是在这一意义上,不能忽视、必须重视服务贸易规则对供应链的影响、对货物贸易的影响。在美国诉中国出版物案件中,争议双方对"经销"的法律含义产生分歧。中方主张仅指货物经销,美方主张应包括电子经销(网络经销)。两种不同的解读,既影响中国承担义务范围的宽窄大小,也影响美国产品的市场机会。货物经销是国人对经销这一术语的传统解释,更倾向于归于货物贸易的范畴。但网上经销,改变了传统经销形态,属于典型的服务贸易范畴,相当于延长了供应链。在这一案件中,世界贸易组织专家组和上诉机构支持了美国的解释。这一结果,极大地改变了我们对产品、货物、服务、产业的理解。

五、设计、生产、流通与《知识产权协定》

《知识产权协定》在其他知识产权国际公约的基础上,进一步规定了版权、商标、地理标识、工业设计、专利、集成电路、未披露信息的保护。这些知识产权权利,既适用于货物也适用于服务,既涉及产品的生产、销售、使用,更涉及产品的设计,直接影响着企业、产业的保护和发展。从产业链的角度说,这是第一链,更是创新经济的最重要的一链。知识产权保护的基本原则、目标和宗旨是保护创新。

被《知识产权协定》纳入的保护版权的《伯尔尼公约》和保护商标与专利权的《巴黎公约》,是知识产权国际保护的最基本规则。这两项公约为促进知识产权的国际保护规定了国民待遇原则、独立原则、(专利商标)优先权原则以及(版权)自动保护原则,但相应知识产权权利的内容却不一致。《伯尔尼公约》中列举了作品作者享有的经济权利和精神权利,而《巴黎公约》却无对权利内容的规定。基于这种情形,《知识产权协定》扩大了版权权利的范围,包括了数据汇编权利、计算机程序和电影作品的出租权利;对于专利权和商标权,则分别规定了这两种知识产权权利的内容。

《知识产权协定》第16条规定了注册商标所有人权利。注册商标的所有者享有专有权(排他权),有权阻止所有第三方未经其同意在贸易过程中在与已注册商标的货物或服务相同或类似的货物或服务上使用相同或类似标记,如此类使用会导致混淆的可能性。《知识产权协定》第28条规定了专利权人权利。专利权所有人享有下列专有权利(排他权利):(1) 如专利客体是产品,防止第三方未经其同意进行制造、使用、标价出售(许诺销售)、销售或为这些目的进口该产品的行为;(2) 如专利客体是方法,有权防止第三方未经其同意而使用该方法的行为,并防止使用、标价出售、销售或为这些目的进口至少是以该方法直接获得产品的行为。专利权人还有权转让或以继承方式转移其专利并订立许可合同。在这里,专利权人的权利涵盖了制造、销售(包括许诺销售)、进口以及使用权能,从根本上阻止了竞争者在专利权所在市场的竞争。从产业角度说,就专利技术产品而言,专利权人垄断了这一产品的生产、流通和消费,是对从事该产品生产这一产业的垄断;就专利方法而言,从工艺和技术上垄断了相关产业。从专利权人占领市场来说,拥有专利权是不战而胜,其对第三人的排他权受到了法律的长期保护。从第三人或竞争者角度说,进入相关市场的法定壁垒几乎不可逾越。只有创造新产品或新方法,才可以绕开或突破专利权造成的壁垒。

《知识产权协定》还规定了地理标识、工业设计、集成电路布图设计、未披露信息权利人的相应权利。对于地理标识而言,成员政府应向利害关系方提供法律手段制止下列行为:在货物标志或说明中使用任何手段标明或暗示所涉货物来源于真实原产地之外的地理区域,从而在该货物的地理来源方面误导公众;构成不公平竞争行为的任何使用,包括下列情况:(1) 采用任何手段对竞争对手的企业、商品或工商业活动造成混乱的一切行为;(2) 在经营商业中利用谎言损害竞争对手的企业、商品或工商业活动的信誉;(3) 在经营商业中使用会使公众对商品的性质、制造方法、特点、使用目的或数量发生混乱的表示或说法。地理标识对农产品保护特别有作用,并可能对其他商品的商标产生不利影响。地理标识适用于流通领域,在货物标志或说明方面对其他产品的竞争产生了不利影响。

受保护的工业设计所有权人,有权阻止第三方未经其同意为商业目的生产、销售或进口所载或所含设计是受保护设计的复制品或实质上是复制品的物品。未经集成电路布图设计权利人授权,下述行为非法:为商业目的进口、销售或分销受保护的布图设计、含有受保护的布图设计的集成电路,或含有此种集成电路的物品,只要该集成电路仍然包含非法复制的布图设计。工业设计所有权人的权能,包括了进口、销售和分销(经销),适用于流通领域。其对产品的保护范围呈现系列性:布图设计、含有布图设计的集成电路、含此种集成电路的物品。这种保护方式真正保护了一种产品链或产业链。知识产权的保护力度由此可见。

未披露信息,在国内常称为商业秘密。对于未披露信息,自然人和法人应有可能防止其合法控制的信息在未经其同意的情况下,以违反诚实商业行为的方式向他人披露,或被他人取得或使用,如果该信息是秘密的、因秘密而具有商业价值且该信息的合法控制人采取了合理的步骤保持其秘密性。未披露信息的危险在于非法或不诚实披露,造成商业价值的丧失或受损。从内容上讲,未披露信息不限于生产信息,也包括销售信息、研发信息等。

《伯尔尼公约》直接规定了文学、艺术作品的作者享有的经济权利和精神权利。但精神权利没有被纳入《知识产权协定》中。这突出了版权的商业性质,体现了世界贸易组织规则作为商业规则的特征。作者的经济权利包括复制权、翻译权、公开表演权、广播权、朗诵权、改编权、录制权、电影权、追续权。经济权利的保护期限,一般文学艺术作品为作者有生之年加死后50年。版权包括了生产和销售两个方面。未经作者许可,他人不得复制(生产)、发行出售。

知识产权是一种消极权利,是专有权(排他权),核心不在于自己使用,而在于阻止他人未经许可使用。因此,知识产权具有法定的固有的排除竞争的性质。这也是西方发达国家重视、强化知识产权保护的原因。产业技术越发达,产品技术含量越高,知识产权的作用就越大。

知识产权保护对流通领域的影响最大。它不仅影响国内市场,还影响进出口特别是进口。许多类型的知识产权本身都含有禁止他人进口的权能。同时,《知识产权协定》既规定了一般的侵权救济措施,还特别规定了边境保护措施。涉及知识产权侵权的进口货物被阻止进入国内商业渠道。被发现侵权的货物被清除出商业渠道或被销毁,制造侵权货物的材料和工具被清除出商业渠道。各国司法机关有权对涉嫌知识产权侵权的货物采取临时措施。

如果有正当理由怀疑进口货物侵犯知识产权,特别是假冒商标或盗版货物,经权利人向司法机关请求,海关可中止放行该货物进入自由流通。中止放行的期限是10个工作日。如果根据非司法机关或其他独立机关作出的裁决,海关对涉及工业设计、专利、集成电路或未披露信息的货物中止放行进入自由流通,在中止期限届满而未采取临时措施的情况下,货物所有人、进口商或收货人可交纳保证金要求放行货物。

因此,概而言之,《知识产权协定》保护了创新。这种保护创新是通过确立知识产权权利、保护知识产权权利而实现的。民事、行政、刑事、海关措施的综合实施,使《知识产权协定》根本不同于以往的知识产权保护公约,同时它又涵盖了以往的知识产权公约的根本性规定。从设计到生产到流通,这一知识产权协定囊括了整个产业供应链,是产业保护的重招和先手。

第十一章
美国外贸制度中的产业保护

一、积极的贸易救济措施

美国一般不直接使用“产业政策”一词，更喜欢用“产业部门”一词。美国贸易代表办公室网站，在贸易议题下项列出了许多美国政府关注的产业。欧盟委员会设有独立的企业与产业司，其使命是促进企业的友好发展框架，制定产业政策。相对来讲，美国和欧盟的产业/部门政策更侧重市场机会公平、企业创新与竞争。美国使用贸易规则，将世贸组织规则用到极致，最大限度、最大可能地保护美国产业。

在进口方面，美国产业保护的特点是充分利用贸易救济措施，将其利用到最大限度。仅是倾销幅度的归零计算方法，在多次被上诉机构裁决违法的情况下，依然想尽办法寻求维持该方法的任何理由。美国的伯德修正案，通过将反倾销税返还给支持提起反倾销调查的企业的方法，来诱导企业提起或支持反倾销调查申请。美国国会于 2012 年修改了其反补贴规则，对所谓非市场经济国家适用反补贴措施。

1. 层出不穷的归零措施

归零，是欧美原来在反倾销调查中计算倾销幅度所使用的一种方法。简单地说，在计算倾销幅度时，无论是分组计算还是按型号计算，在汇总比较结果时，正常价值低于出口价格（二者之差是负值，没有倾销）的交易、型号或组别，不予统计，而只统计正常价值高于出口价格的部分，这一方法就是归零法，即将负值归零。使用归零方法的结果是提高了倾销幅度，或增加了倾销的可能性。

欧盟也使用过归零方法。但在印度和巴西分别诉欧盟归零被争端解决机构裁决违法后，欧盟终止了这一做法。与欧盟不同，美国一直使用归零方法计算倾销幅度，而且在争端解决机构裁决归零违法后，仍然变换花样使用归零方法。这些花样包括型号归零、简单归零、原始调查归零、行政复审归零、日落调查归零、新出口商调查归零、定期复审归零等等。

在加拿大诉美国第五软木案（DS264）中，上诉机构维持了专家组的裁决，在原始调查中，在加权平均正常价值与加权平均出口价格的比较中，使用归零方法违反了《反倾销协定》2.4.2第一句。在该案执行程序案中，专家组裁决归零方法用于交易对交易的比较中是允许的，上诉机构推翻了这一裁决，认为在交易对交易比较中也不允许归零方法。

在欧盟诉美国归零案（DS294）中，欧盟指控归零方法本身及其适用。上诉机构推翻了专家组的裁决，裁定在行政复议程序中，美国使用的归零方法违反《反倾销协定》第9条第3款和《关税与贸易总协定》第6条第2款，因为反倾销税超过了倾销幅度。上诉机构同时裁定归零方法本身，尽管没有以书面形式存在，但已经成为一种规范，可以根据争端解决机制对其进行指控。在该案执行程序中，上诉机构推翻了专家组的裁决，裁定在日落审查中使用归零方法违反了《反倾销协定》第11条第3款。

在日本诉美国归零案（DS322）中，上诉机构推翻了专家组得出的原始调查中在交易对交易比较基础上使用归零方法不违反《反倾销协定》的结论，由于美国的归零方法无视某些比较结果、人为扩大倾销幅度，违反了《反倾销协定》2.4.2中的公平比较要求。在定期复审和新出口审查中使用归零方法，上诉机构推翻了专家组作出的不违法的裁决，并裁定归零方法违反了《反倾销协定》第9条第3款和第5款以及《关税与贸易总协定》第6条第2款。在执行程序案中，上诉机构维持了专家组作出的美国没有执行争端解决机构裁决和建议的裁决。

在泰国诉美国温水虾案（DS343）中，专家组裁决美国使用归零方法违反了《反倾销协定》2.4.2。

在厄瓜多尔诉美国温水虾案（DS355）中，专家组裁决在原始调查中通过加权平均对加权平均比较中使用归零方法，违反了《反倾销协定》2.4.2第一句。

在墨西哥诉美国不锈钢案（DS344）中，墨西哥对美国的归零方法本身及其适用提出指控。上诉机构推翻了专家组的裁决，裁定行政复审中归零方法本身违反《关税与贸易总协定》第6条第2款、《反倾销协定》第9条第3款，因为征收的反倾销税超过了倾销幅度。

在欧盟诉美国持续使用归零案（DS350）中，欧盟指控在18个案件中美国继续使用归零方法，并指控美国作出的52项决定，包括37项周期审查决定、11项日落审查决定和4项原始调查决定。上诉机构推翻了专家组的裁决,裁定美国的归零做法构成了一种持续性行为,可以指控,并裁定建立在归零方法基础上的反倾销税违反《反倾销协定》第 9 条第 3 款和《关税与贸易总协定》第 6 条第 2 款。

在巴西诉美国橙汁案(DS382)中,巴西指控美国在行政复议中使用归零并在连续的反倾销程序中继续使用归零。专家组基于欧盟诉美国持续使用归零案中上诉机构的裁决,裁定美国使用归零违法。

在泰国诉美国宠物袋案(DS383)中,专家组裁决美国在计算倾销幅度时使用归零方法违反了相关义务,因为没有基于整个相关产品来确定倾销幅度。在该案中,由于之前存在多个有关归零的裁决(包括上诉机构一贯认为归零违法的裁决),争议双方达成了加速争端解决程序的协议,双方同意专家组只接受双方提交的书面意见,请求专家组不召开实质调查会议,美国对泰国提出的请求不提异议,而泰国不请求专家组建议美国实施裁决的具体方法,美国使用美国法具体规定的条款来实施裁决。专家组没有举行实质性听证会议。这是世贸组织争端解决案件中的第一次。

在韩国诉美国归零案(DS402)中,专家组裁决,美国在原始调查中在加权平均比较中使用归零方法计算倾销幅度,与《反倾销协定》2.4.2 第一句不符。在本案中,专家组考虑到上诉机构有关归零的一贯立场,虽然世贸争端解决机制中不存在先例制度,但专家组认为通过的上诉机构报告在世贸成员中创造了合法预期。

在越南诉美国温水虾案(DS404)中,专家组裁决使用归零方法计算倾销幅度违法,其持续使用归零做法构成了一种规范,在行政复议中简单归零方法本身违反了《反倾销协定》第 9 条第 3 款和《关税与贸易总协定》第 6 条第 2 款。

在中国诉美国温水虾案(DS422)中,指控的对象与加拿大诉美国第五软木案相同,在原始调查中使用型号归零方法。专家组裁决美国的归零做法违法。如同泰国宠物袋一样,美国亦同中国达成了美国对中国的指控不持异议、专家组无需召开听证会的协议。

此外,韩国于 2011 年诉美国不锈钢产品案(DS420)、越南于 2012 年诉美国温水虾案(DS429),都针对的是美国采取的归零方法。

通过上述案件,我们看到,美国对不同国家的出口产品均适用归零方法;即使是同一案件中被世贸组织争端解决机构裁决违法的归零措施,美国仍然继续适用。这在欧盟和日本诉美国归零案中可以明显看出。由于美国一直在计算倾销幅度时使用归零做法,即拒不完全执行争端解决机构作出的裁决和建议,欧盟和日本要求世界贸易组织争端解决机构授权对美国进行报复。

这些报复请求被提交仲裁员进行仲裁。而在相关的争端解决程序中，由于归零措施成为一系列案件的争议对象，且一直被裁决违法，美国同争端方达成了不开听证会、美国对指控不持异议的协议。但即使在这种情形下，美国也没有停止适用归零方法。

在上诉机构屡次裁决归零违法后，美国一方面指称上诉机构超越其职权，另一方面利用一些专家组不禁止归零的裁决，证明归零方法的正当性。同时在世界贸易组织规则谈判中，利用其谈判地位，试图确认归零的正当性，将允许归零明确纳入修改后的反倾销规则。

2002 年 2 月 6 日，美国贸易代表柯克宣布，美国与日本和欧盟签署了协议，永久性地解决有关归零的争端。根据这些协议，美国将终止适用被世贸争端解决机构裁决违法的归零做法，同时日本和欧盟放弃报复请求。尽管如此，美国一直认为上诉机构超越了其职责权限，在正在进行的世贸谈判中美国将促使归零方法符合世贸规则得到确认。美国将执行世贸争端解决机构作出的归零违法的裁决，视为支持世贸组织的规则为导向的制度。同时，柯克指出，美国将致力于积极执行美国反倾销和其他贸易救济法律。在美国执行了相关裁决后，美国分别与日本和欧盟达成协定的报复仲裁程序中止，将变为彻底终止。[①]

2. 与时俱进的反补贴政策

对于美国反补贴法是否适用于非市场经济国家，很长时期内这一问题在美国并不很明朗。1951 年到 1980 年间该问题从来没有被提起过，因为当时这些国家被撤销了最惠国待遇，由于高关税几乎很少向美国出口。但自 1980 年始，美国恢复了对非市场经济国家的最惠国待遇，这些国家出口的产品在美国与美国国内产品相竞争。1983 年初美国纺织行业对中国的纺织品提起了反补贴的申诉，这是第一次要求商务部对非市场经济国家适用反补贴法，但后来该申诉被撤回。同年美国钢铁生产商对从波兰和捷克斯洛伐克进口的钢产品提起反补贴的申诉，商务部裁定在非市场经济国家不能发现第 1303 节意义上的补贴。该案诉到国际贸易法院，该法院推翻了商务部的裁定，指出政府补贴既可以在市场经济国家中发现，也可在非市场经济国家中发现。国际贸易法院的判决为对从非市场经济国家进口的产品征收反补贴税提供了可能。但美国联邦上诉法院推翻了国际贸易法院的判决，维持了商务部的决定。上诉法院同意商务部的看法，即第 1303 节不旨在针对非市场经济国

① United States trade representative Ron Kirk Announces Solution to Years-old Zeroing Disputes, available at http://www.ustr.gov/about-us/press-office/press-releases/2012/united-states-representive-ron-kirk-announces-solu, September 10, 2012 visited.

家。反补贴守则为国会提供了通过反倾销法或反补贴法对非市场经济国家实施不公平贸易救济的选择。上诉法院认为,在反倾销法中针对非市场经济国家提供救济,国会表达了其通过反倾销法而不是反补贴法针对非市场经济国家实施不公平贸易救济的愿望。与商务部一样,上诉法院认为市场不存在时,政府不可能通过补贴扭曲资源分配。这就是所谓的乔治城钢铁案。[①]

在20世纪80年代,对中国不适用反补贴措施,在美国国会、政府和法院的认识是一致的。其理由是中国是一个计划经济国家,政企不分,企业是国家的工具,无法区分国家给企业的补贴。但随着中国加入世贸组织,随着中国经济制度的逐步市场化,对中国出口产品进行反补贴调查的呼声越来越高。当中国进行社会主义市场经济改革、逐步完善社会主义市场经济体制时,政府与企业的关系重新定位,企业的独立产权和自主权得到了确认,企业逐步按照市场经济规则经营、竞争。这种情况下,原来意义上的计划经济已经向市场经济转变,市场经济因素产生了。美国对中国的这一变化及时作出了反应。同时,《中国入世议定书》第15条的规定也为美国对中国采取反补贴措施提供了契机。

在《中国入世议定书》第15条所含的非市场经济条款,区分了两种情况。就倾销调查来说,一方面,企业能够确立其生产经营具备市场经济条件时,其他成员按企业的价格确定其成本;另一方面,如企业不能证明其生产经营具备市场经济条件时,其他成员可不按该企业的价格计算成本。就补贴来说,原则上适用《补贴与反补贴协定》的规则,但如果这种适用具有特殊困难,则可按中国之外的情况确定。

第15条的这种规定,特别对补贴来说,已经包括了对中国产品适用反补贴措施的规定。但美国法中对此却无明确的规定。美国国会、政府和法院出现了分歧:能否对中国出口产品采取反补贴措施?

美国商务部自2006年以来,开始对中国出口产品进行反补贴调查,征收反补贴税。虽然世贸组织上诉机构裁决美国不能重复计算倾销幅度和补贴额度,但没有禁止对中国出口产品同时征收反倾销税和反补贴税本身。[②] 更值得关注的是,美国联邦巡回上诉法院于2011年裁决反补贴税不适用于非市场经济国家[③],之后,在美国政府的大力推动下,美国国会参众两院以极不寻常的速度和空前的团结,于2012年3月通过了《对市场经济适用反补贴税

---

① *Georgetown Steel Corp. v. United States*, 801 F.2d at 1309.

② United States-Definitive Anti-dumping and countervailing duties on certain products from China, DS379/AB/R, 11 March 2011.

③ *Gpx Intl Tire Corp v. US*, December 19, 2011 (CAFC).

法》,美国总统奥巴马及时签署这一法案,使之成为永久性法律。这一法律,消除了美国对非市场经济国家采取反补贴措施的内部法律障碍,为对中国这样的国家的出口产品征收反补贴税开了绿灯。

在美国对中国出口产品征收反补贴税的案件中,中国政府采取的一系列措施都被认定为补贴,如土地转让、银行贷款、产业补助、国有企业交易等等。值得注意的是,近几年美国国会议员有关中国汇率政策的立法提案中,在认定中国汇率政策为补贴的同时,明确规定对非市场经济体适用反补贴措施。这些提案表明,对中国汇率政策采取反补贴措施的前提,是对非市场经济体适用反补贴措施。由于这些提案没有成为正式法律,在没有解决对非市场经济体适用反补贴措施这一前提下,也无法对中国汇率政策采取反补贴措施。如今,这一法律障碍已经消除,中国下一步很可能面临着中国汇率政策被采取反补贴措施的可能。国外学者有文章指出,汇率政策极可能被认定为专向补贴。如果这样,中国对美出口产品被征收反补贴税的概率将会大幅增加。更严重的是,不排除其他国家会步美国后尘,以汇率失衡为由,对中国出口产品采取反补贴措施。

美国政府(商务部)先迈出了第一步,自 2006 年以来对中国出口产品在发起反倾销调查的同时,发起反补贴调查。而这种做法被美国联邦上诉法院否决。美国政府和美国国会迅速作出反应,以超乎寻常的速度通过了对《1930 年关税法》的修改,明确规定反补贴措施适用于非市场经济国家。这就将阻碍对中国出口产品适用反补贴税的法律障碍扫除了。

一方面,世贸规则允许对中国出口产品采取反补贴措施,甚至还可以不按照中国的内部条件来确定补贴(外部基准);另一方面,美国为了能够在对中国出口产品的反倾销调查中适用替代国标准,美国商务部将中国指定为非市场经济。而美国法律又没有规定对非市场经济适用反补贴措施。如何解决这一困境?美国国会和美国政府一起,及时修改了反补贴法的相关规定,明确了反补贴措施对中国的适用性。

从上我们可以看到,首先,中国经济在变;其次,中国承担的国际义务在变;再次,美国的做法和法律在变。可以想象,如果美国法律不明确反补贴措施对中国的适用性,美国就不能利用世贸反补贴规则的授权,这对美国来说是不可想象的。另一方面,中国也确实在发生变化。如果中国一味主张自己是一个非市场经济国家,因而美国不能对中国适用反补贴措施,则相当于中国不受世贸反补贴规则的约束。至于因美国国内法造成能否对中国适用反补贴措施的不确定性,则是美国内部的问题。中国不能基于美国国内法的原因,来否定世贸规则的适用。美国则是充分利用了世贸规则和中国经济的变化。

二、美国 337 制度中的产业保护

美国的 337 制度,对新兴经济体的对美国出口,特别具有杀伤力;对美国保护其国内产业,特别有效力。

美国的 337 制度,源于美国《1930 年关税法》第 337 节,后经过一系列的修改不断完善。在程序上,主要包括企业的 337 申诉、美国国际贸易委员会的调查、美国国际贸易委员会的措施几个阶段。虽然国际贸易委员会也可以自主发起 337 调查,但实践中主要是企业提起调查申请。337 制度所针对的对象是不公平贸易做法,具体包括一般不公平贸易做法和有关知识产权的不公平贸易做法。但这种不公平贸易做法不同于一般理解的不正当行为,其认定与国内产业紧密相关。

第一类,一般不公平做法。货物所有人、进口商、销售商或其代理人向美国进口或销售中的不公平竞争方法和不公平做法,其威胁或效果(i) 破坏或实质损害美国产业;(ii) 阻止美国产业的建立;或(iii) 限制或垄断美国的贸易和商业。该行为或做法违法,当国际贸易委员会认定其存在时,除其他法律规定外,应按 337 节规定处理。

第二类,侵犯知识产权的不公平做法。具体包括侵犯专利、版权、商标、布图设计和外观设计的不公平做法。下述行为违法,当国际贸易委员会认定其存在时,除其他法律规定外,应按 337 节规定处理。(1) 货物所有人、进口商、销售商或其代理人向美国进口、为进口而销售或进口后在美国销售下述货物:(i) 侵犯有效、可执行的美国专利或有效、可执行的美国版权;或(ii) 根据或利用有效、可执行的美国专利涵盖之方法制造、生产、加工或开采。(2) 货物所有人、进口商、销售商或其代理人向美国进口、为进口而销售或进口后在美国销售侵犯有效、可执行的美国注册商标的货物。(3) 由半导体芯片产品所有人、进口商、销售商或其代理人以侵犯按照《美国法典》第 17 编第 9 章注册的掩膜作品的方式向美国进口、为进口而销售或进口后在美国销售半导体芯片产品。(4) 货物所有人、进口商、销售商或其代理人向美国进口、为进口而销售或进口后在美国销售侵犯《美国法典》第 17 编第 13 章保护的外观设计专有权的货物。

在侵犯知识产权的不公平做法中,只有专利、版权、商标、掩膜作品或外观设计所保护的物品相关的美国产业存在或处于设立过程中时,上述四种情形的规定才适用。如果在美国境内(i) 对工厂和设备存在重大投资;(ii) 投

入大量劳工或资本;或(iii)对其利用(包括土木工程、研发或许可)进行了大量投资,对于专利、版权、商标、掩膜作品或外观设计所保护的物品,则视为存在美国产业。①

除非危及美国产业,不公平做法本身并不构成违反337节。337节中的一般不公平贸易做法要求具有下列威胁或效果:(1)破坏或实质损害美国产业;(2)阻碍美国产业的建立;或(3)限制或垄断美国的贸易和商业。根据国际贸易委员会的实践,委员会在确定国内产业损害时,考虑下述因素:(1)国外竞争者具有生产数量侵权产品的能力,被控侵权产品在美国市场中的市场份额及销售量;(2)销售机会的丧失及顾客减少;(3)国内竞争者利润降低;(4)侵权产品低价以及国内生产商被迫降价;(5)由于侵权产品的进口,造成国内生产下降、雇佣员工减少;(6)由于侵权产品进口,造成专利转让费或许可使用费的损失;(7)在特定国内产业中,申诉方产品和被控侵权产品之间的竞争关系。②

根据美国国际贸易委员会规章的要求,申诉方提起337申诉时,除其他内容外,申诉状应包括与产业有关的信息。例如:(1)如申诉指控侵犯美国专利、联邦注册版权、商标、掩膜作品或船体设计而违反第337节,申诉书应包括对已经存在或正在成立的相关国内产业的说明(包括任何被许可人的相关运营)。相关信息应包括但不限于对工厂和设备的大量投资、大量使用劳工或投入资本,或对专利、版权、商标、掩膜作品或船体设计利用的投资,包括土木工程、研究开发或许可。(2)如申诉基于对美国产业破坏或实质损害或阻碍产业建立的威胁或效果的不公平竞争方法或不公平行为指控违反337节,申诉书应包括对受影响国内产业(包括被许可人的相关运营)的说明。(3)对申诉方业务及其在相关国内产业或相关贸易和商业中的利益的描述。对申诉所依据的每一知识产权,应表明至少一个申诉方是相关主题知识产权的所有人或排他性被许可人。(4)如果指控违反涉及知识产权侵权之外的不公平竞争方法或不公平行为,对破坏或实质损害国内产业或限制或垄断美国贸易和商业的威胁或效果,应说明具体理论(a specific theory),并提供支持申诉的国内产业、贸易或商业受损的相应数据。提供的信息通常应包括相关国内产品生产、销售和库存的数量和趋势,相关国内产品生产中使用的生产设施及雇佣工人的数量和类型,整体运营和相关国内产品运营的损益信息,相关国内产品的定价信息,以及进口数量和销售等。(5)当申诉基于有效的可执行的美国专利侵权指控时,除有关专利信息外,申诉书应表明专利保护

① 19 USC, § 1337(a)(2011).

② 张平主编:《产业利益的博弈——美国337调查》,法律出版社2010年版,第117页。

产品的相关产业已经存在或正在建立之中。可行时申诉方应提供专利权利要求适用于有代表性的相关国内产品或生产产品的方法的比对表证明。(6)当申诉基于侵犯联邦注册版权、商标、掩膜作品或船体设计时,申诉书应包括每一相关版权、商标、掩膜作品或船体设计的被许可人,申诉方据以确立提起指控的诉权或支持其他被许可人的活动导致国内产业受损的主张的许可协议。[①]

337措施的威力在于,它可以禁止被调查生产商或出口商产品的进口(有限排除令),甚至可以禁止来自其他人的同类产品的进口(普遍排除令),这样就将外国出口产品完全排除于美国市场。与反倾销税和反补贴税不同,反倾销税和反补贴税只是提高了进口产品的关税,提高了产品销售价格,但不禁止进口,而337措施直接禁止进口。尽管有限排除令针对被调查的侵权人,但在有限排除令中,此处的被调查侵权人,包括了被调查侵权人的关联公司,包括母子公司。例如,一案件中的有限排除令是:被诉方或其关联公司、母公司、附属公司或其他相关经营实体或其继承或受让人,制造或代其制造的、被诉方进口或代其进口的产品,禁止进口。[②] 在京瓷案(Kyoceracase)中,联邦上诉巡回法院裁决,有限排除令仅适用于调查中的被诉方,适用于被诉方的侵权产品,包括下游产品,但不适用于337调查程序中未被调查的第三方的产品或下游产品。只有普遍排除令,才能禁止非被诉方的产品进口。[③]

除上述措施外,国际贸易委员会还可以发布停止令,指示违反者停止从事涉及的不公平做法或行为。委员会可以在任何时候以其认为适当的方式修改或撤销该命令。在发布暂时停止令时可要求申诉方提供保证金,一旦后来裁定被诉方没有违反,该保证金应没收给被诉方。任何违反委员会命令的人将被处以罚款。

例如,被诉方不得:进口或为进口而销售……相关产品;营销、经销、许诺销售、出售或以其他方式转让…进口的相关产品;在美国对进口的相关产品做广告;为进口的相关产品寻求美国代理或经销商;帮助或为诱使其他实体进口、为进口而销售、进口后销售、转让或经销相关产品。[④] 这表明,停止令适用的范围非常广泛,绝不仅仅限于进口行为本身。停止令的这种适用方式,

---

① 19 CFR210.12(a)(2012).

② In the matter of certain semiconductor chips with minimized chip package size and products containing same, Inv. No.337-TA-605.

③ *Kyocera Wireless Corp. v. ITC*, 545 F.3d.1340, 1358 (Fed. Cir. 2007).

④ In the matter of certain semiconductor chips with minimized chip package size and products containing same, Inv. No.337-TA-605.

确实起到了保护国内产业的作用。

三、301 条款制度

301 条款制度因规定于《1974 年贸易法》第 301 条款而得名，并由此发展成为针对不同情形的一种制度性安排。俗称的 301 条款实际上含有多个条款，包括构成该制度基础的一般 301 条款、针对重点关注国家的超级 301 条款和针对知识产权保护的特殊 301 条款，以及监督外国执行的 306 条款。该制度旨在解决外国对美国出口采取的不正当、不合理的进口限制。根据 301 条款，受外国进口限制影响的美国利益方，可以向美国贸易代表提起申诉，贸易代表（受总统委托）被授予广泛的权力，对影响美国商业的不合理、不正当的进口限制进行报复。因此，从本质上说，301 条款制度是一种单边报复制度，其目的是消除外国贸易壁垒、扩大美国出口，是美国产业保护制度的一个典型代表。

一般 301 条款确立了美国产业申诉和美国贸易代表调查制度。美国贸易代表每年向国会提交国别贸易报告，报告外国的贸易行为、政策和做法，及其对美国商业的影响。该调查报告为美国政府采取下一步措施做准备。具体地说，美国贸易代表每年都应对构成对美国货物、服务（包括农产品、美国人出口或许可的商标、版权和专利保护的产权）出口、美国人对外直接投资（尤其投资对货物或服务贸易有影响）和美国电子商务的重大壁垒或扭曲的行为、政策或做法进行确定和分析；对该行为、政策或做法对美国商业的贸易扭曲效果进行评估；如果可行，对不存在这些行为、政策或做法的情况下美国可能向外国出口、交易或投资的额外商品和服务的价值、额外对外直接投资的价值和额外电子商务的价值进行评估。在分析和评估时，贸易代表应考虑下列因素：该行为、政策或做法对美国商业的相对影响；对票面价格（document prices）、市场份额和证明该行为、政策或做法效果所必要的其他问题的现有资料；该行为、政策或做法受美国参加的国际协议制约的程度；相关委员会提供的建议；在该年度美国货物和服务出口到该外国以及在该外国直接投资的价值的实际增长。

在国别贸易报告的基础上，贸易代表应根据法律的规定列出重点关注国家和做法，并发起调查，优先解决这些国家的不公平贸易做法（超级 301 条款）。特殊 301 条款重点关注外国的知识产权保护问题，重点、优先解决不能充分有效保护知识产权、对依赖知识产权的美国人不能提供充分市场准入的重点国家及其做法。重点国家的指定，即是通常所说的“黑名单”。如果被列入黑名单的国家政府不采取有效的纠正措施,则美国贸易代表(美国政府)可以对外国的出口产品采取报复性措施,包括中止适用贸易减让、加征关税、撤销优惠待遇等。美国法律还规定了监督机制,对承诺采取纠正措施的外国政府进行监督,如果美国政府认为外国政府没有采取令美国满意的措施,则可以采取进一步的报复性措施。

301 条款针对所谓不公平的外国行为、政策和做法。但何为不公平的行为、政策和做法,并无明确的定义。根据现行 301 条款的实体规定,如果美国贸易代表确定,美国贸易协定权利被否定,或外国的行为、政策或做法违反了贸易协定的规定或与其不一致,或拒绝给予美国贸易协定的利益,或外国的行为、政策或做法是不正当的(unjustifiable)、对美国商业造成负担或限制了美国商业,美国贸易代表应采取法律明确授权的措施(如总统对该措施给予指示,应遵从总统指示),并可行使总统权限内的、总统指示贸易代表采取的所有其他的适当可行措施,以实施这样的权利或消除这种行为、政策或做法。[①]

不合理的行为、政策和做法包括但不限于下述任何行为、政策或做法或它们的结合:(1) 拒绝对设立企业给予公平和公正的机会;拒绝公平公正地提供对知识产权的充分有效保护,尽管该外国可能与《与贸易有关的知识产权协定》的具体义务一致;对依赖于知识产权保护的美国人拒绝提供公平公正的非歧视的市场准入机会;拒绝给予公平公正的市场机会,包括外国政府默许外国企业或企业间的系统的反竞争活动,其效果在与商业考虑不一致的基础上限制美国产品或服务进入外国市场。(2) 定向出口(export targeting)。“定向出口”指由对具体企业、产业或其集团的协调措施构成的政府计划或方案,其效果是帮助企业、产业或集团在某类或某商品的出口方面更具竞争力。(3) 构成了持续的行为模式,拒绝给予工人结社权利,拒绝工人组织和集体谈判权利,允许任何形式的强迫或强制性劳动,未能规定雇佣儿童的最低年龄,或未能规定工人的最低工资、劳动时间、职业安全和健康标准。

所谓不正当、不合理、歧视性以及对美国商业造成负担或限制美国商业的多种行为、政策和做法,其标准是美国法的单边标准,由美国贸易代表自主确定。在某些情形下,外国的行为政策或做法即使符合多边贸易规则的要求,比如满足世贸组织规则的要求,也有可能被美国政府认定为不公平的行为政策做法。因此,在世界贸易组织成立之后,欧共体即对这一制度向世界

---

① 19 USC, § 2411(a)(1)(2011).

贸易组织争端解决机构提起申诉。美国随即承诺,在世贸争端解决机构没有作出违反规则的裁决的情况下,不对世贸组成员采取措施。

301 条款的调查启动程序有两种,一种是因申诉发起调查,一种是贸易代表自主发起调查。实践中,多根据企业申诉而发起调查。任何利益方都可以向美国贸易代表提出申诉。利益方包括但不限于国内厂商和工人、消费者利益的代表、美国产品出口商和可能受贸易代表采取的措施影响的货物或服务的工业用户。贸易代表应在收到申诉的 45 天内决定是否发起调查。[①] 除申诉人的申诉外,如果贸易代表认定根据 301 条款就任何有关的问题应发起调查以确定是否该问题是可诉的,贸易代表应公布该裁定,并发起调查。

无论是一般 301 还是特殊或超级 301,据以采取的救济措施是相同的。贸易代表采取的措施可以分为两类,一类是法律规定的强制措施;一类是由贸易代表酌情采取的措施。

如果贸易代表裁定美国的贸易协定权利被拒绝,外国的行为、政策或做法违反了贸易协定,与贸易协定的规定不一致,拒绝了美国贸易协定下的利益,或是不公平的,并对美国商业造成负担或限制了美国商业,贸易代表除接受总统的具体指示外,应采取下述措施:

(1) 中止、撤销或阻止美国执行与外国的贸易协定所作的贸易协定减让的适用、贸易协定减让的利益;

(2) 贸易代表认为适当时,对该外国的产品征收关税或施加其他进口限制,并且尽管有其他法律的规定,对该外国的服务征收费用或施加限制;

(3) 在该行为、政策或做法没有能够满足普遍优惠待遇制度、加勒比海经济复兴制度或安第斯贸易优惠制度中免税待遇的资格标准的情况下,撤回、限制或中止这种待遇;

(4) 与该外国签订有约束力的协定,使该外国取消或分阶段取消该行为、政策或做法,消除由该行为、政策或做法引起的对美国商业造成的负担或限制,或向美国提供贸易代表满意的贸易利益补偿。提供贸易利益补偿的协定必须有利于包括受益于消除该行为、政策或做法的国内产业的经济部门,或有利于与该经济部门尽可能密切联系的经济部门,除非这种贸易利益的提供是不可行的,或有利于其他经济部门的贸易利益比该贸易利益更令人满意。[②]

---

① 19USC, §2412(a)(2011).

② 19 USC, §2411(c)(2011).

另外还可以采取总统权限内的指示贸易代表采取的措施。

上述措施适用于整个301条款。可以看出，贸易代表采取的措施不仅包括进口限制，如中止贸易协定利益、实施关税或其他限制、取消优惠待遇，还包括旨在扩大出口、促进贸易的措施，如取消这些行为、做法、政策，取消源于该种政策的对美国商业的限制，通过贸易协定向美国提供补偿利益等。补偿利益首先应有利于受该做法、政策等影响的国内产业的经济部门，但不限于该经济部门，可以是跨经济部门。因此，救济措施表现出了非常明显的出口促进意图。如同关税与贸易总协定鼓励使用关税限制进口一样，如果贸易代表采取的措施是进口限制的形式，贸易代表应优先使用实施进口关税而不实施其他进口限制，并且如果实施进口关税外的进口限制，应在增长的基础上考虑使用相当的关税代替该进口限制。

对于外国不合理的或歧视性的行为、政策或做法，如对美国商业增加了负担或限制了美国商业，贸易代表可以采取适当可行的上述措施。这由贸易代表视情况酌情而定，不同于针对不公平做法采取措施的强制性。

美国301条款制度曾经对欧共体、日本等贸易伙伴使用，也曾经对中国外贸产生过重要影响。但上述世贸组织裁决后，301条款制度对世贸组织成员的影响减弱。不过，该制度仍然存在，美国产业仍然可以依据该制度提起申诉。与以前不同的是，美国政府不能直接根据申诉、自己的调查结果对其他世贸成员采取措施，而必须在世贸组织争端解决机构认定相关外国政府的做法违反了世贸组织规则、外国政府没有实施相关裁决的情形下，才可以根据世贸规则采取报复措施。因此从某种意义说，与以前相比，这一制度现在变成了“没有牙齿的老虎”。但其产业保护的本质没有改变。它是旨在市场准入的出口促进制度，是一种进攻的制度，与反倾销等防卫制度、进口救济完全不同。当外国对美国的出口进行限制或美国不满意外国对美国产品的态度时，美国出口商就需要措施对其利益进行保护，美国国家也会向其他外国施加压力，要求外国更加开放市场以实现自己的市场准入。在这方面301条款制度就是打开外国市场大门的钥匙。该制度尽管允许私人申诉，但它不同于第337节的不公平贸易做法，第337节解决对私人的救济问题，对某一特定产品或特定人采取措施，如要求违反者停止不公平的贸易做法、将某一产品排除出美国，而301条款制度则旨在解决外国政府的不公平、不合理的贸易行为、政策、做法，它主要是通过两国政府间的谈判解决问题，因而也有人将其归于争议解决机制或条款。

四、美国出口管理中的产业保护

美国实施严格的出口管理。《1979 年出口管理法》构成了美国出口管理制度的法律基础和框架。美国商务部根据这一法律制定的美国出口管理条例是调整军民两用产品出口管理的主要规章。美国商务部产业安全局具体负责出口管理。虽然国家安全、对外政策、短缺供应和外国联合抵制是出口管理法的四大政策目标,但产业保护仍然是贯穿出口管理的一个主要内容。《1979 年出口管理法》要求设立技术咨询委员会。该委员会就下述事项向商务部部长提供咨询:(1) 技术问题;(2) 全球供应和生产技术的实际利用;(3) 影响出口控制水平的许可证程序;(4) 控制目录的修订,包括修改美国参加的多边控制;(5) 规章条例的发布;以及(6) 任何与执行该法确定政策的措施有关的其他问题。该委员会的设立及职责,不影响商务部、国防部长在任何时候向产业或公众代表咨询。该委员会由美国产业代表和政府代表组成。任何产业代表成员不得连任 4 年。该委员会的设立初衷,主要解决产业和技术问题。根据《1979 年出口管理法》的规定,经生产出口受控货物或技术的大部分产业(substantial segment of any industry)代表的书面要求,由于所涉货物或技术因技术问题、全球供应、生产或技术的实际利用或许可证程序而难于评估,部长可设立技术咨询委员会。

《1979 年出口管理法》要求商务部部长制定并维持因国家安全原因而受到出口控制的所有货物和技术目录,作为整个出口控制目录的一部分。在制定并维持这一目录时,美国国防部和其他相关政府部门应指明包括在这一目录中的货物和技术。商务部部长至少每半年一次对该目录中的货物和技术进行部分审查。在制定和维持这一目录时,商务部部长应向适当的技术咨询委员会咨询。

在总统根据对外政策实施出口控制之前,商务部部长应与相关产业磋商,听取产业方面的意见。在实施出口控制时,总统应尽可能早地与同美国合作维持出口控制的国家进行磋商,并基于采取出口控制措施所基于的上述标准,与总统视为适当的国家进行磋商。基于对外政策实施出口控制,只有总统与国会磋商后才可以实施。在总统向国会报告前,不得实施。该报告包括该报告:(1) 具体规定控制的目的;(2) 总统对控制标准的认定、该认定的依据、对对外政策的可能不利后果;(3) 描述与产业磋商和与相关国家磋商的性质、对象、结果或计划;(4) 具体规定试图采取的替代方法的性质和结果,或不寻求这些努力实施控制的理由;(5) 描述与美国供应的货物或技术可比的其他国外供应,并描述在控制外国供应方面为取得外国政府合作所作努力的性质和结果。该报告还应表明控制如何进一步促进美国的对外政策,或进一步履行其宣布承担的国际义务。基于对外政策实施出口控制的标准、产业磋商、与其他国家磋商、替代方法的规定,不适用于美国行使基于对外政策控制出口的权力履行美国国际义务实施的出口控制、批准或拒绝许可证的情形。

《1979 年出口管理法》第 7 条明确规定了因短缺供应原因而实施控制的几种产品。包括:国产原油不得出口;精炼汽油产品的出口需通知国会;对于农产品,没有农业部长的同意,不得控制农产品出口(第 5 条规定,农产品出口不适用国家安全原因实施的控制);对于易货协议下,可以出口;对美国西部州或美国的红松原木(未加工红松)出口,可以实施数量限制。另外,原油、精炼汽油产品,从美国运输供国防部或美国支持的设施使用,不视为出口。

两用物品的出口管理制度,以物品、目的地、收货人、用途和活动这 5 项内容为基础,全面构建了适用于商品、技术和软件,适用于美国人和外国人,适用于出口、转口和国内转让的管理模式。它不限于美国原产物品,还包括利用美国物品生产的外国产商品、技术或软件。

美国出口管制采取许可证制度。一般禁止与许可证例外这两大方面,构成了美国出口管理制度的基本特色。基于目的地和控制政策理由,对不同国家进行分组,形成国家图表(CCC),针对不同组别的国家实施不同的许可审批政策。按照物品的形态和用途对物品进行分类,赋予出口控制分类编码(ECCN)。以出口控制分类编码代表的物品、相应的许可证要求及适用例外,构成了商业控制目录(CCL)。国家图表和商业控制目录,是美国两用物品出口控制制度实施的两大主干。此外,对特定物品、特定用途、特定用户、特定目的地的细化补充,黑名单和白名单的确立,更加细化、完善了美国的出口管理制度。

美国的出口管理制度,对中国有很好的借鉴作用。首先,直接与国家安全挂钩。在美国诸多出口控制理由中,国家安全是首要理由。对中国的所有出口限制,其理由都是国家安全。国家安全是各国、国际社会都认可的控制理由,也是各国普遍采取的控制理由。美国的独特之处在于,将具体出口控制措施直接与国家安全联系在一起,将国家安全列为出口管制措施的政策理由,使管理管制具有了难于否定的正当理由。这与中国采取的出口控制措施有所不同。中国颁布的管制措施中,缺乏对国家安全的明确、直接引用。美国利用国家安全政策作为出口控制的理由的第二特点在于,国家安全理由既是军事用途物品的控制理由,也是民用物品的控制理由。这种统一法,既促成国内政府相关部门的协调、政策实施的一致,也对处理国际义务提供了重要保障,免于其他国家基于一般政策理由的指控。

其次,实施多因素、全方位、长距离的管理控制。美国的出口管理制度,主要基于5项因素,即物品、用途、地点、用户、活动。其调整范围,在空间上不单纯限于地理意义上的美国领土,还包括在其他国家的美国人、美国投资企业、运输工具;在主体上,不仅包括美国公民,拥有在美国永久居留权的人,还包括在美国的外国人,外国公司在美国的分支机构;在主体判定标准上,不仅采取国籍标准,还采取控制标准;在对象上,调整物品不仅包括美国境内制造的商品、技术或软件,还包括利用美国商品、技术或软件在外国生产制造的物品,包括美国与其他国家间的返修物品、退回物品,包括原始物品和更换零件;在交易环节上,不仅包括出口,还包括转口,以及在其他国家内部的转让。上述这种一网打尽式的调控方法,保证了出口管制措施的效果。这种出口管制不仅关注美国国境本身,还关注美国国境之外的其他地点,实现了全球性覆盖,避免了管理上的漏洞或脱节。

再次,一般禁止与特别例外相结合。美国出口管理制度,框架上采取一般禁止与许可证例外相结合的体系。在具体产品、具体目的地、具体用途、具体用户的处理上,是更为复杂的原则与例外的结合。这种做法,增加了针对性和具体性,但同时也带来了复杂性。如果不对照《出口管理例外》的具体规定,不对照彼此相关的多项规定,就不能确定某一出口交易是否受到管制,而一旦违反了相关规定,则将受到严厉处罚。但另一方面,它又具有明确性,不因没有相应规定而处于无管理状态。

最后,周密的执法安排和严格的执法措施。一个制定良好的制度,如果没有同样良好的执法制度保障,不会取得良好的效果。美国的出口管理制度,与美国的出口强制登记制度挂钩,伴以严厉的违法处罚措施,保障了出口管制制度的实施。美国强制性的出口登记制度,以各政府间联网、信息共享的自动出口填报系统(AES)为依托,为美国出口管理制度提供了可靠的基础支持。由商务部对出口登记、出口管理的统一执法,提高了这一制度安排的效率和效果。

五、美国普遍优惠制度中的产业保护

(一) 普遍优惠待遇的由来

普遍优惠待遇最初来自于联合国贸易发展会议。1964年的联合国贸易发展会议上,来自发展中国家的代表认为现行贸易制度偏向于发达国家,主张应该对发展中国家提供特别的优惠以补救这一不平衡,激励发展中国家的发展。后来在关税与贸易总协定中增加了针对发展中国家的第四部分,即1965年2月8日以"关于修订关税与贸易总协定增加第四部分贸易与发展的议定书"的形式增加,于1966年6月27日生效。1968年,联合国秘书长召集了由各国政府代表组成的委员会,来考虑对发展中国家的援助计划问题。会议一致同意建立一个相互接受的普遍优惠待遇。但该制度被认为是违反了关税与贸易总协定的最惠国待遇条款。1971年关税与贸易总协定缔约方全体大会对希望为发展中国家建立普遍优惠待遇的国家授予暂时性豁免,免除《关税与贸易总协定》第1条规定的无条件最惠国待遇义务。该豁免旨在使1968年联合国贸易发展会议达成的普遍的非互惠的和非歧视的优惠制度的实施成为可能,但它并没有具体规定受益国的确定,而是包括了给惠国在贸易发展会议上提出的确定受益国的一般原则,根据该原则由给惠国自主决定。除《关税与贸易总协定》第1条外,该豁免并不损害总协定其他任何条款的规定,总协定第23条规定的权利得以全部保存。该豁免原定于1981年期满,后来在关税与贸易总协定东京回合中又通过授权条款予以延长。1979年11月28日通过"发展中国家的差别和更优惠的待遇,互惠和全面参与",即所谓的授权条款,授权发达的缔约方根据普遍优惠制度对原产自发展中国家的产品给予优惠的关税待遇。这一条款已被普遍接受为关税与贸易总协定最惠国待遇的例外条款。

普遍优惠待遇制度,不是一种统一的各发达国家作出同样的减让或优惠的制度,相反,它是一种基于共同的目标和原则、由各个发达国家实施的制度,每一发达国家自由决定优惠待遇的具体情况。该待遇是单向的不要求互惠的贸易待遇,主要表现在发达国家对来自发展中国家的产品降低关税,使得发展中国家的产品与发达国家的产品相比获得价格上的优势,以便与发达国家产品、进口国产品进行竞争。

普遍优惠待遇具有双重性。一方面,对没有资格享有这一待遇的国家来说它是歧视的,偏离了最惠国待遇原则。另一方面,它具有自愿的性质,是一种由给惠国单方面给予优惠的制度,不要求受惠国给予回报或补偿。但普遍优惠待遇的范围一般来说不超出授权条款规定的范围,受惠国的指定、受惠产品(合格产品)的指定都是由给惠国单方面决定的,而该指定又是根据给惠国的经济、对外贸易关系来进行的。

(二)美国的普遍优惠待遇制度

美国于1976年1月1日开始实施普遍优惠待遇制度,是发达国家中较晚一个实施普遍优惠待遇的国家。立法上,美国的普遍优惠待遇制度规定在《1974年贸易法》第五分章的内容,即《美国法典》第19篇第2461节至第2467节。

美国《1974年贸易法》首次规定了普遍优惠待遇,国会授权总统对来自任何受益的发展中国家的合格产品给予免税待遇。该免税有时间的限制。之后又经由一系列法律进行了修订,免税期限也不断延长。按其最新的立法规定,普遍优惠制度下的免税适用到2013年7月31日。

1. 普遍优惠待遇的目的

《1974年贸易法》明确规定了美国普遍优惠待遇的目的,其核心是通过促进发展中国家外贸的发展来促进美国的外贸发展,以不影响美国的利益为前提,特别是产业利益,而不是利益的让步。同时,美国的普遍优惠待遇还包含非经济的因素,如工人待遇问题。具体说来,美国的普遍优惠待遇的目的包括:(1)促进经常需要暂时优惠利益以便与工业化国家有效竞争的发展中国家的发展;(2)促进这样的概念:贸易而非援助,是促进经济广泛持续发展的更有效的低成本方法;(3)利用发展中国家为美国出口提供最快的市场增长,以及与这些发展中国家通过普遍优惠待遇贸易的外汇收入更进一步促进美国的出口;(4)允许考虑发展中国家在整个发展和国际竞争力方面存在明显差别;(5)鼓励促进贸易增长的自由措施,设立一个其他工业化国家可以遵循的范例;(6)承认大量的发展中国家必须获得足够的外汇收入以清偿国际债务;(7)促进在发展中国家创造额外贸易机会;(8)使发展中国家融入国际贸易制度,履行与它们的发展水平相当的参与义务;(9)鼓励发展中国家消除或降低货物/服务贸易或投资的重大壁垒、提供外国人据以取得、行使和实施垄断性知识产权的有效方法,并赋予工人以国际承认的工人权利;(10)以不对美国生产商和工人产生不利影响并与美国在关税与贸易总协定的义务相一致的方法解决上述问题。[①]

2. 美国普遍优惠待遇制度的主要内容

普遍优惠待遇制度是发达国家对发展中国家的产品实行免税的单方面优惠制度。由发达国家决定对哪些国家哪些产品实行免税待遇。除此之外还存在其他方面的限制。美国的普遍优惠待遇制度也具有这样的特点,它主要包括授予优惠的权限、发展中国家受益国的指定或撤销、合格产品的指定或撤销以及审查等方面的内容。

对来自发展中国家受益国的合格产品,美国总统可以根据法律的规定给

---

① 19 USCA, §2461 notes(1998).

予免税待遇。总统在决定是否给予免税待遇时,应适当考虑下述因素:该措施对发展中国家通过扩大出口促进经济发展的效果;其他主要发达国家作出的通过授予发展中国家产品进口的普遍优惠、援助发展中国家的类似努力程度;该措施对美国同类或直接竞争产品生产商的预期影响;受益国合格产品的竞争程度。①

受益国的指定与撤销

总统被授权指定普遍优惠待遇的受益国和最不发达的受益国。总统的指定或终止都必须通知国会。总统在撤销、中止或限制免税待遇的适用时,应征询国会的意见。

在指定受益国时应考虑如下因素:该国所表达的要求被指定的愿望;该国的经济发展水平,包括人均国民总产值、居民的生活水平以及总统视为适当的其他经济因素;其他主要发达国家是否授予该国普遍优惠的关税待遇;该国向美国保证提供公平合理的市场准入和基本商品资源的程度,以及该国向美国保证约束自己不从事不合理出口做法的程度:该国提供的对知识产权充分有效保护的程度;该国采取措施降低贸易扭曲的投资做法和政策(包括出口履行要求)以及降低或取消服务贸易壁垒的程度;该国是否已经或正在采取步骤对该国(包括该国的任何指定区域)的工人提供国际公认的工人权利。②

下述国家不得被指定为受益的发展中国家:澳大利亚、加拿大、欧盟成员国、冰岛、日本、摩纳哥、新西兰、挪威、瑞士。

共产主义国家不能被指定为受益国,除非该国获得非歧视待遇,是世界贸易组织的成员国和国际货币基金组织的成员,并且该国不受国际共产主义的支配或控制。

如果一国是国家间安排中的一员,并且该国按照该安排参与行动,其效果是阻止国际贸易中的重要商品资源的供应或将该商品的价格提高到不合理的水平,并引起世界经济的严重扰乱,该国不得指定为受益国(如石油出口国组织的成员)。

一国对美国之外的发达国家的产品提供优惠待遇,对美国的经济有或可能有不利影响,则不得被指定为受益国。

下列国家不得被指定为受益国,但如果总统确定将下列国家指定为受益国符合美国的国家经济利益,并将该决定向国会报告并说明原因,则可以被指定为受益国:(1) 一国对美国公民所拥有或美国公民拥有 50% 以上利益的

---

① 19 USC, §2461(2011).

② 19 USC, §2462(c)(2011).

公司、合伙或组织所拥有的产权（包括专利、商标或版权）的所有权或控制实行国有化、没收或其他征用；（2）该国采取行动不履行与美国公民或美国公民拥有50%以上利益的公司、合伙或组织间的现存的合同或协议，或使之无效，其效果是对其所拥有的产权（包括专利、商标、版权）的所有权或控制实行国有化、没收或其他占用；（3）对所有的包括专利、商标或版权的产权实施或执行税收或其他国内费、限制性维持或营运条件或其他措施，其效果是实行国有化、没收或其他征用。

对上述三种情况，如果总统确定存在下述情况，也可以指定为受益国：对上述公民、公司、合伙或组织已经进行或正在进行及时充分有效的补偿；根据国际法的适用性规定，正在进行提供及时充分有效补偿的善意谈判，或该国正在采取措施履行对该公民、公司、合伙或组织的国际法义务；涉及该公民、公司、合伙或组织赔偿的争议已按照投资争议解决公约的规定提交仲裁或以双方同意的其他方式仲裁。

下述国家不能成为普遍优惠待遇的受益国：（1）某一争议的当事人将争议提交临时仲裁或提交永久性仲裁机构，其指派的仲裁员作出了支持美国公民或美国公民拥有50%以上利益的公司、合伙或组织的仲裁裁决，对该仲裁裁决，一国未能善意地承认其效力或予以执行；（2）一国通过提供庇护、援助或教唆任何个人或组织进行国际恐怖主义活动，或国务卿确定一国重复性对国际恐怖主义行为进行支持，或者没有采取措施支持美国打击恐怖主义的国家；（3）一国对其国家（包括该国的任何指定地区）的工人没有采取措施提供国际公认的工人权利，国际上承认的工人权利包括：结社权利，组织和集体谈判权利，禁止使用任何形式的强制或强迫劳动，雇佣童工的最低年龄，有关最低工资、工时和职业安全和健康的可接受的工作条件；（4）该国没有履行消除童工的承诺。[1]

可以看出，在受益国的指定上存在着一系列的限制，如意识形态、社会制度、基本商品的控制、恐怖主义、国内工人权利等等。这也使得一些国家可能一时被指定为受益国，而后以上述理由又失去了这一待遇。一些国家由于工人权利保护有“不良记录”而被取消或中止为普遍优惠待遇受益国。一些国家由于没有满足普遍优惠计划法律中的知识产权的保护标准而被削减其普遍优惠待遇。

在一国被指定为受益国之后，美国总统可以撤销、中止或限制免税待遇的适用。如果总统确定情况变化使得某一受益国家的指定受到禁止，在向国

① 19 USC，§2462(b)(2)，§2467(4)(2011).

会通知其意向60天后,可撤销或中止对受益国的指定。在撤销指定的行政令或总统公告发布日,该国不再为普遍优惠待遇的受益国。如果总统确定一受益国已变成了国际开发银行官方统计规定的"高收入国家",总统应终止指定该国为受益国,该终止在该决定作出后的第二年的1月1日起生效,即该国必须从受益国毕业,该毕业是强制性的。

在金砖五国中,巴西、印度、南非是美国普遍优惠待遇制度的受益国。

合格产品的指定

总统被授权从来自受益国的产品指定合格产品享受免税待遇。合格产品的指定一般受下述几个条件的制约:产品的原产地、进口敏感度、其他进口限制、竞争需要。

(1) 原产地要求

享受免税待遇的产品应符合下列条件:① 仅仅适用于受益国生长、生产或制造的合格产品;② 在受益国或在同一国家组织(自由贸易区或关税同盟)成员的两个或以上的国家生产的原料成本或价值数量,以及在受益国或成员国加工运作的直接成本,二者之和不低于进口时评估价值的35%;③ 该产品直接从受益国进入美国海关关境。为获得免税待遇,产品必须全部在受益国生长、生产或制造,或必须是在受益国生长、生产或制造的商业上的新产品或不同产品。如仅仅是在受益国组装或仅仅是用水稀释或用其他物质稀释而不实质上改变物品的特征,不算在受益国生长、生产或制造。美国财政部在与美国贸易代表协商后规定有关上述原产地的规则。①

(2) 进口敏感产品

进口敏感产品不得被指定为合格产品。进口敏感产品包括纺织服装产品、手表、进口敏感的电器产品、进口敏感的钢铁制品、鞋、手袋、箱包、家居用品、工作手套、皮衣、进口敏感的玻璃产品或半成品,以及总统认为属进口敏感的其他产品。②

(3) 其他进口限制

对国内产业造成严重损害或危害国家安全的产品,实施关税配额的超配额部分的农产品,不得指定为合格产品。

(4) 竞争需要限制

对于任何被指定为合格产品从而享受免税待遇的产品,总统可以撤销、中止或限制免税待遇的适用。竞争需要限制是总统采取这类措施的重要理由。如果某合格产品的进口数额或金额超过了一定的限额,即可失去免税待

---

① 19 USC, 2263(a)(2011).

② 19 USC, 2263(b)(2011).

遇。这里要注意到某免税产品、该产品免税进口的部分和非免税进口的部分、该产品与其他产品的联系与区别。[①]

在一定条件下,总统也可以豁免竞争需要限制,不撤销、中止或限制对合格产品的免税待遇,该豁免一直有效,直至总统根据变化了的情况决定不再适用豁免。国际贸易委员会就豁免竞争需要限制是否可能对美国产业产生不利影响向总统提出建议。基于普遍优惠待遇的目的、影响受益国指定的因素和国际贸易委员会的建议的考虑,总统可以作出豁免竞争需要限制的决定。在作出该决定时,总统尤其应考虑受益国向美国保证的该国对该国市场和基本商品资源提供公平合理准入的程度,以及该国对知识产权提供充分有效保护的程度。总统应考虑的其他因素包括:美国与该国间的优惠贸易的历史关系,该国与美国的涉及经济关系的有效协定或贸易协定,以及该国对美国商业没有歧视对待或没有实施不公正的或不合理的贸易壁垒。

如果某一年度合格产品的整体评估价值等于或超过上一年度所有免税产品的整体评估价值的30%,总统不得行使豁免权。如果某一年度合格产品的整体评估价值等于或超过上一年度所有免税产品的整体评估价值的15%,而该受益国的人均国民生产总值(根据现有最佳信息,包括国际复兴开发银行的资料)达5000美元或以上,或直接或间接免税出口到美国的该产品的数量,其整体评估价值占该年度整个免税进口的所有产品的整体评估价值的10%以上,也不得行使豁免权。[②]

总统每年需要对普遍优惠待遇受益国内的劳工权利状况进行年度审查,并向国会报告。[③] 实践中,审查对象扩大到知识产权保护和劳工保护情况。这类审查多由美国劳工组织/工会或知识产权保护组织提起。[④]

综上所述,美国普遍优惠制度并不是普遍优惠的,它首先排除了一系列国家,同时又规定了一些条件时刻在准备将一些国家排除。在产品上多限于没有影响的非敏感产品,而一些敏感产品正是发展中国家的出口竞争力强的产品。即便是非敏感产品,如超过了规定的门槛,超出了数额或金额的限制,也将失去这一待遇。因此,普遍优惠待遇制度成为美国向其他发展中国家施加影响、扩大市场的一个有力手段。

尽管如此,美国通过对发展中国家的普遍优惠待遇计划,给予了受益国实实在在的利益,赢得了发展中国家一定程度上的好感,同时又保证了自己

---

① 19 USC, 2263(c)(2)(2011).

② 19 USC, 2263(d)(4)(2011).

③ 19 USC,2264(2011).

④ 参见美国贸易代表公布的2010年审查报告,http://www.ustr.gov/webfm_send/3218, May 5, 2012 visited.

的国内市场不受冲击、国内产业不受影响。

从美国的角度看,该制度确保了美国从受益国进口其所需的产品。根据2011年美国贸易代表年度报告,2011年度,美国根据普遍优惠待遇制度进口的前几类产品是:原油、贵金属珠宝、铁合金、汽车零部件、气压轮胎、建材等。该制度的好处在于其适应能力:按产品对不断变化的市场条件的适应能力,对不断变化的生产商、工人、出口商、进口商和消费者需要的适应能力,对受益国遵循法定的合格标准的适应能力。[①] 其制度的设计和实施,有可借鉴之处。

① http://www. ustr. gov/sites/default/files/FULL% 20REPORT% 20-% 20PRINTED% 20VERSION. pdf, July 26, 2012 visited.

第十二章
中国入世承诺简析

一、中国的复关与入世

《关税与贸易总协定》于1948年1月1日起根据《临时适用议定书》开始适用。中国是《关税与贸易总协定》的23个创始缔约国之一。新中国成立后,退居台湾的国民党政府于1950年3月6日照会联合国秘书长,宣布根据《临时适用议定书》第5款的规定退出关税与贸易总协定,该退出自1950年5月5日起生效。1986年7月10日,中国常驻日内瓦联合国代表团大使向关税与贸易总协定递交了恢复中国关税与贸易总协定缔约国地位的申请。

虽然中国的申请中使用了"恢复"字样,但由于关税与贸易总协定缔约国之间权利义务的契约性以及关税与贸易总协定多个回合谈判的成果,中国不可能按国民党政府退出关税与贸易总协定时的权利义务状态享有权利、承担义务。美国、欧共体等也对中国的"恢复"申请存在一定程度的保留。[①] 因而,中国成为关税与贸易总协定缔约方,实质上需要按加入的方式与关税与贸易总协定的现有缔约方进行谈判。1995年1月1日,世界贸易组织成立,取代了关税与贸易总协定。中国未能在世界贸易组织成立之前成为关税与贸易总协定的缔约方。中国的复关谈判变成了中国的入世谈判。

根据《世界贸易组织协定》,在世界贸易组织成立之日,原关税与贸易总协定的缔约方成为世界贸易组织的创始成员;不是关税与贸易总协定的国家或单独关税区,需要按照该协定第12条的规定,按其与世界贸易组织议定的条件加入世界贸易组织协定。此处"与世界贸易组织议定的条件",指与世界贸易组织成员谈判达成的条件。因此,中国的入世,是建立在与世界贸易组织成员双边和多边谈判的基础上,以《中国入世议定书》的形式,在作出相关

---

① 石广生主编:《中国加入世界贸易组织读本(四)——中国加入世界贸易组织谈判历程》,人民出版社2011年版,第42页。

承诺、承担相关义务的前提下实现的。正如《中国入世议定书》第一部分第1条第1款规定的:“自加入时起,中国根据《世界贸易组织协定》第12条加入该协定,并由此成为世界贸易组织成员。”

形式上,《中国入世议定书》包括议定书本身、议定书附件以及中国加入工作组报告所含承诺。议定书本身包括了序言、第一部分总则、第二部分减让表、第三部分最后条款。其中第一部分和第二部分构成了中国入世承诺的主要内容。议定书附件实为议定书第一部分和第二部分内容的细化。中国加入工作组报告“是中国入世谈判的记录和说明,包括中国和世贸成员各自的意见和评论”①,也含有某些承诺,对议定书的内容作出进一步的澄清。内容上,议定书本身、议定书附件及中国加入工作组报告中的承诺,都构成了中国的入世承诺。

在中国提出准备参加关税与贸易总协定之初,中国政府即确立了“坚持以我享有发展中国家的地位来进行关税减让谈判,并承担与我经济和贸易水平相适应的义务”的方针。② 1993年,国家主席江泽民阐明了中国复关的三项原则:第一,关税与贸易总协定是一个国际性组织,如果没有中国这个最大的发展中国家参加是不完整的;第二,中国要参加,毫无疑问是作为发展中国家参加;第三,中国加入这个组织,其权利和义务一定要平衡。在谈判的全过程中,我们始终坚持了这些指导原则。③ 但实际上,导致世界贸易组织成立的关税与贸易总协定乌拉圭回合谈判的范围不再限于单纯的关税减让,而是扩大到了服务贸易、知识产权保护、投资措施。同时,中国作为一个人口众多、地域辽阔的大国,其潜在的庞大市场成为世界贸易组织成员关注的对象。另外,中国加入世界贸易组织,需按“与世界贸易组织议定的条件”加入,换言之,需要支付入门费;而中国成为世贸成员后,即按现有世界贸易组织规则“一劳永逸地”享有其他成员享有的现有权利。因此,中国的入世谈判,是一个讨价还价的过程;中国的入世承诺,既不可能直接照搬现有的世贸规则条款,也不可能停留在现有世贸成员承诺的水平,而是按照中国的具体条件(如中国的计划管理模式、中国的经济特区),有针对性地、区分过渡期义务与正常义务的承诺,总体上维持权利义务平衡的承诺,文字上主要体现为中国义务的承诺(中国的权利体现在现有的世界贸易组织规则中)。基于这些原因,在理解中国入世条件时,不能光看中国的承诺一面,也不能光看中国承诺的

---

① 石广生主编:《中国加入世界贸易组织读本(四)——中国加入世界贸易组织谈判历程》,人民出版社2011年版,第7页。

② 同上书,第24页。

③ 参见《江泽民文选》第三卷,人民出版社2008年版,第447页。

特殊性，而要结合中国入世后享有的权利、承担的义务来总体理解。

二、中国入世承诺简析——货物贸易

中国的入世承诺主要体现在《中国入世议定书》(以下简称《议定书》)及其附件中，中国加入工作组报告也含有某些澄清性承诺。

《议定书》第一部分总则规则了中国在制度方面所作出的承诺。共包括18个条文，其中一些条文是过渡性规定，另外一些是永久性规定。过渡性规定又包括了过渡期内中国承诺特殊义务的规定，以及允许中国维持现有管制措施、逐渐过渡到废除这些措施履行正常义务的规定。

1. 过渡期内的义务

过渡期内中国承担的特殊义务，或者说对中国不利的特殊义务，主要是第15条、第16条和第18条的规定。第15条规定了确定补贴和倾销时的价格可比性规则。其主要内容是针对中国某些产业、某些企业存在着按非市场原则定价的现实，允许其他世贸成员在对中国征收反倾销税、反补贴税时可以不按中国境内的价格进行，而采取第三国的所谓替代国价格。有关反倾销税的替代国价格规定，在中国入世后15年终止，即2016年终止。反倾销使用替代国的规定，其渊源来自于《关税与贸易总协定》第6条第1款的注释。该注释规定："在进口产品来自贸易被完全或实质上完全垄断的国家，且所有国内价格均由国家确定的情况下，在确定第1款中的价格可比性时可能存在特殊困难，在此种情况下，进口国可能认为有必要考虑与此类国家的国内价格进行严格比较不一定适当的可能性。"因此，理性判断，由于存在《关税与贸易总协定》这样的注释性规定，任何国家，包括中国，只要某一产品存在着国家定价的情形，都存在着使用第三国确定价格的可能性。

有关补贴使用第三国价格的规则，《议定书》没有明确规定终止的时间。这似乎对中国不利。但是，世界贸易组织上诉机构在加拿大软木案中明确，在确定补贴时可以使用提供补贴国之外的第三国的价格来确定补贴。这表明，即便不针对中国，而是针对任何世贸成员，都可能使用第三国的价格来确定补贴，因此中国并没有处在一个特别不利的位置。

《议定书》第16条是有关特定产品过渡性保障机制的规定。此即我们俗称的特保条款。这一条款完全是一临时的过渡性规定。它规定了对中国出口产品适用保障措施的相对简易标准和程序；《关税与贸易总协定》第19条及《保障措施协定》规定了严格的适用保障措施的条件以及非歧视性适用的条件。美国政府于2009年对中国出口轮胎采取了特保措施，虽经中国提出指控,该措施仍获得了世界贸易组织专家组和上诉机构的支持。原因之一是《议定书》第16条规定的适用特保措施的条件非常容易满足。《议定书》第16条是针对中国的歧视性措施,条款的适用期限在中国加入世界贸易组织之后12年终止,即于2013年年底终止,不再成为对中国不利的条款。

《议定书》第18条规定了过渡性审议机制。在中国入世后的8年内,世界贸易组织每年对中国的贸易政策和中国入世承诺的履行情况进行审议。按照世界贸易组织的《贸易政策审查机制》,贸易大国每2年审查一次,有些成员每4年审查一次,有些成员8年审查一次。相对于这些规定,对中国的年度审查构成了中国的负担。但性质上,这种审议是对新成员的审议,是过渡性的。8年过渡期结束中,中国按照贸易大国的审议频率接受审议。

《议定书》第17条是有关其他世贸成员保留措施的规定。经中国同意,其他世贸成员在中国入世后的一段时间内,对自中国进口的产品维持本与世贸规则不符的措施。这类措施包括禁止措施、数量限制措施、反倾销措施等。具体保留措施规定在《议定书》附件7,包括阿根廷对自中国进口产品维持的限制(配额和从量税),欧共体对自中国进口产品实行的工业品(非纺织品)配额逐步取消时间表,匈牙利对自中国进口产品维持的数量限制,墨西哥对自中国进口产品维持的反倾销措施,波兰对自中国进口产品的反倾销措施和保障措施,斯洛伐克对自中国进口产品维持的数量限制,土耳其对自中国进口产品实行的非纺织品数量限制。这些措施大多在中国入世后3年内取消,最迟于入世后6年内取消。相关成员与中国间的贸易关系回归正常。

另一类过渡性措施是允许中国分阶段取消不符合世贸要求的措施或中国承诺将要采取的措施。例如,中国承诺3年内赋予所有企业外贸经营权、非关税措施取消时间表(进口许可证、进口配额和进口招标产品,单一许可证产品)等。

2. 制度性承诺

《议定书》第2条名为“贸易制度的实施”,具体包括统一实施、特殊经济区、透明度、司法审查4个方面。中国承诺,《世界贸易组织协定》及《议定书》的规定适用于中国的全部关税领土,包括边境贸易地区、民族自治地方、经济特区、沿海开放城市、经济技术开发区以及其他在关税、国内税和法规方面已建立特殊制度的地区。此处“中国的全部关税领土”指不包括香港、澳门和台湾(中国台北)单独关税区的中国关税领土。同时,中国的这一承诺,无论在特殊经济区还是非特殊经济区,世贸规则与中国承诺是统一适用的。“除本议定书另有规定外,对此类特殊经济区内的企业提供优惠时,世贸组织有关非歧视待遇和国民待遇的规定应得到全面遵守。”同时,“对于自特殊经济区输入中国关税领土其他部分的产品,包括物理结合的部件,中国应适用通常适用于输入中国关税领土其他部分的进口产品的所有影响进口产品的税费和措施,包括进口限制及海关税费。”中国政府还承诺,中国地方各级政府的地方性法规、规章及其他措施应符合中国在《世界贸易组织协定》和《议定书》中承担的义务。中国以统一、公正和合理的方式,适用和实施中央政府有关或影响货物贸易、服务贸易、与贸易有关的知识产权或外汇管制的所有法律、法规及其他措施,以及地方各级政府发布或适用的地方性法规、规章及其他措施。这样,中国关税领土形成了一个统一的大市场,在整个这一市场范围内,在世贸组织规则调整的领域,所有的法律、规章及其他措施都是统一适用的。

法律、政策透明是世贸法律制度的要求,也是中国入世的承诺。中国承诺,有关或影响货物贸易、服务贸易、与贸易有关的知识产权或外汇管制的法律、法规及其他措施,予以公布,且只执行已公布的法律、法规及其他措施。在中国的相关法律、法规或其他措施实施或执行之前,任何世贸成员、个人或企业可以非常容易地获得这些信息。只有在紧急情况下,法律、法规及其他措施才可以在实施或执行时向其他世贸成员、个人或企业公开。为了便于其他世贸成员、个人或企业获得中国相关的法律、法规及其他要求,中国承诺,设立或指定官方刊物,公布所有有关或影响货物贸易、服务贸易、与贸易有关的知识产权或外汇管制的法律、法规及其他措施,且公布与实施之间应有合理的时间间隔,涉及国家安全、确定外汇汇率或货币政策的特定措施或一旦公布会妨碍法律实施的其他措施除外。中国还承诺设立或指定咨询点,应任何个人、企业或其他世贸成员的要求,提供与上述要求相关的信息,并在规定的合理时间内作出答复。中国入世前后,中国商务部及其他相关政府机关均设立了中国外贸政策咨询点。商务部的咨询点设在世界贸易组织司。

世界贸易组织规则主要是规范成员政府的管理措施,建立独立的司法审查制度有助于政府遵守规则、履行承诺。中国承诺,中国设立、指定或维持独立的审查机构,审查与货物贸易、服务贸易及与贸易有关的知识产权措施相关的所有行政行为。此类审查应公正、独立于被授权行政执法的机关,且与审查事项的任何结果不得有任何实质关系。中国入世后,最高人民法院发布了国际贸易行政复议和反倾销、反补贴行政复议的规定,对行政机关的相关贸易措施进行司法审查。虽然司法审查在性质上相当于我国的行政诉讼,但最高人民法院有关贸易案件的司法审查范围超出了一般行政诉讼的审查范围,不仅包括具体行政行为,还包括抽象行政行为,即相关政府部门的规章。

3. 非歧视承诺

《议定书》第3条规定了中国的非歧视承诺。根据这一承诺,除《议定书》另有规定外,在下述方面给予外国个人、企业和外商投资企业的待遇,不得低于给予其他个人和企业的待遇:(1) 生产所需的投入物、货物和服务的采购,及其货物在国内市场和供出口的生产、营销或销售条件;(2) 国家和地方各级主管机关以及公有或国有企业在包括运输、能源、基础电信、其他生产设施和要素等领域所供应的货物和服务的价格和供应程度。

中国政府作出的上述非歧视承诺,既不同于世贸规则中现有的最惠国待遇义务,也不同于世贸规则中现有的国民待遇义务,它同时包括了最惠国待遇义务和国民待遇义务,又有超出这些义务的进一步承诺。在适用对象上,它针对企业待遇,而非产品或服务本身的待遇;不仅包括外国个人、企业与其他个人或企业的待遇(最惠国待遇类),也包括外国个人或企业与中国个人或企业的待遇(国民待遇类),还包括外商投资企业与中国个人或企业的待遇(中国境内不同投资主体间的待遇,国际投资法意义上的国民待遇)。在义务范围上,它针对国内市场,包括生产所需货物和服务的采购,包括货物的生产、营销和销售,涵盖了整个生产链,同时也针对面向出口的生产、营销或销售;另一方面,它针对政府或国有企业生产要素的供应及价格,防止在国有企业和其他企业之间的优惠或歧视。在产品范围上,它既包括了货物,也包括了服务,因而涵盖了《关税与贸易总协定》和《服务贸易总协定》两个协定的内容。

中国作出的上述非歧视承诺,极大地保障了外商投资企业在中国的平等待遇。这是现行世贸规则所没有的。尽管世贸规则中存在《与贸易有关的投资措施协定》,但该协定重点关注货物方面的国民待遇义务和数量限制措施,例如国内含量、进口替代、进出口平衡、外汇平衡,体现为政府是对企业的要求,并不涉及服务及政府的生产要素供应。中国的非歧视承诺超出了现有世贸规则的相关义务。

4. 贸易权

新中国成立以来,我国一直采取国家通过专业外贸公司垄断外贸的政策。改革开放后,通过特批的方式,拥有外贸经营权的企业逐渐增多,但外贸经营权并非企业的当然权利。即便外商投资企业也只能进出口与自己的生产相关的货物。因此,贸易权问题自然成为中国入世谈判的重要问题。

中国就开放贸易权作出了承诺。根据《议定书》第5条,在不损害中国以与符合世界贸易组织协定的方式管理贸易的权利的情况下,中国逐步放宽贸易权的获得及其范围,在入世后3年,使所有在中国的企业均有权在中国的全部关税领土内从事所有货物的贸易,但附件 2A 所列依照《议定书》继续实行国营贸易的货物除外。此种贸易权为进口或出口货物的权利。对于附件 2B 所列货物,中国应根据附件中的时间表逐步取消在给予贸易权方面的限制。中国应在过渡期内完成执行这些规定所必需的立法程序。

中国于 2004 年修改了《对外贸易法》,赋予所有企业外贸经营权。但是,仔细审查中国就贸易权作出的承诺,它包括贸易权的获得及其范围两个方面。具体地说,包括获得外贸经营权的企业,以及进出口的产品。中国修改《对外贸易法》仅落实了第一个方面的内容。而在进出口货物的范围方面,却存在着模糊的认识。

附件 2A 又分为 2A1 和 2A2,分别针对进口和出口的国营贸易产品。其中附件 2A1 列出了进口实行国营贸易的 84 种产品,包括粮食、植物油、食糖、烟草、成品油、化肥、棉花几大类,分别由中国粮油食品进出口总公司、中国土产畜产进出口总公司、中国华润总公司、中国南光进出口总公司、中国良丰谷物进出口总公司、中谷粮油集团公司、中国出口商品基地建设总公司、中国糖业酒类集团公司、中国商业对外贸易总公司、中国烟草进出口总公司、中国化工进出口总公司、中国国际石油化工联合总公司、中国联合石油有限责任公司、珠海振戎公司、中国农业生产资料集团公司、中国纺织品进出口总公司、北京九达纺织品集团公司、上海纺织原料公司经营。

除附件 2A1 列举的 84 种产品的进口由上述公司专营外,所有其他产品的进口均应放开,任何企业都可以经营。但实际上,由于观念和理解的原因,中国政府并没有完全放开其他货物的进出口。例如,对出版物的进口。这也是美国诉中国出版物案中美国指控的一个方面。在世界贸易组织争端解决机构裁决中国违反承诺后,中国国务院修改了《出版管理条例》等法规,使之与中国有关外贸权的承诺相一致。

附件 2A2 列出了出口实行国营贸易的 134 种产品。包括茶、大米、玉米、大豆、钨矿砂、仲钨酸铵、钨制品、煤炭、原油、成员油、丝、未漂白丝、棉花、棉纱线、棉机织物、锑矿砂、氧化锑、锑制品、白银。国营贸易企业包括:中国土产畜产进出口总公司、中国粮油食品进出口总公司、吉林粮食集团进出口公司、中国五金矿产进出口总公司、中国有色金属进出口总公司、中国稀土金属集团公司、中国化工进出口总公司、中国煤炭工业进出口总公司、山西煤炭进出口集团公司、神华集团有限责任公司、中国国际石油化工联合总公司、中国联合石油有限责任公司、中国丝绸进出口总公司、中国纺织品进出口总公司、青岛纺织品联合进出口公司、北京第二棉纺厂、北京第三棉纺厂、天津第一棉纺织厂、上海申达有限公司、上海华生纺织印染集团公司、上海华生纺织印染集团公司、大连环球纺织集团公司、石家庄常山纺织集团、河南省洛阳棉纺织厂、河南省嵩岳纺织工业集团、德州棉纺厂、无锡市第一棉纺厂、湖北省普新纺织厂、西北棉纺一厂、成都久新纺织集团公司、苏州苏纶纺织联合公司(集团)、西北棉纺七厂、湖北襄棉集团公司、邯郸利华纺织集团公司、新疆纺织工业(集团)公司、安庆纺织厂、济南第二棉纺厂、天津第二棉纺织厂、山西省晋华纺织厂、浙江省金卫集团公司、西北棉纺五厂、保定第一棉纺厂、辽阳纺织厂、长春纺织厂、河南省华新棉纺厂、包头纺织厂、宁波和丰纺织集团公司、西北棉纺四厂、新疆石河子八一棉纺厂、中国印钞造币总公司、中国铜铅锌集团公司。

上述进口或出口的国营贸易产品,永久性地为国营贸易产品,为指定的国营贸易企业进口或出口。实际上,随着中国国有企业的改革,上述企业发生了很大的变化,有的已经合并,有的进行了股份制改造,不再是中国入世谈判时的企业状态。即便是中国入世承诺生效时,《议定书》中的上述企业已经发生了很大变化。但无论上述企业组织形态如何变化,本质上仍应属于国有控股企业,上述产品的进出口仍然不能由国有控制企业之外的其他企业经营。否则,中国入世谈判讨价还价获得的国营贸易产品的意义和价值将会削弱甚至丧失。

《议定书》第 5 条规定了指定经营产品,列入附件 2B。对于列入该附件的货物,中国应根据该附件中所列时间表逐步取消给予贸易权方面的限制。该附件共包括了 245 种产品,包括天然橡胶、木材、胶合板、羊毛、腈纶、钢材几大类。放开贸易权限制的时间为中国入世后 3 年。如今,中国入世已经 13 年,这些产品的进出口权应当已经全部放开。

无论是国营贸易产品,还是指定经营产品,主要集中于初级产品、原料产品,基本没有涉及高新技术产品,也没有涉及文化产品。这反映了中国入世谈判时中国的发展状况和当时的关注情况。换言之,对于附件 2A 没有包括的高新技术产品和文化产品,是不能通过国营贸易方式进出口的。

附件 2A 所列的国营贸易产品,仅限于进口或出口,而不限于国内市场的流通等活动。因此,《议定书》第 5 条同时规定,对于所有此类货物(即附件 2A 所列货物),均应根据《关税与贸易总协定》第 3 条,特别是其中第 4 款的规定,在国内销售、许诺销售、购买、运输、分销或使用方面,包括直接接触最终用户方面,给予国民待遇。这意味着对于附件 2A 所列货物,在国内市场的流通和使用方面,不能由国营企业专营或垄断,特别是不能歧视进口产品。相关产品进口到中国后,任何企业都可以销售、购买、运输、经销或使用。如果进口产品在国内市场中的竞争条件低于国内同类产品的竞争条件,就违反了上述规定,即违反了国民待遇义务。例如,棉花属于国营贸易产品,其进口须由指定国营企业进行。但此类棉花进口后,其在中国国内市场享有的待遇,应不低于国内同类产品享有的待遇。我们以中国入世前的1997年几部委发布的通知为例。当时的对外贸易经济合作部、国家经贸委、国家税务总局、海关总署、纺织总会联合发布了《关于下发第一批使用新疆棉“以产顶进”出口企业名单的通知》。为了使用国产棉顶替进口棉加工出口,指定了一批企业,这批企业减少棉花进口改用新疆棉加工出口纺织品,实行零税率政策。[①] 这一政策,限制了进口棉的使用,很显然损害了进口棉的竞争条件,减少了进口棉的销售机会。所以说,虽然进口本身可以由国营企业经营,但国内销售不得区别对待。

国营贸易,在世界贸易组织规则中,有专门的规则规范。《议定书》第6条也专门就国营贸易作出承诺。中国保证国营贸易企业的进口购买程序完全透明,并符合《世界贸易组织协定》的要求,且避免采取任何措施对国营贸易企业购买或销售货物的数量、价值或原产国施加影响或指导,依照《世界贸易组织协定》进行的除外。同时,对于出口,中国还应提供有关国营贸易企业出口货物定价机制的全部信息。

此处所说的《世界贸易组织协定》,主要是指《关税与贸易总协定》第17条和《解释关税与贸易总协定第17条的谅解》(以下简称“第17条谅解”)。第17条名为“国营贸易企业”,规定了成员有关国营贸易企业的实体义务。政府建立或维持国营企业时,或形式上或事实上给予企业专营权或特权时,在涉及进口或出口的购买或销售方面,应遵循该协定规定的影响私营贸易商进出口的政府措施的非歧视待遇的一般原则。这种为进口或出口的购买或销售,仅应基于商业考虑进行,如价格、质量、供应度、适销性、运输和其他购销条件,并应按照商业惯例给予其他成员的企业参与购买或销售的竞争机会。第17条谅解形成于乌拉圭回合谈判期间,构成了1994年关税与贸易总协定的一个组成部分。它规定了世贸成员有关国营贸易企业活动透明度的通知义务。内容包括被授予专营权、特殊权利或特权的政府或非政府企业,以及这些企业通过行使该权利通过其购买或销售影响进口或出口的水平或方向。世界贸易组织货物贸易理事会应制定一份示例清单,表明政府与企业的关系类型,以及企业从事的活动类型。

结合《关税与贸易总协定》第17条和第17条谅解的规定,以及《议定书》第5条有关贸易权的承诺,《议定书》第6条的承诺应理解为,中国国营贸易

① http://www.chinatax.gov.cn/n480462/n480513/n480979/n554124/997471.html,2013年2月15日访问。

企业的进口或出口程序是透明的,除了这些企业享有进口或出口的专营权外,在其他方面,包括货物的购买或销售,包括进口货物在中国关税领土内的待遇,与私营贸易商所遵循的相关规则是一致的,中国政府不得干预国营贸易企业的自主经营,不得规定货物数量、价值或原产国。附件2A列出的进口的或出口的国营贸易产品及相关企业,仅限于进出口本身,即贸易权本身,不涉及其他方面。

5. 非关税措施

《议定书》第7条是有关非关税措施的承诺。贸易管制措施,可以分为关税措施和非关税措施。这一分类中,非关税措施的范围非常广泛,包括了关税措施之外的所有影响贸易的措施。例如,反倾销反补贴措施、数量限制措施、许可证要求、技术壁垒、检疫要求、价格管制、补贴,等等。

中国在《议定书》第7条中的承诺,含有4个条款,涉及不同的内容。其中第1款是取消非关税措施的时间表的承诺。该承诺所含产品及取消非关税措施的承诺列入附件3。此处的非关税措施,仅是狭义上的非关税措施,包括进口许可证要求、进口配额要求、机电产品特定进口招标要求。中国承诺,中国应执行附件3包含的非关税措施取消时间表。在附件3所列期限内,对该附件中所列措施所提供的保护,在规模、范围或期限方面不得增加或扩大,且不得实施任何新的新措施,除非符合《世界贸易组织协定》的规定。这一承诺包括双重含义:第一,现有的保护或限制措施应在规定期限内取消;第二,不得再采取新的限制或保护措施。

附件3分为三种情形。表一涉及进口许可证、进口配额和进口招标产品。按税号分类,共涉及377种产品。根据产品的不同,有的产品在中国入世时,有的产品在中国入世后1年、2年或3年,取消进口许可证、进口配额要求或进口招标要求。表二涉及产品配额,对15类产品按价值规定了初始配额量和逐年增加的配额量,所有产品配额的年增率均为15%。这15类产品是:成品油、氰化纳、化肥、天然橡胶、汽车轮胎、摩托车及其关键件、汽车及关键件、空调器及其压缩机、录音设备及其关键件、录音录像磁带复制设备、收录音机及其机芯、采取电视机及显像管、汽车起重机及其底盘、照相机、手表。表三涉及仅需要进口许可证的产品。按税号计算涉及47种产品,包括小麦、大米、油、酒、胶卷等产品。对这些产品适用的进口许可证,在中国入世时取消。

第7条第2款的承诺涉及广义上的非关税措施,包括关税与贸易总协定项下的国民待遇、数量限制(禁止或配额)、进口许可和《农业协定》中的相关规定。同时,它是对中国入世后的非关税措施的要求,并不限于附件3所列产品和时间表。对于中国入世前对某一产品采取的非关税措施,如果没有列入附件3,则应在中国入世时取消,且不得重新采取或实施非关税措施,除非这些措施能够根据《世界贸易组织协定》的相关条款获得合理性,例如符合《关税与贸易总协定》一般例外的要求、因国际收支失衡原因采取的限制进口措施等。如果某一产品列入附件3,则按附件3及第7条第1款的承诺履行。另一方面,第7条第2款的承诺并非承诺永不采取任何非关税措施,而是承诺入世后采取的非关税措施应符合《世界贸易组织协定》的要求。所以,第7条第2款进一步规定,中国入世后实施的符合《议定书》及《世界贸易组织协定》的非关税措施,其分配或管理方式要严格遵循《世界贸易组织协定》的要求。前半句主要是政策上合规,后半句主要指具体方法上合规,如《进口许可程序协定》的要求及相关通知要求等。用法律术语来表示,要符合实质正义和程序正义两方面的要求,不能因为目的正确而不择手段。

《议定书》第7条第3款就与贸易有关的投资措施作出了承诺。《与贸易有关的投资措施协定》是乌拉圭回合谈判中形成的新协定,构成了《世界贸易组织协定》的组成部分。该协定主要保障企业生产和进出口中的自主权,包括政府不得对企业施加当地含量要求、进出口平衡要求、外汇平衡要求、出口实绩要求等。中国据此作出了四重承诺。第一,自中国加入世界贸易组织时起,中国遵守《与贸易有关的投资措施协定》,但不得援用该协定第5条的规定。该协定第5条规定了世贸成员的过渡性措施要求,世贸成员应向世界贸易组织通知现有的与贸易有关的投资措施,同时发达国家、发展中国家及最不发达国家分别在《世界贸易组织协定》生效后的不同期限内取消这些措施。中国不得援用该协定第5条的承诺,意味着中国入世时必须取消现有的与贸易有关的投资措施,没有逐渐合规的过渡期。第二,中国应取消并停止执行法律法规中的贸易平衡要求、外汇平衡要求、当地含量要求、出口要求或实绩要求。这一承诺实际上将《与贸易有关的投资措施协定》的内容具体化。这些措施正是中国入世前经常采取的对企业提出的影响进出口的管理要求。这些管理要求是政府措施。第三,中国将不执行含有此类要求的合同条款。这一承诺具有特殊性,超出了现有《世界贸易组织协定》特别是《与贸易有关的投资措施协定》的要求。无论是《世界贸易组织协定》还是《与贸易有关的投资措施协定》,都是对政府的义务要求。合同条款是企业行为,而非政府行为。只要合同条款不违反国内强行法的规定,政府或法院应支持合同当事人按合同约定履行合同。《与贸易有关的投资措施协定》禁止政府对企业提出类似贸易平衡这样的要求,但它没有禁止企业间通过合同提出这类要求,也没有要求政府干预合同中的这类要求或条款。而中国的上述承诺突破了这一点,企业间合同中的这类要求或条款将得不到政府或法院的支持,更谈不到强制执行。其他世贸成员提出这样的要求、中国政府作出这样的承诺,其主要目的是防止外商投资企业合同中存在类似条款。

中国就与贸易有关的投资措施的第四重承诺规定,中国保证国家和地方各级主管机关在审批相关事项时,包括进口许可证、配额或关税配额的分配,进口、进口权或投资权的其他审批方式,不以下列内容为条件:是否存在此类产品的与之竞争的国内供应商;任何类型的业绩要求,如当地含量要求、补偿要求、技术转让要求、出口业绩要求、在中国进行研发要求。中国政府的这一承诺,不仅影响到贸易政策,还影响到中国的外商投资政策。承诺中明确提及投资权这一内容。中国的外商投资制度,采取审批准入式制度。只有在审批机构相信某一投资满足中国发展目标的前提下才会予以批准。上述提到的当地含量要求、技术转让要求、出口业绩要求、在中国研发要求等,是传统上中国政府予以关注的对象。如今,中国政府作出这一承诺,即意味着审批中放弃了这些要求。事实上,在中国入世前后,中国立法机构修改了外商投资立法,废除了原立法中存在的类似要求。从某种意义上说,中国利用外商投资的政策空间受到了一定的限制。

第 7 条非关税措施第 4 款的承诺涉及进出口的管理部门。中国承诺,进出口禁止或限制,以及影响进出口的许可程序要求,只能由国家主管机关或由国家主管机关授权的地方各级主管机关实行或执行;不得实施或执行不属国家主管机关或由国家主管机关授权的地方各级主管机关实行的措施。这一承诺属于贸易管理措施的政府性质。

《议定书》第 8 条的承诺是有关进出口许可程序的承诺,主要是对许可程序的透明要求。中国承诺,在官方出版物中公布负责授权或批准进出口的组织清单,公布获得进口许可证或其他批准的程序和标准,是否发放进出口许可证或其他批准的条件,公布按税号排列的实行招标要求管理的全部产品清单,公布限制或禁止进出口的所有货物和技术清单及相关变更。同时,中国应将所有许可程序和配额通知世界贸易组织。中国发放的进口许可证的有效期至少为 6 个月,除非存在例外情况,而出现例外情况时中国应将缩短许可证有效期的例外情况迅速通知世界贸易组织进口许可程序委员会。中国还承诺,除《议定书》另有规定外,对于外国个人、企业和外商投资企业在进出口许可证和配额分配方面,给予不低于其他个人和企业的待遇。这也是一种包括最惠国待遇和国民待遇义务的承诺,只是与《议定书》第 3 条非歧视承诺的适用范围有所不同。这样,中国的非歧视承诺,既包括《议定书》第 3 条的内容,也包括第 5 条贸易权的相关内容,还包括了进出口许可程序的相关内容。

《议定书》第13条的承诺涉及技术性贸易壁垒,第14条涉及卫生与植物卫生措施。这些都属于广义上的非关税措施,在此一并介绍。中国有关技术性贸易壁垒的承诺,主要包括四方面的内容。

首先,中国应在官方刊物上公布作为技术法规、标准或合格评定程序依据的所有正式的或非正式的标准。

其次,中国自加入时起,所有技术法规、标准和合格评定程序符合《技术性贸易壁垒协定》的要求。这两方面的内容可以说是形式和实体两方面的一般性要求。

再次,中国还根据自己的管理措施和管理机制作出了特殊的承诺。1998年之前,光进出口就存在三个检验检疫部门。1998年,国务院批准,将原国家进出口商品检验局、农业部动植物检疫局和卫生部卫生检疫局合并,成立国家出入境检验检疫局,由海关总署管理,实现了"三检合一",解决了多年来存在的重复检验、交叉管理的痼疾,提高了通关效率。但同时,仍存在对进口商品和国内产品适用不同标准、由不同部门管理的情况。2001年,国务院决定将原国家质量技术监督局与国家出入境检验检疫局合并,成立国家质量监督检验检疫总局(简称国家质检总局)。国家质检总局是中华人民共和国国务院主管全国质量、计量、出入境商品检验、出入境卫生检疫、出入境动植物检疫、进出口食品安全和认证认可、标准化等工作,并行使行政执法职能的直属机构。[①] 这一机构改革,正是根据我国深化经济体制改革和入世需要进行的。

最后,中国承诺,自加入时起,中国保证对进口产品和国产品适用相同的技术法规、标准和合格评定程序。为保证从现行体制顺利过渡,中国保证自加入时起,所有认证、安全许可和质量许可机构和部门获得既对进口产品又对国产品进行此类活动的授权;加入1年后,所有合格评定机构和部门获得既对进口产品又对国产品进行合格评定的授权。对机构和部门的选择由申请人决定。对于进口产品和国产品,所有机构和部门应颁发相同的标志,收取相同的费用,同时提供相同的处理时间和申诉程序。对进口产品不得实行一种以上的合格评定程序。中国公布并使其他世贸成员、个人和企业获得有关其各评定机构和部门相应职责的全部信息。不迟于中国入世后18个月,中国应依据工作范围和产品种类,指定合格评定机构的相应职责,而不考虑产品的原产地;并将有关机构的相应职责通知世界贸易组织技术性贸易壁垒委员会。基于上述承诺,中国立法机构修改了相关立法,如进出口商品检验

① http://www.aqsiq.gov.cn/xxgk_13386/jgzn/zjjs/201210/t20121015_235103.htm,2013年2月17日访问。

法修改中,落实对进口产品质量(安全)许可制度和国产品强制性认证制度的统一化,实行“四个统一”,即:统一标准、统一目录、统一标志、统一收费。[①] 国务院 2003 年制定的《中华人民共和国认证认可条例》也对此作出了规定。其第 28 条规定,为了保护国家安全、防止欺诈行为、保护人体健康或者安全、保护动植物生命或者健康、保护环境,国家规定相关产品必须经过认证的,应当经过认证并标注认证标志后,方可出厂、销售、进口或者在其他经营活动中使用。第 29 条规定,国家对必须经过认证的产品,统一产品目录,统一技术规范的强制性要求、标准和合格评定程序,统一标志,统一收费标准。这些规定都落实了中国的相关承诺,将国际承诺转化为了国内法。

另外,中国的商品检验,分为强制性检验(法定检验)和任意性检验(委托检验或公证鉴定)。而强制性检验主要是为了保护人类健康和安全、保护动物或者植物的生命和健康、保护环境、防止欺诈行为、维护国家安全,贸易当事人之间约定的商业条款应不属于国家强制性检验的范围,而属于当事人委托检验的范围。针对这种情形,《议定书》第 13 条第 3 款承诺,中国对进口产品实施合格评定程序的目的,应仅为确定其是否符合与《议定书》和《世界贸易组织协定》规定相一致的技术法规和标准。只有在合同各方授权的情况下,合格评定机构方可对进口产品是否符合该合同的商业条款进行合格评定。这种针对产品是否符合商业条款的检验,不应影响此类产品或进口许可证的发放。

《议定书》第 14 条的承诺涉及卫生与植物卫生措施的通知承诺。中国承诺,在加入世界贸易组织后 30 天内,向世界贸易组织通知所有有关卫生与植物卫生措施的法律、法规及其他措施,包括产品范围及相关国际标准、指南和建议。这一承诺没有什么特殊性。

6. 价格控制

新中国成立之后,中国商品经历了国家定价、国家指导价和市场定价三个发展阶段。同时,在市场定价阶段,国家仍然保持着对某些产品的定价和指导性定价。而世贸组织规则本质上是市场规则。因此,中国产品的价格也是中国入世承诺的一项内容。

《议定书》第 9 条规定了中国有关价格控制的承诺。中国可对附件 4 所列货物和服务实行价格控制。除非存在特殊情况,并且通知世界贸易组织,不得对附件 4 所列货物或服务以外的货物或服务实行价格控制,且应尽最大努力减少和取消这些控制。除此之外,中国应允许每一部门交易的货物和服

---

① 李长江:《关于〈中华人民共和国进出口商品检验法修正案(草案)〉的说明》,http://law.npc.gov.cn:87/page/browseotherlaw.cbs? rid = bj&bs = 42271&anchor = 0#go0,2013 年 2 月 17 日访问。

务的价格由市场力量决定,且取消对此类货物和服务的多重定价做法。中国应在官方刊物上公布实行国家定价的货物和服务清单及其变更情况。

《议定书》附件4列出了实行价格控制的产品和服务。包括国家定价产品、政府指导价产品、政府定价的公用事业、政府定价的服务、政府指导价的服务5种情形。国家定价产品包括烟草、食盐、天然气、药品4类,按税号计算共含46种产品,其中药品类为40种产品。政府指导价产品包括粮食、植物油、成品油、化肥、蚕茧和棉花6类产品,按税号算共29种产品。其中,粮食类包括小麦、玉米、稻谷、大豆。实行政府定价的公用事业包括民用煤气价格、自来水价格、电力价格、热力价格、灌溉用水价格5种。实行政府定价的服务包括邮电服务收费、旅游景点门票费和教育服务收费3类。实行政府指导价的服务含运输服务收费、专业服务收费、服务代理收费、银行结算清算和传输收费、住宅销售价格和租用费用、医疗服务收费6类。上述服务分类遵循关税与贸易总协定用于服务贸易谈判的W/120文件的服务部门分类。每一分类又包括了许多分部门,每一分部门又包括多种细小分类。例如,专业服务即包括了法律服务、会计服务、税收服务、建筑服务、工程服务、集中工程服务、城市规划服务、医疗服务等分部门。现实中,上述承诺的政府定价产品或服务,确实实行政府定价,而在政府指导价的产品或服务中,政府指导价的作用似乎没有得到体现,例如住宅销售价格。如果在入世谈判中,中国千方百计地保住了政府指导价的产品或服务范围,但实践中却又没有实行政府指导价,这样谈判价值就在无形中被削弱或失去了。但从另一角度讲,中国政府保留了实行政府指导价的权利,中国政府可以根据自己的考虑行使这一权利,也可以放弃这一权利。具体如何选择,取决于中国的利益需要。

7. 补贴与农业补贴

《关税与贸易总协定》第6条及第16条提供了反补贴措施与补贴措施的纪律,《补贴与反补贴协定》进一步澄清和完善了这一纪律。根据这些规定,政府(含公共机构)向接受者提供的财政资助,如对接受者提供了利益,则构成补贴;只有专向性补贴才受这些规则的约束;包括出口补贴和进口替代补贴在内的补贴为禁止性补贴,视为专向补贴,属于被禁止的补贴;其他专向性补贴属于可诉补贴,只有在造成其他成员利益受损时,才可以采取救济性措施或构成违法。

《农业协定》提供了针对农产品的过渡性规则。它主要建立了三项纪律:市场准入关税化,国内支持量化,出口补贴承诺化。换言之,《农业协定》允许其他规则不允许的措施,但需要作出约束性承诺,并逐步削减。

《议定书》第10条和第12条分别就补贴和农业作出了承诺。第10条的承诺包括了通知要求、国有企业补贴的专向性认定标准以及取消禁止性补贴。中国应向世界贸易组织通知中国领土内给予或维持的属于《补贴与反补贴协定》第1条含义上的并按具体产品划分的任何补贴,包括该协定第3条界定的补贴。这实际上要求中国通知专向性补贴,包括禁止性补贴。中国进一步承诺,就补贴及专向性认定而言(就实施《补贴与反补贴协定》第1条第2款和第2条而言),对国有企业提供的补贴将被视为专向性补贴,特别是国有企业是此类补贴的主要接受者或国有企业接受此类补贴的数量异常大的情况下。这是中国针对国有企业的特有承诺。对国有企业的补贴直接视为专向性补贴,中国政府对国有企业的财政资助的性质被固定,从而使中国政府对国有企业采取的政策措施更多地受到了世贸规则的限制。而如果没有这一承诺,中国政府对国有企业的财政资助是否提供了利益、是否属于专向性补贴,需要根据《补贴与反补贴协定》第1条第2款和第2条规定的标准进行具体的审查,这种审查的结果具有不确定性,也可能构成专向性补贴,从而受世贸规则的约束,也可能不构成专向性补贴,从而不受世贸规则的约束。中国政府的这一承诺,将中国政府对国有企业的财政资助都预先一刀切地定义为专向性补贴。中国可以利用的一点可能是在国有企业的定义和范围上下工夫,因为中国传统意义上的国有企业已经极少,很多国有企业已经进行了股份制改造,成为上市公司。中国在第10条的第3项承诺是,自加入时起取消属于《补贴与反补贴协定》第3条范围内的所有补贴。第3条范围内的补贴属于禁止性补贴,对任何世贸成员都是一同适用的。中国的这一承诺并无特别负担的成分,只是再次确认遵循第3条的纪律。

中国政府在第12条有关农业的承诺包括两款。第1款规定,中国承诺实施中国货物贸易承诺和减让表中包含的规定,以及《议定书》具体规定的《农业协定》的条款。“在这方面,中国不得对农产品维持或采取任何出口补贴。”中国的这一承诺,前半部分只是再次确认中国遵守谈判达成的减让,没有什么特别之处。而后半部分使中国承担了其他世贸成员没有承担的义务:永久性地取消对农产品的出口补贴,放弃对农产品提供出口补贴的权利。如前所指出的,世贸成员根据《农业协定》可以维持出口补贴,只要该出口补贴额不超出所承诺的出口补贴额。但从中国农业发展史的角度看,对农产品征税(土地使用税费、交租、交公粮、交提留等)延续了几千年,庞大的农村人口和广大的农村区域导致政府无力提供财政支持,新中国成立后也不存在对农产品的出口补贴。因此,承诺不对农产品维持或采取出口补贴,只是对现实的一种描述,尽管从世贸成员间权利义务角度说,中国放弃了这一提供农业出口补贴的权利。中国入世后第3年,即2004年开始,中国政府宣布取消农业税，从而终止了长达几千年的对农产品征收赋税的制度。[①] 从一定意义上说，这也是对农产品的一种支持。

中国政府在第12条的另一承诺是过渡性措施承诺，目前已经失去实质意义。中国承诺，在过渡性审议机制中，中国应就下述事项进行通知：农业领域的国营贸易企业（无论是国家的还是地方的）与在农业领域按国营贸易企业经营的其他企业之间，或在上述任何企业之间，进行的财政和其他转移。

8. 对进出口产品的税费

《议定书》第一部分总则第11条"对进出口产品征收的税费"，该议定书第二部分"减让表"（第152号减让表），共同构成了中国对进出口产品税费的承诺。第11条对进出口产品征税的税费，包括关税和国内税费。减让表既包括了货物减让也包括了服务减让。此处仅介绍有关货物的减让。

（1）进口税费

根据第11条，中国政府承诺，中国保证国家主管机关或地方各级主管机关实施或管理的海关规费或费用符合1994年关税与贸易总协定的要求。这实际上是一项涉及海关规费的守法承诺。根据《关税与贸易总协定》第2条，海关规费包括海关征收的普通关税和其他税费，也包括了海关对提供的服务征收的相当于成本费的费用。货物减让表规定了中国对相关产品的进口关税作出的承诺。例如，汽车整车进口的关税为从价20%，汽车零部件的进口关税为从价10%。

中国须按减让表中的承诺征收进口税。议定书附件8是中国减让表。该减让表，在框架上，包括四部分，外加《信息技术协定》附表B，以及两个附件。这四部分分别是：第一部分是最惠国税率，第二部分优惠关税，第三部分非关税减让，第四部分农产品限制补贴的承诺。其中，第一部分，包括第1节农产品和第2节其他产品，而农产品一节又进一步分为A关税和B关税配额两节。第二部分优惠关税，整个优惠关税为零。第三部分非关税减让，包括A节化肥和毛条关税配额、B节其他非关税减让。第四部分农产品限制补贴的承诺（《农业协定》第3条），第1节国际支持（综合支持总量承诺），中国的最终约束承诺水平为零；第2节，出口补贴（预算支出和数量削减承诺）。第3节，限制出口补贴范围的承诺。由于中国在《议定书》第12条中承诺不提出任何出口补贴，第2节和第3节的内容为空白。

---

① 2005年12月29日，第十届全国人大常委会第十九次会议高票通过决定，自2006年1月1日起废止《农业税条例》，取消除烟叶以外的农业特产税，全部免征牧业税，中国延续了2600多年的"皇粮国税"走进了历史博物馆。这是中国农业发展与世界惯例接轨的标志性事件，也是中国农民命运开始重大变化的标志性事件。参见《取消农业税》，http://www.gov.cn/test/2006-03/06/content_219801.htm，2013年2月17日访问。

对农产品最惠国税率的承诺,以小麦为例,示例如下:

税号	商品描述	加入之日约束税率	最终约束税率	实施期	现行减让的确定	最初谈判权	首次并入GATT减让表的减让	早期最初谈判权	其他税费
10011000	硬粒小麦	74	65	2004		CA,US			0

中国于2001年12月11日加入世界贸易组织。该日硬粒小麦适用的进口关税最惠国税率是74%。中国对该税号的硬粒小麦的最终约束最惠国税率为65%,从2004年1月1日起适用。最初与中国就硬粒小麦的进口关税进行谈判的国家是加拿大和美国。对硬粒小麦进口,中国对其他成员适用的其他税费为零。由于中国是世界贸易组织成立后新加入的国家,不存在世界贸易组织成立之前的关税与贸易总协定期间的减让,因此上述表格中相应的栏目为空白。

如前所述,中国减让表还包括两个附件,附件1是农产品逐年减让表,附件2是其他产品逐年减让表。对上述表格中的硬粒小麦,关税逐年减让的情况是:2001年加入时进口关税为74%,2002年进口关税为71%,2003年进口关税是68%,2004年起的进口约束关税是65%。

在农产品部分,还存在关税配额的承诺。关税配额承诺是指配额内的进口适用低税率,配额外的进口适用高税率,但不禁止进口。这与进口数量配额不同。中国对小麦、玉米、大米、豆油、棕榈油、菜籽油、食糖、羊毛和棉花实施关税配额管理。仍以小麦为例。

商品描述	税号	最初配额量和配额内税率	最终配额量和配额内税率	实施期	最初谈判权	其他条款和条件
小麦		7884000吨	9636000吨	2004	AU,CA,US	国营贸易比例=90% 年关税配额量: 2002:8,468,000吨 2003:9,052,000吨 2004:9,636,000吨
	10011000	1%	1%			
	……					

对比前述硬粒小麦的普通关税,我们发现,配额内的小麦进口关税为1%,而前文指出配额外的进口关税2001年加入时为74%,2002年为71%,2003年为68%,2004年起的进口约束关税是65%。关税税率差别巨大。我们还发现,从加入时起到实施期的2004年,小麦进口配额逐年增加,最后停留在2004年的9636000吨的水平上。第三个情况是,在这一配额总量中,

90%通过国营贸易进行，这在附件2A1中已经得到明确规定，硬粒小麦由中国粮油食品进出口总公司进口。剩余的10%的配额数量，可由拥有外贸权的任何实体进口。如果中国没有作出新的承诺，对硬粒小麦的配额关税一直按2004年的情况执行。

在最惠国税率部分，农产品之外的其他产品的情况，与农产品类似。但无关税配额的承诺。

减让表中的第三部分为非关税减让。包括了化肥和毛条的关税配额（类似前述的硬粒小麦的配额），以及其他非关税配额（取消许可证和配额，取消招标要求，增加配额数量等）。例如，对硬粒小麦，中国承诺自加入世界贸易组织之日起取消许可证。

中国减让表的另外一部分，名为"《信息技术协定》附表B"。《信息技术协定》是世界贸易组织成立后的1996年由部分世贸成员谈判达成的一项协定，在性质上属于诸边协定，只对加入成员有约束力。根据该协定，协定所含所有信息产品的进口不征收关税。对信息技术产品作出承诺成为中国入世承诺的一部分。附表B列出了商品名称和税号。该附件表规定，就《信息技术产品贸易的部长宣言》(WT/MIN(96)/16)中所述或供该宣言附件之附表B所用的任何产品而言，在本减让表未明确规定的情况下，对该产品的关税及《关税与贸易总协定》第2条第1款b项范围内的任何其他税费，应按宣言附件第2款(a)项所列，进行约束和取消，无论产品如何归类。而实际上，中国在2003年4月14日才被接受为这一协定的参加方。时任中国常驻世界贸易组织代表、特命全权大使孙振宇在会上表示，从2003年1月1日起，中国取消了15项信息技术产品最终用途的证明，解决了世贸组织成员最关注的问题，为中国加入《信息技术协定》扫清了障碍。中国加入《信息技术协定》，结束了中国只履行义务而不能享受权利的不合理的局面，这将有助于中国的信息技术产品进入国际市场，促进信息技术产业贸易的发展。[①]

(2) 出口税费

关税与贸易总协定没有对出口税设定纪律，其他世贸成员也没有对出口税作出承诺，但《议定书》对出口产品的出口税作出了承诺。这是中国承诺的一个特别之处。根据第11条第3款，中国取消适用于出口产品的全部税费，除非《议定书》附件6中有明确规定或按照《关税与贸易总协定》第8条的规定适用。第3款的承诺包括了一般义务和义务例外。一般义务是，取消适用于出口产品的所有税费。这表示中国不能通过税费的方式调整出口贸易，也

---

① http://www.people.com.cn/GB/it/49/149/20030426/980051.html，2012年12月3日访问。

不能通过税费增加财政收入。尽管《关税与贸易总协定》第11条设置了比较严格的普遍取消数量限制措施的义务,但该义务不涉及税费。《关税与贸易总协定》第2条设置了约束性关税义务,但该义务限于进口关税。因此,它是特殊的承诺。①

取消出口产品税费的一般义务存在两种例外情形。第一种例外情形是《议定书》附件6规定的情况。附件6规定了实行出口税的产品清单。该清单按税号列出了84种产品,并且列出了各产品出口的出口税率。这些产品除鳗鱼苗及骨粉外,主要是矿产品及钢铁铝等产品,但没有包括后来被认为非常重要的稀土。附件6除产品清单和适用税率表外,还含有一项注释。按照该注释,中国确认本附件中所含的水平为最高水平,不得超过。中国进一步确认将不提高现行实施税率,但例外情况除外。如出现此类(例外)情况,中国将在提高实施关税前,与受影响的成员进行磋商,以期找到双方可接受的解决办法。附件6的注释包括几重含义。第一,上述列举产品承诺的关税是最高关税,今后任何时候不得超过这一最高限度。第二,这些产品现行实施的税率(实际适用税率),除非存在例外情况,也不提高,并且在出现例外的情况下要通知、磋商。因此,结合《议定书》第11条第3款的取消出口关税的承诺,整个附件6既规定了可以征收出口关税的产品,也规定了出口关税的最高限度,同时还规定了稳定现有税率。附件6没有列举的产品,均不得征收出口税;附件6列举的产品,其出口税最高不得超过承诺税率,欲提高现行适用税率,也要与其他成员磋商。在美国诉中国原材料出口措施案中,中国对上述84种产品之外的产品征收出口税,被世界贸易组织争端解决机构裁决违反了承诺。

取消出口税费的第二种例外情形是《关税与贸易总协定》第8条的适用。《关税与贸易总协定》第8条名为"进出口规费和手续",允许按服务成本对进出口收取费用,该费用不得为了保护国产品,也不得为了财政目的。

(3)国内税费和边境税

中国在第11条项下还作出了国内税费的承诺。中国保证国家主管机关或地方各级主管机关实施或管理的国内税费,包括增值税,符合1994年关税与贸易总协定。结合第11条的标题"对进出口产品征收的税费",该项承诺是指在国内税费方面,不得在税费方面歧视进出口产品,特别是进口产品。

根据第11条第4款,中国承诺,在进行边境税的调整方面,对于外国个人、企业和外商投资企业,自加入时起应获得不低于其他个人和企业的待遇。

---

① 不过,韩国同欧盟和美国签订的自由贸易协定都禁止征收出口税。由此看,中国承担了多边义务,韩国等承担了双边义务。对出口税作出限制,可能代表着一个发展方向。

这又是类似于第3条的非歧视承诺(最惠国待遇和国民待遇),但适用范围限于边境税调整。边境税调整(border tax adjustment),属于一种全部或部分实施目的地原则的财政措施,指产品出口时扣除已经对该产品(同类产品)征收的国内税,如出口退税;或者产品进口时对进口产品征收国内同类产品应缴的国内税。[①]《关税与贸易总协定》第16条的注释规定,“对出口产品免征其同类产品供国内消费时所负担的关税或国内税,或免除此类关税或国内税的数量不超过已增加的数额,不视为补贴”。此即出口退税的法律依据。由于绝大多数国家不征收出口税,此处的退税主要是退回已经征收的国内税。《关税与贸易总协定》第2条是有关进口关税减让表的规定,其第2款含有与边境税调整相关的规定:本条的任何规定不得阻止任何成员对任何产品的进口随时征收下述关税或费用:(a)对同类国内产品,或对用于制造或生产进口产品的全部或部分产品,征收的与国内税费的国民待遇要求相符的等于国内税额的费用;(b)以与第6条的规定相符的方式实施的反倾销税或反补贴税;(c)与所提供服务的成本相当的规费或其他费用。此处的(a)项规定,被认为是边境税调整的另一核心来源。沸沸扬扬的碳关税的依据即来自于此。总之,中国承诺,在边境税调整方面,履行非歧视义务。

三、中国入世承诺简析——服务贸易

《议定书》第二部分减让表,既包括货物贸易方面的减让,也包括了服务贸易方面的减让。服务贸易方面的减让具体规定在《议定书》附件9中,包括服务贸易具体承诺减让表和第2条最惠国豁免清单。第2条最惠国豁免清单包括不适用最惠国待遇义务的部门或分部门。中国在这一豁免清单中列出了海运、国际运输、货物和旅客,并指明了具体内容、适用国家和计划期限。

《服务贸易总协定》是一框架性协定,成员的具体义务规定在成员的具体承诺减让表中。中国作出的服务贸易承诺同样规定在具体承诺减让表中。

在《议定书》第一部分第9条有关价格控制的承诺中,包括了对政府定价的公用事业、政府定价的服务和政府指导价的服务的承诺(附件4)。附件4的注释指出:依照1991年7月10日GATT MTN. GNS/W/120号文件,对本附件中实行国家定价管理的服务部门增加CPC分类,该文件为乌拉圭回合中的服务贸易谈判提供了服务部门分类。商务部国际司在一项答复中指出,中国

---

① Border Tax Adjustments, Report of the Working Party adopted (by the GATT) on 2 December 1970 (L/3464).

对外签订的服务贸易协定具体承诺表均使用1991年的临时CPC版本。[①] 这些似乎表明,中国的服务承诺减让表中的部门分类是参照了第120号文件的,同时是参照了1991年CPC临时版本的。CPC分类指联合国主持制定的《产品总分类》,包括了货物分类和服务分类,同时每一分类都分配一个代码。CPC版本也在不断更新。关税与贸易总协定的第120号文件对服务部门的分类是一个粗略分类,虽然注明相应的CPC代码,但有的对应着3位代码,有的对应着4位代码,有的对应着5位代码,有些大的分类也不一致。因此,中国的服务贸易承诺,实际上也是参照了两个分类进行的,并不必然完全符合上述两个文件中的某一分类。有的承诺标有CPC代码,有的没有标注。这些情况造成了中国服务减让承诺表解释的困难。这一困难在美国诉中国出版物案、美国诉中国电子支付案中真的出现了。

由于服务贸易通过4种服务提供方式进行,即跨境提供、境外消费、商业存在和自然人流动,而商业存在相当于我们通常所理解的外商投资企业,因此中国的服务贸易承诺直接与我国外商投资政策相关。同时,具体承诺是对市场开放和国民待遇的承诺,中国作出的承诺也与产业政策密切相关。下文对中国服务贸易具体承诺表的介绍,也主要是以商业存在为重点。

与其他成员的减让表一样,中国服务贸易具体承诺表包括适用于所有部门的水平承诺和针对特定部门的具体承诺两部分。每一部分都包括适用的部门或分部门、市场准入限制、国民待遇限制和其他承诺四栏内容,其他承诺属于自愿性承诺。

中国的水平承诺,主要是规定了外商投资企业的法律形式,即股权式合资企业、契约式合资企业和外资(独资)企业,同时还规定了股权式合资企业中的外资比例,规定了外国企业的分支机构,并对在华外商投资企业的管理人员、专家在华居留期限作出了承诺。水平承诺还包括土地使用权期限的规定。

中国水平承诺另一项重要内容是对现有待遇、权益的承诺:“对于各合同协定或股权协议,或设立或批准现有外国服务提供者从事经营或提供服务的许可中所列所有权、经营和活动范围的条件,不得比中国入世之日时更具限制性。”这实际上是一项维护既得权益的条款。就像一个不能回转的齿轮,只能前进,不能后退。这保证了贸易政策的稳定性和更加自由化。

纵观中国针对具体部门作出的具体承诺,在市场准入限制方面,在商业存在这一服务贸易提供方式上,中国的承诺主要限于是否允许合资、合作或

① http://gzly.mofcom.gov.cn/website/comment/china/www_bbs_list.jsp?bbs_num=328028,2010年12月12日访问。

独资,多长时间后可以独资,换言之主要限于股权上的要求或限制。有些部门干脆承诺“没有限制”。有的列有一定期限的地域限制,除这些类型外,几乎没有其他限制。这种承诺,意味在中国在相关部门方面,在产业准入方面,对外国服务和服务提供者敞开了大门。《服务贸易总协定》第16条市场准入第2款明确规定,在作出市场准入承诺的部门,除非在其减让表中另有列明,否则成员不得在其某一地区或全部领土内维持或采取下述措施:限制服务提供者的数量,限制服务交易或资产的总值,限制服务业务总数或服务产出总量,限制特定服务部门或服务提供者的雇佣人数,限制特定类型的法律实体或合营企业,限制外国股权参与程度。对照中国的上述承诺,中国承诺实质上仅涉及了上述6种限制的后2种,并没有限制外国服务提供者的数量、交易量或资产量、产出量、雇佣人数。可以这样认为,在市场准入上,在服务产业准入上,几乎没有限制。

在跨境提供这种模式上,中国减让表中“不作承诺”和“没有限制”这两种情况都存在,也存在有条件例外的不作承诺的情形。

即使在市场准入限制一栏的承诺中作出了没有限制的承诺,也可以在国民待遇限制一栏中就国民待遇作出限制,以此来保护国内服务和服务提供商,即保护国内的服务业。中国在这方面的承诺几乎是“没有限制”,这样一旦外国服务或服务提供商获准进入中国市场,他们在中国境内即享有了不低于国内同类服务或服务提供商的待遇,这种待遇的范围是无限的,除非在市场准入方面存在限制,如合资要求。

第120号文件将服务分为12个部门,分别是:1 商业服务、2 通信服务、3 建筑及相关工程服务、4 分销服务、5 教育服务、6 环境服务、7 金融服务、8 保健和社会服务、9 旅游和与旅行相关的服务、10 娱乐文化和体育服务(音像服务除外)、11 运输服务、12 别处未包括的其他服务。中国未对保健和社会服务、娱乐文化和体育服务、别处未包括的其他服务这3个部门的服务作出承诺,对除此之外的9个部门不同程度地作出了承诺。每一部门又分为分部门。中国并非就每一部门内的每一分部门都作出承诺。例如,在商业服务这一部门中,中国未对研究和开发服务、租赁和出租服务这些分部门作出承诺,在通信服务部门中未对邮政服务作出承诺;在运输服务部门中未对空间服务作出承诺。同样,即便在作出某种承诺的分部门中,也并非对所有的更小的部门类别作出承诺,如在金融服务部门中的银行及其他金融服务这一分部门中,中国未对证券发行、资产管理、金融资产清算结算作出承诺。

需要指出的是,中国在一些部门分部门未明确作出市场准入承诺,只是表明中国没有义务允许外国服务和服务提供商向中国、在中国提供服务,这并不等于中国禁止外国服务、外国服务商进入中国。这种不承担义务情形下的市场开放被称为自主开放。另外,由于整个服务行业都处在迅速发展之中,不同服务之间差别巨大,科学技术日新月异,不同部门分部门之间的界限呈变动、模糊状态。货物和服务也存在着密切的联系。加之由于发展水平、实际经验和理解的原因,中国的服务承诺具有独特性,而服务承诺表的解释须遵循国际条约的解释原则,结果是原本中国认为没有作出承诺的一些服务,在实际争端中被认定为作出了承诺。如美国诉中国出版物案中的网上音乐经销、美国诉中国电子支付案中的信用卡服务。但这种情形并非中国所独有。在安提瓜诉美国博彩案中,美国也被认定为就网上博彩作出了承诺,而美国不承认就此作出过承诺。这也是美国迟迟不履行这一案件裁决的一个原因。

第十三章
中国入世后的贸易争端

一、中国入世后的总体争端情况

世贸成员之间产生贸易争端是不可避免的;越是贸易额大的成员,越可能成为贸易争端的当事方。依据世界贸易组织规则解决世贸成员之间的贸易争端,是世贸成员享有的权利和承担的义务。中国入世后,中国与其他世贸成员之间的争端,同样需要按照世贸规则来解决。《争端解决规则与程序谅解》是处理世贸成员争端的主要程序规则。某一成员按照《争端解决规则与程序谅解》正式通过世界贸易组织争端解决机构向其他成员提出磋商请求,视为争端产生,世界贸易组织争端解决机构登记为一个争端案件。如果争端成员不能通过磋商解决,则经申诉方请求,进入案件审理程序。该程序包括负责一审的专家组程序和负责二审的上诉机构程序。世界贸易组织争端解决机构通过专家组/上诉机构做出的报告,视为争端解决机构对这一争端作出了裁决、提出了建议。此后进入执行程序。实践表明,世界贸易组织争端解决机构运作良好。大多数争端在磋商阶段解决,部分案件进入审理程序,绝大多数案件的裁决都顺利执行。

按世界贸易组织争端解决机构登记的争端算,中国入世至 2013 年底的 12 年间,中国作为申诉方提起 12 起案件,作为被诉方被控 31 起案件。由于多个成员对同一措施提出的指控登记为多个案件,中国实际被诉的案件数量少于 30。例如,在汽车零部件案中,欧共体、美国和加拿大都提出了申诉,登记为 3 个案件,实际上都针对中国的同一措施。在这些申诉和被诉的案件中,大部分争端在磋商阶段得到解决,少部分经过了审理程序。但无论是磋商解决,还是经由审理解决,在中国被诉的案件中,基本上都与产业政策、产业措施相关。这是中国被诉案件的一个特点。中国申诉案件主要集中于贸易救济措施方面,即反倾销、反补贴和保障措施,包括对中国国有企业的歧视。只有2起案件涉及一般意义上的产业政策措施,即中国诉美国禽肉案和中国诉欧盟再生能源措施案。前一案件中国胜诉,后一案件刚于2012年底提起。

从中国产业政策和产业保护的角度看,中国被诉措施案件具有极大的警示和借鉴意义。从被诉措施来计算,中国有下述20起被诉案件:集成电路增值税措施案(DS309)、中国汽车零部件措施案(DS339,340,342)、税收减免案(DS358,359)、中国知识产权保护措施案(DS362)、中国出版物措施案(DS363)、中国金融服务措施案(DS372,373,378)、中国贷款措施案(DS387,388,390)、中国原材料出口措施案(DS394,395,398)、中国对欧盟紧固件临时反倾销案(DS407)、中国电子支付服务案(DS413)、中国对美电工钢双反案(DS414)、中国风能设备措施案(DS419)、中国对欧盟X光检查设备反倾销税案(DS425)、中国对美烤架产品双反案(DS427)、中国稀土出口措施案(DS431,432,433)、中国对美汽车双反案(DS440)、中国汽车和零部件产业措施案(DS450)、中国纺织品出口措施案(DS451)、中国对日本无缝钢管反倾销税案(DS454)、中国对欧盟无缝钢管反倾销措施案(DS460)。从案件登记看,中国被诉案件几乎都是一个接着一个,而且很多案件中是多个申诉方一起对中国提起申诉。事实上,自2006年以来,即中国所谓的过渡期结束时,与中国有关的案件在整个世界贸易组织案件中一直占有很高的比例,大约在三分之一上下。而中国的申诉案件又占整个中国案件的约三分之一。中国被诉成为世界贸易组织争端解决活动的一个突出现象。其中,中国产业政策被诉更是突出现象中的突出现象。

在上述20起案件中,除7起贸易救济措施案外,其余都是产业政策措施争端。在13起被诉产业政策措施案中,磋商解决的有4起,经由审理程序作出裁决的有5起,1起处于停滞状态,2起处于磋商阶段,1起处于专家组审理阶段。本章的介绍分析主要集中于磋商解决和审理裁决的产业政策争端。

二、磋商解决被诉案件

磋商解决的案件包括下述4起案件:集成电路增值税案、美国墨西哥诉中国税收减免优惠案、金融服务措施案、美国墨西哥危地马拉诉出口补贴案。

1. 集成电路增值税案

集成电路增值税案是美国于2004年3月提起的案件,也是中国入世后被诉的第一起案件。美国指控的是我国有关集成电路产业政策的6个文件,具体包括:国务院2000年发布的《国务院关于印发鼓励软件产业和集成电路产业若干政策的通知》,18 号文;财政部、国家税务总局和海关总署 2000 年联合发布的《关于鼓励软件产业和集成电路产业发展有关税收政策的通知》,25 号文;信息产业部于 2002 年发布的《关于集成电路设计产业及产品认定管理办法的通知》,86 号文;财政部、国家税务总局于 2002 年联合发布的《关于进一步鼓励软件产业和集成电路产业发展税收政策的通知》,70 号文;财政部、国家税务总局于 2002 年联合发布的《关于部分国内设计国外流片加工的集成电路产品进口税收政策的通知》,140 号文;国家税务总局于 2003 年发布的《关于发布享受税收优惠集成电路产品名录(第一批)的通知》,1384 号文。美国指控的核心是我国实施的集成电路国内产品增值税退税政策和进口产品增值税退税政策。

根据我国的《增值税暂行条例》和《增值税暂行条例实施细则》,增值税是以商品(含应税劳务)在流转过程中产生的增值额作为计税依据而征收的一种流转税。增值税的税率一般为 17%。顾名思义,增值税只就增加的价值部分纳税。增值税是对商品生产、流通、劳务服务中多个环节的新增价值或商品的附加值征收的一种流转税,生产、销售货物应缴纳增值税。与其他一些国家一样,中国采用税款抵扣的办法,即根据销售商品或劳务的销售额,按规定的税率计算出销售税额,然后扣除取得该商品或劳务时所支付的增值税款,其差额就是增值部分应交的税额,这种计算方法体现了按增值因素计税的原则。换言之,销售货物应缴的增值税应扣除其原先购买货物已缴的增值税,由此得出实际税额。当交易是商业对顾客时,标价中含税。当交易是商业对商业时,标价可不含税。纳税人当期缴纳增值税占当期销售收入(含增值税)的比例为实际税负。

上述国务院通知对集成电路产品纳税人按 17% 的法定税率征收增值税,对实际税负超过 6% 的部分即征即退。财政部和国家税务总局 2002 年的通知将实际税负比降为 3%。财政部等发布的第 25 号文确立了享有税收优惠政策的软件企业和生产企业的认定标准和名单,信息产业部的 86 号文作出了更具体的规定,税务总局的 1384 号文发布了享受优惠税收政策的第一批产品名录。

进口产品增值税退税政策,特指国内设计国外加工复进口增值税退税政策。根据上述财政部和国家税务总局联合发布的 140 号文,国内设计并享有自主知识产权的集成电路产品,因国内无法生产到国外加工后复进口的,进口环节增值税超过 6% 的部分实行即征即退。

针对上述中国采取的退税措施,美国指控国内产品增值税退税措施违反《关税与贸易总协定》第 3 条的国民待遇义务及中国的相关承诺,指控进口产品增值税退税措施违反了《关税与贸易总协定》的最惠国待遇义务和《服务贸易总协定》下的国民待遇义务及中国的相关承诺。

增值税是国内税,受《关税与贸易总协定》第3条国民待遇义务的调整。根据国民待遇义务,对作为同类产品的国内产品和进口产品,此处的集成电路产品,应适用同样的税负或待遇。国内生产的集成电路产品能够退税,而进口的集成电路产品不能退税,显然进口集成电路的税负高、待遇低、竞争条件差。可以这样认为,这样的措施很可能违反关税与贸易总协定项下的国民待遇义务。

国内设计国外加工的进口产品的增值税退税,虽然表面上属于进口产品增值税退税,但这样的进口产品是有条件的,享有进口集成电路的退税资格有严格的限制,即中国境内设计国外加工复进口,并非所有的进口集成电路都可以增值税退税。来自加工国和非加工国的进口集成电路享有的税收待遇不一样。这有可能违反《关税与贸易总协定》项下的最惠国待遇。美国还指控进口产品退税措施违反了《服务贸易总协定》项下的国民待遇义务。尽管这一指控要比前一项下的指控难得多,但中国政府权衡利弊,认为反驳的难度也很大。①

中美双方磋商解决了争端,签署了谅解备忘录,中国承诺取消、修改相关措施。2011年1月28日,国务院发布了《关于印发进一步鼓励软件产业和集成电路产业发展若干政策的通知》(国发[2011]4号),对2000年发布的第18号文作了修改。继续实施软件增值税优惠政策,在出口政策上废除了优惠利率信贷支持的规定。财政部和国家税务总局于2012年联合发布了《关于进一步鼓励软件产业和集成电路产业发展企业所得税政策的通知》(财税[2012]27号),对符合条件的企业实行免减所得税的优惠。

实际上,本案中的被控措施除可能违反国民待遇义务和最惠国待遇外,还可能构成专向补贴。但美国没有指控中国措施违反《补贴与反补贴协定》,其原因很可能在于,除非是禁止性补贴(出口补贴和进口替代补贴),只有补贴产品出口到进口国损害进口国国内产业时,或在补贴提供国或在第三国影响到申诉国的出口时,这种补贴才是违法的。这几种情形,在本案中都不存在,至少美国没有因为中国提供软件补贴而受损。

2. 美国墨西哥诉中国税收减免优惠案

税收减免优惠案是美国和墨西哥于2007年2月提起的案件。2007年2月,美国和墨西哥相继对中国提出磋商请求,指控中国政府对外商投资企业

① 李成钢主编:《世贸组织规则博弈——中国参与WTO争端解决的十年法律实践》,商务印书馆2011年版,第284页。

的一些税收优惠措施违反了《关税与贸易总协定》的国民待遇义务和《与贸易有关的投资措施协定》,并违反了《补贴与反补贴协定》的禁止性补贴的规定。这些指控涉及中国的两类措施:第一类是对国内企业和外商投资企业购买国产设备的税收返还和抵扣政策;第二类是对产品出口型、先进技术型外商投资企业的税收减免政策。

1997年国务院发布《国务院关于调整进口设备税收政策的通知》(国发[1997]37号)。对符合《外商投资产业指导目录》鼓励类和限制乙类,并转让技术的外商投资项目,在投资总额内进口的自用设备,除《外商投资项目不予免税的进口商品目录》所列商品外,免征关税和进口环节增值税。外国政府贷款和国际金融组织贷款项目进口的自用设备、加工贸易外商提供的不作价进口设备,比照执行,即除《外商投资项目不予免税的进口商品目录》所列商品外,免征关税和进口环节增值税。1999年国家税务总局印发《外商投资企业采购国产设备退税管理试行办法》(国税发[1999]171号)。2000年财政部、国家税务总局发布《关于外商投资企业和外国企业购买国产设备投资抵免企业所得税有关问题的通知》(财税字[2000]49号),国家税务总局印发《外商投资企业和外国企业购买国产设备投资抵免企业所得税管理办法》(国税发[2000]90号)。2006年国家税务总局、国家发展和改革委员会发布《外商投资项目采购国产设备退税管理试行办法》(国税发[2006]111号)。1999年财政部、国家税务总局发布《技术改造国产设备投资抵免企业所得税暂行办法》(财税字[1999]290号)。美国指控这些措施构成了《补贴与反补贴协定》第3条的进口替代补贴,且违反《关税与贸易总协定》的国民待遇义务。

《国务院关于鼓励外商投资的规定》(国发[1986]95号),对外商投资企业提供特别优惠,包括减免所得税和免缴国家对职工的各项补贴等。《外商投资企业和外国企业所得税法》及《外商投资企业和外国企业所得税法实施细则》具体规定了对外商投资企业的所得税优惠。特别是对产品出口型、先进技术型外商投资企业实行税收减免政策。一些优惠含有对出口业绩的要求。例如,《国务院关于鼓励外商投资的规定》第8条规定:"产品出口企业按照国家规定减免企业所得税期满后,凡当年企业出口产品产值达到当年企业产品产值70%以上的,可以按照现行税率减半缴纳企业所得税。经济特区和经济技术开发区的以及其他已经按15%的税率缴纳企业所得税的产品出口企业,符合前款条件的,减按10%的税率缴纳企业所得税。"美国指控中国的相关措施构成了《补贴与反补贴协定》禁止的出口补贴或进口替代补贴。

上述这些措施,确实是中国改革开放后为吸引外资投资中国所采取的优惠措施,同时在一段时间内进口替代政策也是我国采取的产业政策。当时,中国不是关税与贸易总协定缔约方,也不是世界贸易组织成员,可以自由采取相关政策。这种政策也产生了内资与外商竞争条件不平等的问题。从发展的眼光看,也是要逐步取消的。实际上,就在美国和墨西哥提出争端不久,在2007年3月16日,第十届全国人大第五次会议通过了《中华人民共和国企业所得税法》,统一适用于中国境内的企业,废止了《中华人民共和国外商投资企业和外国企业所得税法》。

通过磋商,中国政府澄清了中国的相关政策,并表示对外商投资企业的所得税优惠政策将被新的《企业所得税法》所取代,2007年年底将公布新《企业所得税法实施条例》,停止实施一些政策。争端通过磋商得到了解决,中国分别与美国和墨西哥签署了谅解备忘录。

该争端的措施明显是产业政策措施,同时也是中国自己在逐步终止的措施。美国和墨西哥的指控一方面表明它们非常关注中国的政策,监督中国履行世贸义务,另一方面也表明它们对中国的政策走向并不很了解。

3. 金融服务措施案

金融服务措施案是欧共体、美国和加拿大于2008年上半年提起的案件。欧盟和美国于3月3日向中国提出了磋商请求,加拿大于6月20日就同一措施向中国提出了磋商请求。

2006年9月10日新华社发布了《外国通讯社在中国境内发布新闻信息管理办法》,规定外国通讯社在中国境内发布新闻信息,应当经新华社批准,并由新华社指定的机构代理。该管理办法第1条规定了该办法的目的是"为了规范外国通讯社在中国境内发布新闻信息和国内用户订用外国通讯社新闻信息,促进新闻信息健康、有序传播"。该管理办法第4条规定:"根据《国务院对确需保留的行政审批项目设定行政许可的决定》,外国通讯社在中国境内发布新闻信息,应当经新华通讯社批准,并由新华通讯社指定的机构(以下简称指定机构)代理。外国通讯社不得在中国境内直接发展新闻信息用户。"该办法还对在中国境内发布新闻信息的外国通讯社资质要求、发布新闻信息的条件、申请程序以及新闻信息的代理和订用作了详细规定。申诉方主要对这一管理办法提出了指控,同时被指控的还有其他一些相关规章。

无疑,新华社发布的这一管理办法是为了新闻信息的健康、有序传播。该办法第11条要求外国通讯社在中国境内发布的新闻信息不得含有下列内容:(1) 违反《中华人民共和国宪法》确定的基本原则的;(2) 破坏中国国家统一、主权和领土完整的;(3) 危害中国国家安全和国家荣誉、利益的;(4) 违反中国的宗教政策,宣扬邪教、迷信的;(5) 煽动民族仇恨、民族歧视,破坏民族团结,侵害民族风俗习惯,伤害民族感情的;(6) 散布虚假信息,扰乱中国经济、社会秩序,破坏中国社会稳定的;(7) 宣扬淫秽、暴力或者教唆犯罪的;(8) 侮辱、诽谤他人,侵害他人合法权益的;(9) 危害社会公德或者中华民族优秀文化传统的;(10) 中国法律、行政法规禁止的其他内容。该管理办法第 12 条规定了新华社的选择权和删除权:新华通讯社对外国通讯社在中国境内发布的新闻信息有选择权,发现含有本办法第 11 条所列内容的,应当予以删除。

但是,该管理办法同时还明确规定了国内用户订购外国通讯社信息的问题。换言之,该管理办法不仅是涉及新闻内容问题,还涉及市场准入问题、涉及产品使用问题。该管理办法第 13 条要求:国内用户订用外国通讯社新闻信息,应当与指定机构签订订用协议,不得以任何方式直接订用、编译和刊用外国通讯社的新闻信息。国内用户使用外国通讯社新闻信息时,应当注明来源,并不得以任何形式转让。第 16 条规定了对外国通讯社的处罚措施,包括警告、限期改正、暂停特定内容发布、暂停或取消发布资格,处罚理由除发布的信息含有上述禁止性内容、超出核定业务范围外,还包括直接或者变相发展新闻信息用户。与此相联系,该管理办法第 17 条还规定了对国内用户的处罚情形:超出订用协议范围使用外国通讯社新闻信息、转让所订用的外国通讯社新闻信息、使用外国通讯社新闻信息不注明来源。第 18 条进一步规定,下述 3 种情形应由相关部门处罚:未经新华通讯社批准发布新闻信息的,未经新华通讯社指定机构订用外国通讯社新闻信息的;擅自经营、代理外国通讯社新闻信息的;擅自直接编译、刊用外国通讯社新闻信息的。所有这些规定,很明显是限制外国通讯社对国内用户的开发、限制其产品的使用。

通讯社发布新闻信息,属于服务贸易的范围。申诉方指控的核心是金融信息服务。申诉方的金融信息服务机构已经在中国从事这一服务。而服务贸易的市场准入属于具体承诺的范围。由此相关的问题是,中国是否就金融服务信息提供作出了承诺?如果没有作出承诺,如何处理已经从事金融信息服务的外国通讯社?换言之,如何处理他们的既得权益?

新华社上述管理办法是依据 2004 年 412 号国务院令《国务院对确需保留的行政审批项目设定行政许可的决定》发布的。该决定规定,对于外国通讯社及其所属信息机构在中国境内开展经济信息业务,外国通讯社在中国境内发布新闻信息业务,由新华社审批。在此之前,国务院办公厅于 1995 年 12 月 31 日发布《关于授权新华通讯社对外国通讯社及其所属信息机构在中国境内发布经济信息实行归口管理的通知》,授权新华社对外国通讯社在华发布经济信息进行管理。另外,2007 年 6 月 20 日,新华通讯社推出国家金融信息网(新华 08 网,www.xinhua08.com),这是新华社金融信息平台主办的国家级专业财经网站。这样,新华社的身份就变成双重的:一是监管者,一是竞争者。从中国国内制度看,新华社的这种身份不存在问题:依法、依授权。

申诉方还指出,2007 年中国政府发布的《外商投资产业指导目标》将外国金融信息提供者视为通讯社,通讯社被列为禁止外国投资的服务部门。

中国服务贸易具体承诺减让表中,中国未对第 10 类的娱乐文化和体育服务作出承诺,包括未对通讯社服务作出承诺。但是中国在第 7 类金融服务 B 小类银行及其他金融服务在跨境提供这一服务提供模式中作出了下述承诺:"除下述内容外,不作承诺:提供和转让金融信息、金融数量处理以及与其他金融服务提供者有关的软件;就(a)至(k)项所列活动进行咨询、中介和其他附属服务,包括资信调查和分析、投资和证券的研究和建议、关于收购的建议和关于公司重组和战略制定的建议。"同时,在国民待遇限制一栏,中国作出了"没有限制"的完全承诺。这一承诺是中国在金融服务部门作出的一个金融信息服务的承诺。关税与贸易总协定 W/120 文件中将其归为 B 小类 l 部门。中国减让表中对 l 部门作出了更广承诺:在市场准入限制方面,对跨境提供没有限制,对境外消费没有限制,对商业存在没有限制;在国民待遇方面,对这三种模式都作出没有限制的承诺。

中国的上述承诺一方面说明了世界贸易组织规则、减让表的复杂性,另一方面也说明了各产业之间、相关活动之间的密切联系性。实质上,在产业的分类中,包括减让表的承诺,一般是按功能/活动来分类、安排的,而非以活动主体来安排的。体现在本争端中,尽管中国没有就通讯社服务作出承诺,但就金融信息服务作出了承诺,并且对金融信息服务的活动主体没有限制。

申诉方的指控还依据了中国服务贸易具体承诺表中的水平承诺。中国承诺:对于各合同协定或股权协议,或设立或批准现有外国服务提供者从事经营或提供服务的许可中所列所有权、经营和活动范围的条件,不得比中国入世之日时更具限制性。这一承诺的后半部分,实际上维持了外国通讯社的现有权利。即使中国没有作出承诺,也不能将现有的外国服务逐出境外;只不过没有义务进一步开放罢了。但实际上,本案中不是这种情形:中国作出了承诺。

同上述税收减免优惠案一样,本案中的被诉措施实质上是中国管理体制改革中的一项措施。尽管新华社在中国的体制中被定位为国务院直属的事业单位,但它确实是一个经营者。授权一个经营者去管理其他经营者,这不符合中国体制改革的方向和目标。因此,在欧盟、美国提出磋商请求之后,中国和申诉方进行了积极的充分的磋商。2008 年 11 月 13 日,中国与相关各方签署了谅解备忘录。中国根据 2008 年全国人大通过的《国务院机构改革方案》,将调整现有管理体制,设立一个独立的新的金融信息服务监管机构,该机构为政府机构。中国承诺将制定新的管理办法,取代2006年新华社发布的管理办法,新办法将允许外国金融信息服务提供者直接提供金融信息服务,不需通过中介;外国金融信息服务和外国服务商的待遇不低于给予中国金融信息服务和服务供应商的待遇;中国将对外国金融信息服务商实行新的许可制度;中国同时明确,中国法律法规和部门规章没有明文禁止任何以商业存在的形式提供金融信息服务。[1]

2009年4月30日,国务院新闻办公室、商务部和国家工商行政管理总局联合发布第7号令《外国机构在中国境内提供金融信息服务管理规定》。该管理规定第1条明确了该规定的制定目的和法律依据:"为便于外国机构在中国境内依法提供金融信息服务,满足国内用户对金融信息的需求,促进金融信息服务业健康、有序发展,根据《国务院关于修改〈国务院对确需保留的行政审批项目设定行政许可的决定〉的决定》(国务院第548号令),制定本规定。"从"规范"到"便于"和"满足",两个管理办法在宗旨和目标上存在着重大不同,产业政策也发生了变化。当然,二者的范围也不完全相同。2009年发布的管理办法适用于外国机构在中国境内提供金融信息服务,即外国金融信息服务提供者在中国境内提供金融信息服务。金融信息服务,是指向从事金融分析、金融交易、金融决策或者其他金融活动的用户提供可能影响金融市场的信息和/或者金融数据的服务。该服务不同于通讯社服务。该规定最后一条明确:"本规定自2009年6月1日起施行。本规定发布前,有关部门发布的关于金融信息服务的规定与本规定不一致的,以本规定为准。本规定施行前已获得批准在中国境内提供金融信息服务的外国机构,拟继续在中国境内提供金融信息服务的,应当在本规定施行之日起30日内持本规定第6条所述材料向国务院新闻办公室提出申请。在国务院新闻办公室根据本规定第7条作出决定之日前,允许其继续提供该服务。"2009年的管理办法区别了通讯社服务和金融信息服务,与中国的入世承诺也一致起来。这一办法,也与我国《外商投资产业指导目录》中的禁止外国投资新闻机构、新闻网站的政策协调起来。

4. 美国墨西哥危地马拉诉出口补贴案

2008年底和2009年初,美国、墨西哥和危地马拉分别提出磋商请求,指控中国采取的"中国出口名牌"项目和"名牌产品"项目提供了出口补贴,违反了《补贴与反补贴协定》和《农业协定》及中国的相关承诺,并违反了关税

---

① 李成钢主编:《世贸组织规则博弈——中国参与WTO争端解决的十年法律实践》,商务印书馆2011年版,第373—374页。

与贸易总协定项下的国民待遇义务。

申诉方的磋商请求中列举了中国的 78 项措施。中国被诉措施主要是 2005 年商务部、国家发改委、财政部、科技部、海关总署、国家税务总局、国家工商总局、国家质检总局联合发布的《关于扶持出口名牌发展的指导意见》(商贸发[2005]124 号)。该指导意见要求建立和完善培育出口名牌的政策体系和工作机制,鼓励和支持广大出口企业增强技术创新和国际营销能力,建立自主出口品牌,培育出口名牌,全面提高出口竞争力。国家在外贸发展基金中安排"出口品牌发展资金",专项用于支持企业开展自主品牌建设、培育发展出口名牌;对列入"商务部重点培育和发展的出口名牌"(以下简称出口名牌)名单的企业(以下简称名牌出口企业)所需的进出口配额,在法律法规允许的范围内,优先予以安排;各级政府在各类政府采购中,在同等条件下应当优先采购出口名牌;鼓励名牌出口企业以名牌为纽带进行资产重组和资源整合。支持名牌出口企业提高自主研发和自主创新能力,大力引进先进技术和关键设备,不断提高出口名牌的技术含量和附加值;在同等条件下,优先安排名牌出口企业使用技术更新改造项目贷款贴息资金和出口产品研究开发资金;优先安排名牌出口企业符合产业发展方向的技术进步项目,积极支持其建立国家级企业技术中心。该指导意见还要求各地区可以结合区域经济特点和发展状况,确定本地区的出口名牌,有针对性地出台扶持政策,进行重点培育。

一些地方根据这一指导意见制定了类似的政策,对获得"出口名牌"称号的企业给予奖励或提供其他支持。申诉方在申诉中指出了《河南省商务厅关于印发新修订的〈河南出口名牌评选办法〉的通知》。河南省发布的《"十一五"期间关于扶持出口品牌(名牌)发展的指导意见》有一定的代表性。其第三部分"采取综合配套措施,加大对出口名牌的政策支持"规定:用足、用好国家扶持出口名牌发展的各项鼓励政策,结合我省实际,建立对省级以上出口名牌发展的政策措施支持体系。(1) 财政奖励政策:对入选商务部"重点培育和发展的出口名牌"企业,一次性奖励人民币 50 万元;对入选"河南出口名牌"的企业,按上年度海关统计出口金额分档次奖励,最高奖励人民币 10 万元,最低 3 万元。(2) 贸易扶持政策:对名牌出口企业所需的进出口配额,予以优先申报、安排;国内外重要展览活动,展位分配向名牌出口企业倾斜;在境外市场开拓活动中,设立出口名牌展区,重点推介我省名牌出口企业;各级政府在各类政府采购中,同等条件下优先采购名牌出口企业的产品。(3) 技改研发扶持政策:同等条件下,优先推荐名牌出口企业使用技术更新改造项目贷款贴息资金和出口产品研发资金;优先安排名牌出口企业符合产业发展方向的技术进步项目；优先使用国家鼓励高新技术和信息产业发展的优惠政策。（4）“走出去”鼓励政策：优先推荐名牌出口企业申请国家境外加工贸易贷款贴息；采取境外投资便利化措施，鼓励有条件的名牌出口企业扩大对外投资，开展国际化经营，逐步建立国际化的研发、生产、销售和服务体系；支持名牌出口企业争取国家援外项目优惠贷款和援外合资合作项目基金等各项扶持政策，并到受援国加工、生产、组装出口名牌产品。（5）贸易便利化措施：海关对名牌出口企业提供“AA”级的通关便利；检验检疫部门把名牌出口企业纳入一类企业和优良企业名单进行管理，并优先推荐绿色通道企业；税务部门为名牌出口企业优先办理退（免）税审核审批手续……①

虽然商务部等几部委发布的只是指导意见，但具体落实政策却是实实在在的，以出口为条件的扶持措施、例外措施一目了然。

申诉方指控的另一主要措施是“名牌产品”项目及相关政策。国家质量监督检验检疫总局发布《关于开展中国世界名牌产品评价工作的通知》（国质检质[2005]95号），组织“中国世界名牌”评比，企业申报条件包括：该类产品全行业的总产量和出口量居于世界前列；企业出口的同类产品中，申报品牌的出口量占50%以上，出口额不低于5000万美元，在国际同行中位于前5名。评价指标中，除其他指标外，包括：产品的出口量、出口额以及出口量、出口额的增长率；该类产品全行业出口国际市场的占有率；在主要出口国家（地区）商标注册情况。一些地方政府也发布政策，对获得“名牌产品”称号的企业给予奖励或提供其他支持。这些支持措施也是含有出口条件的优惠措施。

申诉方指控中国的相关措施构成《补贴与反补贴协定》禁止的出口补贴，违反了中国不对农产品提供出口补贴的承诺，还指控进口产品的待遇低于国内同类产品的待遇从而违反了国民待遇义务。

中国与申诉方通过磋商解决了争端，达成了“双方同意的解决办法”（MAS）。中国终止中国出口品牌项目及相关措施，终止中国世界名牌产品项目及相关措施，中国删除《中国名牌产品管理办法》中的出口条件。中国澄清，中国的政策目标是鼓励品牌建设和知识产权保护，不提供以出口为条件的利益。②

2009年商务部、国家发展和改革委员会、财政部、科学技术部、海关总署、国家税务总局、国家工商行政管理总局、国家质量监督检验检疫总局以商贸发

---

① http://finance.people.com.cn/GB/8215/210272/224080/224138/228639/228890/15466279.html，2013年2月19日访问。

② 李成钢主编：《世贸组织规则博弈——中国参与WTO争端解决的十年法律实践》，商务印书馆2011年版，第382页。

[2009]150号文联合发布《关于推进国际知名品牌培育工作的指导意见》，对2005年的《关于扶持出口名牌发展的指导意见》进行了调整和完善，并将出口名牌更名为国际知名品牌，同时废止《关于扶持出口名牌发展的指导意见》。

三、审理裁决被诉案件

1. 中国汽车零部件措施案

2004年国家发展和改革委员会以第8号令的形式发布了《汽车产业发展政策》。2005年，海关总署、国家发展和改革委员会、财政部、商务部以第125号令的形式发布了《构成整车特征零部件进口管理办法》，海关总署另发布《进口汽车零部件构成整车特征核定规则》的第4号公告。这些措施构成了欧共体、美国和加拿大起诉中国汽车产业措施的基础。

《汽车产业发展政策》的发布，是期望"通过本政策的实施，使我国汽车产业在2010年前发展成为国民经济的支柱产业"。该政策包括13章和2个附件。具体包括政策目标、发展规划、技术政策、结构调整、准入管理、商标品牌、产品开发、零部件及相关产业、营销网络、投资管理、进口管理、汽车消费、其他。附件除名词解释外，还包括汽车投资项目备案内容。该政策第11章进口管理部分包括第52条至第60条。第52条开宗明义地指出："国家支持汽车生产企业努力提高汽车产品本地化生产能力，带动汽车零部件企业技术进步，发展汽车制造业。"第53条接着规定："汽车生产企业凡用进口零部件生产汽车构成整车特征的，应如实向商务部、海关总署、国家发展改革委报告，其所涉及的进口件必须全部在属地海关报关纳税，以便有关部门实施有效管理。"第55条和第56条是对整车特征和汽车总成（系统）特征认定范围的规定，第57条规定了构成整车特征的情形。第60条规定，对进口整车、零部件的具体管理办法由海关总署会同有关部门制订，报国务院批准后实施。

正是根据这样的要求，海关总署、国家发展改革委、财政部和商务部联合发布了第125号令《构成整车特征的汽车零部件进口管理办法》，详细规定了相关程序，包括企业自测备案、整车特征核定和申报纳税3个环节。简单地说，进口零部件构成整车特征的，按整车纳税。

上述汽车产业政策及汽车零部件进口管理办法，应在中国入世承诺的框架内、背景中来理解。《中国入世议定书》中，中国的相关承诺如下①：

---

① 《中国加入世界贸易组织法律文件》，对外贸易经济合作部世界贸易组织司译，法律出版社2002年版，第512—517、430—431页。另见China-Auto Parts，WT/DS339/R，WT/DS340/R，WT/DS342/R，para.7.373。

税号	商品描述	约束关税
87.02	客运机动车辆,10座及以上(包括驾驶室)	25%
87.03	主要用于载人的机动车辆(税号87.02的除外,包括旅行小客车及赛车)	25%
87.04	货运机动车辆	6%,15%,20%,25%
87.06	装有发动机的机动车辆底盘,税号87.01至87.05所列车辆用	10%,20%
87.07	机动车辆的车身(包括驾驶室),税号87.01至87.05所列车辆用	10%
87.08	机动车辆的零件、附件,税号87.01至87.05所列车辆用	10%
84.07	点燃往复式或旋转式活塞内燃发动机	10%
84.08	压燃式活塞内燃发动机(柴油或半柴油发动机)	5%,5.4%

中国有关汽车及零部件的关税承诺,简单地说,整车的进口关税为25%,零部件的进口关税为10%。对进口货物是否为整车或零部件的判断,是本案的核心问题。中国相关部门发布的第125号令成为争议的焦点。

第125号令第2条明确规定了该令的适用范围:“本办法适用于对经国家有关部门核准或备案的汽车生产企业,生产组装汽车所需的构成整车特征的汽车零部件进口的监督管理。”该条明确该令适用于汽车生产企业,同时适用于汽车零部件进口。第5条进一步规定:“本办法所称构成整车特征和构成总成(系统)特征,是指汽车生产企业使用的进口汽车零部件在装车状态时已经构成整车特征或在装机状态时已经构成总成(系统)特征。”第5条的规定实际上已经明确,判断进口零部件是否构成整车特征或总成系统特征的时间点是装车状态或装机状态,而这一时间点很显然在零部件进口之后,且是在经过一系列操作之后的状态。这一点在第19条中也得到体现:“备案车型生产组装成第一批车后10日内,汽车生产企业应当向海关总署申请进行整车特征核定。核定中心应当在接受海关总署指令后的1个月内,完成对有关车型的核定并出具核定报告。本办法实施前已经投产的车型,汽车生产企业应当在本办法实施后1个月内完成自测,并将自测结果报海关总署。自测结果为构成整车特征的,汽车生产企业应当在完成自测后10日内向海关总署备案,并向海关总署申请进行整车特征核定;不构成整车特征的,应当向海关总署申请复审……”第20条进一步规定:“汽车生产企业在生产过程中,构成整车特征的状况发生改变的,可向海关总署申请对其车型重新核定。海关根据核定中心出具的新的核定报告,确定计税的完税价格。经核定,不再构成整车特征的,海关不再按照本办法对该车型实施管理。”这些规定都表明了第

125号令实质上是对生产的管理,是对零部件使用情况的管理。

第125号令第21条规定了零部件构成整车特征的情形。零部件构成整车特征的情形有下述3种:"第一,进口全散件或半散件组装汽车的。第二,进口车身(含驾驶室)、发动机两大总成装车的;进口车身(含驾驶室)和发动机两大总成之一及其他3个总成系统(含)以上装车的;进口除车身(含驾驶室)和发动机总成以外其他5个总成系统(含)以上装车的。第三,进口零部件的价格总和达到该车型整车总价格的60%及以上的。该项整车特征核定标准自2006年7月1日起开始生效。"上述第二项特征,是《汽车产业发展政策》第57条规定的内容。上述第三项特征,即有关整车特征的进口价格百分比界定标准以及有关汽车总成(系统)特征的A、B类关键件的区分标准,被推迟到2008年7月1日实施。① 实际上,由于美国、欧盟和加拿大于2006年3月和4月向中国提出磋商要求,2006年9月提出设立专家组的请求,同年10月设立专家组,2008年3月20日向争端方提交专家组最终报告,裁决中国措施违反关税与贸易总协定项下的国民待遇义务,第三项标准从未实施过。

第125号令第6条规定了管理机构:"海关总署、国家发展改革委员会、商务部、财政部按照本办法规定对构成整车特征的进口汽车零部件实施管理。海关总署、国家发展改革委员会、商务部、财政部成立构成整车特征的汽车零部件进口管理领导小组。领导小组办公室设在海关总署,负责领导小组的日常事务。整车特征国家专业核心中心接受海关总署委托,负责对进口零部件是否构成整车或总成系统特征进行核定。"第6条的规定确定了由海关牵头实施的管理机制。但其本质不是边境措施,而是境内管理措施。

第125号令第五章规定了对汽车零部件的征税原则和税款计征。根据第28条,对经核定中心核定为构成整车特征的进口零部件,海关按照整车归类,并按照整车税率计征关税和进口环节增值税;对核定为不构成整车特征的,海关按照零部件归类,并按照相应的适用税率计征关税和进口环节增值税。第29条规定,企业按照本办法规定进口的汽车零部件,1年之内未用于生产汽车整车的,应当在一年届满之日起30日内向海关作纳税申报,海关按有关规定办理征税手续。第31条规定,海关对汽车生产企业上个月生产有关车型所使用的进口零部件按照整车税率集中计征关税和进口环节增值税。第32条规定,汽车生产企业应当自核定中心出具不构成特征的核定报告后30日内,向所在地海关申报其已进口但尚未缴纳税款的汽车零部件。海关

① 《海关总署公告》(2006年第38号),2006年7月5日。

按照汽车零部件税率计征关税和进口环节增值税,并对有关车型不再按照本办法规定实施管理。

第 125 号令规定了违反该命令的法律责任,包括构成走私或违反海关监管规定的,给予处罚或追究刑事责任。汽车生产企业未如实申报进口零部件构成整车特征的,或者采取分散进口方式进口的零部件构成整车特征的,进口前未向海关总署申请备案的,发展改革委员会暂停其有关车型的《道路机动车生产企业及产品公告》,待汽车生产企业纠正后,再予以恢复。

在案件的审理过程中,中国政府对专家组提问作出如下答复:交易结构与收费没有联系;起作用的是某一车型中的进口零部件在整体上是否具有整车特征。专家组根据第 125 号令第 21 条和第 22 条的规定以及中国的上述答复认为,中国海关一直等到汽车制造商完成组装之后计征关税。在不同时间、以不同批次、来自多个供应商/多个国家的进口零部件,仍然可以定性为整车。对零部件的收费,是对组装成整车后的零部件收费,无论这些零部件是分开进口的还是一起进口的。专家组还强调,对汽车零部件的收费是对汽车生产商收费,而非对进口商收费。[①]

在争端的审理过程中,中国政府提出规避关税的抗辩。通俗地说,化整为零、老鼠搬家式的零部件进口,是为了适用 10% 的关税,而规避整车 25% 的关税。但专家组没有接受这一抗辩。有意思的是,中国并没有对专家组的这一裁决提出上诉。

2009 年 8 月 15 日,工业和信息化部及国家发展和改革委员会联合发布命令,修改 2004 年国家发展和改革委员会发布的《汽车产业发展政策》,停止执行第 52 条、第 53 条、第 55 条、第 56 条和第 57 条的规定,同时停止执行第 60 条中"对进口整车、零部件的具体管理办法由海关总署会同有关部门制定,报国务院批准后实施"的规定。2009 年 8 月 31 日,海关部署发布 2009 年第 58 号公告,自 2009 年 9 月 1 日起废止《进口汽车零部件构成整车特征核定规则》(海关总署公告 2005 年第 4 号)。

回头看中国汽车零部件争端,中国被诉措施是按关税措施来设计、适用的,海关是主管机关,中国政府一直认为是关税措施,一些学者总体上也持这样的看法。但零部件承担的税率是按照零部件的使用情况确定的,这与关税不同,也与保税不同。在争端解决的过程中,这一措施的定性,即到底属于关税还是国内税,成为争端双方争论的焦点。一旦被认定为国内税,鉴于该措施造成的进口产品与国内同类产品间的不同待遇,其违反国民待遇义务就成

---

① WT/DS339/R, para. 7. 35, and footnote 199, and para. 7. 36.

为一种必然结果。这表明,一项措施在国内制度中被如何定性,并不必然导致多边争端解决程序中的同样定性。国际条约制度中的一项重要原则,也是世界贸易组织遵循并强调的一项重要原则是,国内法不能成为违反国际义务的理由。世界贸易组织明确要求世贸成员将其国内法与世贸规则的要求相符。世贸成员的被诉措施中,既包括具体适用措施,也包括法律规则。这表明,国内规则、国内措施的设计,应考虑世贸规则的要求。

中国的措施一旦被定性为国内税,很容易被裁定为违反关税与贸易总协定的国民待遇义务的另一理由是,在此之前与汽车产业措施相关的类似措施都是同一个结局,无论其表象看起来像什么,说到底都是国内含量要求,都违反国民待遇义务。专家组查明的事实是,无论汽车零部件来自何方,无论由谁生产、由谁出口、由谁进口,无论何时进口,只要它们"有缘相会"成同一整车,就按整车税率征税。在这种情形下,很难将该措施说成是关税措施;因此,中国提出的该措施防止规避关税的遁词不被接受也是必然的。

从某种意义上说,汽车零部件案件中被诉措施的设计值得称道。中国按关税措施设计,按入世议定书的承诺适用。中国就是这么认为、这么用的。最后的结果被认定为国内税措施,并不是中国政府所有意追求的目的。这反映了世贸成员理解上的问题。上诉机构也承认存在这样的可能性:即便成员政府非常认真地对待世贸义务,也可能出现违反世贸义务的情况,毕竟世贸成员不是世贸规则的解释者,出现理解上的偏差也是很自然的。

但是,就整个汽车零部件措施来看,其实施效果并不理想。其中一些规定根本就没有付诸应用。这反映了政策措施制定中的不慎重。

2. 中国知识产权保护措施案

正如本书前几章所分析的,《与贸易有关的知识产权协定》是与《关税与贸易总协定》和《服务贸易总协定》并列的协定,但知识产权却不是与货物贸易、服务贸易相分离的东西:它既与货物贸易有关,也与服务贸易有关。从产业链上说,它代表了产业链的顶端;从企业角度说,任何企业都离不开知识产权,知识产权代表了企业的竞争优势;从国际竞争角度说,知识产权也代表了一国的产业竞争优势。美国对中国的知识产权保护提出指控,反映了美国对知识产权的重视。

2007 年 4 月 10 日,美国以中国知识产权保护法律违反《与贸易有关的知识产权协定》为由,向中国正式提出了磋商要求。在磋商未果的情况下,争端进入专家组审理程序。专家组裁决中国的相关措施违反了世贸规则,但同时也驳回了美国的某些指控。美国和中国都没有对专家组的裁决提起上诉。

美国提起指控的中国措施中,主要包括《著作权法》第 4 条第 1 款的规定、《刑法》中有关知识产权犯罪的处罚规定以及最高人民法院和最高人民检察院《关于办理知识产权刑事案件具体应用法律若干问题的解释》、《知识产权海关保护条例》及《中华人民共和国海关关于〈中华人民共和国知识产权海关保护条例〉的实施办法》。从被诉措施的表现形式看,既包括了全国人大常委会制定的国家立法,也包括国务院制定发布的行政法规,还包括最高司法机关的司法解释,也包括了政府部门的部门规章。也就是说,几乎包括了中央一级的所有形式的法律法规规章。

按照我国刑法的规定,侵犯著作权的违法行为只有构成严重情节时,才能追究刑事责任。上述司法解释进一步规定:以营利为目的,未经著作权人许可,复制发行其文字作品、音乐、电影、录像作品、计算机软件及其他作品,复制品数量合计在500张(份)以上的,属于《刑法》第217条规定的“有其他严重情形”。此所谓本案中双方争议的刑事门槛问题。美国指控《与贸易有关的知识产权协定》要求对具有商业规模的盗版行为给予刑事处罚,而中国的措施只对500张(份)以上的追究刑事责任,违反了这一规定。专家组裁决,美国没有证明在中国市场上500张(份)符合《与贸易有关的知识产权协定》中的“商业规模”要求,从而驳回了美国的指控。

中国《知识产权海关保护条例》第27条及实施办法第30条规定了海关处置知识产权侵权货物的方式:(1)有关货物可以直接用于社会公益事业或者知识产权权利人有收购意愿的,将货物转交给有关公益机构用于社会公益事业或者有偿转让给知识产权权利人。(2)被没收的侵犯知识产权货物无法用于社会公益事业且知识产权权利人无收购意愿的,海关可以在消除侵权特征后依法拍卖有关货物。拍卖所得款项上交国库。(3)有关货物不能按(1)、(2)项规定处置的应当予以销毁。有关公益机构将海关没收的侵权货物用于社会公益事业以及知识产权权利人要求海关销毁侵权货物的,海关应当进行必要的监督。海关总署2007年第16号公告进一步明确,完全清除有关货物以及包装的侵权特征,包括清除侵犯商标、侵犯著作权、侵犯专利权以及侵犯其他知识产权的特征。对于不能完全清除侵权特征的货物,应当予以销毁,一律不得拍卖。

美国指控中国的上述规定违反了世界贸易组织《与贸易有关的知识产权协定》的相关要求。该协定第59条规定:“……主管机关有权依照第46条所列原则责令销毁或处理侵权货物。对假冒商标货物,主管机关不得允许侵权货物在未做改变的状态下再出口或对其适用不同的海关程序,但例外情况除外。”第46条规定:“对于冒牌货物,除例外情况外,仅除去非法加贴的商标并不足以允许放行该货物进入商业渠道。”美国指控中国的上述措施规定了处置侵权货物的强制顺序,既造成海关不能直接销毁侵权货物,又导致不能将侵权产品从商业渠道中清除。专家组裁决,美国未能证明中国海关有关处理侵权货物的措施违反了第59条纳入的第46条所述原则,但专家组同时裁决中国的被诉措施仅仅清除商标就能使侵权货物流入商业渠道,违反了第46条的规定。

美国指控的第三项主要措施是我国《著作权法》第4条第1款的规定:"依法禁止出版、传播的作品,不受本法保护。"美国指控该规定违反了《与贸易有关的知识产权协定》第9条第1款关于各成员应遵守《伯尔尼公约》第1条至第21条及其附录的规定。《伯尔尼公约》第5条第1款规定:根据本公约得到保护作品的作者,在除作品起源国外的本联盟各成员国,就其作品享受各国法律现今给予或今后将给予其国民的权利,以及本公约特别规定的权利。第2款进一步规定:享有和行使这些权利不需要履行任何手续,也不论作品起源国是否存在保护。因此,除本公约条款外,保护的程度以及为保护作者权利而向其提供的补救方法完全由被要求给予保护的国家的法律规定。《伯尔尼公约》的第7条至第17条分别规定了作品的保护期、翻译权、复制权、使用作品的有限自由、公开表演权、公开朗诵权、改编权、音乐作品的录制权、电影摄制权、电影创作者的权利、追续权、作者身份的推定、侵权复制品的扣押、政府控制作品的流通、表演和展览的权利。这些权利属于公约特别规定的权利。

美国指控,中国《著作权法》第4条第1款拒绝对法律禁止出版发行的作品提供自动保护,没有对作者提供《伯尔尼公约》规定的权利。专家组裁决,中国《著作权法》第4条第1款清楚地表明拒绝对某些作品提供该法第10条列举的著作权,不符合《与贸易有关的知识产权协定》第9条第1款纳入的《伯尔尼公约》第5条第1款的要求。

在世界贸易组织争端解决机构通过了专家组的上述裁决后,中国政府执行了这一裁决:删除了《著作权法》第4条第1款;同时增加"国家对作品的出版、传播依法进行监督管理"的规定;修改了《知识产权海关保护条例》,增加了"但对进口假冒商标货物,除特殊情况外,不能仅清除货物上的商标标识即允许其进入商业渠道"的规定。

美国诉中国知识产权保护案件,是美国蓄谋已久、高调出击的一个案件。但从结果上看,虽然专家组裁决中国的某些措施违反了世贸规则,美国的诉求并没有完全得到支持,特别是刑事门槛问题。有关中国《著作权法》第4条第1款的问题,实际上在该法制定时即存在不同的意见,反对这一规定的声音很大,尽管最终条文没有采纳这一反对意见。① 从某种程度上说,专家组的裁决是帮助中国立法机构适时修改完善了中国的著作权法,进一步澄清了著作权法与出版管理法之间的联系与区别。海关措施的修改,只是一种技术性修改,采取了更严谨、更与世贸规则一致的表述方式,对中国海关知识产权保护制度没有实质性影响。

但从另一角度看,尽管美国诉中国知识产权保护的刑事门槛问题失败了,中国政府自己却在思考加强知识产权侵权的刑事处罚问题。这反映了国际义务与国内自主发展的辩证统一。

美国诉中国知识产权保护案,从产业保护角度看,体现了技术发达国家对知识产权的重视、对知识产权的产业保护和促进作用的重视。知识产权的国际保护,相当于开拓了产品和服务的国际市场。在技术创新越来越重要的经济全球化时代,保护知识产权就是保护技术创新,就是保护产业链的上端,就是保护产业竞争力,就是保护产业的明天。想想美国的 337 制度,想想美国的 301 条款制度。这里,再套用美国贸易法 301 条款制度中对知识产权保护的规定是非常适当的:对依赖于知识产权保护的美国人拒绝提供公平公正的非歧视的市场准入机会,拒绝公平公正地提供知识产权的充分有效保护,就是不公平、不合理的行为、政策或做法。

3. 中国出版物措施案

2007 年 4 月 10 日,对于中国有关出版物、音像制品和电影进口权及分销服务的相关措施,美国正式向中国提出磋商请求。随后,又将进口电影发行和网络音乐的有关措施纳入到了磋商请求中。概括起来,该案涉及的主要措施包括:外国出版物等的进口权;进口出版物等的国内分销、电影发行以及录音制品的分销。本案是一起文化产业政策争端。本案涉及的产品被称为文化产品,文化产品被称为是涉及思想内容、意识形态的作品。在世界贸易组织规则中,文化产品、文化产业是否享有不同的待遇,比如存在某种义务例外,与法国、加拿大等国长期主张的文化例外相一致?

实际上,在世贸规则中并不存在适用于文化产品的特殊规则。② 经常为人津津乐道的“保护公共道德”例外,只不过是《关税与贸易总协定》普遍使用的第 20 条一般例外的一项内容。对中国来说,主要是看中国入世承诺中作出了什么样的与文化产品相关的承诺。

---

① 参见韩立余:《中美知识产权案的法治意义》,载孙琬钟、高永富主编:《WTO 法与中国论丛》(2010 年卷),知识产权出版社 2010 年版,第 383—402 页。

② 参见韩立余:《文化产品、版权保护与贸易规则》,载《政法论坛》2008 年第 3 期,第 150—158 页。

《中国入世议定书》第5条规定,除附件2A所列继续实行国营贸易的货物外,其他所有货物的贸易权在中国入世3年后全部放开,即进口或出口货物的权利放开,所有在中国的企业均享有这一权利。第5条还进一步承诺,除议定书另有规定外,对于所有外国个人和企业,包括未在中国投资或注册的外国个人或企业,在贸易权方面的待遇不低于给予在中国的企业的待遇。附件2A所列货物中没有包括本案所涉及的出版物、音像制品、电影等等。

中国入世后的第一年,即2002年修订的《外商投资产业指导目录》以及2007年修订的《外商投资产业指导目录》在禁止外商投资的产业目录中,在文化、娱乐和体育业大类中,均包括下述内容:"2. 图书、报纸、期刊的出版、总发行和进口业务;3. 音像制品和电子出版物的出版、制作和进口业务"。2002年的指导目录中还特别标明中国作出相应承诺的部分。同时,我们知道,在中国服务贸易具体承诺减让表中,中国在文化、娱乐和体育这一大类中未作出承诺。

美国指控的中国国务院2001年颁布的《出版管理条例》第42条规定:"设立出版物进口经营单位,应当具备下列条件:(一)有出版物进口经营单位的名称、章程;(二)是国有独资企业并有符合国务院出版行政部门认定的主办单位及其主管机关;(三)有确定的业务范围;(四)有与出版物进口业务相适应的组织机构和符合国家规定的资格条件的专业人员;(五)有与出版物进口业务相适应的资金;(六)有固定的经营场所;(七)法律、行政法规和国家规定的其他条件。""审批设立出版物进口经营单位,除依照前款所列条件外,还应当符合国家关于出版物进口经营单位总量、结构、布局的规划。"在该条规定的要求中,世界贸易组织专家组将其分为两类:第一类标准条款,例如合适的组织和合格人员、布局要求等;第二类是排除条款,例如国有企业要求。[①] 国有企业要求这种排他条款,正是美国的指控对象,

对比中国发布的《外商投资产业指导目录》以及《出版管理条例》的内容与中国作出的贸易权承诺,很显然,美国特别关注的外商投资企业对出版物的进口权在中国的国内法律规章中并没有得到保证,中国的国内管理制度与中国的入世承诺是不一致的。

美国还指控,进口的出版物只能由国有企业经销(即总发行),导致进口出版物在中国国内市场中的待遇低于中国出版的出版物所享有的待遇,违反了《关税与贸易总协定》的国民待遇义务。这些指控都得到了一审专家组和二审上诉机构的支持。

---

① China-Trading Rights and Distribution, WT/DS363/R, pp. 291—301.

本案中,更具有产业链群因素的问题是,电影是货物还是服务?换言之电影进口指的是电影拷贝进口还是指电影内容进口?录音制品是仅指录音盒带,还是也包括了电子形式的录音制品,从而录音制品的分销不仅包括有形制品的分销也包括无形的(电子化的)录音制品的分销?这些问题,既涉及产品形态问题,也涉及传统理解与条约解释的关系问题。专家组和上诉机构都作出了广义的解释,相应地中国的相关措施被裁定违反了中国的相关义务和承诺。这表明,狭义地理解产品概念、产业概念,忽视货物与服务间的密切联系,僵化地使用传统的管理手段,对产业保护是不利的。

本案中,中国欲利用保护公共道德这一政策例外作为抗辩理由,但没有成功。实质上,这一案件突显了中国传统管理手段对新情况、新规则的不适应,反映了传统管理模式的惯性。无论是对外商投资企业,还是文化产业政策,抑或管理手段,中国都需要根据自己的国际承诺作出相应的调整。[①]

世界贸易组织争端解决机构通过了专家组和上诉机构报告后,中国政府执行了裁决,修改了《出版管理条例》等法规规章,允许外商投资企业进口出版物、经销进口出版物。2011 年新修订的《外商投资产业指导目录》中在禁止部分从原有的规定"2. 图书、报纸、期刊的出版、总发行和进口业务;3. 音像制品和电子出版物的出版、制作和进口业务"中删除了"总发行"和"进口"。这表明,外商投资企业可以从事的产业范围扩大、产业链条延长了。

4. 中国原材料出口措施案

2009 年 6 月,美国和欧盟就中国的原材料出口管理措施向中国提出了磋商请求;8 月墨西哥也加入了请求磋商的行列。三方指控中国就矾土、焦炭等 9 种原材料采取的出口管制措施违反了世贸规则和中国自己的承诺。

申诉方在磋商请求中列出了三十多个法律、法规、规章和规范性文件。从管理措施看,主要涉及出口税和出口配额。

《关税与贸易总协定》第 11 条禁止采取包括配额在内的数量限制措施。《中国入世议定书》第 11 条承诺取消出口产品的全部税费,除非附件 6 中有明确规定。而附件 6 没有包括本案所涉及的原材料产品。

表面上看,中国的被诉措施违反世贸规则和中国承诺是很明显的。因此,中国政府在争端解决过程中重点援引例外条款来为中国的措施抗辩,例如保护易用尽的自然资源、保护环境等一般例外所允许的政策理由。但问题

---

① 参见韩立余:《中美出版物市场准入案的影响》,载孙琬钟、高永富主编:《WTO 法与中国论丛》(2010 年卷),知识产权出版社 2010 年版,第 373—382 页;韩立余:《从中美出版物案看中国入世对中国外商投资法律制度的影响》,载《国际经济法学刊》第 17 卷第 2 期,北京大学出版社 2010 年版,第 227—251 页。

是,中国的被诉措施只限制这些原材料的出口,不限制这些原材料的国内生产和消费,达不到保护自然资源和环境的目的。中国相关部门试图通过限制出口"倒逼"国内生产和消费的下降,实际上是舍本逐末的方法。专家组和上诉机构均裁决中国的出口税和出口配额措施违反了世贸规则和中国承诺。中国与申诉方达成的合理执行期限到2012年年底。

中国原材料案非常典型地体现了不同阶段产业政策的冲突和矛盾,体现了产业政策和贸易政策的冲突和矛盾,体现了国内措施与国际承诺的冲突和矛盾。

5. 中国电子支付服务案

2010年9月15日,美国就中国的电子支付措施向中国提出磋商请求。在磋商未果的情况下进入专家组审理程序,专家组于2012年7月16日发布专家组报告,裁决中国的相关措施违反了世贸规则和入世承诺。争端双方均未提起上诉。世界贸易组织争端解决机构于2012年8月31日通过了这一报告。中美双方就合理执行期限达成一致,合理执行期到2013年7月31日止。

先抛开法律问题不说,这起案件的背后推手据说是美国的VISA信用卡公司,该信用卡公司想进入中国市场。实际上中国的银行曾经和VISA合作,在中国发行带有银联和VISA双重标志的双币卡。该卡在中国市场使用,属于银联;在国际上使用,属于VISA。国内市场和国际市场是分开的。但随着银联卡不断拓展海外市场,在中国境外使用银联清算通道,VISA的市场受到影响。因此,VISA也想与银联海外单骑走天下一样,以自己的独立身份进入中国境内市场。因此,VISA通过美国政府,根据世贸争端解决机制,指控中国政府违反世贸规则和承诺,禁止VISA进入中国市场。

技术上,这是一个非常复杂的案件。信用卡或银行卡的使用,至少涉及发卡行、收卡行、商家用户和消费者几方。在发卡行和收卡行不是同一家银行时,就需要一个中间角色,VISA和银联就是这样的角色。这样的角色承担着信息传送、身份确认、清算结算等功能,从某种意义上说,起着将各方联系在一起的核心作用。

从产业角度看,回顾一下中国的银行卡发展史,曾经出现过在商家柜台同时摆放七八个POS机的热闹情形。其原因是,由于缺少中间角色,各银行只做本行的业务、接受本行的卡。无论是从商家、消费者还是从银行方面看,这种情形既不方便也不先进,不能实现一卡行天下的目标。因此,根据国家法律和政策,经多家银行共同出资,成立了中国银联。银行卡产业出现了大发展。根据中国人民银行2013年2月19日发布的《2012年第四季度支付体系运行总体情况》,截至2012年第四季度末,银行卡发卡量持续增长,发卡总量突破35亿张。各类银行卡业务总体呈增长趋势。银行卡消费业务稳步增长,银行卡渗透率(银行卡消费金额中剔除房地产及批发类交易金额)达到44.4%。全国人均银行卡消费金额为4700.59元。全国银行卡卡均消费金额为1781.90元,同比增长23.2%;笔均消费金额2294.66元,同比增长2.1%。[①] 这么大的"蛋糕",VISA想分享一点,似乎也是合情合理的。

回到法律问题,美国指控的电子支付服务,属于服务贸易的范畴。根据《服务贸易总协定》,在市场开放和国民待遇方面,世贸成员仅在自己承诺的范围内承担义务。问题是,不但中国的服务承诺中,就连《服务贸易总协定》中,也根本不存在"电子支付服务"这一术语或业务。因此,对"电子支付服务"的法律界定是一重要问题。此外,电子支付服务这一服务可以通过跨境提供或商业存在这两种模式提供。这就需要具体检查中国的服务承诺表。但中国是否就电子支付服务作出了开放市场、提供国民待遇义务的承诺呢?

在争端解决程序中,中国接受了美国提供的有关"电子支付服务"的定义。专家组基本上也是这样认定的。专家组所认定的"电子支付服务"(Electronic Payment Services, EPS),"是指处理涉及支付卡的交易及处理并促进交易参与机构之间的资金转让的服务。电子支付服务提供者直接或间接提供通常包括下列内容的系统:处理设备、网络以及促进、处理和实现交易信息和支付款项流动并提供系统完整、稳定和金融风险降低的规则和程序;批准或拒绝某项交易的流程和协调,核准后通常都会允许完成某项购买或现金的支付或兑换;在参与机构间传递交易信息;计算、测定并报告相关机构所有被授权交易的净资金头寸;以及促进、处理和/或其他参与交易机构间的净支付款项转让"。因此,判断中国是否作出相关承诺,就是要查明中国作出的承诺中是否包括了上述电子支付服务的功能描述。

争议的焦点在于中国服务贸易承诺减让表中第7类金融服务B分类中的部门承诺:"7. 金融服务。B. 银行及其他金融服务。d. 所有支付和汇划服务,包括信用卡、赊账卡和贷记卡、旅行支票和银行汇票(包括进出口结算)。"美国认为,中国的这一承诺包括了本案所说的电子支付服务。而中国则认为这一承诺没有包括电子支付服务。由于承诺表述没有直接包括"电子支付服务"这样的术语,中国承诺是否包括电子支付服务的问题,就变成了一个法律解释问题。另外,中国承诺的表述方式不同于其他成员,因此这一解释就更充满着不确定性。

---

① http://www.pbc.gov.cn/image_public/UserFiles/goutongjiaoliu/upload/File/2012年第四季度支付体系运行总体情况.pdf,2013年2月21日访问。

专家组根据国际条约的解释原则，认为中国的上述承诺中包括了电子支付服务。但专家组接着认为中国在市场准入限制一栏中没有就模式 1（跨境提供）作出承诺。这一方面意味着中国在这一模式上没有违反世贸规则和中国承诺，另一方面还意味着，除非 VISA 在中国设立商业存在（模式 3），否则 VISA 不能在中国境外做中国境内的业务。

中国对提供电子支付服务规定了一系列要求，包括发卡要求、终端设备要求、收卡方要求等。体现这些要求的规章也很多。主要的要求是：发行的银行卡有带有"银联"标识，要满足兼容性要求（互通互联）。专家组裁定，中国的规章中要求银行卡带有"银联"标识，使中国银联公司处于优势地位，违反了国民待遇要求。中国规章中对终端设备、收卡方的要求，并没有排除银联之外的银行卡，因而没有支持美国的诉求。

但中国的被诉措施中含有内地发行的银行卡在香港、澳门的交易只能由中国银联结算清算的规定。中国在对上述电子支付服务在模式 3 作出的国民待遇承诺是："除关于本币的地域限制和客户限制（列在市场准入栏中）外，外国金融机构可以同外商投资企业、非中国自然人、中国自然人和中国企业进行业务往来，无个案批准的限制或需要。其他，没有限制。"专家组裁决，这一要求，以垄断的形式限制服务提供者的数量，违反了《服务贸易总协定》第 16 条第 2 款（a）项的要求："在作出市场准入承诺的部门，除非在减让表中另有列明，否则不得在某一地区或其全部领土内维持或采取下述措施：（a）以数量配额、垄断、专营服务提供者的形式，或以经济需求测试要求的形式，限制服务提供者的数量。"

6. 取向电工钢案

这是一起中国采取的双反措施被美国起诉的案件，也是中国第一起被诉的贸易救济案件。考虑到世贸组织争端解决机构处理了大量的贸易救济案件，在中国入世后近 10 年中国的贸易救济措施才被起诉，说明中国的贸易救济措施总体上是经得住法律检验的。但从另一方面说，这是否也意味着中国采取的贸易救济措施没有让相关成员的产业感到"痛"呢？这一问题的答案应在于中国因进口受到损害的产业是否得到了救济和保护，而不在于相关外国产业的痛楚。这正是贸易救济措施的应有之道。

取向电工钢案，经由专家组程序和上诉程序，中国被裁决没有正确适用《反倾销协定》第 3 条第 2 款和《补贴与反补贴协定》第 15 条第 2 款。与其他中国被诉案件相比，这起案件主要反映了对世贸规则相关条款的不同理解问题。在中国被诉之前，世贸组织争端解决机构也没有案件遇到类似问题。因此，可以说，经由这一案件，澄清了相关规则的含义，这正是世贸争端解决机制的一个主要目的。

在世界贸易组织争端解决机构通过了裁决中国贸易救济措施违反了相关规则的报告后,中国政府非常迅速地采取了相关措施。一是商务部颁布了重新审查该案的公告,进行了重新审查,并公布了重新审查的结果报告;二是商务部颁布了关于执行世贸争端解决机构贸易救济裁决程序的规章,为执行贸易救济裁决提供了指导。

四、中国对一般例外条款的援引

在经过专家组审理的中国被诉案件中,有一种倾向非常明显:中国较为频繁地援引一般例外条款,但没有一起案件援引成功。

除两起贸易救济措施案外,经由专家组审理结束的中国被诉案件包括中国汽车零部件案、中国出版物案、中国原材料案、中国知识产权案和中国电子支付案。笼统地说,涉及货物贸易规则 3 起,知识产权规则 1 起,服务贸易规则 1 起(出版物也涉及服务)。在 3 起货物贸易案件中,中国都毫无例外地援引了《关税与贸易总协定》第 20 条的一般例外。

援引《关税与贸易总协定》第 20 条一般例外是世贸成员的权利。作为世贸成员,中国当然有权援引这一一般例外为自己抗辩,捍卫自己的权益。但在中国被诉案件中,能否援引一般例外成为争端双方、专家组和上诉机构争议非常大的问题。这是涉案其他成员所没有的情况。另外,仔细观察可以发现,中国过多地依重于一般例外条款。这与一般例外条款的例外性、严格性是矛盾的。

在中国出版物和中国原材料案中,中国能否援引一般例外成为非常大的争点。在中国出版物案中,专家组裁决中国在该案中无权援引一般例外条款。专家组的这一裁决在上诉中被上诉机构推翻。在中国原材料案件中,无论是专家组还是上诉机构,都否认中国在该案中有权援引一般例外条款。在这些案件中,中国主要被裁决违反了中国入世议定书。而议定书与关税与贸易总协定(世贸协定)的关系问题,是迄今未明确的一个问题。尤其是,《中国入世议定书》规定了大量的不同于世贸规则义务的承诺。专家组和上诉机构遵循严格的条文解释方法,基于中国的入世承诺条文本身,作出了自己的解释。从某种程度上说,这一结果与《中国入世议定书》的文字表述有关。这从中国出版物案上诉机构推翻专家组的解释、中国原材料案上诉机构同样拒绝中国援引一般例外这一事实中可以看出,特别是,这两个案件中实际审理案件的上诉庭组成人员完全是相同的。在原材料案上诉中,上诉机构用下述一段话表明了其态度:“根据中国在《入世议定书》第 11 条第 3 款中取消出口税的明确承诺,以及第 11 条第 3 款缺乏对《关税与贸易总协定》第 20 条的条文引用,我们看不到任何依据认为《关税与贸易总协定》第 20 条适用于违反第 11 条第 3 款的出口税。”[①]入世议定书与世贸协定的关系问题,在未来的争端解决中还会涉及,不排除将来专家组或上诉机构采取整体性、结构性解释的方法,在涉及《中国入世议定书》承诺的案件中允许中国援引《关税与贸易总协定》一般例外条款。但现有案件的处理结果,为中国未来谈判提供了经验教训和借鉴。

实际上,在上述两个案件中,即使允许中国援引《关税与贸易总协定》一般例外条款,能否成功也很难说。一方面是因为一般例外条款的例外性,另一方面也可以从中国出版物案的结果中体现出来。而中国原材料案也证实了这一点。在中国原材料案中,专家组采取了既取巧又谨慎的方法,在假设一般例外条款适用的基础上,根据一般例外条款的条件对中国的被诉措施进行了审查,得出了中国不能根据例外条款获得正当性的结论。而造成这种结果的一个原因是,中国的被诉措施在设计时没有充分考虑一般例外的要素和要求。

中国被诉案件中较为频繁地援引一般例外的另一原因是,我们利用世贸规则及入世议定书的其他条款进行抗辩的余地、机会太小。这好比是存在几道防线,最后一道防线是一般例外条款。但在我们的战略设计、布局中缺少前几道防线。其具体体现是,被诉措施比较明显地违反自己的承诺。例如,承诺不征收出口税,实际却征收出口税。承诺对进口出版物不实行国营(放开贸易权),实际却只允许国有企业经营。而出现这种情形的深层次原因,很可能是对产业范围没有充分的了解,漏掉了不应漏掉或包括了不应包括的产品。这在世贸谈判中或双边投资协定谈判中,称为正面清单或负面清单。例如,在服务贸易市场准入承诺中,写明开放的部门,不开放的部门不写,但在开放的部门中也可能含有不想开放的分部门,这时就需要将这一分部门排除。美国博彩案中,就是承诺放开除体育外的娱乐部门,但忘记了将博彩排除。在服务贸易国民待遇承诺中,要写明国民待遇限制,如果没有写明限制,即是全面平等。从术语上看非常简单,但涉及具体产业和部门,哪些开哪些不开,首先要求对产业部门有准确、全面的了解。

---

① China-Raw Materials, WT/DS394/AB/R, para. 306.

第十四章
中国产业政策分析

一、产业政策的制定和强化

不同的人对产业政策有不同的定义,有的指制造业政策,有的指针对特定部门的政策。国际上比较接受的一个定义是,产业政策指任何类型的旨在改变生产结构的选择性干预或政府政策,支持预期会提供更好的经济增长前景的部门,而没有这种干预或政策,这种经济增长前景则不会发生。① 这一定义包括几个方面:第一,它是一种政府干预政策;第二,它是一种有选择性的政府干预;第三,它是支持某些部门的政府干预;第四,它旨在改变生产结构;第五,被干预的部门预期会取得比没有干预更好的经济增长前景。由于产业政策本质上是一种政府对经济的干预,因此就这一产业政策定义来说,它并不必然违反世界贸易组织规则。根据世贸争端解决制度确立的规则和实践,应推定成员政府善意履行世贸义务,申诉方承担证明被诉方违反世贸义务的责任。同时,由于对政府干预经济本身一直存在不同的看法,对产业政策也一直存在不同的观点,但正如存在自由贸易和贸易保护理论一样,不同观点的存在并不意味着根本不实施产业政策,差别只是实施的具体方式有不同。

有学者认为,上述产业政策定义被认为过于狭窄,而应代之以下述的定义:产业政策指任何类型的干预或政府政策,旨在改善商业环境或改变部门、技术或任务的经济活动结构,预期会比没有干预时取得更好的经济增长或社会福利的前景。② 这一定义包括了共性的或基础性的产业政策,例如促进研

---

① Pack, H and K. Saggi (2006), "Is there a case for Industrial Policy? A Critical Survey", The World Bank Research Observer 21(2), Fall: 267—297, pp. 267—268.

② See Ken Warwick (2013), Beyond Industrial Policy: Emerging issues and New Trends, OECD Science, Technology and Industrial Policy Papers, No. 2, OECD Publishing, p. 16.

发、提高公共设施。但根据联合国《国民经济核算体系》和《国际标准产业分类》对产业的定义,这些所谓共性产业政策,实质上是相对于传统产业部门理解的新部门的政策。国有化或私有化也被认为是一种产业政策手段。[①] 有研究表明,产业政策存在着复兴的趋势,不仅是发展中国家,而且在发达国家也是如此。[②] 欧盟是比较重视产业的经济体。其著名的共同农业政策即是一例。欧盟采取了一系列的共同政策,如共同贸易政策、共同环境政策等等。在其全球化时代的共同产业政策文件中,欧盟委员会指出产业政策有助于产业抓住机会,欧盟委员会会继续对所有部门采取有针对性的方法。[③] 2012 年 10 月,欧盟委员会更新了产业政策文件,在强调产业政策重要性的同时,规定了强化产业政策的四大支柱措施和六项优先措施。[④] 相对于欧盟直接强调产业政策,美国则更多地使用产业部门(sectors)的提法,并表示出反对产业政策(industrial policy)的态度,但实质上其措施带有很强的产业性。美国总统奥巴马通过总统令确立的“国家出口计划”(The National Export Initiative),要求改善直接影响私营部门出口的条件,号召在外国投资的企业返回到美国境内投资,就是很典型的产业政策。[⑤] 美国签署的自由贸易协定,旨在为美国具有优势的产业打开外国市场的大门,是实施产业政策的另一表现手段。市场开放中的正面清单或负面清单,更是赤裸裸的产业利益表白。欧盟与美国之间的大飞机之争,以及 20 世纪 60 年代欧美之间的鸡肉大战,则是轰轰烈烈的产业大战诉诸多边争端体制的例子。优先发展本国内的某一产业或某一产业中的某一产品或活动,应当是属于一国政府经济政策的范畴,其本身并不违反国际法或干预其他国家内政。在加拿大可再生能源案中,针对当地政府对风能和太阳能电力的政府支持措施,上诉机构指出,这种产业政策“创

---

① Ken Warwick (2013), Beyond Industrial Policy: Emerging issues and New Trends, OECD Science, Technology and Industrial Policy Papers, No. 2, OECD Publishing, p. 27.

② Ibid., p. 47.

③ Communication from the Commission to the European Parliament, the Council, the European Economic and Social Committee and the Committee of the Regions, *An Integrated Industrial Policy for the Globalisation Era: Putting Competitiveness and Sustainability at Centre Stage*, Brussels, 28. 10. 2010, COM(2010) 614 final, pp. 3,23.

④ Communication from the Commission to the European Parliament, the Council, the European Economic and Social Committee and the Committee of the Regions, *A Stronger European Industry for Growth and economic Recovery*, Industrial Policy Communication Update, Brussels, 28. 10. 2010, COM(2010) 614 final.

⑤ For example, promoting Federal resources currently available to assist exports by U. S. companies, and promoting services trade.

造"了满足大众需要和可持续发展的新产业,并不构成世贸规则禁止的补贴。[①]

中国的产业政策,在计划经济时代,可以认为是计划经济的代名词。随着改革开放不断深入,产业政策才以独立的形式出现并发展。中国改革开放,可以分为几个阶段。第一阶段是中共十一届三中全会以来到邓小平南方谈话,属于改革试验阶段。第二阶段从南方谈话到中国入世,属于全面改革阶段。第三阶段是中国入世以来,是改革深入阶段,或与世界接轨阶段。阶段不同,改革任务也不相同,经济发展政策也不同。随着改革的不断深入和改革成果不断增多,中国也由短缺经济逐渐向产能过剩转变。产业政策在上述第二阶段开始受到关注,第三阶段产业的转型升级成为宏观调整的主要内容。相关产业政策也从逐步出台到集中出台。伴随着产业政策实施的,是中国经济管理体制的改革和政府职能的变化。特别是计划经济向市场经济的过渡,政府对经济的干预由政府统包到市场调整基础上的政府宏观经济调控,产业政策的作用和实施方式亦在不断完善之中。

1. 外商投资产业政策

较早含有产业政策要求的,是外商投资法律法规。1979 年全国人大通过了《中外合资经营企业法》,允许经中国政府批准,设立中外合资经营企业。但该法并没有规定中国政府批准设立合资经营企业的标准是什么。1983 年国务院发布了《中外合资经营企业法实施条例》,正式提出了中外合资经营企业上的产业要求。该条例第 3 条既提出了设立合营企业的总要求,也规定了允许设立合营企业的行业:"在中国境内设立的合营企业,应能促进中国经济的发展和科学技术水平的提高,用于社会主义现代化建设。""允许设立合营企业的主要行业是:(一) 能源开发,建筑材料工业,化学工业,冶金工业;(二) 机械制造工业,仪器仪表工业,海上石油开采设备的制造业;(三) 电子工业,计算机工业,通讯设备的制造业;(四) 轻工业,纺织工业,食品工业,医药和医疗器械工业,包装工业;(五) 农业,牧业,养殖业;(六) 旅游和服务业。"该条例第 4 条紧接着提出了合营企业应满足的经济效益要求:"申请设立的合营企业应注重经济效益,符合下列一项或数项要求:(一) 采用先进技术设备和科学管理方法,能增加产品品种,提高产品质量和产量,节约能源和材料;(二) 有利于企业技术改造,能做到投资少、见效快、收益大;(三) 能扩

---

① "A distinction should be draw between, on the one hand, government interventions that create markets that would otherwise not exist and, on the other hand, other types of government interventions in support of certain players in markets that already exist, or to correct market distortions therein." Canada-Renewable Energy, WT/DS412/AB/R, WT/DS426/AB/R, para. 5.188.

大产品出口,增加外汇收入;(四)能培训技术人员和经营管理人员。”第5条规定了不予批准的合营企业申请的情形,除有损中国主权、违反中国法律及合同显失公平外,还包括不符合中国国民经济发展要求、造成环境污染的情形。

1995年6月,经国务院批准,国家计委、国家经贸委和对外贸易经济合作部联合发布了《指导外商投资方向暂行规定》和《外商投资产业指导目录》,正式以法规的形式规定了吸引和规范外商投资的产业政策。该暂行规则将外商投资项目分为鼓励、允许、限制和禁止四类。外商投资产业指导目录成为指导审批外商投资项目的依据。《中外合资经营企业法实施条例》第3条第2款随之将以前的列举式修订为“国家鼓励、允许、限制或者禁止设立合营企业的行业,按照国家指导外商投资方向的规定及外商投资产业指导目录执行”。2002年国务院正式通过国务院令的形式发布《指导外商投资方向规定》,替代了之前由几部委联合发布的暂行规定。该规定明确,《外商投资产业指导目录》和《中西部地区外商投资优势产业目录》是指导审批外商投资项目和外商投资企业适用有关政策的依据。外商投资项目依然分为四类,即鼓励类、允许类、限制类和禁止类。此后《外商投资产业指导目录》几经修订。随着国家《产业结构调整指导目录》的发布,《外商投资产业指导目录》受到该目录的制约。

2. 国家产业政策纲要

1994年3月,国务院审议通过了《九十年代国家产业政策纲要》。这是我国较早的专门的以产业政策命名的政府文件,也是之后制定产业政策的指导性文件。该产业政策纲要指出,制定产业政策是国家加强和改善宏观调控,有效调整和优化产业结构,提高产业素质,促进国民经济持续、快速、健康发展的重要手段。为贯彻党的十四大精神和十四届三中全会决定,根据我国经济发展的现状和趋势,特制定《九十年代国家产业政策纲要》,作为今后制定各项产业政策的指导和依据。该纲要要求制定国家产业政策必须遵循以下原则:(1)符合工业化和现代化进程的客观规律,密切结合我国国情和产业结构变化的特点;(2)符合建立社会主义市场经济体制的要求,充分发挥市场在国家宏观调控下对资源配置的基础性作用;(3)突出重点,集中力量解决关系国民经济全局的重大问题;(4)具有可操作性,主要通过经济手段、法律手段和必要的行政手段保证产业政策的实施,支持短线产业和产品的发展,对长线产业与产品采取抑制政策。该政策纲要还明确了九十年代国家产业政策要解决的重要课题:不断强化农业的基础地位,全面发展农村经济;大力加强基础产业,努力缓解基础设施和基础工业严重滞后的局面;加快发展支柱产业，带动国民经济的全面振兴；合理调整对外经济贸易结构，增强我国产业的国际竞争能力；加快高新技术产业发展的步伐，支持新兴产业的发展和新产品开发；继续大力发展第三产业。同时，要优化产业组织结构，提高产业技术水平，使产业布局更加合理。从此之后，利用产业政策调整经济、产业发展，成为政府管理经济的一个重要手段。

3. 入世与管理体制的改革

2001 年底中国加入世界贸易组织，市场更加开放，市场经济制度初步建立，中国经济进入新阶段。2003 年 10 月中共中央第十六届三中全会通过《中共中央关于完善社会主义市场经济体制若干问题的决定》，正式提出“坚持以人为本，树立全面、协调、可持续的发展观，促进经济社会和人的全面发展”的“科学发展观”。党的十七大报告进一步将科学发展观概括为“科学发展观，第一要义是发展，核心是以人为本，基本要求是全面协调可持续，根本方法是统筹兼顾”。科学发展观的提出和落实，也对中国产业政策产生了影响。2004 年第十届全国人大常委会第四次会议通过了《行政许可法》。2004 年 7 月 16 日，国务院发布了《国务院关于投资体制改革的决定》（国发[2004]20 号）。这些政策性文件和法律法规的出台，使政府职能转变和产业政策实施发展到一个新阶段。

《行政许可法》规定了依法设定和实施行政许可的原则和要求，设定和实施行政许可应当依照法定的权限、范围、重要任务和程序，同时将产业政策纳入到行政许可中。该法第 11 条进一步规定，设定行政许可，应当遵循经济和社会发展规律，有利于发挥公民、法人或者其他组织的积极性、主动性，维护公共利益和社会秩序，促进经济、社会和生态环境协调发展。该法第 12 条规定了可以设定行政许可的事项，在明确的事项中基本上都涉及产业政策，包括：直接涉及国家安全、公共安全、经济宏观调控、生态环境保护以及直接关系人身健康、生命财产安全等特定活动，需要按照法定条件予以批准的事项；有限自然资源开发利用、公共资源配置以及直接关系公共利益的特定行业的市场准入等，需要赋予特定权利的事项；提供公众服务并且直接关系公共利益的职业、行业，需要确定具备特殊信誉、特殊条件或者特殊技能等资格、资质的事项；直接关系公共安全、人身健康、生命财产安全的重要设备、设施、产品、物品，需要按照技术标准、技术规范，通过检验、检测、检疫等方式进行审定的事项；企业或者其他组织的设立等，需要确立主体资格的事项。作为实施《行政许可法》的措施，国务院于 2007 年 6 月 29 日，《行政许可法》施行前夕，以 412 号国务院令公布《国务院对确需保留的行政审批项目设定行政许可的决定》，自 2004 年 7 月 1 日起施行。该决定在全面清理国务院所属各部门的行政审批项目的基础上,根据相关法律法规的规定和要求,保留并设定500项行政许可。宏观经济调控方面的许可项目主要有投资立项、产业布局和进出口管制。此后,国务院陆续对行政审批项目进行了取消和调整,至2012年9月,共6次进行了取消和调整。2009年1月29日,以548号国务院令,对其中3项行政许可,主要是外国通讯社在华提供新闻服务、外国机构在华提供金融信息服务,包括项目名称和实施机关,进行了修改。2013年3月新一届政府组成,3月18日新一届国务院第一次常务会议结合《国务院机构改革和职能转变方案》,决定减少和下放一批投资审批事项,对确需审批、核准、备案的项目,要简化程序,限时办结;发布新修订的政府核准投资项目目录。取消和下放一批生产经营活动和产品物品的许可事项,取消一批对各类机构及其活动的认定等非许可审批事项,取消一批资质资格许可事项;出台规范非许可审批项目设定和实施的具体办法,抓紧制定对行业协会商会类、科技类、公益慈善类、城乡社区服务类社会组织实行民政部门直接登记制度的方案。① 4月24日,国务院会议决定第一批先行取消和下放71项行政审批项目等事项,重点是投资、生产经营活动项目。②

2004年7月16日发布的《国务院关于投资体制改革的决定》,从投资管理的角度,提出了产业政策实施的要求。其指导思想是在国家宏观调控下充分发挥市场配置资源的基础性作用。根据这一决定,对于企业不使用政府投资建设的项目,一律不再实行审批制,区别不同情况实行核准制和备案制。政府仅对重大项目和限制类项目从维护社会公共利益角度进行核准,其他项目无论规模大小,均改为备案制。国务院投资主管部门(国家发改委)会同有关部门提出、国务院批准《政府核准的投资项目目录》。企业投资建设实行核准制的项目,仅需向政府提交项目申请报告,不再经过批准项目建议书、可行性研究报告和形式报告的程序。政府对企业提交的项目申请报告,主要从维护经济安全、合理开发利用资源、保护生态环境、优化重大布局、保障公共利益、阻止出现垄断等方面进行核准。对于外商投资项目,政府还要从市场准入、资本项目管理等方面进行核准。对于《政府核准的投资项目目录》以外的企业投资项目,实行备案制,除国家另有规定外,由企业按照属地原则向地方政府投资主管部门备案。防止将备案变成变相审批。各类企业要严格执行产业政策和行业准入标准,不得投资建设国家禁止发展的项目。综合运用经济的、法律的和必要的行政手段,对全社会投资进行以间接调控方式为主的有效调控。按照规定程序批准的发展建设规划是投资决策的重要依据。制

① http://www.gov.cn/ldhd/2013-03/18/content_2356908.htm,2013年4月26日访问。
② http://www.gov.cn/ldhd/2013-04/24/content_2388767.htm,2013年4月26日访问。

定并适时调整《国家固定资产投资指导目录》、《外商投资产业指导目录》,明确国家鼓励、限制和禁止投资的项目。建立科学的行业制度,规范重点行业的环保标准、安全标准、能耗水耗标准和产品技术、质量标准,防止低水平重复建设。灵活运用投资补助、贴息、价格、利率、税收等多种手段,引导社会投资,优化投资的产业结构和地区结构。

《国务院关于投资体制改革的决定》还要求建立健全协同配合的企业投资监管体系。国土资源、城市规划、质量监督、证券监管、外汇管理、工商管理、安全征税监管等部门,依法加强对企业投资活动的监督,凡不符合法律法规和国家政策规定的,不得办理相关许可手续。对于不符合产业政策和行业准入标准的项目,以及不按规定履行相应核准或许可手续而擅自开工建设的项目,责令停止建设,依法追究有关企业和人员的责任。

《政府核准的投资项目目录》作为《国务院关于投资体制改革的决定》的附件,列出了企业不使用政府性资金投资建设的重大和限制类固定资产投资项目;企业不使用政府性资金投资建设该目录以外的项目,除国家法律法规和国务院专门规定禁止投资的项目以外,实行备案管理;国家法律法规和国务院有专门规定的项目的审批或核准,按有关规定执行。该目录列出了相关投资部门及相关核准机关,其中也包括了极少数的禁止建设项目,如年产量低的纸浆项目、日处理量低的糖料项目。

国家发改委,作为国务院投资主管部门,分别于 2004 年 9 月和 10 月制定颁布了《企业投资项目核准暂行办法》(发改委令 19 号)和《外商投资项目核准暂行管理办法》(发改委令 22 号)。[①] 根据《企业投资项目核准暂行办法》,企业投资建设实行核准制的项目,应编制项目申请报告,报送项目核准机关核准。项目申请报告,除其他内容外,应包括建设用地与相关规划、资源利用和能源耗用分析、生态环境影响分析、经济和社会效果分析。项目核准机关主要根据以下条件对项目进行审查:(1) 符合国家法律法规;(2) 符合国民经济和社会发展规划、行业规划、产业政策、行业准入标准和土地利用总体规划;(3) 符合国家宏观调控政策;(4) 地区布局合理;(5) 主要产品未对国内市场形成垄断;(6) 未影响我国经济安全;(7) 合理开发并有效利用资源;(8) 生态环境和自然文化遗产得到有效保护;(9) 未对公众利益,特别是项目建设地的公众利益产生重大不利影响。对同意核准的项目,项目核准机关向项目申报单位出具项目核准文件。项目申报单位依据项目核准文件,依法办理土地使用、资源利用、城市规划、安全生产、设备进口和减免税确认等

① 2004 年 10 月 9 日,国家发改委还颁布了《境外投资项目核准暂行管理办法》(发改委令 21 号)。

手续。对应报项目核准机关核准而未申报的项目,或者虽然申报但未经核准的项目,国土资源、环境保护、城市规划、质量监督、证券监管、外汇管理、安全生产监管、水资源管理、海关等部门不得办理相关手续,金融机构不得发放贷款。对于应报政府核准而未申报的项目、虽然申报但未经核准擅自开工建设的项目,以及未按项目核准文件的要求进行建设的项目,一经发现,相应的项目核准机关应立即责令其停止建设,并依法追究有关责任人的法律和行政责任。

《外商投资项目核准暂行管理办法》适用于中外合资、中外合作、外商独资、外商购并境内企业、外商投资企业增资等各类外商投资项目的核准。该管理办法要求报送的项目申请报告内容,除其他要求外,包括:项目建设规模、主要建设内容及产品、采用的主要技术和工艺、产品目标市场;项目建设地点,对土地、水、能源等资源的需求,以及主要原材料的消耗量;环境影响评价;涉及公共产品或服务的价格等。国家发改委对项目申请报告核准的条件是:符合国家有关法律法规和《外商投资产业指导目录》及《中西部地区外商投资优势产业目录》的规定;符合国民经济和社会发展中长期规则、行业规则和结构调整政策的要求;符合公共利益和国家反垄断的有关规定;符合土地利用规划、城市总体规划和环境保护政策的要求;符合国家规定的技术、工艺标准的要求;符合国家资本项目管理、外债管理的有关规定。国家发改委对核准的项目向项目申请人出具书面核准文件。项目申请人凭国家发改委的核准文件,依法办理土地使用、城市规划、质量监管、安全生产、资源利用、企业设立(变更)、资本项目管理、进口及适用税收政策等方面手续。未经核准的外商投资项目,土地、城市规划、质量监管、安全生产监管、工商、海关、税收、外汇管理等部门不得办理相关手续。如果出现法律法规和产业政策规定需要变更的情况,则需要提出项目变更申请。

《境外投资项目核准暂行管理办法》虽然主要适用于中国境内各类法人(包括通过其境外控股企业或机构)在境外进行的投资项目的核准,并不直接影响国内土地、城市规划、资源利用等,但产业政策亦是核准的主要关注问题。根据这一管理办法,国家发改委核准项目的要求为:符合国家法律法规和产业政策,不危害国家主权、安全和公共利益,不违反国际法准则;符合经济和社会可持续发展要求,用于开发国民经济发展所需战略性资源;符合国家关于产业结构调整的要求,促进国内具有比较优势的技术、产品、设备出口和劳务输出,吸收国外先进技术,等等。申请境外投资的投资主体凭国家发改委的核准文件或国家发改委出具的备案证明(适用于中央管理企业的一定投资额以下的境外投资),依法办理外汇、海关、出入境管理和税收等相关手续。对未经有权机构核准和备案的境外投资项目，外汇管理、海关、税务等部门不得办理相关手续。

4. 产业结构调整指导目录

2005年12月国务院发布《国务院关于发布实施〈促进产业结构调整暂行规定〉的决定》（国发[2005]40号），对进一步改变经济增长方式、推进产业结构调整和优化升级作出了进一步的安排。一同发布的还有《产业结构调整指导目录》。这一目录废止了在此之前的原国家计委、国家经贸委发布的《当前国家重点鼓励发展的产业、产品和技术目录》（2000年修订）、原国家经贸委发布的《淘汰落后生产能力、工艺和产品的目录》和《工商投资领域制止重复建设目录》。

根据《促进产业结构调整暂行规定》，《产业结构调整指导目录》是引导投资方向，政府管理投资项目，制定和实施财税、信贷、土地、进出口等政策的重要依据，原则上适用于我国境内的各类企业。其中外商投资按照《外商投资产业指导目录》执行。《产业结构调整指导目录》是修订《外商投资产业指导目录》的主要依据之一。《产业结构调整指导目录》淘汰类适用于外商投资企业。《产业结构调整指导目录》和《外商投资产业指导目录》执行中的政策衔接问题由发展改革委员会同商务部研究协商。根据这些规定，在原来仅适用于外商投资的《外商投资产业指导目录》之外，国家制定了一个更全面、适用范围更广、涵盖外商投资企业和非外商投资企业的产业发展指导目录。

国务院的这一决定，要求各省、自治区、直辖市人民政府要将推进产业结构调整作为当前和今后一段时期改革发展的重要任务，按照《促进产业结构调整暂行规定》的要求，结合本地区产业发展实际，制定具体措施，合理引导投资方向，鼓励和支持发展先进生产能力，限制和淘汰落后生产能力，防止盲目投资和低水平重复建设，切实推进产业结构优化升级。各有关部门要加快制订和修订财税、信贷、土地、进出口等相关政策，切实加强与产业政策的协调配合，进一步完善促进产业结构调整的政策体系。各省、自治区、直辖市人民政府和国家发展改革、财政、税务、国土资源、环保、工商、质检、银监、电监、安全监管以及行业主管有关部门，建立健全产业调整工作的组织协调和监督检查机制，各司其职，密切配合，形成合力，切实增强产业政策的执行效力。要正确处理政府引导市场与市场调节之间的关系，充分发挥市场配置资源的基础性作用，正确处理发展与稳定、局部利益与整体利益、眼前利益与长远利益的关系，保持经济平稳较快发展。

根据《促进产业结构调整暂行规定》，产业结构调整的目标是：推进产业结构优化升级，促进一、二、三产业健康协调发展，逐步形成农业为基础、高新技术产业为先导、基础产业和制造业为支撑、服务业全面发展的产业格局,坚持节约发展、清洁发展、安全发展,实现可持续发展。产业结构调整遵循四项原则要求。第一,坚持市场调节和政府引导相结合。充分发挥市场配置资源的基础性作用,加强国家产业政策的合理引导,实现资源优化配置。第二,以自主创新提升产业技术水平。把增强自主创新能力作为调整产业结构的中心环节,建立以企业为主体、市场为导向、产学研相结合的技术创新体系,大力提高原始创新能力、集成创新能力和引进消化吸收再创新能力,提升产业整体技术水平。第三,坚持走新型工业化道路。以信息化带动工业化,以工业化促进信息化,走科技含量高、经济效益好、资源消耗低、环境污染少、安全有保障、人力资源优势得到充分发挥的发展道路,努力推进经济增长方式的根本转变。第四,促进产业协调健康发展。发展先进制造业,提高服务业比重和水平,加强基础设施建设,优化城乡区域产业结构和布局,优化对外贸易和利用外资结构,维护群众合法权益,努力扩大就业,推进经济社会协调发展。

《产业结构调整指导目录》由鼓励类、限制类和淘汰类三类目录组成。不属于鼓励类、限制类和淘汰类,且符合国家有关法律、法规和政策规定的,为允许类。允许类不列入《产业结构调整指导目录》。对于鼓励类投资项目,按照国家有关投资管理规定进行审批、核准或备案,各金融机构应按信贷原则提供信贷支持。在投资总额内进口的自用设备,除财政部发布的《国内投资项目不予免税的进口商品目录》所列商品外,继续免征关税和进口环节增值税,在国家出台不予征税的投资项目目录等新规定后,按新规定执行。对鼓励类产业项目的其他优惠政策,按照国家有关规定执行。对属于限制类的新建项目,禁止投资。投资管理部门不予审批、核准或备案,各金融机构不得发放贷款,土地管理、城市规划和建房、环境保护、质检、消防、海关、工商等部门不得办理有关手续。对属于限制类的现有生产能力,允许企业在一定期限内改造升级。对属于淘汰类的项目,禁止投资。各金融机构应停止各种形式的授信支持,并采取措施收回已发放的贷款;各地区、各部门和有关企业要采取有力措施,按规定限期淘汰。在淘汰期限内国家价格主管部门可提高用电价格。对国家明令淘汰的生产工艺技术、装备和产品,一律不得进口、转移、生产、销售、使用和采用。

鼓励类主要是对经济社会发展有重要促进作用,有利于节约资源、保护环境、产业结构优化升级,需要采取政策措施予以鼓励和支持的关键技术、装备及产品。确立鼓励类产业指导目录应遵循下述主要原则:第一,国内具备研究开发、产业化的技术基础,有利于技术创新,形成新的经济增长点;第二,当前和今后一个时期有较大的市场需求，发展前景广阔，有利于提高短缺商品的供给能力，有助于开拓国内外市场；第三，有较高技术含量，有利于促进产业技术进步，提高产业竞争力；符合可持续发展战略要求，有利于安全生产，有利于资源节约和综合利用，有利于新能源和可再生能源开发利用、提高能源效率，有利于保护和改善生态环境；第五，有利于发挥我国比较优势，特别是中西部地区和东北地区等老工业基地的能源、矿产资源与劳动力资源等优势；第六，有利于扩大就业，增加就业岗位。

限制类主要是工艺技术落后，不符合行业准入条件和有关规定，不利于产业结构优化升级，需要监督改造和禁止新建的生产能力、工艺技术、装备及产品。确定限制业产业指导目录的指导原则是：第一，不符合行业准入条件，工艺技术落后，对产业结构没有改善；第二，不利于安全生产；第三，不利于资源和能源节约；第四，不利于环境保护和生态系统的恢复；第五，低水平重复建设比较严重，生产能力明显过剩。

淘汰类主要是不符合有关法律法规规定，严重浪费资源、污染环境、不具备安全生产条件，需要淘汰的落后工艺技术、装备及产品。确定淘汰类产业指导目录的指导原则是：第一，危及生产和人身安全，不具备安全生产条件；第二，严重污染环境或严重破坏生态环境；第三，产品质量低于国家规定或行业规定的最低标准；第四，严重浪费资源、能源。

2013 年国家发改委会同国务院有关部门对《产业结构调整指导目录（2011 年本）》有关条目进行了调整，形成了《国家发展改革委关于修改〈产业结构调整指导目录（2011 年本）〉有关条款的决定》，对鼓励类、限制类和淘汰类分别作出了相应的增删和修改，自 2013 年 5 月 1 日起施行。法律、行政法规和国务院文件对产业结构调整另有规定的，从其规定。

2010 年和 2011 年国务院分别发布了《国务院关于中西部地区承接产业转移的指导意见》（国发［2010］28 号）和《国务院关于印发工业转型升级规划（2011—2015 年）的通知》（国发［2011］47 号）。该升级发展规划在其保障措施及实施机制部分，要求健全相关法律法规，完善产业政策体系及功能，强化工业标准规范及准入条件，加大财税支持力度，加强和改进金融服务，健全节能减排约束与激励机制，推进中小企业服务体系建设，深化工业重点行业和领域体制改革，并责令工业和信息化部牵头制定重点行业和领域转型升级总体方案。2012 年工业和信息化部发布了《产业转移指导目录（2012 年本）》。该转移指导目录结合各地区产业基础、资源禀赋、环境容量和相关生产要素保障条件，通过分类指导，推动各地区积极承接发展特色优势产业。

2010 年国务院发布《国务院关于进一步加强淘汰落后产能工作的通知》

（国发〔2010〕7号），在规定了产能淘汰的目标和具体任务的同时，提出强化政策约束机制，包括严格市场准入、强化经济和法律手段、加大执法处罚力度。（1）严格市场准入。强化安全、环保、能耗、物耗、质量、土地等指标的约束作用，尽快修订《产业结构调整指导目录》，制定和完善相关行业准入条件和落后产能界定标准，提高准入门槛，鼓励发展低消耗、低污染的先进产能。加强投资项目审核管理，尽快修订《政府核准的投资项目目录》，对产能过剩行业坚持新增产能与淘汰产能"等量置换"或"减量置换"的原则，严格环评、土地和安全生产审批，遏制低水平重复建设，防止新增落后产能。改善土地利用计划调控，严禁向落后产能和产能严重过剩行业建设项目提供土地。支持优势企业通过兼并、收购、重组落后产能企业，淘汰落后产能。（2）强化经济和法律手段。充分发挥差别电价、资源性产品价格改革等价格机制在淘汰落后产能中的作用，落实和完善资源及环境保护税费制度，强化税收对节能减排的调控功能。加强环境保护监督性监测、减排核查和执法检查，加强对企业执行产品质量标准、能耗限额标准和安全生产规定的监督检查，提高落后产能企业和项目使用能源、资源、环境、土地的成本。采取综合性调控措施，抑制高消耗、高排放产品的市场需求。（3）加大执法处罚力度。对未按期完成淘汰落后产能任务的地区，严格控制国家安排的投资项目，实行项目"区域限批"，暂停对该地区项目的环评、核准和审批。对未按规定期限淘汰落后产能的企业吊销排污许可证，银行业金融机构不得提供任何形式的新增授信支持，投资管理部门不予审批和核准新的投资项目，国土资源管理部门不予批准新增用地，相关管理部门不予办理生产许可，已颁发生产许可证、安全生产许可证的要依法撤回。对未按规定淘汰落后产能、被地方政府责令关闭或撤销的企业，限期办理工商注销登记，或者依法吊销工商营业执照。必要时，政府相关部门可要求电力供应企业依法对落后产能企业停止供电。

2011年底国务院发布了《国务院关于印发工业转型升级规划（2011—2015年）的通知》（国发〔2011〕47号），指出编制和实施《规划》，是推进中国特色新型工业化的根本要求，也是进一步调整和优化经济结构、促进工业转型升级的重要举措，对于实现我国工业由大到强转变具有重要意义。"十二五"时期推动工业转型升级，以科学发展为主题，以加快转变经济发展方式为主线，着力提升自主创新能力，推进信息化与工业化深度融合，改造提升传统产业，培育壮大战略性新兴产业，加快发展生产性服务业，调整和优化产业结构，把工业发展建立在创新驱动、集约高效、环境友好、惠及民生、内生增长的基础上，不断增强我国工业核心竞争力和可持续发展能力。该规划要求进一步完善政策法规体系，健全促进工业转型升级的长效机制，为实现规划目标及任何提供有力保障。具体保障措施包括:健全相关法律法规;完善产业政策体系及功能,动态修订重点行业产业政策,加紧制订新兴领域产业政策,加强产业政策与财税、金融、贸易、政府采购、土地、环保、安全、知识产权、质量监督、标准等政策的协调配合;强化工业标准规范及准入条件;加大财税支持力度,鼓励和支持重大装备出口,完善进口促进政策,扩大先进技术和关键部件进口;加强和改革金融服务;健全节能减排约束与激励机制,严格限制高耗能、高排放产品出口;深化工业重点行业和领域体制改革,落实企业境外投资自主权,支持国内优势企业开展国际化经营,完善工业园区管理体制,促进工业企业和项目向工业园区和产业集聚区集中。

根据国务院的上述通知要求,工业和信息化部于 2012 年制订《产业转移指导目录》,结合各地区产业基础、资源禀赋、环境容量和相关生产要素保障条件,通过分类指导,推动各地区积极承接发展优势产业。

二、入世后产业政策发布情况

利用产业政策促进我国产业和经济的发展,是我国经济发展的一大特点。2001 年 12 月 11 日中国正式成为世界贸易组织成员。2002 年中国共产党第十六次代表大召开,2003 年第十届全国人大会议召开,产生了新一届的党和国家领导人。我们以 2003 年中央提出科学发展观、新一届政府组成为起点,回顾一下 2003 年以来我国中央一级发布的产业政策,包括国务院中央部委发布的产业政策。

根据 2013 年 2 月底在中国政府网站(www. gov. cn)查询的以国务院名义的发布的文件,属于产业政策的多达 150 余件:

国务院关于印发中国 21 世纪初可持续发展行动纲要的通知(国发〔2003〕3 号)

国务院关于印发全国海洋经济发展规划纲要的通知(国发〔2003〕13 号)

国务院关于印发深化农村信用社改革试点方案的通知(国发〔2003〕15 号)

国务院关于促进房地产市场持续健康发展的通知(国发〔2003〕18 号)

国务院关于进一步加强农村教育工作的决定(国发〔2003〕19 号)

国务院关于改革现行出口退税机制的决定(国发〔2003〕24 号)

国务院关于成立国务院振兴东北地区等老工业基地领导小组的决定(国发〔2003〕28 号)

国务院关于进一步加强安全生产工作的决定(国发〔2004〕2 号)

国务院批转教育部 2003—2007 年教育振兴行动计划的通知(国发

〔2004〕5号）

国务院关于调整部分行业固定资产投资项目资本金比例的通知（国发〔2004〕13号）

国务院关于进一步深化粮食流通体制改革的意见（国发〔2004〕17号）

国务院关于投资体制改革的决定（国发〔2004〕20号）

国务院关于做好2004年深化农村税费改革试点工作的通知（国发〔2004〕21号）

国务院关于进一步加强食品安全工作的决定（国发〔2004〕23号）

国务院批转发展改革委关于坚决制止电站项目无序建设意见的紧急通知（国发〔2004〕32号）

国务院关于鼓励支持和引导个体私营等非公有制经济发展的若干意见（国发〔2005〕3号）

国务院关于印发2005年工作要点的通知（国发〔2005〕8号）

国务院关于2005年深化经济体制改革的意见（国发〔2005〕9号）

国务院关于促进煤炭工业健康发展的若干意见（国发〔2005〕18号）

国务院关于促进流通业发展的若干意见（国发〔2005〕19号）

国务院关于做好建设节约型社会近期重点工作的通知（国发〔2005〕21号）

国务院关于加快发展循环经济的若干意见（国发〔2005〕22号）

国务院关于2005年深化农村税费改革试点工作的通知（国发〔2005〕24号）

国务院关于完善中央与地方出口退税负担机制的通知（国发〔2005〕25号）

国务院关于大力发展职业教育的决定（国发〔2005〕35号）

国务院关于进一步加强就业再就业工作的通知（国发〔2005〕36号）

国务院关于落实科学发展观加强环境保护的决定（国发〔2005〕39号）

国务院关于全面整顿和规范矿产资源开发秩序的通知（国发〔2005〕28号）

国务院关于发布实施《促进产业结构调整暂行规定》的决定（国发〔2005〕40号）

国务院关于深化农村义务教育经费保障机制改革的通知（国发〔2005〕43号）

国务院关于加强地质工作的决定（国发〔2006〕4号）

国务院关于印发实施《国家中长期科学和技术发展规划纲要（2006—

2020年)》若干配套政策的通知(国发〔2006〕6号)

国务院关于印发中国水生生物资源养护行动纲要的通知(国发〔2006〕9号)

国务院关于发展城市社区卫生服务的指导意见(国发〔2006〕10号)

国务院关于加快推进产能过剩行业结构调整的通知(国发〔2006〕11号)

国务院关于加强和改进社区服务工作的意见(国发〔2006〕14号)

国务院关于进一步加强消防工作的意见(国发〔2006〕15号)

国务院关于完善粮食流通体制改革政策措施的意见(国发〔2006〕16号)

国务院批转中国残疾人事业"十一五"发展纲要的通知(国发〔2006〕21号)

国务院关于保险业改革发展的若干意见(国发〔2006〕23号)

国务院关于加强节能工作的决定(国发〔2006〕28号)

国务院关于深化改革加强基层农业技术推广体系建设的意见(国发〔2006〕30号)

国务院关于做好农村综合改革工作有关问题的通知(国发〔2006〕34号)

国务院批转劳动和社会保障事业发展"十一五"规划纲要的通知(国发〔2006〕35号)

国务院批转发展改革委、能源办关于加快关停小火电机组若干意见的通知(国发〔2007〕2号)

国务院关于促进畜牧业持续健康发展的意见(国发〔2007〕4号)

国务院关于加快发展服务业的若干意见(国发〔2007〕7号)

国务院批转教育部国家教育事业发展"十一五"规划纲要的通知(国发〔2007〕14号)

国务院批转卫生事业发展"十一五"规划纲要的通知(国发〔2007〕16号)

国务院关于印发节能减排综合性工作方案的通知(国发〔2007〕15号)

国务院关于印发中国应对气候变化国家方案的通知(国发〔2007〕17号)

国务院关于开展城镇居民基本医疗保险试点的指导意见(国发〔2007〕20号)

国务院关于编制全国主体功能区规划的意见(国发〔2007〕21号)

国务院关于促进生猪生产发展稳定市场供应的意见(国发〔2007〕22号)

国务院关于完善退耕还林政策的通知(国发〔2007〕25号)

国务院关于加强测绘工作的意见(国发〔2007〕30号)

国务院关于促进奶业持续健康发展的意见(国发〔2007〕31号)

国务院关于印发国家环境保护"十一五"规划的通知(国发〔2007〕37号)

国务院关于促进资源型城市可持续发展的若干意见(国发〔2007〕38号)

国务院关于经济特区和上海浦东新区新设立高新技术企业实行过渡性税收优惠的通知(国发〔2007〕40号)

国务院关于做好促进就业工作的通知(国发〔2008〕5号)

国务院关于印发国家知识产权战略纲要的通知(国发〔2008〕18号)

国务院批转发展改革委电监会关于加强电力系统抗灾能力建设若干意见的通知(国发〔2008〕20号)

国务院关于进一步加强节油节电工作的通知(国发〔2008〕23号)

国务院关于实施成品油价格和税费改革的通知(国发〔2008〕37号)

国务院关于做好当前经济形势下就业工作的通知(国发〔2009〕4号)

国务院关于印发物流业调整和振兴规划的通知(国发〔2009〕8号)

钢铁产业调整和振兴规划

汽车产业调整和振兴规划

国务院关于印发医药卫生体制改革近期重点实施方案(2009—2011年)的通知(国发〔2009〕12号)

电子信息产业调整和振兴规划

纺织工业调整和振兴规划

国务院关于推进上海加快发展现代服务业和先进制造业建设国际金融中心和国际航运中心的意见(国发〔2009〕19号)

国务院关于扶持和促进中医药事业发展的若干意见(国发〔2009〕22号)

国务院关于当前稳定农业发展促进农民增收的意见(国发〔2009〕25号)

有色金属产业调整和振兴规划(2009—2011)

装备制造业调整和振兴规划(2009—2011)

轻工业调整和振兴规划(2009—2011)

石化产业调整和振兴规划(2009—2011)

国务院批转发展改革委关于2009年深化经济体制改革工作意见的通知(国发〔2009〕26号)

船舶工业调整和振兴规划(2009—2011)

国务院关于进一步繁荣发展少数民族文化事业的若干意见(国发〔2009〕29号)

国务院关于进一步深化化肥流通体制改革的决定(国发〔2009〕31号)

国务院关于开展新型农村社会养老保险试点的指导意见(国发〔2009〕32号)

国务院关于进一步实施东北地区等老工业基地振兴战略的若干意见(国

发〔2009〕33 号）

国务院关于进一步促进中小企业发展的若干意见（国发〔2009〕36 号）

国务院批转发展改革委等部门关于抑制部分行业产能过剩和重复建设引导产业健康发展若干意见的通知（国发〔2009〕38 号）

国务院关于加快供销合作社改革发展的若干意见（国发〔2009〕40 号）

国务院关于加快发展旅游业的意见（国发〔2009〕41 号）

国务院关于进一步加强淘汰落后产能工作的通知（国发〔2010〕7 号）

国务院关于进一步做好利用外资工作的若干意见（国发〔2010〕9 号）

国务院关于坚决遏制部分城市房价过快上涨的通知（国发〔2010〕10 号）

国务院关于进一步加大工作力度确保实现“十一五”节能减排目标的通知（国发〔2010〕12 号）

国务院关于鼓励和引导民间投资健康发展的若干意见（国发〔2010〕13 号）

国务院批转发展改革委关于 2010 年深化经济体制改革重点工作意见的通知（国发〔2010〕15 号）

国务院关于加强地方政府融资平台公司管理有关问题的通知（国发〔2010〕19 号）

国务院关于促进农业机械化和农机工业又好又快发展的意见（国发〔2010〕22 号）

国务院关于进一步加强企业安全生产工作的通知（国发〔2010〕23 号）

国务院关于促进企业兼并重组的意见（国发〔2010〕27 号）

国务院关于中西部地区承接产业转移的指导意见（国发〔2010〕28 号）

国务院关于加快培育和发展战略性新兴产业的决定（国发〔2010〕32 号）

国务院关于加强职业培训促进就业的意见（国发〔2010〕36 号）

国务院关于当前发展学前教育的若干意见（国发〔2010〕41 号）

国务院关于印发全国主体功能区规划的通知（国发〔2010〕46 号）

国务院关于印发进一步鼓励软件产业和集成电路产业发展若干政策的通知（国发〔2011〕4 号）

国务院关于印发全民健身计划（2011—2015 年）的通知（国发〔2011〕5 号）

国务院关于加快推进现代农作物种业发展的意见（国发〔2011〕8 号）

国务院批转住房城乡建设部等部门关于进一步加强城市生活垃圾处理工作意见的通知（国发〔2011〕9 号）

国务院关于促进稀土行业持续健康发展的若干意见（国发〔2011〕12 号）

国务院批转发展改革委关于2011年深化经济体制改革重点工作意见的通知(国发〔2011〕15号)

国务院关于开展城镇居民社会养老保险试点的指导意见(国发〔2011〕18号)

国务院关于促进牧区又好又快发展的若干意见(国发〔2011〕17号)

国务院关于进一步加大财政教育投入的意见(国发〔2011〕22号)

国务院关于建立全科医生制度的指导意见(国发〔2011〕23号)

国务院关于印发"十二五"节能减排综合性工作方案的通知(国发〔2011〕26号)

国务院关于印发中国老龄事业发展"十二五"规划的通知(国发〔2011〕28号)

国务院关于加强环境保护重点工作的意见(国发〔2011〕35号)

国务院关于进一步做好打击侵犯知识产权和制售假冒伪劣商品工作的意见(国发〔2011〕37号)

国务院关于坚持科学发展安全发展促进安全生产形势持续稳定好转的意见(国发〔2011〕40号)

国务院关于印发"十二五"控制温室气体排放工作方案的通知(国发〔2011〕41号)

国务院关于印发国家环境保护"十二五"规划的通知(国发〔2011〕42号)

国务院关于加强和改进消防工作的意见(国发〔2011〕46号)

国务院关于印发工业转型升级规划(2011—2015年)的通知(国发〔2011〕47号)

国务院关于印发全国现代农业发展规划(2011—2015年)的通知(国发〔2012〕4号)

国务院关于印发国家药品安全"十二五"规划的通知(国发〔2012〕5号)

国务院关于批转促进就业规划(2011—2015年)的通知(国发〔2012〕6号)

国务院关于印发质量发展纲要(2011—2020年)的通知(国发〔2012〕9号)

国务院关于支持农业产业化龙头企业发展的意见(国发〔2012〕10号)

国务院关于印发"十二五"期间深化医药卫生体制改革规划暨实施方案的通知(国发〔2012〕11号)

国务院批转发展改革委关于2012年深化经济体制改革重点工作意见的通知(国发〔2012〕12号)

国务院关于进一步支持小型微型企业健康发展的意见(国发〔2012〕14号)

国务院关于加强进口促进对外贸易平衡发展的指导意见(国发〔2012〕15号)

国务院关于批转社会保障"十二五"规划纲要的通知(国发〔2012〕17号)

国务院关于印发"十二五"节能环保产业发展规划的通知(国发〔2012〕19号)

国务院关于加强食品安全工作的决定(国发〔2012〕20号)

国务院关于印发节能与新能源汽车产业发展规划(2012—2020年)的通知(国发〔2012〕22号)

国务院关于大力推进信息化发展和切实保障信息安全的若干意见(国发〔2012〕23号)

国务院关于促进民航业发展的若干意见(国发〔2012〕24号)

国务院关于促进红十字事业发展的意见(国发〔2012〕25号)

国务院关于印发"十二五"国家战略性新兴产业发展规划的通知(国发〔2012〕28号)

国务院关于印发国家基本公共服务体系"十二五"规划的通知(国发〔2012〕29号)

国务院关于加强道路交通安全工作的意见(国发〔2012〕30号)

国务院关于深化流通体制改革加快流通产业发展的意见(国发〔2012〕39号)

国务院关于印发节能减排"十二五"规划的通知(国发〔2012〕40号)

国务院关于加强教师队伍建设的意见(国发〔2012〕41号)

国务院关于促进企业技术改造的指导意见(国发〔2012〕44号)

国务院关于深入推进义务教育均衡发展的意见(国发〔2012〕48号)

国务院关于印发全国海洋经济发展"十二五"规划的通知(国发〔2012〕50号)

国务院关于印发卫生事业发展"十二五"规划的通知(国发〔2012〕57号)

国务院关于促进海关特殊监管区域科学发展的指导意见(国发〔2012〕58号)

国务院关于印发服务业发展"十二五"规划的通知(国发〔2012〕62号)

国务院关于进一步做好旅游等开发建设活动中文物保护工作的意见(国发〔2012〕63号)

国务院关于城市优先发展公共交通的指导意见(国发〔2012〕64号)

国务院关于印发生物产业发展规划的通知(国发〔2012〕65号)

国务院关于印发能源发展“十二五”规划的通知(国发〔2013〕2号)

国务院关于印发循环经济发展战略及近期行动计划的通知(国发〔2013〕5号)

国务院关于推进物联网有序健康发展的指导意见(国发〔2013〕7号)

可以看出,这些文件很多(如果不是大部分)都是直接有关产业发展的政策文件。有些文件直接以特定产业政策为标题,如生物产业发展规划、战略性新兴产业发展意见、软件产业和集成电路产业发展意见、服务业发展“十二五”规划、汽车产业调整和振兴规划、稀土行业持续健康发展等。有些文件以直接调整产业发展的共性问题为主题,如加快推进产能过剩行业结构调整、进一步加强淘汰落后产能工作、抑制产能过剩和重复建设引导产业健康发展、工业转型升级规划等等。另有一些文件,表面看与传统理解的产业似乎没有关系,但实质上仍然是产业政策,例如社会保障“十二五”规划纲要、加强食品安全工作、环境保护、温室气体排放控制、加强和改进消防工作、建立全科医生制度、全民健身计划等等。从产业链角度看,有些文件侧重技术研发,有些文件侧重生产,有些文件侧重流通,但实质上都涉及全部产业。例如,知识产权战略纲要、国家科技和技术发展纲要、技术推广体系、高新技术企业优惠政策、节省减排、加强企业安全生产、外贸平衡健康发展、深化流通体制改革加快流通产业发展、物联网有序健康发展,等等。

上述有些文件使用了“事业”一词,如文化事业、老龄事业、中医药事业、教育事业、残疾人事业、红十字事业、卫生事业。但如前文中分析指出的,“事业”只是我们中文的一种习惯表达,用于强调其公益部分,并不能否定其产业性质、产业存在,而且营利性与否并不是判断产业的标准。公共服务体系的发展,能够带动、促进整个产业的发展。我们以《关于进一步加强红十字会工作的意见》为例。这一意见,表面上看与产业政策无多大联系。但该意见在强调了红十字事业的重要性之后,要求各级政府“要把支持红十字事业发展的工作摆到重要议事日程,纳入地方经济社会发展计划”,“充分发挥红十字会在协助政府开展人道主义援助和促进经济社会发展等方面的积极作用”。这表明它是经济发展的一部分,有助于建设小康社会。该意见要求扶持红十字事业,并特别提及“备灾救灾、社会募捐、初级卫生救护培训、社区红十字服务、宣传推广无偿献血、中国造血干细胞捐献者资料库建设、预防宣传艾滋病防治知识和关怀艾滋病病毒感染者及患者”等。该意见提及资金、技术、项目、物资等。造血干细胞资料库的建设、预防宣传艾滋病,无疑需要科学研究、技术研发、产品研发。这些成果会进一步促进整个医疗卫生事业(产业)

的发展,实现由共享成果、公益成果向产业应用的转变。红十字事业所需产品、设备,及其分配流通,既涉及货物也涉及服务,除促进本事业发展外,都具有溢出效应和产业影响。相关的技术、产品和服务,形成了庞大的产业链群。类似红十字事业这样的,正是需要政府大力支持发展的事业。通过支持这种公益事业,通过其溢出效应,进一步促进商业企业的发展。从世贸规则的角度讲,这是一种最合法的活动。

上述产业政策文件,基本都涉及特定产业的方方面面,从技术研发到产品生产到产品流通。我们以国务院2010年发布的《国务院关于加快培育和发展战略性新兴产业的决定》为例。该决定内容上包括了八个部分,分别指出了发展战略性新兴产业的重要性和必要性,明确了发展方向,强调立足国情实现重点领域发展,通过科技创新提升产业核心竞争力,培养良好的市场环境,提高国际化水平,加大财税金融政策的扶持力度,推进体制机制创新,加强组织领导。这样的决定具有明显的引导产业发展的作用,旨在形成新的先导性和支柱性的产业集群。同时,它特别强调科技创新在产业竞争力中的核心作用,体现出科技创新在产业链条中的高端位置。该决定要求积极培育市场,表明它重视发挥市场的消化和调节作用,将研发设计生产的产品投入市场、转化为消费,实现产业链的一个循环。所有这些链条、节点,都离不开资金的支持。加大财税金融政策扶持力度,就成为一个必然的选择。该决定比较具体地指出了提供扶持的多个方面。另外,改革开放是中国发展的一项国策和经验,在经济日益全球化的今天,深化国际合作,提高国际化水平,也是发展中国产业所不可缺少的条件。从整个国家角度来说,要完成这些工作,需要一个良好的机制作支撑、需要有良好的组织领导。可以说,《国务院关于加快培育和发展战略性新兴产业的决定》是一个明确以发展产业为核心的产业政策范例。高屋建瓴,宏观全面,具有指导意义。

另一方面,国务院发布的产业政策,无论是以"决定"的形式还是以"指导意见"的形式,或者以"通知"的形式,从法律的角度看,并不必然产生法律意义上的权利义务,更多地像英文中的 initiative,如美国政府提出的"国家出口计划"(National Export Initiative, NEI)。[①] 如何将这些政策转化为实实在在的现实,需要中央政府各部委及地方政府采取具体的措施。否则,这些政策将被束之高阁。另一方面,这种性质的产业政策,也会面临着"上有政策下有对策"的窘境。在世界贸易组织的法律体系中,这种产业政策虽然属于成员政府发布的,属于成员政府的措施,要受到世贸规则的调整,但由于其具有

① 参见 http://export.gov/nei/index.asp。

结果的不确定性,其本身被争端解决机构裁决违法的情况几乎没有。中国汽车零部件措施案、中国原材料出口案中,被裁决违法的不是汽车产业政策、原材料产业政策本身,而是具体的实施措施。因此,影响我国产业政策的,不仅包括国务院发布的政策性文件,还包括各政府部门为落实国务院制定的产业政策而采取的具体措施(规章和其他规范性文件)。对中国产业政策的合法性分析(是否符合世贸规则),重点应集中于中央政府各部委和地方政府发布的规章和其他非规范性文件。

国务院发布的行政管理法规,如《出版管理条例》,也调整、规范着产业的发展。《出版管理条例》是对出版产业的规定,其规定直接影响着这一产业中相关的经营者。类似这种直接规定经营者权利义务的行政法规,与上述产业政策相比,更多、更直接地受到世贸组织规则的调整。某些以特定产业为调整对象的法律,也存在这样的情形。

三、中国产业政策特点

我国产业政策主要存在下述特点:

第一,产业政策是国家宏观经济调控的主要手段之一,而且呈现出不断强化的趋势,且越来越具体化、特定化。这一特点与我国从计划经济到市场经济过渡、从市场经济建立到市场经济完善这一发展态势和阶段密切相关。一方面市场发挥越来越大的调节作用,另一方面盲目发展的无序状态非常严重。经济全球化将中国经济纳入了全球经济发展的轨道,全球竞争成为中国经济、中国产业发展不得不面对的挑战和现实。在全球竞争中,国家优势发挥着越来越大的作用。优势竞争产业成为重点、优先发展的目标。同时,中国资源、环境对产业发展的制约越来越明显,高污染、高耗能的企业和产业必须予以限制或禁止。在这样的大背景下,单纯靠市场来调整、由企业自己来定位,容易造成市场调整失灵或迟缓的后果,且不利于保护整个国家经济、保护公共利益和人民的生命健康。中国改革开放以来粗放式经营所带来的负面影响,如资源利用率不高,企业小、散、乱等,已经证明不适应日益加剧的全球性竞争。

第二,中国产业政策延长产业链、扩大产业群。实践已经证明,产业的发展需要有发展基础、发展潜力,需要破解发展瓶颈,延长产业链,扩大产业群。中国政府发布的产业政策更加清晰地明确了产业的内容和边界,同时又强化了相关产业之间的联系,为企业发展提供了指导。战略性、新兴性、基础性、共同性等产业的促进和发展,以及不同产业部门间的协调式发展,可以扬长避短、发挥后发优势。这有助于避免企业一窝蜂式从事某一单一生产活动、生产某一单一产品，避免造成产品积压、产能过剩、资源浪费。例如，2009年文化部发布的《文化部关于加快发展文化产业发展的指导意见》要求不断延伸文化产业链，形成剧本创意、演出策划、剧场经营、市场营销、演艺产品开发等紧密衔接、相互协作的演艺产业链。2011年国务院《进一步鼓励软件产业和集成电路产业发展的若干政策》（国发[2011]4号），比较2000年国务院的《鼓励软件产业和集成电路产业发展若干政策》（国发[2000]18号），将软件产品开发企业扩展为软件开发与测试、信息系统集成、咨询和运营维护，将集成电路设计企业扩展到封装、测试、材料、设备等生产企业。

第三，中国产业政策促进中国境内的产业合理布局，同时又将国内外市场紧密联系起来。中国地域广阔，各地自然条件差异较大，经济基础和发展水平不平衡，劳动力供应相对充足。从全国来说，既有比较原始的生产工艺，也有非常先进的生产技术。从全国一盘棋出发，优化产业组织结构、调整区域产业布局，成为中国产业政策的重要内容。全国主体功能区规划，产业合理有序转移，优化产业生产力布局，促进区域协调可持续发展。同时，结合国际市场情况，通过产品出口和对外投资，带动国内产业的发展；通过引进外资和技术，承接现代产业转移，进一步促进和扩大国内产业的发展程度和水平。

第四，中国产业政策通过产业结构调整指导目录、外商投资产业指导目录，通过鼓励、限制、禁止、淘汰措施，最大程度上保障了具有竞争优势、发展潜力的产业发展，培育、巩固具有先导性、基础性、战略性产业的发展。对于影响经济发展、浪费资源和环境污染严重的落后产能，坚决地、有步骤地、全面地予以淘汰。通过促优汰劣，提高效益、提高资源利用和环境保护、提高竞争力，同时实现产业升级。根据经济发展，适时调整《产业结构调整指导目录》、《外商投资产业指导目录》、《外商投资中西部产业指导目录》，保障了产业政策的约束性和灵活性。

第五，中国产业政策是综合性政策，不仅包括了产业发展序列及产业关系，还包括了实现产业发展目标的配套性政策，如财税、信贷、土地、环境、投资融资、城市规划、进出口、技术与知识产权保护、人才培养与引进等，强化了产业政策的政策约束和政策激励，提高了产业政策的实施效果。特别是国务院制订发布的产业政策，各部委、各级政府都要采取相应的实施措施，落实产业政策的要求。几乎每一产业政策的出台，除了进一步延伸产业链、扩大产业集群范围外，都包括一系列的保障措施和实施措施要求。

第六，中国产业政策带有明显的资格认定和市场准入特征，获得产业政策支持的企业或产业必须满足事前确定的标准，更关注准入性支持而非竞争性支持。企业能否继续获得这样的支持,取决于周期性的资格认定,而这种资格认定标准较多地关注资产额、营业额、销售额、出口额,较少关注企业的竞争能力和支持效果,或者缺乏竞争性指标或创新性指标。这种资格认定不利于企业的创新。在发布的产业政策中,也往往含有企业认定要求,作为享有优惠政策的前提条件。例如,2000 年国务院《鼓励软件产业和集成电路产业发展的若干政策》第 9 章要求制定软件企业认定制度。信息产业部、科技部和教育部颁布了《软件企业认定标准及管理办法》。该办法第 2 条明确规定:"凡按照本办法规定的标准和程序认定的软件企业,均可享受'政策'规定的有关鼓励政策。"这种认定,如果含有不同对待进口产品和国内产品的要求,对所有制性质的要求,或者含有出口业绩的要求,将存在违反世贸规则的风险。

第七,中国产业政策多由政策制定部门、产业主管部门制定,对中国承担的国际义务理解不深,未能很好地协调国内市场与国际市场、进口与出口、国内生产与进口产品间的关系。以开放促改革是我国的一项政策,但依靠所谓的"倒逼机制",依靠限制出口或进口来调整国内生产或消费,不能有效地取得产业政策的效果。

以中国被诉的集成电路产业政策为例。2000 年国务院发布的《鼓励软件产业和集成电路产业发展的若干政策》(国发[2000]18 号)共包括了 13 章的内容,分别是:政策目标、投融资政策、税收政策、产业技术政策、出口政策、收入分配政策、人才吸引与培养政策、采购政策、软件企业认定制度、知识产权保护、行业组织和行业管理、集成电路产业政策、附则。其中,税收政策(出口退税)和出口政策受到其他成员根据世贸规则的指控。2011 年国务院发布的《进一步鼓励软件产业和集成电路产业发展的若干政策》(国发[2011]4 号),包括了 8 个部分的内容,分别是:财税政策、投融资政策、研究开发政策、进出口政策、人才政策、知识产权政策、市场政策和政策落实。该文件延续了对第 18 号文确立的政策,同时又作出了一定的修订,相关政策与 4 号文不一致的,以 4 号文的政策为准。具体地说,4 号文继续实施软件增值税优惠政策,并对软件企业和集成电路企业从事的相关业务免征营业税,对相关的集成电路企业实施企业所得税两免三减半的优惠政策以及五免五减半的优惠政策。在进出口政策上,对出口软件取消了优惠利率提供信贷的规定,改为政策性金融机构按照独立和风险可控的原则,提供融资和保险支持;增加了对临时进口的自用设备按暂时进境货物监管的规定。

第八,产业技术研发政策向基础性、公益性发展。2000 年国务院《鼓励软件产业和集成电路产业发展的若干政策》要求,支持开发重大共性软件和基础软件,国家科技经费重点支持具有基础性、战略性、前瞻性和重大关键共性软件技术的研究与开发。2011 年 4 号文进一步提出重大关键技术的突破,实现关键技术的整体突破。2000 年 18 号文提出,对于国家支持的研究开发项目,应以企业为主,产学研结合。2011 年 4 号文提出推动国家重点实验室、国家工程实验室、国家工程中心和企业技术中心建设;鼓励企业建立产学研用结合的产业技术创新战略联盟,促进产业链协同发展。前后两文体现的这种改变或调整,更多发挥国家通过非商业的扶持在技术研究上的作用。这种做法,与特定产品、特定企业没有特别的联系,但取得的成果却可以为相关企业享用。从"产学研"到"产学研用",更多地体现了成果的应用和普及,扩大产业技术的覆盖面,实质性地提升产业竞争力。这种做法,与美国采取的政府委托技术研发战略是一致的,后者承受住了欧盟的指控、世界贸易组织争端解决机构的审查。[1]

上述两文在产业技术政策上的不同,还体现在技术研发对象的关联性。正如竞争大师波特所言,技术并不独立存在,每一价值链上都存在技术,都可以进行技术创新。2000 年文的产业技术政策,主要针对软件,包括操作系统、大型数据库管理系统、网络平台、开发平台、信息安全、嵌入式系统、大型应用软件系统等基础软件和共性软件。2011 年文的研发政策,则从软件扩展到了软件产业发展所必需的相当联系的事项,包括高端软件、工业软件、数字内容相关软件、高端芯片、集成电路装备和工艺技术、集成电路关键材料、关键应用系统的研发及重要技术标准的制订。这样,通过软件、芯片、装备、材料、标准,相互关联的产业要素、节点、链条、集群得到了建立和促进,真正发挥了产业政策的作用。

四、产业政策与贸易政策

产业政策作为一种宏观调整政策,其落实需要其他宏观调整政策的配合,如财税、金融、进出口、准入、标准等政策。贸易政策是实现产业政策的一种手段。鼓励、限制或淘汰某种生产活动、技术工艺或产品,需要结合国内和国际市场两个方面进行。例如,如果单纯限制国内某种产品的生产,但不限制该产品的进口,或者反过来禁止或限制某种产品的进口却不禁止或限制该产品的国内生产或消费,都不可能实现产业政策所预期的效果、发挥应有的功能。在中国经济不断深入融入世界经济、经济全球化程度不断加深的今

① 参见欧盟诉美国飞机补贴案。

天,将国内市场与国际市场割裂、将产业政策与贸易政策分离的做法,已经不能适应当代经济发展的需要。因而,中共十八大报告《坚定不移沿着中国特色社会主义道路前进为全面建成小康社会而奋斗》正确地指出和要求"强化贸易政策和产业政策协调"。而产业政策与贸易政策协调,则离不开与全球贸易规则的协调。

产业政策可以简单地理解为产业发展序列和产业之间协调的政策。例如,战略性技术产业属于优先发展的产业,制造业和服务业共同发展属于产业协调问题。一言以蔽之,产业政策限制或禁止某些生产活动、技术工艺和产品,鼓励某些生产活动、技术工艺和产品。而贸易政策亦执行同样的功能,只不过侧重于跨境的生产活动、技术工艺和产品,具体体现在量的限制或促进、税费的增加或减免,并以产品产地、生产商/服务商的国籍为基础。

通过前述内容可以看出,我国产业政策的密集出台与实施,是与中国改革开放政策的实施与深入联系在一起的。但这种貌似同步的表象下,暗含了我国产业政策与世贸规则不完全吻合的实情:在某些国家对我国外贸实施封锁、禁运的时期,中国无法将国内政策与外贸政策贯穿在一起;在很长的时间内,我们的外贸政策与国内政策是分开实施的;改革开放后外贸改革与国内改革是不同步的,国内政策和外贸政策存在着某种程度的脱离;中国入世后,虽然主观上作出协调国内政策与外贸政策的努力,但在观念上、认识上、习惯上、理解上都还完全做到这一点,甚至不排除个别人、个别部门刻意保持二者脱离的可能性。

世贸规则法律化了贸易政策,使贸易措施受到了法律的约束。对于中国来说,除与其他世贸成员一样面临着履行国际义务的任务外,还面临着使贸易政策与法律法规相协调的问题。改革开放以来,很大程度上形成了先试先验、政策先行、法律确认的做法。中国入世后,这种做法就遇到了挑战:每一政策措施都必须先符合法律的要求。

中国入世对中国法治建设产生了重要影响。[①] 这种影响体现在多个方面,诸如市场经济体制建设、相关法律的修改和完善、依法行政与信息公开、政府职能的转变、公权力与私权利的关系、国际条约与国内法的关系,等等。实际上,这一过程也是产业政策与贸易规则逐渐适应的过程。中国汽车零部件案、中国出版物案、中国原材料案的结果,都导致中国政府相关部门修改、完善了相关措施。这表明,在中国入世后,我们的产业政策,我国的国内政

---

① 参见韩立余:《入世对中国法治的影响》,载《中国青年政治学院学报》2011 年第 5 期,第 115—127 页。

策,必须与世贸规则相协调。这并不意味着中国的主权受到限制,而是意味着中国行使主权的方式在改变。正如中国出版物案上诉机构所指出的,"像其他世贸成员一样,中国享有选择其愿意的方式履行争端解决机构裁决和建议的主权权利"。①

① China-Publications, WT/DS362/AB/R, para. 335.

第十五章

如何保护中国产业

一、要保护的产业是什么

1. 明晰产业边界，了解产业链群

产业是一个可大可小的相对概念。当我们说要保护什么产业时，首先要知道我们所指的产业到底是指什么。这就需要法律人的精确和解释方法，而不能简单地使用泛泛的广义上的产业概念。所以，竞争大师波特提醒产业的界定越小越好。同时，我们也要意识到，由于技术的发展与变化，产业范围也处于不断变化当中。我们原有的产业概念，可能符合以前的情况，但可能不符合现在的情况，更可能不符合明天的情况。

第一产业、第二产业和第三产业是一个最基本的分类。但这一分类用于我们所说的产业保护中，基本没有什么作用。就拿比较容易理解的农业来说，至少存在小麦、玉米、大米、大豆等的差别。我们要保护小麦产业呢，还是要保护大豆产业？如果说要保护小麦产业，小麦育种是不是该产业的组成部分？割麦机制造是否包括在这一产业中？面粉加工是否包括在这一产业中？面粉加工机器及制造是否包括在这一产业中？小麦及面粉的营销是否包括在这一产业中？如要保护大豆产业，是保护转基因大豆呢，还是要保护非转基因大豆？是保护大豆种植者，还是保护大豆加工商（油料生产商）？据说，由于中国产大豆与美国、巴西产大豆出油率不同，中国在巨量地进口大豆，用于油料生产。从大豆进口中，主要获益的是油料生产商，而不是中国的大豆种植者。中央电视台曾有一个节目，讨论进口大豆对东北种植大豆的农民的影响。有人说，由于中国大豆消费大，进口大豆主要用于消费增量，而没有影响消费存量。但如果没有这么大量的大豆进口，中国的大豆种植者是否会从这一消费增长中更好地获益？有人说，中国产大豆不能满足油料加工商的需求，那么，我们讨论的需要保护的究竟是大豆种植者，还是大豆加工商？

关于欧盟对中国光伏产品反倾销反补贴案件,中国有评论指出,欧盟采取双反措施将伤及自身,导致电价提高,将提高的电价分摊到了消费者身上而非工业身上。[①] 商务部发言人呼吁"中欧双方应通过磋商解决光伏产品贸易摩擦问题"。该发言人指出,"虽然中国对欧盟市场出口光伏产品,且规模逐年扩大,但中欧双方在光伏产业链上有着紧密的关联与合作,如太阳能光伏板生产设备、太阳能光伏发电系统逆变器大部分进口自欧洲。下一步,中国将加快发展太阳能光伏发电等新能源产业,会更多进口欧洲的太阳能光伏产品生产设备和新能源发电设备,双方合作空间巨大,所以我们应通过双方合作共同促进该产业链的发展。"[②]机电商会就欧盟对华光伏产品反倾销初裁决定发表声明,"希望欧方进行公平、合理地调查,对调查中的严重瑕疵作出合理的解释,纠正调查中的不当及错误做法";指出"征税必将严重损害欧盟上下游产业利益","征税不利于欧盟绿色经济的发展,损害消费者福祉"。[③] 上述专家、政府和行业协会的观点都反映了这样一个事实:对光伏产品征税会损害欧盟的上下游产业,损害消费者利益。这些观点无疑是正确的,但这些观点没有就下一问题作出回应:对中国出口光伏产品征税,是否保护欧盟的光伏产品生产商。在这里,我们明显地看到,上述观点是混同了不同的产业部门或产业链条,将上中下游产业混同了,将生产商和消费者混同了。从政治的角度说,向欧盟发出呼吁,不征税或少征税是有道理的,也是应该的;但从产业角度看,从世贸规则看,欧盟措施试图保护的对象和中国各方声称欧盟措施损害的对象不是同一对象,二者不是一回事。电价是否提高,这是电力政策的事、是电力市场的事。此外,欧盟采取征税措施,也并不必然导致中国企业不购买欧盟的光伏产品生产设备。中国还有评论愤愤然地说,中国从欧盟购买光伏产品生产设备,在中国生产光伏产品,把污染留在中国境内,向欧盟出口便宜的光伏产品,到头来欧盟对中国出口光伏产品征税,欧盟是赚了便宜卖乖。这种观点也是混同了产业的不同组成部分,或是混同了不同产业,不过更情绪化一点而已。按照我们在前几章的分析,产业是同类产品的生产商的集合。光伏产品和光伏产品生产设备是同类产品吗?答案不言自明。至于说到欧盟征税措施影响到上下游产业利益,这可能是事实,但我们大可不必为此操心、为欧盟操心。贸易措施总是涉及多个方面,涉及

---

① 参见《欧盟对华光伏产品"双反"将伤及自身》,http://pep.mofcom.gov.cn/article/j/cb/201302/20130200035527.shtml,2013年8月24日访问。

② 参见《中欧双方应通过磋商解决光伏产品贸易摩擦问题》,http://eu.mofcom.gov.cn/article/zxhz/hzjj/201305/20130500120394.shtml,2013年8月24日访问。

③ 参见《机电商会就欧盟对华光伏产品反倾销初裁决定的声明》,http://www.mofcom.gov.cn/article/date/zwqtjmjg/201306/20130600152877.shtml,2013年8月24日访问。

位于产业链条上不同位置的企业,甚至影响到消费者。但任何一项决策都是不同利益、不同因素平衡的结果,就像欧盟委员会的投票表决一样,并非委员会的所有成员都一致赞成或一致反对某一项措施,总有不同意见。另外,欧盟反倾销条例中明确要求考虑“公共利益”。此处的公共利益至少应理解为相关产品生产商之外的其他利益,如上下游或消费者。可以推定,欧盟委员会决策时是考虑了这些因素的。另外,在一些选举政治国家中,照顾某一类选民的利益非常重要。2002 年美国小布什总统采取的钢铁保障措施主要是为了政治目的,为了讨好钢铁产业工人。对钢材进口征税的同时,小布什对受该措施影响的下游产业提供补贴。结果是美国国内各方都满意了,只有外国钢铁生产商不满意,通过各自政府在世贸组织起诉美国。美国一审二审都输了,但在争端解决机构通过争端解决报告之前,也即在裁决美国措施违法的裁决正式生效之前,小布什宣布撤销钢铁保障措施,还博得了个“虚心改正错误的美名”。起诉美国的其他世贸成员的目的也达到了。这就是规则的运用。

中国出版物案中,涉及外国出版物进口权问题。中国在关于贸易权放开的承诺中,列出了 84 种继续通过国营贸易进口的产品,但该产品清单中没有包括出版物。[①] 从该案指控的中国政府实际采取的措施以及中国提出的抗辩看,中国政府实际上是不想开放这一块的。为什么会出现前后矛盾的结果呢?个人的推测是,问题出在对出版物、对文化产品的理解上。在一般中国人的观念中,书籍表现为物品,但它不是一般物品,是文化产品,不是我们通常理解的可贸易产品,是一种特殊的东西。这种观念通过鲁迅《孔乙己》中的孔乙己之口表现出来,“窃书不能算偷”。在过去,特别是在农村,父母看见孩子看书就高兴了,殊不知孩子看的书可能不利于孩子健康成长。在法国和加拿大,甚至还存在“文化产品例外”的主张,意思是文化产品可以不遵循一般贸易规则。而实际上,在世贸规则中,除了《关税与贸易总协定》第 4 条涉及电影的放映外,并没有文化产品例外的规定。把我们观念中想当然的事情放在一个国际的咬文嚼字的法律框架中,我们的认知就遇到了挑战,挑战的结果是我们需要改变我们的传统认知。

笔者有时开玩笑说,通过美国博彩案,受益良多。按美国政府的观点,体育原来是包括博彩(赌博)的;如果早知道这一点,小时候可以骗骗父母,去赌博了就说是去参加体育活动了。这当然是笑话。专家组和上诉机构没有支持美国政府的观点。但从产业角度说,体育和博彩,都是娱乐产业的组成部

---

① 参见对外贸易经济合作部世界贸易组织司译:《中国加入世界贸易组织法律文件》,法律出版社 2002 年版,第 23—26 页。

分，这是对我们传统观念、传统认知的挑战和颠覆。如果我们不认为博彩是一类产业，我们在作出开放承诺时，可能就不会想到博彩这一部分。如果我们根据我国现有法律规定，认为博彩是非法的，自然不在考虑之列，也是非常危险的。这是以国内法规则等同于国际法规则或替代国际法规则。按照上诉机构在中国出版物案中的说法，承诺是面向未来的承诺，可能表明承诺方将来改变现有的国内法律政策。

前文有关光伏产品案的评论中说不能将光伏产品与光伏产品制造设备混同，是从小产业角度说的，是专门针对贸易救济措施意义上的产业而言的，但从发展的角度说，在制定产业政策规划、采取产业促进措施时，一定要想到产业链群，想到大产业。在一个产业链条上，任何一个环节断链，都不能支持整个产业的发展；反过来，在整个产业链条上，也不可能在所有的环节都有竞争优势。中间的取舍，要依据产业价值链来定，看哪一个环节增值最大。

2013年3月国家发改委发布的与其他相关部委共同制定的《战略性新兴产业重点产品和服务指导目录》[①]，指出了指导目录的作用："发布《指导目录》的作用将战略性新兴产业的具体内涵进一步细化，体现了战略性和前瞻性，以更好地引导社会资源投向，利于各部门、各地区以此为依据，开展培育发展战略性新兴产业工作。"内涵细化、战略与前瞻，引导、培育，正是我们在此论述的产业链群和边界。该《指导目录》将国务院《关于加快培育和发展战略性新兴产业的决定》确定的七个产业、24个发展方向，进一步细化到近3100项细分的产品和服务(其中节能环保产业约740项，新一代信息技术产业约950项，生物产业约500项，高端装备制造产业约270项，新能源产业约300项，新材料产业约280项，新能源汽车产业约60项)，这些细分的项目、粗分的发展方向和产业，都是我们这里所说的大产业和小产业。

仍以光伏产品为例。上述《指导目录》将"新能源产业"这一大产业再分为核电、风能、太阳能、生物技能四个产业。其中，太阳能产业包括了太阳能产品、太阳能生产装备和太阳能发电技术服务三个产业。这三个产业的划分类似于我们熟悉的世贸规则中的货物和服务的划分，涵盖了货物、知识产权和服务，同时又是一个完整的产业链条。整个太阳能产业范围如下：

太阳能产业

1. 太阳能产品

光伏电池(包括晶硅太阳能电池片及组件，薄膜太阳能电池及组件，

---

① http://www.ndrc.gov.cn/zcfb/zcfbgg/2013gg/W020130307592414547502.pdf，2013年8月24日访问。

聚光、柔性等新型太阳能电池)

光伏电池原材料及辅助材料(包括单晶硅锭/硅片,光伏电池封装材料,有机聚合物电极,光伏导电玻璃(TCO 玻璃等),硅烷,专用银浆,高效率、低成本、新型太阳能光伏电池材料,长寿命石墨材料)

光伏系统配套产品(包括并网光伏逆变器、离网光伏逆变器、蓄电池充放电控制器、太阳能跟踪装置、便携式控制逆变一体设备、光伏智能汇流箱、光伏电站监控设备)

热利用产品(包括中高温太阳能集热管,高效平板集热器,吸热体涂层材料,高效太阳能集热产品,储能材料及产品)

热发电产品(包括高强度曲面反射镜、聚光器、聚光场控制装置、聚光器用减速机、聚光器用控制器、抛物面槽式吸热管、塔式吸热器、与玻璃直接封接用新型金属材料、与金属封接用玻璃管材、低热损流体传输管、吸气剂、菲涅尔吸热器、350℃以上高温传热流体、储热材料和系统、油盐换热器、熔融盐泵、蒸汽发生器、滑参数汽轮机、斯特林发电机、有机郎肯循环发电设备、高聚焦比太阳炉)

热发电厂相关系统及服务(包括聚光器组装施工方法和规范,聚光器坐标定位配套技术,大容量蓄热系统设计施工方法和规范,热发电站设计、施工、运行和维护规范。电站全套控制系统,风力和太阳辐射短时预报系统,太阳能热发电站仿真机,聚光器精度测量分析仪,能流密度测量分析仪,金属玻璃封接在线应力检测系统。中高温集热管性能和寿命评价方法及测试台,吸热材料及器件性能和寿命评价方法以及测试台,吸热器寿命评价方法,上网电量预报系统,高温导热油和熔融盐管内防冻及快速解冻规范,太阳能热发电站设计方法,热电联供太阳能热发电站规范。)

2. 太阳能生产装备

光伏装备(包括高纯度、低耗能太阳能级多晶硅生产设备、单晶硅拉制设备、多晶硅铸锭装备、多线切割设备、高效电池片及组件制造设备、薄膜太阳电池制造装备,聚光、柔性等新型太阳电池制造装备)

热利用装备(包括太阳能采暖系统与设备、太阳能中高温集热系统与设备、太阳能空调制冷系统与设备、太阳能热泵空调机组、太阳能与空气源热泵热水系统、太阳能在工农业应用的中低温系统与设备、太阳能与建筑结合集热系统、太阳能吸热涂层的镀膜设备、平板太阳能集热器生产设备、太阳能集热产品用的激光焊接设备)

热发电准备(包括数兆瓦或数十兆瓦及太阳能高温热发电系统及装

备,大型镀膜机,玻璃弯曲钢化设备,夹胶玻璃弯曲设备,银镜制备设备,高频加热器,集热管圆度校准机,金属/玻璃封接设备,真空管排气设备,熔融盐合成设备,真空管自动化装配生产线,真空管质量在线检测仪,高温热管生产设备,真空保温管生产线,储热器生产设备,定日镜生产线,槽式聚光器生产线,槽式真空管自动化生产线)

3. 太阳能发电技术服务

离网光伏发电系统技术服务

分布式并网光伏发电系统技术服务

公共电网侧并网光伏发电系统技术服务

微网光伏发电系统技术服务

槽式、塔式、碟式太阳能热发电系统技术服务

风光互补供电系统服务

在欧盟对中国出口光伏产品采取征税措施案件中,被调查产品包括太阳能面板、电池和晶片、太阳能玻璃。[①] 我们看到,在太阳能产业中,中国光伏产品企业仍处于产业链的较低位置,处于最原始的原材料产品阶段。大家一拥而上,集中于单一产品,也是造成当前情势的原因。早在 2009 年,多晶硅等新兴产业被发改委列入产能过剩黑名单。[②] 在产能过剩的情况下,千方百计出国门,必然成为众多企业的一种选择。在产品雷同、技术含量差异不大的情况下,降价销售也必然会成为一种选择。

目前,太阳能发电有其不足之处:太阳能照射的能量分布密度小,约 100 W/m2;年发电时数较低,平均 1300 h;不能连续发电,受季节、昼夜以及阴晴等气象状况影响大;精准预测系统发电量比较困难;光伏系统的造价还比较高,系统成本 40000—60000 元/kW。[③] 而太阳能发电利用也是一个非常重要的难题。我们现有电网上能否吸纳、吸纳了多少太阳能电力?"从上游硅料、硅片、电池、组件一路做到下游的电站,乃至电站所发出来的电还得自己消纳。身为战略性新兴产业的光伏业,其发展窘境,由此可管窥一斑。"[④]"只用十年时间就让全球光伏电池成本降低了十倍的中国光伏制造业,当下正广泛

---

① 参见《欧盟扩大对我光伏产品双反调查范围》,http://de. mofcom. gov. cn/article/jmxw/201303/20130300043399. shtml,2013 年 8 月 24 日访问。

② 参见《多晶硅等新兴产业被列入产能过剩黑名单》,http://finance. qq. com/a/20091020/000777. htm,2013 年 8 月 24 日访问。

③ http://baike. baidu. com/link? url = R1BAm8eIKnyY40pjOYjbOvTNBgbW5y0aGs_0d81o0Szew79UBAgi2PJzp3hVIwTb, 2013 年 8 月 24 日访问。

④ 参见《光伏制造的自产自销困局》,http://www. solarpwr. cn/bencandy. php? fid = 62&id = 11870,2013 年 8 月 24 日访问。

弥散着对这一新兴能源技术的前途的迷茫","从技术上,如何解决光伏发电的技术特性与传统能源体系不相匹配的矛盾,或许是其除了能源利用效率提升和降低成本外的首要课题……在市场推广模式上,要更广泛地寻求光伏发电在社会生产与生活体系中的直接利用方式……而在认识上,则需要清醒地意识到自身的配角身份和弱势地位,需要更广泛地思考如何融入现有能源系统。"①面对这些问题,中国生产的太阳能电池等,如果不出口到国外,又有多少能在国内消化呢?所以,太阳能产业发展是整个链群的发展,而不仅仅是某单个产品的发展。

2. 紧扣核心产品构建产业链群

在弄清产业链群和轮廓后,从产业升级、更新换代的角度,从获得更多增值的角度,从环境保护、拥有竞争优势的角度,掌握核心技术、发展核心产品、控制核心环节,并以此为核心,上下前后拓展、延伸。

改革开放之初,我们对待外商投资企业采取了"两头在外"的政策,在华企业只负责生产部分,也就是加工部分。技术和市场都掌握在外方投资者手中。这样做的初衷是我们想引进技术,同时也是我们无国外销售渠道的现实选择。即使是一些内资企业,也以承担国外企业订单为主要业务。这奠定了我国成为"世界工场"的基础。我国面临的产业转型,很大程度上是加工产业的转型。有文章指出了中国企业"两头在外"的困境:"20 世纪 80 年代,'两头在外,大进大出'曾是高层提供的最佳企业经营方式。十多年过去了,越来越多的中国企业、中外合资经营企业、外商独立企业采用了这样的方式:原料来自国外、产品销往国外。这个时候,在有关行业的利益链条中,外商拿走了大部分利润,中国得到的是最小的一份,微薄的加工费而已。更严重的,我们得到的不但是最小的一份,而且开始品尝环境严重污染的苦果。中国企业由此陷入双重困局:赚着最小的钱,制造着越来越严重的污染。"②光伏产品的现状亦是如此。

弄清产业链群和轮廓的目的,正是在于找出其中的增长点、增值点、竞争点。如果说,单个企业更多地受市场需求的影响,作为政府,则需要有意识、有计划、有步骤地培育这样的产品和产业,并通过具体的措施将这些政策落实。

文化产业是我国政府大力提倡、促进的产业之一。发展文化产业,既符

---

① 参见《光伏利用是一场持久战》,http://www.solarpwr.cn/bencandy.php?fid=62&aid=13848&page=3,2013 年 8 月 24 日访问。

② 《中国企业"两头在外"的双重困局》,http://cptc.webtex.cn/info/2005-7-19@104006.htm,2013 年 8 月 24 日访问。

合我们的公益目的，也符合我们的经济目的。自2000年中央十五规划建议正式使用“文化产业”这一概念以来，通过国务院、文化部等相关部门的政策及措施，文化产业取得了很大发展。在文化部2009年发布的《关于加快文化产业发展的指导意见》中，发出了发展方向和重点，并提出了加快文化产业发展的主要任务。其中包括不断延伸文化产业链，“打通设计、研发生产、营销推广、衍生产品等产业链。积极融合创作、剧团、剧场、经纪等演艺资源，形成剧本创意、演出策划、剧场经营、市场营销、演艺产品开发等紧密衔接、相互协作的学艺产业链”。实际上，好的作品被人喜爱、获得成功，剧本创意是最基础、最重要的一部分，也是产业链条的最上游部分。面对题材雷同的电影、电视，即使场面再华丽，也失了看下去的兴致。但在现有的文化产业政策中，有多少是专门针对剧本创意的，有多少是鼓励编剧人员的？又提供了多大力度的支持？编剧的收入是按票房提成，还是按稿费计算？在相关奖项中，有多少是针对编剧的？在中国作协主办的文学奖项中，有小说、散文等奖项，似乎无剧本奖项。编剧这个职业或行业，有什么特殊风险或优势？全国有哪些大学有编剧专业，多了还是少了，有无相应的培训机制或机构？竞争大师波特在讨论产业集群时，总是把产、学、研、政放在一起，认为这样的组合才真正具有竞争力。

我们在讨论产业时，经常提到产业发展瓶颈。这实际上是指我们缺乏核心的产品、工艺或技术。2004年IBM将其计算机事业部出售给联想集团。到今天，联想生产的计算机中，有哪些处理器、芯片、主板、显示器、电池、内存、硬盘或操作系统是联想自己独创的具有自主知识产权的产品呢？十几年前，正是中国国内彩色电视机品牌竞争激烈之时。一位高中同学参加了松下显像管公司组织的活动。去看她时，正是吃饭时候，她向我介绍同桌的人，都是来自国内的彩电生产厂家。我突然意识到，国内彩电生产厂家用的彩色显像管都来自同一家供应商。如果显像管是电视的最核心部分，国内各电视厂家的优势在哪里？该同学也感慨说，我们都在替松下打工！现在液晶电视流行，中国电视厂家使用的液晶显示屏该不会集中于一两个厂家吧？如果是，中国电视厂家的竞争优势又在哪里？自主创新又体现在哪里？

中国近14亿人口，960万平方公里土地。庞大的市场为产业发展提供了有利条件，但在某种程度上也妨碍了产品、技术创新，易生小富即安的心态。中国产业要真正发展，获得更多的增值，就必须找到自己的核心产品和技术。

光有核心产品和技术还不够，还必然将其推广开来，应用到整个链群上。中国光伏产品，实际上在中国境内还没有找到真正的下游用家。生产的电力未被现有电网广泛吸纳。一般说来，产品、原材料、生产设备是最基本的环节,技术创新和服务贯穿于这些基本环节中。大家生活中熟悉的POS收银机,是一项技术产品,但如果不能联网应用,其使用价值则大大降低。各银行间如果不能联网,就会出现之前见过的各收银柜台摆满POS机的情形。银行、商户、消费者之间的结算、清算系统的统一,极大地促进了银行、商户的业务发展,方便了消费者。中国银联的出现,使中国的银行卡服务获得飞速发展,相关的产业也随之发展。中国银行卡业的发展、中国银联的业务发展,是美国诉中国银行卡案的原因之一。现在美国在服务贸易谈判中,又提出了一个跨境数据传送的概念,很可能是针对类似VISA这样的企业、针对其从事的经济活动。

企业要争取做某一产业链的主导者、组织者,而不只是被动者。再看苹果手机。从研发、生产、组装到销售这一链条上,尽管苹果公司并不从事所有环节的生产,但它控制了研发和销售、组织了生产,它是苹果手机这一链条的主导者,其他企业当然也以自己的优势参与了这一价值链,但创新程度远不如苹果。

二、相关的规则是什么

1. 了解世贸规则

认准了产品,认准了产业,是否就可以勇往直前了?产品和产业只是发展方向,并不代表前进道路。在向这一方向走的路上,是否存在障碍、陷阱,是否需要迂回、拐弯?中国入世前后,海尔集团的张瑞敏曾经指出,入世引起了三大变化,规则变了,市场变了,竞争对手变了。曾有一家知名家电公司,其商标被国际同行在外国注册。一些人对这一事件表示不解,这么一家公司怎么会不知道商标的重要性?内部人士声称,以前只关注国内市场,没有想到去国外市场。虽然这一事件最终得到满意的解决,但它仍然让人反思。中国入世后,中国市场开放了,外国竞争者入场了,外国市场也对中国产品开放了,由以前的国内竞争扩展到了国际竞争。仅仅知道国内的规则不够用了,还必须了解外国规则,更要了解国际规则。这一国际规则就是世贸规则。

世贸规则有其自己的特点。其中非常重要的一点是,世贸成员要使其国内立法、规章、决定、措施与世贸规则要求相一致。世贸成员不得使自己的国内法凌驾于世贸规则之上(当然是在世贸规则调整的范围内),世贸成员不得根据自己的国内法来评判其他成员是否违反了世贸义务(对比一下美国的301条款),世贸成员不得自行采取报复措施(美国对欧共体产品报复案)。在加拿大药品专利案中,加拿大法规定专利保护期限自申请日起17年,而世贸规则要求自授予时起 17 年。二者保护期限孰长孰短,不可一概而论,但加拿大法律规定的专利保护期限存在着短于世贸规则要求的保护期限的可能性。该案的结果是,加拿大这一法律规定被裁决违反世贸规则,加拿大修改了这一规则。所以,世贸规则就是衡量其他世贸规则法律、做法的一个标杆。除争端解决机制外,世界贸易组织贸易政策审查机制也是促进世贸成员保证其法律、做法符合世贸要求的良好机制,对世贸成员按其贸易额大小进行频率不一的贸易政策审查。这一审查机制是一个自我评估、外在评估的机制,是一个批评与自我批评的机制,它有助于及时发现国内贸易政策的不符之处、督促纠正这些不符。

不了解世贸规则,就不了解审查外国法律做法的标杆,就没有掌握识破各种变化的"照妖镜"。在国际市场中竞争,在其他世贸成员市场内竞争,首先应当遵循当地的法律规章和要求。任何国际规则都不能替代国内规则。了解外国市场规则是走出去竞争的第一步。但是,外国市场规则是否对本国产品、服务实施歧视,是否采取了不当的救济措施或滥用了世贸规则赋予的权利?美国政府自实施 301 条款以来,每年都对其他国家的贸易政策进行评估、发布年报,并根据这一评估结果决定采取相应的措施。虽然自欧共体诉美国 301 条款案以来,美国不再利用 301 条款对其他世贸成员采取贸易制裁措施,但对其他世贸成员的贸易政策进行评估的做法一直保持下来。其他一些国家,包括中国,也发表针对一些重要贸易伙伴的贸易政策评估报告。但要解决其他世贸成员存在的对本国产品服务的不当措施,除双边努力外,还要根据世贸规则对这些问题进行判断,根据世贸规则采取相应的措施。这就必然要求进一步了解世贸规则。光觉得自己受了委曲、受到欺负,却指不出对方错在哪里,那就只能是忍气吞声。但如果知道对方错在哪里,并且有说理、解决的地方,其结果就不一样了。世界贸易组织就是这样的说理讲法的地方。世贸组织成立后受理的争端案件那么多,说明了这一机制的重要性和效率。世贸组织多哈回合没有成功,只是说明世贸成员现在还没有准备制定新的规则,并不表明现有的规则效力变弱、机制变衰。

世贸规则要求世贸成员的法律、政策和做法与其保持一致,也包括了对中国法律、政策和做法的一致性要求。世贸规则也是中国自己正衣冠的明镜,而不仅仅是针对其他世贸成员的照妖镜。出家门前照照镜子,确认一下自己脸上是否有脏东西、衣服有没有穿好,有利于保持自己的良好形象,也有利于尊重别人并获得别人的尊重,否则可能会出现比较尴尬的场面。中国需要了解世贸规则这面镜子。认为世贸规则是国际条约、国际法,不能在国内直接适用,从而对其置之不理,这种态度和做法是错误的。同时,认为世贸规则仅调整边境措施,不调整国内措施,这种认识也是错误的。认为中国是一个主权独立国家,其决策完全不受外在规则的限制,这种认识也是错误的。对世贸规则的了解,除了研究人员的研究外,更重要的是政府部门、政府人员在作出相应决策时,应了解是否有相应的世贸规则存在,该躲避的躲避,该绕路时绕路。硬闯红灯是不可取的。对世贸规则的了解,除了对乌拉圭回合达成的法律文件的了解外,对不断产生的争端解决案件所形成的报告的追踪和了解,也是必不可少的,甚至是更重要的。因为它代表了活的规则。

广义上讲,世贸规则包括了一般规则和各成员作出的承诺。因此,对世贸规则的了解,也包括对其他成员承诺的了解。由于其他成员的承诺直接地、具体地涉及市场准入、竞争待遇,对这一承诺的了解非常重要。这在《服务贸易总协定》中体现得最为明显。其他成员是否违反其世贸义务,需要根据世贸规则及其承诺判断。中国企业走出去,需要了解目的地国的世贸承诺,与了解目的地国的贸易政策、法律法规一样重要。这是走出去、从事国际竞争的必要功课。

2. 弄清中国承诺

中国是一个重信誉的国家,言出必行是中国的传统。认真履行自己作出的国际承诺,是中国政府的一贯立场和做法。

中国入世时作出了什么承诺?政府官员在决策时知道自己作出了什么承诺吗?

这一问题提得似乎有点荒唐:中国承诺,白纸黑字,明明白白,难道还不知道吗?

问题的怪异在于,中国的承诺,要放在世贸规则的框架中理解。用法律术语说,要根据《维也纳条约法公约》中规定的国际条约解释规则来解释。换言之,不是根据中国政府自己的言词、自己的想法来理解。根据《维也纳条约法公约》规定的解释方法,承诺的含义要根据使用的用语、所在的上下文、相关协定的目标和宗旨来探究其真实含义。某一成员作出的承诺的含义,既不是承诺方自己所说的意思,也不是被承诺方所说的意思,而是双方共同理解的意思;不是主观含义,而是客观含义。其直接结果是,我说的话是什么意思,我自己说了不算。

举中国出版物案中的解释为例。中文"录音制品"应该如何理解,译成世贸组织官方语言英语该怎么译?在本案中,在中国承诺中"录音制品"写成"sound recording"。需要解释的不是中文的"录音制品"而是"sound recording"。该"sound recording"是只包括磁带、音带、唱片等物理形态的物品,还是也包括网络音乐?换成中文,"录音制品"是否包括网络音乐?相信绝大多数的中国读者一般不会把“录音制品”这一概念理解为包括了网络音乐，但审理这一案件的专家组和上诉机构都认为包括了网络音乐。由此，对中国承诺“录音制品分销”的解释，就与中国原来设想的范围差远了。这种解释方法，是一种认可概念含义逐步演化的方法，是放在国际法律背景下探讨其含义的方法。它不再是纯国内概念，也不再是固定的僵化的概念。

世贸组织的这种承诺解释方法，具有一定的道理。我们日常生活中经常说“不能又当运动员又当裁判员”。一些商家促销活动的解释，虽然在其促销资料中写着以商家解释为准，但真打起官司来，法官不会按照商家的解释判案。我国保险法中有一规定，如果投保人和保险人对保险条款有不同的解释，出于保护弱势被保险人的考虑，采纳不利于保险人的解释。试想一下，如果完全由承诺方自己来解释其承诺的是什么，由他说了算，则几乎不可能证明他违反了自己的承诺。

中文不是世界贸易组织的官方语言。中国的法规、规章等都存在一个将其译成世贸官方语言的问题。这种语言转换可能会造成原文意思的扭曲、失真。因此，仅从语言角度说，中国人头脑中（用中文）理解的承诺，可能不同于外国人在英文语境中理解的承诺。

抛开语言问题，还存在上述的解释方法问题。按照不同的解释方法解释，基于不同的语境解释，其结果可能是不同的。有这样一个故事，非常典型地说明了这个问题。有一老太太做寿，众人献上祝福。有人吟诗一句“生个儿子是个贼”惹得老太太和众人发怒，但听完“偷来蟠桃献母亲”后大家转怒为喜。“贼”、“偷”和“蟠桃”在这里连在一起，表达的完全是对儿子孝心的赞美。

对中国承诺的理解，还必须结合世贸规则并在其框架内进行。中国作出的承诺，是基于相关协定作出的承诺，因此要结合相关协定来理解。以服务贸易承诺为例。市场准入承诺表是按正面清单罗列，列出的属于承诺开放的，没有列出的属于没有承诺开放。但《服务贸易总协定》第 16 条第 2 款有下述的规定：“在作出市场准入承诺的部门，除非在其减让表中另有列明，否则成员不得在其一个地区或全部领土内维持或采取下述定义的措施……”这样就存在一个反向式规定：没有列出的，视为放开的，不得实施限制。第 16 条第 2 款列举的措施，包括数量限制措施、企业的法律形式要求、外国股权比例等等。承诺者如果没有充分注意、很好地理解这一款，没有在市场准入承诺中列明这些限制性措施，将失去使用这些条款的权利。而中国相关措施中关于从事分销的外商投资企业中的股权规定，被裁决违反了第 16 条第 2 款

(f)项:限制外国股权比例。①

理解中国承诺,还必须注意到中国入世承诺书自身的特点。中国入世承诺包括了入世议定书本身的承诺和入世工作组报告中所含的承诺。同时,中国入世承诺,除了一般的减让表(关税减让表、服务承诺减让表)外,还包括了许多制度性承诺,其中有的制度性承诺涉及世贸规则本身没有调整的领域,如出口税承诺、贸易权承诺、对外商投资企业的非歧视性承诺等。加之语言表述的问题,中国入世承诺的理解与解释存在着较大的挑战。在中国出版物案和中国原材料案中,中国能否援引《关税与贸易总协定》第 20 条一般例外的问题,突出体现了中国入世承诺的解释问题。中国作出的不同于其他成员的独特承诺,使对中国承诺的解释难于参照既往的已有解释,使这种解释充满了不确定性。中国入世后的被诉案件,大多数都涉及中国入世议定书的承诺。在对这些承诺的理解上,非常明显地体现出了争端各方差异较大的理解。这种情形估计今后一段时间还会存在。

三、如何争取好的保护条件

1. 反映产业需求,着眼产业未来

世界贸易组织于 2001 年发起的多哈回合谈判迄今没有结果,2013 年巴厘岛部长会议取得的有限成果不足以坚定人们对世贸组织规则谈判的期待,而区域贸易协定的谈判与实施正如火如荼。除了中国自身谈判的区域贸易协定和双边投资协定之外,美国发起的跨太平洋、大西洋贸易协定谈判、服务贸易谈判正在进行中。鉴往知来。有了中国入世谈判的经验和争端解决案件的经验,有了对国际规则的一定了解,相信以后的贸易谈判定会创造更好的中国产业发展的条件。

贸易谈判要充分反映产业实际需求,着眼产业未来发展。政府应建立通畅的渠道和有效的机制,听取、吸收企业、产业、行业协会的意见和建议。国家竞争优势,实质上是产业竞争优势。各种贸易理论和贸易政策,都是为了促进国家经济的发展和竞争力。产业是根基也是未来。

翻看一下美国贸易法,充斥着各种各样的协调委员会、指导委员会、顾问委员会等。这些机构由法律明文设立,既保证了其合法性、稳定性,也保证了其实用性。对产业利益的了解和反映,不是随机的、应景的、随便的,应有机构和程序做保障。

---

① China-Publications, WT/DS363/R, para. 7.1376.

在一些国家中，特别是在欧美，行业协会、商会对保护和促进产业利益发挥了至关重要的作用。它们承担着政府与企业之间的“二传手”的作用。相应的立法保证了行业协会、商会的地位和作用。行业协会的自律也保证了企业遵循行业规范。

在我国，行业协会的作用还有待于进一步的发挥。有的行业、产业，没有自己的行业组织，无法反映自己的利益关注，主要靠政府部门代理，而政府部门和行业组织，无论在性质还在在功能上都是不同的。农业就是一个最能说明问题的例子。大量的农民，仍然零散经营、劳作。乡镇、自然村承担的是行政管理的职能，而非行业利益保护职能。正如面对大豆大量进口，零散的大豆种植者无法与大豆加工商抗衡，其声音也不足以影响政府部门决策。如农业一样，由于产业是大小相对的概念，在某些产业中缺乏类似行业协会的利益保护组织。

2. 遵循国际标准

国际上存在着几种产业分类模式，由于制定的目的不同，具体详略也有所不同，但都符合我们的产业定义。我们在进行国际贸易谈判时，在涉及产业谈判时，应尽可能参照、遵循国际上通行的产业分类方法，避免使用自己的分类法替代国际分类法。

在中国出版物案中，在对中国作出的“录音制品分销”承诺是否包括网络间音乐分销进行解释时，专家组采用了多种解释要素，其中涉及关税与贸易总协定秘书处准备的 W/120 文件和 1993 年减让指南。对于中国作出的减让，专家组指出：“我们首先注意到，中国的减让表总体上遵循了 W/120 文件相同的结构、名称和编号，包括对产品总分类（CPC）编号的援引。中国在其减让中列出的第一层次的所有部门（商业服务除外，它被列入分部门），以及列出的大多数的分部门，都采取了 W/120 文件的相同术语、编号和 CPC 编号。虽然中国选择在其减让表中没有列出 W/120 的部门（健康医疗服务和娱乐文化体育服务），中国的减让表也尊重由此导致的空白，维持 W/120 相同的具体编号。但是，中国的减让表与 W/120 文件并不完全相同——例如，在其音像服务承诺中，中国没有使用 W/120 文件使用的相同的分部门术语或 CPC 编码。”[①]当中国援引韩国减让表支持自己的主张时，专家组指出，“专家组注意到成员在其减让中就录音制品的分销作出承诺时的两个重要方面。第一，当成员服务减让表具体规定物理形态的音像产品的承诺时，他们倾向在分销服务中的部门来作出承诺。第二，当成员的服务减让表提及物理形态

① China-Publications, WT/DS363/R, para. 7.1227.

的录音制品时(或者具体列出,或者具体排除),与中国不同,他们通过使用录音制品存在媒介的术语来作出承诺。这些做法基本不支持中国提出的解释:在音像服务中作出的承诺,只包括物理形态的录音制品。"[①]在中国的服务承诺中,中国在"通讯服务"部门列出了"音像服务",同时把其他成员放在(货物)经销服务类别中的分销承销,放在了音像服务的部门中。这一位置"错放",成为导致专家组将"录音制品"解释为包括网络音乐的一个依据。中国承诺中的"中国特色"使自己难于找到支持自己理解的工具。这些案例说明,在作出承诺前,要深入理解、领会相关的规则,并利用承诺审核的机会,对照其他国家作出的承诺,尽可能地予以完善。

3. 遵循法律方法

关税与贸易总协定运作的很长时间里,没有完全按现在的世贸规则强调的规则导向来运行。关税与贸易总协定成立法律部也只是近30年的事情。世界贸易组织一开始,就强调其规则导向性,替代实力或外交导向,并且建立了具有二审程序的争端解决机制。就其争端解决实践而言,世界贸易组织确实是,甚至过分是,注重法律条文的一个国际组织。看专家组、上诉机构、争端方那种"抠字眼"的做法,让非研究法律的人觉得不解。

事实上,专家组和上诉机构紧扣字眼,也是没有办法的办法。专家组和上诉机构的权限就是通过解释规则处理争端。他们无权另行制定规则填补规则空白或弥补规则缺陷。他们只能像和稀泥一样,在个案中,基于争端涉及的具体事实,来解决争端方之间的具体争端。在日本诉加拿大新能源案件中,媒体沸沸扬扬地宣传这是世贸规则如何适应新能源发展的一个重大案件。但阅读上诉机构报告,上诉机构以四两拨千斤之法,指出加拿大政府采购电力,要求供应商使用当地设备,电力和设备不是相同事项,要求使用当地设备违反了关税与贸易总协定的国民待遇要求。这样,媒体宣传的重大环保问题转化为一个常见的国民待遇问题。上诉机构避开了世贸规则是否与环境保护相矛盾这一宏大主题。

专家组和上诉机构抠字眼的做法,是为了找出争议条款的共同理解,而不是公说公有理、婆说婆有理的单方主观理解。实现这一这种客观公正结果的最好方法,就是看规则怎么说、承诺怎么说。这就需要采取法律规则、法律方法去解决争端。世界贸易组织是成员驱动、成员管理的组织,由各成员组成的部长总会、总理事会是权力组织、决策组织,专家组和上诉机构只是负责通过查明事实、法律说理的方式判断是非曲直,采取法律的方法是最适合、最

---

① China-publications, WT/DS363/R, para. 7.1216.

稳妥的方法。

中国在过去的对外谈判中,经贸人员发挥的作用相对大些,法律人员参与的程度相对小些。这在一定程度上造成了中国承诺的现有问题。当然,缺乏经验是经贸人员和法律人员都面临的一个普遍问题。如同国内倡导科学立法一样,对外谈判也应当加强其法律性,用法律术语形成法律文件。

4. 侧重研发创新落实技术转化

强调重在研发,不仅仅是因为我们国家旨在建立创新型国家,发展创新性产业,还在于世贸规则本身就是偏向研发保护的。《与贸易有关的知识产权协定》保护创新、保护研发、保护知识产权。而在相关流通规则中,则偏向非歧视,保障进口产品享有不低于国内同类产品的待遇。上诉机构也多次指出,一项措施,离市场越远,被认定违反世贸规则的可能性就越小。相反,根据出口业绩实施的奖励、补助措施,直接是被世贸规则禁止的。

在欧美互诉的大飞机案中,给人印象最深的是欧美采取的研发支持。从两起案件持续的时间、花费的精力、中间的曲折以及最后的结果来看,双方各有输赢,各有妙着。美国政府放弃专利权、"藏力于民"的做法,促进共性、基础性、应用性技术研究的做法,拨款给社会组织、大学进行研究、培训的做法,这些都值得我们学习和借鉴。政府需要有长远发展战略,侧重研发创新,落实技术转化。这是一条迂回曲折之路。直接刺激市场表现,既授人以柄,又本末倒置。

在我国,加强对技术研发的支持已经成为共识,已经开始落实,并取得一定的成效。例如,对专利申请费的资助。相对于专利技术可能产生的巨大影响来说,专利申请费的资助,相当于一本万利的事,具有极高的投入产出比。虽说不是所有的专利申请都能获得专利,不是所有的专利都能创造产业竞争力,但这种孵化机制对于鼓励创新是不可缺少的。如果在专利申请、审批、维持、转化应用各个环节,都能坚持为创新服务,产业竞争力会大大提高。

创新有独创式创新、集成式创新、消化式创新。同时,创新贯穿于产业链群的各个方面,贯穿于企业价值链的各处环节。套用波特的竞争理论,创新存在于政府、企业、学校、社会团体组成的集群中。

我国产业政策和贸易政策,应体现创新理念,各种支持措施应以创新为根本基准,真正将各种鼓励政策措施落实到创新上。社会文化,也以创新为吸引点,减少乃至消除简单模仿、雷同的节目、活动,让创新沉淀为社会文化的内在组成部分。

四、保产业就是保市场

促进贸易更加自由化是世界贸易组织努力的宗旨与目标。贸易越自由，市场越开放。而贸易自由与管制一直是各国政府保护本国市场、开拓国外市场的两种手段。因此，国际贸易政策的制定与实施，都是围绕市场保护与开放进行的。

关税与贸易总协定的每一次关税减让，都导致贸易自由化程度的加强，市场壁垒的进一步降低。与此同时，其他非关税壁垒也日益显现，成为阻碍国际贸易的新的主要障碍。因此，关税与贸易总协定的谈判范围由关税扩大到了非关税措施，其目的仍在于市场开放。乌拉圭回合谈判达成的一揽子协议，特别是《服务贸易总协定》，代表了市场的更大开放。伴随着上述自由化成果的，是国内市场保护规则的进一步强化与完善。贸易救济措施、产品质量标准、卫生检疫措施等，成为对抗外来产品、保护国内市场的重要武器。这些市场保护手段的使用甚至被怀疑到了滥用的程度。因此，世贸规则要规范市场开放，要防止进口国滥用管理措施，要保护出口国的出口市场。就市场开放与保护来说，任何贸易规则都具有双重作用。贸易自由同时意味着自己国内市场的开放，而贸易保护也意味着国内企业产品在国外市场的受阻。这也表明，市场的开放与保护是相对的，保护或者开放并不存在严格意义上的好坏之分，而看其是否促进了国内企业的发展。

市场是企业成长的土壤。市场越广阔，企业越有活力。严格地说，企业需要两个市场，即原料采购市场和产品销售市场。但最根本的是产品销售市场。就一个企业的产品来说，其市场可能是当地的，地区的，全国的，乃至世界的。对国内企业来说，国内市场和国外市场是不可分割的两个重要组成部分，二者具有各自的优势与互补性。国内企业或产业具有的比较优势，为其产品进入国际市场提供了可能。国际产业链的分布，也使不同国家内的企业成为全球供应链中的一个组成单位。因此，国际市场对于国内企业的充分发展是非常必要的。为企业开拓国际市场成为政府的一项重任。从贸易障碍的角度来说，国内市场具有国外市场不可比拟的优势。因此，无论是对国内企业还是政府，国内市场是优先发展、巩固的目标。

但是，将国内市场完全保留给本土企业是不可能的。在经济全球化、市场国际化的今天，这样做也不利于培养本土企业的国际竞争力，不利于提高生产效率，实现有效的资源配置，更好地利用经济全球化提供的发展机遇。同时，每一政府又都面临着开放或进一步开放市场的外在压力。在地球球面变平面的时代，没有任何一个国家能脱离其他国家而存在。开放国内市场和开拓国际市场，成为一个问题的两个方面，成为一个互动的过程。投桃报李，相互开放国内市场，在互惠基础上进一步促进国际贸易的发展，成为各国政府遵循的原则。而能否真正获益，则取决于产业优势、取决于产业创新。

五、政府和企业如何配合

春江水暖鸭先知。产业是企业的集合。企业在发展中遇到什么样的市场障碍，哪些是私人行为，哪些是政府行为，企业是最清楚的。企业的市场需要自己去努力。产品与服务质量、管理水平、经销模式与手段、生产效率、消费者的满意程度等，都影响着企业市场的维护与开拓。

但企业开拓国外市场的最大障碍是国外政府的管理障碍（包括制度和政策障碍，包括政府的不作为），这方面出口国政府的除障能力是无与伦比的。因此，政府是开拓国外市场的生力军。

第二次世界大战后，美国政府实施的马歇尔计划，不仅帮助了西欧的复兴，而且美国援助资金购买美国产品的安排，极大地带动了美国产业的更加迅猛发展，奠定了美国经济在全球的强势地位。各国政府普遍实施的政府援助计划、双边或区域贸易协定安排等，其开拓国外市场的威力非单一企业力量所能比拟。

世界贸易组织规则为贸易的进一步自由化提供了框架与契机。实践也证明，这一世界贸易制度推动了国际贸易的发展。中国入世所带来的国外市场为中国企业发展提供了难得的机遇。但是世界贸易组织规则的制定者和适用者仅是政府，企业利益因国外政府管理措施受损时，最终只能通过本国政府去解决。政府基于经济或社会政策对进口产品或服务采取的一系列措施，如两反一保措施、质量监控措施、生态管理措施，私人企业难于与这种公权力抗衡。这些措施是否合理、适当，是否违反了世界贸易组织的规则，需要在企业搜集资料的基础上在政府层面解决。这进一步突出了政府在维护和开拓国外市场中的作用，反过来也说明企业/产业不能完全依赖政府，不能坐、等、靠。

历史上，现实中，政府都是为本国企业开拓市场的先头兵。在以武力开辟市场的时代，这种开拓多是单向的、暴力的。在确立规则导向的贸易体制的今天，规则制定和运用就成为更为重要的东西。产业诉求、国家倡导、公私合作，在政府间的平台上，谋取最大的利益。本着互惠、追求共赢，保护国内市场与开拓国外市场互动、互为条件，是保护国内企业、产业的根本所在。

参考书目

陈利强:《美国贸易调整援助制度研究》,人民出版社 2010 年版。

陈守明等:《技术发展中的产业政策》,化学工业出版社 2010 年版。

程大为:《WTO 体系的矛盾分析》,中国人民大学出版社 2009 年版。

邓德雄:《欧盟反倾销维护产业竞争力问题研究——基于经济学和法学的思考》,经济科学出版社 2008 年版。

《世界贸易组织乌拉圭回合多边贸易谈判结果法律文件》,对外贸易经济合作部世界贸易组织司译,法律出版社 2000 年版。

《中国加入世界贸易组织法律文件》,对外贸易经济合作部世界贸易组织司译,法律出版社 2002 年版。

范拓源、尤建新:《战略性新兴产业发展规划与管理》,化学工业出版社 2011 年版。

方福前:《当代西方经济学主要流派》,中国人民大学出版社 2004 年版。

冯宗宪、于璐瑶等:《基于多哈回合关税减让谈判的市场准入研究》,光明日报出版社 2010 年版。

傅星国:《WTO 决策机制的法律与实践》,上海人民出版社 2009 年版。

高敏雪等:《国际经济核算原理与中国实践》(第二版),中国人民大学出版社 2007 年版。

龚柏华:《"入世"后中美经贸法律纠纷案例评析》,复旦大学出版社 2008 年版。

管仁林主编:《中国入世承诺法律文本解释》,中国民主法制出版社 2002 年版。

国风:《改造传统经济》,经济科学出版社 2005 年版。

国彦兵:《西方国际贸易理论:历史与发展》,浙江大学出版社 2004 年版。

韩立余:《GATT/WTO 案例及评析(1948—1995)》(上下),中国人民大学出版社 2002 年版。

韩立余:《WTO 案例及评析(1995—1999)》(上下),中国人民大学出版社 2001 年版。

韩立余:《WTO 案例及评析(2000)》,中国人民大学出版社 2002 年版。

韩立余:《WTO 案例及评析(2001)》,中国人民大学出版社 2004 年版。

何向军:《经营链及共对企业竞争优势的影响研究》,中国物资出版社 2010 年版。

何维达等编著:《WTO 与中国产业升级》,中国审计出版社 2000 年版。

何哲、孙林岩:《中国制造业报务化——理论、路径及其社会影响》,清华大学出版社 2012 年版。

金祥等:《贸易保护制度的经济分析》,经济科学出版社 2001 年版。

郎咸平等:《产业链阴谋 I》,东方出版社 2008 年版。

李成钢主编:《世贸组织规则博弈——中国参与 WTO 争端解决的十年法律实践》,商务印书馆 2011 年版。

李俊江等:《国际贸易学说史》,光明日报出版社 2011 年版。

李仲周:《亲历世贸谈判》,上海人民出版社 2009 年版。

柳卸林等:《中外技术转移模式的比较》,科学出版社 2012 年版。

吕晓杰等编:《入世十年法治中国——纪念中国加入世贸组织十周年访谈录》,人民出版社 2011 年版。

任勤:《WTO 框架下的贸易保护问题研究》,西南财经大学出版社 2008 年版。

佘云霞:《国际劳工标准:演变与争议》,社会科学出版社 2006 年版。

宋和平主编:《多哈回合反倾销和反补贴规则谈判研究》,法律出版社 2011 年版。

孙彦红:《欧盟产业政策研究》,社会科学文献出版社 2012 年版。

孙振宇:《日内瓦倥偬岁月》,人民出版社 2011 年版。

唐晓华主编:《现代产业经济学导论》,经济管理出版社 2011 年版。

田银华主编:《产业规制与产业政策理论》,经济管理出版社 2008 年版。

万融主编:《商品学概论》(第 4 版),中国人民大学出版社 2010 年版。

王传宝:《全球价值链视角下地方产业集群升级机理研究》,浙江大学出版社 2010 年版。

王军杰:《WTO 框架下农业国内制度研究》,法律出版社 2012 年版。

王名等编著:《德国非营利组织》,清华大学出版社 2006 年版。

王晓明:《国际贸易史》,中国人民大学出版社 2009 年版。

翁国民:《贸易救济体系研究》,法律出版社 2007 年版。

肖弦弈:《中国传媒产业结构升级研究》,中国传媒大学出版社 2010 年版。

姚开建主编:《经济学说史》(第二版),中国人民大学出版社 2011 年版。

曾航:《一只 iPhone 的全球之旅——苹果幕后全产业链运作完全解密》,凤凰出版社 2011 年版。

曾华群、杨国华主编:《WTO 与中国:法治的发展与互动》,中国商务出版社 2011 年版。

张斌:《"非市场经济"待遇:历史与现实》,上海人民出版社 2011 年版。

张乃根:《WTO 争端解决机制论——以 TRIPS 协定为例》,上海人民出版社 2008 年版。

赵玮:《基于产业集群的企业合作竞争关系研究》,湖北人民出版社 2012 年版。

赵玉林等:《基于科技创新的产业竞争优势——理论与实证》,科学出版社 2011 年版。

朱榄叶:《WTO 争端解决案例新编》,中国法制出版社 2013 年版。

朱榄叶:《世界贸易组织国际贸易纠纷案例评析(2010—2012)》,法律出版社 2013 年版。

朱榄叶、贺小勇:《WTO争端解决机制研究》,上海世纪出版集团2007年版。

〔澳〕克里斯托弗·阿勒:《世界贸易组织的新协定——服务贸易和知识产权协定在法律全球化中的作用》,广东外语外贸大学法学院译,上海人民出版社2004年版。

〔法〕弗协德里克·马特尔:《主流——谁打赢全球文化战争》,刘成富等译,商务印书馆2012年版。

〔加〕布莱恩·科普兰、斯科特·泰勒尔:《贸易与环境——理论及实证》,彭立志译,格致出版社/上海人民出版社2009年版。

〔美〕艾尔·L.希尔曼:《保护的政治经济学》,彭迪译,北京大学出版社2005年版。

〔美〕奥利弗·E.威廉姆森、西德尼·G.温特编:《企业的性质》,姚海鑫、邢源源译,商务印书馆2007年版。

〔美〕彼德·德鲁克:《公司的概念》,慕凤丽译,机械工业出版社2012年版。

〔美〕弗兰克·道宾:《打造产业政策——铁路时代的美国、英国和法国》,张网成、张海东译,上海人民出版社2008年版。

〔美〕弗里茨·马克卢普:《美国的知识生产与分配》,孙耀君译,中国人民大学出版社2007年版。

〔美〕罗伯特·索贝尔、戴维·B.西西利亚:《企业家——美国人的创业精神》,生活·读书·新知三联书店1989年版。

〔美〕迈克尔·波特:《国家竞争优势》(上下),李明轩、印如美译,中信出版社2012年第2版。

〔美〕迈克尔·波特:《竞争论》,高登第、李明轩译,华夏出版社2012年版。

〔美〕迈克尔·波特:《竞争优势》,陈小悦译,华夏出版社2005年版。

〔美〕迈克尔·波特:《竞争战略》,郭武军、刘亮译,华夏出版社2012年版。

〔英〕约翰·米克勒斯维特、阿德里安·伍尔德里奇:《公司的历史》,夏荷立译,安徽人民出版社2012年版。

〔印〕贾格迪什·马格活蒂:《贸易保护主义》,王世华等译,中国人民大学出版社2010年版。

联合国经济和社会事务部统计司:《所有经济半自动的国际标准行业分类》(修订本第4版),联合国2009年版。

联合国、欧盟委员会、经济合作与发展组织、国际货币基金组织、世界银行:《国民经济核算体系》(2008),高敏雪等译。

联合国经济和社会事务部统计司,《产品总分类(CPC)》(版本1.1),联合国2007年版。

Anwarul Hona, Tariff Negotiations and Renegotiations under the GATT and the WTO: Procedures and Practices, Cambridge University Press 2001.

Chung Hae-kwan, The Korea-Chile FTA: Significance and Implications, EAST ASIAN REVIEW, Vol.15, No.1, Spring 2003.

Craig VanGrasstek, The History and Future of the World Trade organization, WTO 2013.

Deborah K. Elms and Patrick Low (ed.), Global Value and Chains in a Changing World, WTO, Fung Global Institute, Temasek Foundation Center for Trade & Negotiations 2013.

Douglas A. Irwin, Petros C. Mavroidis, Alan O. Sytkes, The Genesis of the GATT, Cambridge University Press 2008.

Howard Park, Kamal Saggi, Is There a Case for Industrial Policy? A Critical Survey, The World Bank Research Observer, Vol. 21, No. 2 (Fall 2006).

IMF, Balance of Payments and International Investment Position Manual, Six edition, 2009.

Jagdish Bhagwati, Free Trade Today, Princeton University Press 2002.

John Croome, Reshaping the World Trading System: A History of the Uruguay Round, Diane Publishing 1996.

Ken Warwick (2013), Beyond Industrial Policy: Emerging issues and New Trends, OECD Science, Technology and Industrial Policy Papers, No. 2, OECD Publishing.

Sutherland Report (2004), The Future of the WTO: Addressing Institutional Changes in the New Millenium, Geneva; WTO.

UN, System of National Accounts 2008.

UN, The International Standard Industrial Classification of All Economic Activities, Version 4.

William H. Cooper, Mark E. Manyin, Remy Jurenas, Michaela D. Platzer, The U.S.-Korea Free Trade Agreement (KORUS FTA): Provisions and Implications, Congressional Research Service, RL34330, March 2013.

WTO, World Trade Report 2011.

后记

想写一个有关世贸规则与国内产业保护关系的东西,已经好久了。一个主要原因是中国入世后一些产业政策被其他成员提出指控。如何使我国的产业政策与我国作出的国际承诺相一致,是笔者头脑中一直牵挂的问题。

对于这一主题,自己曾经兴奋过。关税与贸易总协定主要是经济规则,重视其法律属性也不过是最近三十多年的事(从关税与贸易总协定设立法律事务部开始);同时,法律要为经济建设服务,换言之,世贸规则要为经济和产业发展服务。因此,我们在研究世贸规则对法治影响的同时,亦应研究世贸规则对产业的保护和促进作用。基于这种认识,自己不时地兴奋着。

但更多的时候,则是迷茫和沮丧。想时容易做时难。真正动笔把自己的想法表达出来,说服自己,同时试图说服别人,常有力不从心之困。想写一本专业性很强的专著只能是一种不现实的奢求了。最后只好退而求其次,只希望对经济领域特别是制定产业政策的人提供一点世贸的法律规则知识,同时也提醒研究世贸法律规则的人涉及产业的内容。如此,也就满足了。

对自己的挑战还在于世贸规则允许保护国内产业这一命题。除了两反一保外,似乎很难有力主张世贸规则允许保护国内产业了,特别是考虑到各国间的贸易关系氛围。世界贸易组织前总干事拉米 2012 年秋季在对外经济贸易大学演讲时强调世贸规则不保护任何产品、不保护任何产业。这使我更加怀疑自己的愿望能否实现。让我高兴的是,拉米 2013 年春季在中国人民大学演讲回答笔者提出的世贸规则是否允许保护国内产业的问题时,指出问题不是"是否"保护而是"如何"保护。拉米的这一回答使笔者对自己的命题增强了信心。还应提及并感谢的是世界贸易组织秘书处的 Gabrielle Marceau。笔者就这一主题申请到世界贸易组织做研究,Gabrielle Marceau 要求我写一个 proposal,重点说明研究成果 why 和 how 丰富现有的研究成果,并且她用 national industry 替代了我原来用的 domestic industry。这一替代让我茅塞顿开,尽管我用了很多时间纠结于 why 和 how 问题。

世贸规则与产业的关系,从规则看,是如何以产业角度的生产诠释规则的问题;从产业看,是如何说明规则对产业措施的规范作用。由于术业专攻的原因,有时难于跨学科、换角度来思考。而平时跨学科的论证会,由于发言人众多,发言人即使学富五车,也难于在很短的有限的时间内表达全面。有必要增加跨学科、跨领域的交流。

2013年夏天,笔者所在的中国人民大学法学院组织一个跨学科的食品安全的研讨会。参会的法律专家提出了一系列的强化权利义务、强化法律责任的意见,特别是强化源头责任。参会的一位农业经济专家随后表示,在可耕土地有限的情况下,如何保证、提高农产品产量,保证中国人有粮食吃是我国面临的重大问题。化肥、农药是保证粮食增产不可缺少的东西。从产业价值链的角度说,农民收入最少,如果让其承担源头上的责任,是否合适。这位专家的这一表述,一方面突出了跨学科思考的重要性,另一方面实质上也提出了产业与规则的关系问题。

书中表达的观点,仅是笔者迄今为止的一些想法。可能对也可能错。真诚欢迎读者批评指正。

感谢中国人民大学研究品牌计划的资助,感谢北京大学出版社。

韩立余
2014年8月
于明德法学楼